Q&A150
金融商品取引法
ポイント解説

長島・大野・常松法律事務所
石塚洋之　須田英明　水越恭平

日本経済新聞出版

はしがき

　金融商品取引法は、2007年9月末に施行された比較的新しい法律であるものの、既に約17年経過し、その間に頻繁に改正が行われ、大きく変わっています。本書は、施行後に行われた多くの改正や実務の蓄積を踏まえ、本書の著者のうち1名が同法施行時に刊行した『Q&A130金融商品取引法ポイント解説』を全面的に書き直したものとなります。形式については、前著と同様にQ&Aの形式にして、各Q&Aに関連する条文をその直後に掲載しています。金融商品取引法は多数の政令・内閣府令に委任している事項が多く、複雑な構造になっており、重要な関連条文を解説と共に参照できることで、理解しやすかったとのご意見をいただいていたことからこの形式を踏襲することにしました。

　2024年6月に成立した公開買付け・大量保有報告などに関する法改正や同年7月31日までに公表された政令・内閣府令案を確認した上で脱稿しており、最新の内容になっています。

　本書では、前著を執筆した後に多くの改正等があった上場会社に関連する情報開示（サステナビリティや重要な契約に関する開示）、コーポレート・ガバナンス、インサイダー取引規制、フェアディスクロージャー・ルール、M&Aに関する公開買付規制などに加え、セキュリティートークンの取扱いや投資型クラウドファンディングなど証券会社や投資運用会社などに関連する規制についても、実務に則して幅広く記載しています。

　本書は、著者3名により、目次から全面的に見直しをし、原稿についても定期的に打ち合わせをして、拡充していきました。このように著者3名でお互い協議しながら執筆したものですが、多くの方々との日ごろの議論の積み重ねが本書の骨格を形作っています。特に、著者が所属する長島・大野・常松法律事務所の同僚弁護士に適宜コメントをいただきました。本書の内容については、著者が責任を負いますが、協力していただいた各位がいなければ、完成しえなかったものであり、ここに感謝の意を表します。また、17年前の前著に続き、本書の企画から刊行まで尽力いただいた日本経済新聞出版の渡辺一氏にお礼を申し上げます。同氏の叱咤激励やご協力がなければ、この時

期に出版することはできませんでした。

　本書が、金融商品取引法の内容・実務を知りたい方々にご利用いただき、お役に立つことができれば、著者としてこれに優る喜びはありません。

2024年8月

石塚洋之／須田英明／水越恭平

目　次

利用上の注意および凡例　xiv

第1章　金融商品取引法総論 … 001

Q001　金融商品取引法とはどういう法律ですか。 … 002

Q002　最近の主な制度改正について説明してください。 … 004

Q003　令和6年（2024年）の主な改正項目について説明してください。 … 007

Q004　金融商品取引法と会社法との関係を説明してください。 … 009

Q005　上場会社に適用される金融商品取引法・会社法と
取引所の規則との関係を説明してください。 … 012

第2章　有価証券等の取扱い … 015

Q006　金融商品・金融指標に該当する場合、
どのような規制がかかりますか。 … 016

Q007　有価証券に該当するとどうなりますか。 … 019

Q008　組合などを利用した集団投資スキームは
どのように扱われていますか。 … 023

Q009　会社法上の持分会社（合名会社・合資会社・合同会社）の
社員権は有価証券ですか。 … 025

Q010　信託受益権はどのように扱われていますか。 … 028

Q011　トークンは有価証券に該当しますか。 … 030

Q012 デリバティブ取引はどのように扱われていますか。 033

Q013 外国為替証拠金取引（いわゆるFX）はどのように
扱われていますか。 037

Q014 預金はどのように扱われていますか。 038

Q015 変額保険や外貨建て保険はどのように扱われていますか。 040

Q016 不動産特定共同事業法の対象については
どのように扱われていますか。 043

Q017 商品デリバティブ取引はどのように扱われていますか。 046

Q018 商品ファンドはどのように扱われていますか。 048

第3章　開示規制・上場会社の規制 051

Q019 発行開示制度について説明してください。 052

Q020 第一項有価証券についての適格機関投資家向け私募について
説明してください。 054

Q021 適格機関投資家について説明してください。 057

Q022 第一項有価証券についての特定投資家向け私募について
説明してください。 062

Q023 第一項有価証券についての少人数向け私募について
説明してください。 065

Q024 第一項有価証券についての私売出しについて
説明してください。 067

Q025 第二項有価証券（有価証券投資事業権利など）の
私募・私売出しについて説明してください。 071

Q026 有価証券の募集について説明してください。 074

Q027 有価証券の売出しについて説明してください。 077

Q028 外国証券売出しについて説明してください。 079

Q029 上場会社の株式の募集・売出しについて説明してください。·········· 082

Q030 株式の無償割当てや新株予約権の
無償割当て（ライツ・オファリング）を行う場合の
手続について説明してください。·········· 086

Q031 ストック・オプションの開示について説明してください。·········· 089

Q032 株式報酬（RS）の開示について説明してください。·········· 091

Q033 組織再編成による発行開示規制について説明してください。·········· 093

Q034 発行登録制度について説明してください。·········· 097

Q035 継続開示制度について説明してください。·········· 100

Q036 有価証券報告書における記述情報の開示について
説明してください。·········· 103

Q037 有価証券報告書におけるサステナビリティ・人的資本の
開示について説明してください。·········· 105

Q038 有価証券報告書等における重要な契約の開示について
説明してください。·········· 107

Q039 有価証券報告書におけるコーポレート・ガバナンスの
開示について説明してください。·········· 110

Q040 有価証券報告書と事業報告書の一体的開示、有価証券報告書の
株主総会前の提出について説明してください。·········· 113

Q041 有価証券報告書などの継続開示義務の消滅・免除の要件について
説明してください。·········· 115

Q042 親会社についての開示制度について説明してください。·········· 118

Q043 有価証券報告書などの記載内容に係る確認書について
説明してください。·········· 120

Q044 内部統制報告書について説明してください。·········· 122

Q045 四半期開示がどのように変わったか説明してください。·········· 125

Q046 臨時報告書について説明してください。·········· 128

Q047 発行開示・継続開示制度の虚偽記載が発覚した場合の対応とその責任について説明してください。……131

Q048 どのような場合に発行開示書類・継続開示書類に重要な虚偽記載などがあったと判断されますか。……137

Q049 外国会社の英文開示について説明してください。……140

Q050 東京証券取引所の市場区分について説明してください。……142

Q051 コーポレートガバナンス・コードについて説明してください。……144

Q052 スチュワードシップ・コードについて説明してください。……146

第4章 公開買付け・大量保有報告制度 ……149

Q053 公開買付制度について概説してください。……150

Q054 発行者以外の者による公開買付けの手続について概説してください。……153

Q055 発行者による公開買付けの手続を概説してください。……159

Q056 株券等所有割合について説明してください。……162

Q057 公開買付が義務付けられるのはどのような場合ですか。……165

Q058 いわゆる3分の1（2024年改正後は30％）ルールについて説明してください。……169

Q059 市場内外の取引を組み合わせた場合の公開買付けの強制について説明してください。……173

Q060 公開買付けが行われている場合に別の者が買集めをするときは公開買付けが強制されますか。……176

Q061 強制公開買付けの適用除外について概説してください。……179

Q062 全部買付義務について概説してください。……183

Q063 公開買付期間について概説してください。……186

Q064 対象者による公開買付期間の延長請求権について
説明してください。 188

Q065 買収防衛策は、どのような内容で、いつ導入することができるか
説明してください。 190

Q066 公開買付者はいったん始めた公開買付けを
自由に撤回できますか。 193

Q067 公開買付けの条件変更はどのような場合に認められますか。 196

Q068 対象者は意見表明を行う義務がありますか。 198

Q069 公開買付けの対象者には公開買付者に対する
質問権がありますか。 200

Q070 MBOや親会社による公開買付けにおいて注意すべきことを
説明してください。 203

Q071 スクイーズアウトの取引に関して注意すべきことを
説明してください。 206

Q072 海外の株主なども対象に含めた公開買付けについて
説明してください。 209

Q073 大量保有報告制度について説明してください。 211

Q074 株券等保有割合について説明してください。 215

Q075 共同保有者について、公開買付規制における特別関係者と
対比して説明してください。 218

Q076 変更報告書はどのような場合に提出しなければなりませんか。 222

Q077 短期大量譲渡の特則について説明してください。 224

Q078 特例報告制度について説明してください。 226

第5章 金融商品取引業の内容 229

Q079 金融商品取引業とは何ですか。 230

Q080 金融商品取引業の定義に列挙されている行為を行う場合、必ず登録をしなければなりませんか。 234

Q081 金融商品仲介業とは何ですか。 236

Q082 金融サービス仲介業とは何ですか。 238

Q083 第一種金融商品取引業とは何ですか。 241

Q084 第二種金融商品取引業とは何ですか。 243

Q085 投資助言・代理業とは何ですか。 245

Q086 投資運用業とは何ですか。 249

Q087 投資一任業務、投資助言業務、これらに該当しない助言等の業務の区別について概説してください。 251

Q088 有価証券関連業とは何ですか。 254

Q089 有価証券等管理業務とは何ですか。 256

Q090 有価証券の自己募集は金融商品取引業になりますか。 259

Q091 有価証券に関する情報提供は金融商品取引業に当たりますか。 262

Q092 金融商品取引業者への顧客紹介は金融商品取引業に当たりますか。 265

Q093 M&Aアドバイザリー業務や仲介業務は金融商品取引業に含まれますか。 267

Q094 引受業務について説明してください。 269

Q095 私募投資ファンドの規制について説明してください。 272

Q096 不動産流動化・不動産ファンドは、金商法上、どのように扱われていますか。 275

Q097 二層型私募ファンドの取扱いについて説明してください。 279

Q098 外国の私募投資ファンドの日本における規制について説明してください。 282

Q099 インターネットを利用した資金調達の仕組み（投資型クラウドファンディング）はどのように規制されていますか。 285

Q100 トークン化された有価証券はどのように扱われていますか。……… 287

Q101 クロスボーダー取引への金融商品取引法の適用関係について
概説してください。……………………………………………… 289

**第6章 金融商品取引業者の規制・
自主規制機関等**………………………………………………… 293

Q102 金融商品取引業の登録について概説してください。……………… 294

Q103 金融商品取引業者はどのようなルールを
守る必要がありますか。…………………………………………… 299

Q104 金融商品取引業者がルールに違反した場合は
どのような対応がとられますか。………………………………… 302

Q105 銀行などの金融機関は金融商品取引に関する業務を
行うことはできますか。…………………………………………… 305

Q106 兼業の範囲について説明してください。………………………… 309

Q107 第一種金融商品取引業者・投資運用業者の主要株主規制について
説明してください。………………………………………………… 313

Q108 外国証券業者に対する規制について説明してください。……… 317

Q109 外国においてファンドマネジャーの業務を行う者も
規制されますか。…………………………………………………… 320

Q110 プロ向け投資運用業者の規制について説明してください。……… 322

Q111 プロ向けファンドの規制について説明してください。………… 326

Q112 外務員について説明してください。……………………………… 330

Q113 金融商品仲介業者の登録・業務規制について
説明してください。………………………………………………… 332

Q114 金融サービス仲介業者の登録・業務規制について
説明してください。………………………………………………… 334

Q115 特定投資家（プロ）の制度について説明してください。……… 336

Q116 広告規制について説明してください。 339

Q117 金融商品取引業者の説明義務について教えてください。 342

Q118 適合性の原則について説明してください。 345

Q119 契約締結前の情報提供義務について説明してください。 347

Q120 契約締結時等の情報提供義務について説明してください。 351

Q121 クーリング・オフはできますか。 354

Q122 不招請勧誘の禁止について説明してください。 356

Q123 再勧誘の禁止について説明してください。 358

Q124 金融商品取引業者の禁止行為について説明してください。 360

Q125 損失補填について説明してください。 364

Q126 金融商品取引業者との紛争の処理について説明してください。 368

Q127 利益相反管理について教えてください。 371

Q128 顧客本位の業務運営に関する原則について説明してください。 375

Q129 金融商品取引業協会について説明してください。 379

Q130 金融商品取引所について説明してください。 381

Q131 私設取引システム（PTS）について説明してください。 383

Q132 高速取引行為の規制について説明してください。 388

第7章 有価証券の取引等の規制・課徴金・監視委員会 391

Q133 風説の流布の禁止について説明してください。 392

Q134 相場操縦行為について説明してください。 394

Q135 空売り規制について説明してください。 396

Q136 役員・主要株主売買報告、短期売買利益（ショート・スウィング）の提供制度について説明してください。 400

Q137 組合などにより上場会社の10%以上の議決権を保有している
場合の規制について説明してください。 ……… 405

Q138 会社関係者のインサイダー取引規制について
説明してください。 ……… 407

Q139 決定事実はどのような段階になって決定されたと
認定されますか。 ……… 409

Q140 情報伝達・取引推奨行為の規制について説明してください。……… 412

Q141 上場会社が自己株式を買う場合、インサイダー取引規制に関して
どのような点に注意すべきですか。 ……… 414

Q142 役職員による自社株の取引、持株会を通じた取引について、
インサイダー取引規制に関して
どのような点に注意すべきですか。 ……… 417

Q143 公開買付者等関係者のインサイダー取引規制について
説明してください。 ……… 420

Q144 他の会社の株式を大量に買う場合、あらかじめまたは事後に
公表しなければなりませんか。 ……… 424

Q145 フェアディスクロージャー・ルールについて
説明してください。 ……… 427

Q146 フェアディスクロージャー・ルールの下で、
公表義務を免れる場合、公表が必要となる場合の
公表方法を説明してください。 ……… 430

Q147 法人関係情報に関する規制について説明してください。 ……… 433

Q148 課徴金について説明してください。 ……… 437

Q149 金融庁について説明してください。 ……… 440

Q150 証券取引等監視委員会について説明してください。 ……… 442

索引　445

■利用上の注意および凡例

　改正後の金融商品取引法については、原則として、条数のみを記載しました。条、項については、算用数字に変えてあります。同じ条の引用していない項については、紙幅の都合から「(略)」や「(……)」と表記し、または表記せずに、記載していない箇所もあります。金融商品取引所の規制に関しては、国内には東京証券取引所以外の金融商品取引所も存在しますが、規則の内容は概ね同じであることから、本書においては東京証券取引所の規則に基づき説明します。また、条文の中に「(注)」と記載してある部分は、著者が加筆しました。本書記載の意見にわたる部分は、著者の執筆時点での個人的な見解であり、所属する法律事務所の見解ではありません。

〈略語一覧〉

金商法　………………………金融商品取引法

証取法　………………………証券取引法

施行令　………………………金融商品取引法施行令

定義府令　……………………金融商品取引法第二条に規定する定義に関する内閣府令

開示府令　……………………企業内容等の開示に関する内閣府令

他社株公開買付府令　………発行者以外の者による株券等の公開買付けの開示に関する内閣府令

大量保有府令　………………株券等の大量保有の状況の開示に関する内閣府令

業府令　………………………金融商品取引業等に関する内閣府令

取引規制府令　………………有価証券の取引等の規制に関する内閣府令

開示ガイドライン　…………企業内容等の開示に関する留意事項について(企業内容等開示ガイドライン)

投信法　………………………投資信託及び投資法人に関する法律

資産流動化法　………………資産の流動化に関する法律

貸金業法　……………………貸金業の規制等に関する法律

金商業者　……………………金融商品取引業者

第 **1** 章

金融商品取引法総論

Q1〜Q5

金融商品取引法とはどういう法律ですか。

A 金融商品取引法とは、有価証券の発行および金融商品等の取引等を公正にし、有価証券の流通を円滑にするほか、資本市場の機能の十全な発揮による金融商品等の公正な価格形成等を図り、国民経済の健全なる発展および投資者の保護に資することを目的として制定された法律です。主に、企業内容等・公開買付け・株券等の大量保有状況の開示に関する規制、金融商品取引業者等に関する規制、相場操縦・インサイダー取引等の市場参加者の有価証券の取引に関する規制等から成り立っています。

■ 金融商品取引法の制定（改正）時の趣旨

　金融商品取引法は、平成18年（2006年）に旧証取法を改組して「金融商品取引法」とする等の法整備を行うものとして制定されました。金融・資本市場をとりまく環境の変化に対応し、利用者保護ルールの徹底と利用者利便の向上、貯蓄から投資に向けての市場機能の確保および金融・資本市場の国際化への対応を図ることが目的とされていました。その際、証取法の「包括化・横断化」「柔軟化（柔構造化）」「公正化・透明化」および「厳正化」の観点から、(1) 投資性の強い金融商品に対する横断的な投資者保護法制（いわゆる投資サービス法制）の構築、(2) 開示制度の拡充、(3) 取引所の自主規制機能の強化、(4) 不公正取引等への厳正な対応が柱とされていました。

■ 旧証券取引法と対比した、金融商品取引法の特徴

　金商法の特徴には以下のようなものがあります。
　規制対象商品である**「有価証券」**の範囲が拡大され、例えば、信託受益権の全般を有価証券とみなし（2条2項1号・2号）、また、いわゆる集団投資スキーム（ファンド）の持分は包括的に有価証券と位置付けられ、規制対象とされました（2条5号・6号）。また、従前の証取法では有価証券関連の「デリバティブ取引」のみが規制対象とされていましたが、金商法では、旧金融先物取引法の対象であった取引（例えば、外国為替証拠金取引）をはじめ、幅広い資産・指標に関する取引や様々な類型の取引が規制対象とされていま

す。いわゆる通貨・金利スワップ取引や天候デリバティブ取引などについても、規制対象となります。（2条20項～25項）

証取法では、有価証券・デリバティブ取引に関する「販売・勧誘」業務が主として「証券業」と位置付けられ、登録制により規制がなされていましたが、金商法では、幅広い業務を**「金融商品取引業」**と位置付け、登録制による横断的な規制となっています（2条8項、29条）。また、有価証券の発行者自身による「販売・勧誘」（いわゆる自己募集）は規制対象とされていませんでしたが、金融商品取引法では、集団投資スキームの持分等の自己募集についても規制対象業務となっています（2条8項7号）。また、他の法律で規制対象となっていたものを含め「投資助言」「投資運用」「顧客資産の管理」も金商法の横断的な規制の対象となっており、集団投資スキームの財産を主として有価証券またはデリバティブ取引への投資として運用する業務（いわゆる自己運用）についても、規制対象となることが明確化されています（2条8項15号）。

金商法は、これらの登録制による横断的な規制を定める一方で、業務内容の範囲に応じた金融商品取引業の区分と、各区分に応じた参入の可否や財産的基礎要件などの参入規制（登録拒否要件）を定めています（29条の4）。具体的には①流動性の高い有価証券の販売・勧誘、有価証券の引受け、店頭デリバティブ取引および資産管理を扱う第一種金融商品取引業、②投資運用を扱う投資運用業、③流動性の低い有価証券の販売・勧誘、自己募集および市場デリバティブ取引を扱う第二種金融商品取引業、並びに、④投資助言および投資顧問契約・投資一任契約の締結の代理・媒介を扱う投資助言・代理業があります。これらの金融商品取引業者が遵守すべき行為規制が整備されるとともに、顧客の属性に応じた行為規制・横断的な投資者保護法制があります。

■ 従来の規制

また、金商法において、証取法の規制を引き継ぎ、有価証券の性質・流動性に応じた企業内容等の開示制度、公開買付け・株券等の大量保有状況の開示に関する規制、さらに、相場操縦・インサイダー取引等市場参加者の有価証券の取引に関する規制等も設けられています。

最近の主な制度改正について説明してください。

A 令和元年（2019年）にはインターネットを用いた取引の拡大や金融取引のデジタル化、新たな金融商品に対応するための一連の改正が、令和2年（2020年）から令和3年（2021年）には日本の国際金融センターとしての機能の強化・向上を目的とした海外の資産運用会社等の受入れのための一連の改正が行われています。さらに、令和5年（2023年）には、①国民の金融リテラシー向上に向けた金融経済教育推進機構の創設、②顧客等の最善の利益を勘案した誠実公正義務の創設、③企業開示制度における法令上の四半期報告書制度の廃止、④デジタル化の進展等に対応した顧客等の利便向上および保護に係る規定の整備などが図られました。令和6年（2024年）に成立した改正については**Q3**を参照。

■ 令和元年（2019年）改正

令和元年（2019年）にはインターネットを用いた取引の拡大や金融取引の**デジタル化**、新たな金融商品に対応するための改正が行われています。この金商法改正により、**トークン化**された有価証券について規制が厳格化され（**Q11・Q100**参照）、暗号資産を用いたデリバティブ取引が規制対象とされ（**Q12**参照）、**暗号資産**を用いた不公正な行為に関する規制が整備されています（185条の22以下）。また、金融商品取引業者（金商業者）の付随業務として、保有する情報の第三者への提供業務が加えられました（**Q106**参照）。

■ 令和2年（2020年）・令和3年（2021年）改正

令和2年（2020年）の金商法改正により、1つの登録により、銀行・証券・保険の分野について、複数の金融機関が提供するサービスの取扱いが可能なワンストップ提供に最適化された制度である、**金融サービス仲介制度**が新設されました（**Q82・Q114**参照）。

また、日本の国際金融センターとしての機能の強化・向上を目的として、海外の資産運用会社等の受入れのための一連の改正が見られます。令和2年（2020年）には、新規に日本に参入する海外の資産運用会社等について英語

による登録の事前相談の受け付けが開始されました。令和3年（2021年）には、新規に日本に参入する海外の資産運用会社等の登録に関する事前相談、登録手続および登録後の監督を英語で行うとともに、これらの業務をワンストップで行う「拠点開設サポートオフィス」が開設され、登録申請書等を英語で提出できるようにするための内閣府令の改正が行われています。さらに、令和3年（2021年）の金商法改正により、投資運用業者の登録義務の特例として、海外投資家等特例業務や移行期間特例業務が新設されました。なお、この改正では、金商業者の付随業務として地域活性化等支援業務が加えられました（**Q106**参照）。

■ 令和5年（2023年）改正

令和5年（2023年）金商法改正で、デジタル化の進展等の環境変化に対応し、金融サービスの顧客等の利便の向上および保護を図るための**顧客本位の業務運営・金融リテラシー**に関する改正と**企業開示**等に関する制度の整備がなされました。

①顧客本位の業務運営・金融リテラシー　成長の果実が家計に分配されるという「資金の好循環」を実現し、家計の安定的な資産形成を図る観点から、「顧客本位の業務運営の確保」として、(1)最終的な受益者たる金融サービスの顧客や年金加入者の最善の利益を勘案しつつ、誠実かつ公正に業務を遂行すべきである旨の義務を、金融事業者や企業年金等関係者に対して幅広く規定し、(2)顧客属性に応じた説明義務を法定するとともに、顧客への情報提供におけるデジタル技術の活用に関する規定が整備されました。

また、「金融リテラシーの向上」の観点から、資産形成の支援に関する施策を総合的に推進するため、「基本方針」を策定するともに、利用者の立場に立って、金融経済教育を広く提供するため、「金融経済教育推進機構」を創設することとされました。

②企業開示　企業内容等開示府令の改正によるサステナビリティ情報の開示の充実を図る非財務情報の開示の充実に向けた取組みの進展に併せて、企業開示の効率化の観点から、金融商品取引法上の四半期報告書が廃止され、第1・第3四半期の開示については、取引所規則に基づく四半期決算短信に一本化されました（**Q45**参照）。

金融商品取引法総論 | 第1章

③その他のデジタル化の進展等に対応した顧客等の利便向上・保護に係る施策　インターネットで集めた出資を企業に貸し付ける仕組みであるソーシャルレンディング等を行う第二種金融商品取引業者について、投資家に適切な情報提供等が行われなかった事例を踏まえ、運用報告に関する規定が整備されました。併せて出資を募って不動産で運用し、収益を分配する仕組みである不動産特定共同事業契約をトークン（デジタル）化する動きが見られていることを踏まえ、他の電子記録移転権利と同様、当該トークンに金融商品取引法のルールを適用する改正がなされました。

令和6年(2024年)の主な改正項目について説明してください。

A 令和6年(2024年)5月に成立した改正金商法では、資本市場の活性化に向けた、資産運用の高度化・多様化および企業と投資家の対話の促進と、市場の透明性・公正性の確保を目的とした投資運用業、大量保有報告制度、公開買付制度等に関する改正がなされます。

■ 2024年改正金融商品取引法の施行スケジュール

　令和6年(2024年)5月に成立した改正金商法では、投資運用業、大量保有報告制度、公開買付制度等に関する以下の改正がなされます。その施行時期は概ね公布の日(2024年5年22日)から起算して1年を超えない範囲内において政令で定める日から、大量保有報告・公開買付けについては公布の日から起算して2年を超えない範囲内において政令で定める日からとされています。

■ 資産運用の高度化・多様化

　新規参入促進を通じた**資産運用の高度化・多様化**によって、家計を含む投資家へのリターンや企業価値の向上、スタートアップの活性化を図ることを目的として、①投資運用業者の参入促進、②非上場有価証券の流通活性化に向けた改正がなされます。

　①**投資運用業者の参入促進**　投資運用業者からミドル・バックオフィス業務(法令遵守、計理等)を受託する事業者の任意の登録制度を創設するとともに、当該登録業者に業務を委託する投資運用業者の登録要件(人的構成)が緩和されます。また、分業化が進む欧米と同様に、投資運用業者がファンド運営機能(企画・立案)に特化し、様々な運用業者へ運用(投資実行)を委託できるよう、運用(投資実行)権限の全部委託が可能とされます(**Q102**参照)。

　②**非上場有価証券の流通活性化**　スタートアップ等が発行する**非上場有価証券の仲介業務**への新規参入を促進し、その流通を活性化させるため、非上

場有価証券について、プロ投資家（特定投資家）を対象とし、原則として金銭等の預託を受けない場合は、第一種金融商品取引業の登録要件が緩和されます。私設取引システム（PTS: Proprietary Trading System の頭文字で、電子的技術を活用して取引の仲介サービスを提供する取引システム）について、取引規模が限定的な場合は、認可を要せず、第一種金融商品取引業の登録により運営可能とされます（**Q131**参照）。

■ 大量保有報告制度の改正

　企業と投資家の建設的な対話の促進によって、中長期的な企業価値の向上を促すため、大量保有報告制度の対象を明確化する改正がなされます。具体的には保有割合の合算対象となる**「共同保有者」の範囲を明確化**するため、企業支配権等に関しない機関投資家間の継続的でない合意が適用除外として明記されます（**Q75**参照）。

■ 公開買付制度の改正

　資本市場の一層の透明性・公正性を確保するため、公開買付制度の対象取引を拡大し、市場外取引だけでなく、市場内取引（立会内）も適用対象とするとともに、公開買付けを要する議決権の所有割合が3分の1から30％に引き下げられます（**Q58**参照）。

Q004

金融商品取引法と会社法との関係を説明してください。

A 金融商品取引法には、企業内容等の開示や公開買付けに関する規制など大規模な公開会社に適用される株式会社法としての側面があり、会社法の特別法として言われることがあります。上場会社などの多数の株主がいる株式会社や、不特定多数の投資者が関与する取引が行われる有価証券を発行する株式会社に対し投資者保護を目的とする規制が設けられていますが、金融商品取引法と会社法とでは規制の目的が異なることから、規制の態様に差があります。

■ 両者の関係

金商法は、上場会社などの多数の株主がいる株式会社や、不特定多数の投資者が関与する取引が行われる有価証券を発行する株式会社を対象に、会社法の規制に加えて、特別の規制を定めています。ただし、金融商品取引法と会社法は規制の目的が異なるため、規制の態様には差があります。

■ 情報開示

例えば、株式会社による株式の新規発行や自己株式の処分に関して、会社法は、既存株主の利益保護と新株発行等の機動性の観点から、新株発行等の**決定権限**、発行等の組織内の**手続、差止め、無効の訴え**などの規定を定めます。一方、金融商品取引法にはこうした手続・規定は（**行政当局主導による禁止・停止命令**等を除き）設けられていない一方、有価証券の発行時の情報開示規制が定められています。具体的には、投資者への情報提供の観点からは、有価証券の投資判断のための情報開示に関する有価証券届出書や有価証券報告書などの提出義務に関する**開示規制**が定められています。会社法でも株式を取得しようとする者に対して取得するか否かの判断を行うための**通知事項**の定めはありますが、この通知事項の対象は非常に限定されているのに対し、金商法における開示規制は、こうした一般投資家への情報提供の観点から、会社法に基づく情報開示よりも広範かつ厳格なものとなっています。

金融商品取引法総論｜第1章　009

会社法には、株主総会参考書類（以下「■　委任状勧誘」参照）、計算書類、事業報告などの提供の制度がありますが、これは株主総会における議決権行使をはじめとする株主や債権者の権利行使の判断のための制度であり、投資判断のための情報を提供する金融商品取引法の開示制度とは目的を異にします。

■　委任状勧誘

　会社法上、株主が自ら株主総会に出席せずに代理人を通じて議決権を行使すること（議決権の代理行使）を認めており、その場合、株主または代理人は、代理権を証明する書面（委任状）を会社に提出しなければなりません（会社法310条）。このうち上場会社についてのこうした委任状の勧誘行為は、194条、金商法施行令36条の2から36条の6、および上場株式の議決権の代理行使に関する内閣府令（以下「委任状勧誘府令」）に基づく**委任状勧誘規制**の対象となります。具体的には、**委任状参考書類**の交付義務や委任状用紙の様式および委任状参考書類の具体的な記載事項の規定、交付書類の写しの金融庁長官への提出義務などがあります。他方、会社法では、書面決議・電子投票を採用している会社と議決権株主1,000人以上の会社については**株主総会参考書類**などの制度があり（会社法301条、302条）、記載内容など両者の規制の調整がされています（委任状勧誘府令1条2項〜4項）。

■　株式の売買・企業買収

　会社法では、一定の譲渡制限を定款で定めることができるものの、基本的に株式の売買は自由に行うことができます。一方、金商法では、株券等を買い付ける行為に関して不特定かつ多数の投資者が関与する資本市場における投資者の利益保護の観点から、投資者への情報開示と投資者の平等取扱いを確保することを目的とした**公開買付け**の規制が設けられています。このような公開買付けによる株式の取得・企業買収については、金融商品取引法が投資者保護のための公開買付け規制を用意する一方、会社法は株主保護の観点から善管注意義務に基づく取締役の責任（会社法355条、423条、429条）などを設けています。善管注意義務は本来取締役の会社に対する義務ですが、公開買付けにおける意見表明など一定の場合、少数株主の利益保護のための

行動を求められることもあります。また、前述のとおり、会社法上は株式の譲渡は基本的に自由に行うことができますが、金融商品取引法では、会社の役員・主要株主などの内部者による未公表の情報に基づいて株式の売買等を行うことを禁止するインサイダー取引規制が設けられています。こうした公開買付け規制やインサイダー取引規制に違反した株式の売買は、金商法の違反として刑事罰・行政上の課徴金・民事責任を招来させることがありますが、現行の制度では、その違反によって会社法（私法）上、取引が無効になるものにはなっていません（この点については立法論として取引を無効にしたり、議決権行使を禁止すべきとの見解もあるところです）。

Q005

上場会社に適用される金融商品取引法・会社法と取引所の規則との関係を説明してください。

A 株式などの有価証券を上場している会社（上場会社）については、金融商品取引法の企業情報開示やインサイダー取引規制・フェアディスクロージャー・ルールの適用対象になるととともに、金融商品取引所の有価証券上場規程に基づく適時開示に関する規則や上場会社の行動を規律する企業行動規範の適用を受けます。

■ 金融商品（証券）取引所の法律上の位置付け

金融商品取引所は、金商法で規制されています。すなわち、金融商品取引所は、取引所金融商品市場の開設者として、取引所金融商品市場における有価証券の売買を公正かつ円滑にし、投資者を保護するよう運営する責務を有し（82条1項1号、110条）、その業務規程において「有価証券の売買に係る有価証券の上場及び上場廃止の基準及び方法」が記載されることとなっています（117条1項4号）。また、金融商品取引所は自主規制業務を適切に行わなければならず（84条1項）、「上場する有価証券の発行者が行う当該発行者に係る情報の開示又は提供に関する審査及び上場する有価証券の発行者に対する処分その他の措置に関する業務」などを行います（同条2項3号、金融商品取引所等に関する内閣府令7条4号）。

■ 取引所のルール

こうした金商法の根拠を踏まえて、東京証券取引所の**有価証券上場規程**（なお、国内には東京証券取引所以外の金融商品取引所も存在しますが、規則の内容は概ね同じであることから、本書においては東京証券取引所の規則に基づき説明します）では、新規上場のための形式基準・実質基準など要件・手続に関する規定が定められるとともに（有価証券上場規程2章）、上場規程の違反行為などに対する、特別注意銘柄への指定や、改善報告書・改善状況報告書の提出、公表措置や上場契約違約金の徴求などの**実効性確保措置**、また、上場廃止基準に関する規定が設けられています（有価証券上場規

程5章、6章）。上場会社は、その有価証券の上場にあたって、金融商品取引所に対して「上場契約書」を提出します（有価証券上場規程203条、同施行規則202条1項）。東証の「株券上場契約書」では、①会社および上場株券に適用される取引所の諸規則等の遵守、②諸規則等に基づく上場廃止、売買停止その他の措置に従うことを承諾します。前述の金商法に基づく金融商品取引所の規則制定・自主規制業務の権限と、この上場契約に基づき、上場会社は金融商品取引所による規制に服することになります。

適時開示のルールなど

上場会社に適用される金融商品取引所の規則の代表的なものは、有価証券の投資判断に重要な影響を与える上場会社の業務、運営または業績等に関する情報の**適時開示**に関する規則です（有価証券上場規程4章2節）。それに加えて、投資者保護および市場機能の適切な発揮のために、上場会社として最低限守るべき事項を明示する「遵守すべき事項」と上場会社に対して努力すべき事項を明示する「望まれる事項」により構成された企業行動規範が有価証券上場規程で定められています（有価証券上場規程4章4節）。

取引所のルールの役割

企業の行動やコーポレート・ガバナンスに関する規定は、法律のレベルでは伝統的に会社法に置かれてきましたが、上場会社を対象とする企業行動規範やコーポレート・ガバナンスに関する規律を定める金融商品取引所の規則は、上場会社に適用されるルールを定めるものとして会社法を補完する機能があるといえます（**Q51**参照）。また、企業情報の開示に関する制度には、金商法に基づく「法定開示」と金融商品取引所の規則に基づく「取引所開示」が両立する形となっています。適時開示や決算短信で構成される取引所開示は主としてより適時の企業情報の開示を志向するものであるのに対し、法定開示の場合には、虚偽記載に関して金商法に基づく罰則、課徴金、民事責任の規定が適用され（取引所開示の場合、前述の実効性確保措置の対象になるほか、一般不法行為の適用はあるものの、こうした厳格な虚偽開示責任の規定は設けられていません）、より正確な企業情報の開示を志向するものであるということができます。

金融商品取引法総論 第1章 013

第 2 章

有価証券等の取扱い

Q6〜Q18

金融商品・金融指標に該当する場合、どのような規制がかかりますか。

A 金融商品の価値・金融指標の動向の分析に基づく投資判断に関して助言するなどすると業者規制に服することになります。規制されるデリバティブ取引の範囲も金融商品・金融指標により画されており、かかる取引は業者規制に服するほか、不公正取引禁止の対象にもなります。

■ 投資助言・投資運用業務

金融商品には、有価証券が含まれています。有価証券に該当した場合の取扱いについては、**Q7参照**。

金融商品・金融指標には、金商法の対象となる**投資助言業務**や**投資運用業務**の範囲を画す意義があります。すなわち、当事者の一方が相手方に対して、金融商品の価値、オプションの対価の額または金融指標の動向に関し、口頭、文書その他の方法により助言を行うことを約し、相手方がそれに対し報酬を支払うことを約する契約を締結し、当該（投資顧問）契約に基づき、助言を行うことは、投資助言業務に該当します（2条8項11号ロ）。また、当事者の一方が、相手方から、金融商品の価値、オプションの対価の額または金融指標の動向の分析に基づく投資判断の全部または一部を一任されるとともに、当該投資判断に基づき当該相手方のため投資を行うのに必要な権限を委任されることを内容とする契約を締結し、当該（投資一任）契約に基づき、金融商品の価値等の分析に基づく投資判断に基づいて有価証券またはデリバティブ取引に係る権利に対する投資として、金銭その他の財産の運用を行うことは投資運用業の一類型である投資一任業務となります（同項12号ロ）。投資運用業の他の類型を定める同項14号、15号の業務も同様に、金融商品・金融指標に関連してその範囲が画されています。

■ デリバティブ取引

金融商品・金融指標は、金商法の対象となるデリバティブ取引の範囲を画

す意義もあります。例えば、金融指標には、有価証券、通貨、暗号資産や気象の観測の成果に係る数値などが含まれるところ、有価証券デリバティブ、通貨デリバティブ、暗号資産デリバティブ、天候デリバティブなどは金商法で規制されることになります（**Q12**参照）。

■ 適用される規制

上記の投資助言・投資運用業務やデリバティブ取引を行うためには、原則として、金融商品取引業者としての登録が必要になり、登録した場合には、業者規制に服することになります（**Q102**参照）。

また、デリバティブ取引については、有価証券取引とともに、業者に限らず適用される風説の流布などの不公正取引禁止の対象となります（**Q133**参照）。

（定　義）

第2条　（略）

2〜7　（略）

8　（略）

　一〜十　（略）

　十一　当事者の一方が相手方に対して次に掲げるものに関し、口頭、文書（（……）を除く。）その他の方法により助言を行うことを約し、相手方がそれに対し報酬を支払うことを約する契約（以下「投資顧問契約」という。）を締結し、当該投資顧問契約に基づき、助言を行うこと。

　　イ　（略）

　　ロ　金融商品の価値等（金融商品（……）の価値、オプションの対価の額又は金融指標（……）の動向をいう。以下同じ。）の分析に基づく投資判断（……）

　十二　次に掲げる契約を締結し、当該契約に基づき、金融商品の価値等の分析に基づく投資判断に基づいて有価証券又はデリバティブ取引に係る権利に対する投資として、金銭その他の財産の運用（……）を行うこと。次に掲げる契約を締結し、当該契約に基づき、金融商品の価値等の分析に基づく投資判断に基づいて有価証券又はデリバティブ取引に係る権利に対する投資として、金銭その他の財産の運用（……）を行うこと。

　　イ　（略）

　　ロ　イに掲げるもののほか、当事者の一方が、相手方から、金融商品の価値等の分析に基づく投資判断の全部又は一部を一任されるとともに、当該投資判断に基づき当該相手方のため投資を行うのに必要な権限を委任されることを内容とする契約（以下「投資一任契約」という。）

有価証券等の取扱い｜第2章　**017**

十三 （略）

十四 金融商品の価値等の分析に基づく投資判断に基づいて有価証券又はデリバティブ取引に係る権利に対する投資として、第1項第10号に掲げる有価証券に表示される権利その他の政令で定める権利を有する者から拠出を受けた金銭その他の財産の運用を行うこと（……）。

十五 金融商品の価値等の分析に基づく投資判断に基づいて主として有価証券又はデリバティブ取引に係る権利に対する投資として、次に掲げる権利その他政令で定める権利を有する者から出資又は拠出を受けた金銭その他の財産の運用を行うこと（……）。

十六～十八 （略）

9～23 （略）

24 この法律において「金融商品」とは、次に掲げるものをいう。

一 有価証券

二 預金契約に基づく債権その他の権利又は当該権利を表示する証券若しくは証書であつて政令で定めるもの（前号に掲げるものを除く。）

三 通貨

三の二 暗号等資産（資金決済に関する法律第2条第14項に規定する暗号資産又は同条第5項第4号に掲げるもののうち投資者の保護を確保することが必要と認められるものとして内閣府令で定めるものをいう。以下同じ。）

三の三 商品（（……）以下同じ。）

四 前各号に掲げるもののほか、同一の種類のものが多数存在し、価格の変動が著しい資産であつて、当該資産に係るデリバティブ取引（デリバティブ取引に類似する取引を含む。）について投資者の保護を確保することが必要と認められるものとして政令で定めるもの（商品先物取引法第2条第1項に規定する商品を除く。）

五 第1号、第2号若しくは第3号の2に掲げるもの又は前号に掲げるもののうち内閣府令で定めるものについて、金融商品取引所が、市場デリバティブ取引を円滑化するため、利率、償還期限その他の条件を標準化して設定した標準物

25～42 （略）

有価証券に該当するとどうなりますか。

A 有価証券に該当するとその発行などに際しての勧誘は、開示規制の対象になることがあります。また、有価証券に該当すると、原則として157条以下の不公正取引禁止の対象になり、取り扱う業者は業者規制に服することになります。

■ 有価証券の種類

金商法上の有価証券は、原則として開示規制の対象となる**第一項有価証券**と、原則として対象とならない**第二項有価証券**とに分けられます。

種　類	具体例	開示規制
第一項有価証券	国債、地方債 社債、株式 投資信託受益証券、投資証券、投資法人債券 受益証券発行信託の受益証券、コマーシャル・ペーパー 電子記録移転権利	原則、対象となる
第二項有価証券	合同会社社員権 信託受益権 集団投資スキーム持分 （電子記録移転権利を除く）	原則、対象とならない

■ 第一項有価証券

第一項有価証券は、国や地方公共団体が発行する債券、企業や一定のファンドが発行する債券や株券等の券面が発行される伝統的な有価証券（2条1項各号）、および、これらをペーパーレス化したもの（同条2項前段）が中心となります。流通性が高いと考えられているため、原則として、企業やファンド内容などの開示規制の適用を受け、募集・売出しによる開示規制や有価証券報告書などによる継続開示の対象となります。ただし、国債、地方債、

政府保証債等は、開示の対象外となります（3条1号・2号）。

■ 第二項有価証券

　他方、**第二項有価証券**は、合同会社の社員権（**Q9**参照）、信託受益権（**Q10**参照）、集団投資スキーム持分（組合型ファンドの持分等。**Q8**参照）等であり、第一項有価証券のような流通性はないものの、投資性があるため有価証券に含まれています（2条2項各号）。これらのうち、発行者（業務執行組合員等）が、主として、他の有価証券に対する投資を行う場合等においては、開示規制が適用される可能性がありますが、そうでない限り、開示規制の対象外となります（3条3号、施行令2条の9・2条の10）。

　なお、このような有価証券であっても、トークン化されている場合、開示規制および業者規制の一部との関係では、原則として「電子記録移転権利」となり、第一項有価証券として取り扱われます（**Q11**参照）。

■ 外国法に基づく有価証券

　有価証券の定義は、基本的に、日本法に基づく権利を念頭に置いていますが、金商法は、外国法に基づく権利であっても、日本法に基づく有価証券の「性質を有する」もの（集団投資スキーム持分については、「類する」もの）については、有価証券に該当すると定めています。外国法に基づく権利と日本法に基づく有価証券との類似性は、両者の基本的な法的性格を見て判断することになります。

　なお、投資信託や投資法人については、金商法ではなく、投資信託及び投資法人に関する法律（投信法）において、国内ファンドに「類する」外国ファンドを定義しているため、投信法の解釈の問題となります（金商法は、投信法に定義される外国投資信託の受益証券や外国投資証券が、有価証券に該当すると定めるのみです）。投信法では、「類する」か否かは、投資対象・運用主体・規制枠組み等を見て判断することになります。

■ その他適用される規制

　有価証券は金融商品に含まれるため、有価証券に関する助言や投資判断は、投資助言・投資運用業務であり、原則として、**金融商品取引業者として**

の登録が必要になり、登録した場合には、業者規制に服することになります（**Q6**参照）。

　有価証券の各種取引に関与する行為についても、第一種金融商品取引業や第二種金融商品取引業として、原則、金融商品取引業者としての登録が必要になり、登録した場合には、業者規制に服することになります。

　また、有価証券取引は、デリバティブ取引とともに、業者に限らず適用される風説の流布などの不公正取引禁止の対象となります（**Q133**参照）。

（定　義）
第2条　この法律において「有価証券」とは、次に掲げるものをいう。
　一～二十一　（略）
2　前項第1号から第15号までに掲げる有価証券、同項第17号に掲げる有価証券（……）及び同項第18号に掲げる有価証券に表示されるべき権利（……）並びに前項第16号に掲げる有価証券、同項第17号に掲げる有価証券（……）及び同項第19号から第21号までに掲げる有価証券であつて内閣府令で定めるものに表示されるべき権利（以下この項及び次項において「有価証券表示権利」と総称する。）は、有価証券表示権利について当該権利を表示する当該有価証券が発行されていない場合においても、当該権利を当該有価証券とみなし、電子記録債権（……）のうち、流通性その他の事情を勘案し、社債券その他の前項各号に掲げる有価証券とみなすことが必要と認められるものとして政令で定めるもの（第7号及び次項において「特定電子記録債権」という。）は、当該電子記録債権を当該有価証券とみなし、次に掲げる権利は、証券又は証書に表示されるべき権利以外の権利であつても有価証券とみなして、この法律の規定を適用する。
　一～七　（略）
3　この法律において、「有価証券の募集」とは、新たに発行される有価証券の取得の申込みの勧誘（（……）以下「取得勧誘」という。）のうち、当該取得勧誘が第1項各号に掲げる有価証券又は前項の規定により有価証券とみなされる有価証券表示権利、特定電子記録債権若しくは同項各号に掲げる権利（電子情報処理組織を用いて移転することができる財産的価値（電子機器その他の物に電子的方法により記録されるものに限る。）に表示される場合（流通性その他の事情を勘案して内閣府令で定める場合を除く。）に限る。以下「電子記録移転権利」という。）（（……）「第一項有価証券」という。）に係るものである場合にあつては第1号及び第2号に掲げる場合、当該取得勧誘が前項の規定により有価証券とみなされる同項各号に掲げる権利（（……）「第二項有価証券」という。）に係るものである場合にあつては第3号に掲げる場合に該当するものをいい、「有価証券の私募」とは、取得勧誘であつて有価証券の募集に該当しないものをいう。
　一～三（略）
4～42　（略）

有価証券等の取扱い｜第2章　**021**

（適用除外有価証券）

第3条 この章の規定は、次に掲げる有価証券については、適用しない。

一　第2条第1項第1号及び第2号に掲げる有価証券

二　第2条第1項第3号、第6号及び第12号に掲げる有価証券（……）

三　第2条第2項の規定により有価証券とみなされる同項各号に掲げる権利（次に掲げるものを除く。）

　イ　次に掲げる権利（ロに掲げるものに該当するものを除く。（……）「有価証券投資事業権利等」という。）

　　⑴　第2条第2項第5号に掲げる権利のうち、当該権利に係る出資対象事業（……）が主として有価証券に対する投資を行う事業であるものとして政令で定めるもの

　　⑵　第2条第2項第1号から第4号まで、第6号又は第7号に掲げる権利のうち、⑴に掲げる権利に類する権利として政令で定めるもの

　　⑶　その他政令で定めるもの

　ロ　電子記録移転権利

四　政府が元本の償還及び利息の支払について保証している社債券

五　前各号に掲げる有価証券以外の有価証券で政令で定めるもの

Q008

組合などを利用した集団投資スキームはどのように扱われていますか。

A 有価証券などに投資するスキームに限らず、集団投資スキーム持分は有価証券になり、その一部が開示規制の対象になります。また、集団投資スキーム持分の募集や私募、また集団投資スキームでの有価証券・デリバティブへの運用を業として行う行為が金融商品取引業に該当します。

■ 集団投資スキーム持分

　金商法上、①他の者から金銭・暗号資産などの出資・拠出を受け、②その財産を用いて事業・投資を行い、③当該事業・投資から生じる収益などを出資者に分配する仕組みに関する権利は、いわゆる**集団投資スキーム持分**として有価証券に該当し、金商法の規制に服します（2条2項5号・6号）。

　有価証券は、基本的に個別列挙されていますが（Q7参照）、集団投資スキーム持分は、利用者保護ルールの徹底を図るため、規制のすき間を埋める観点から、包括的に定義されています。日本法に基づく権利としては、民法上の組合、商法上の匿名組合、投資事業有限責任組合（いわゆる有責組合）などのファンドの持分が典型的ですが、これらに類似する外国法に基づく権利も含まれます。さらに、上記の定義を満たす限り、幅広く様々な権利が該当する可能性があります。また、「集団」投資スキーム持分と呼ばれていますが、出資者が1名の場合でも該当します。

　もっとも、この定義は非常に広いので幅広い除外規定が設けられています（2条2項5号イ〜ニ、施行令1条の3の2、1条の3の3、定義府令6条、7条）。例えば、出資者の全員が事業に関与するもの、保険・共済、一定の要件を備えた持株会やコンテンツ事業への出資（金融庁の「金商法等に関する留意事項」「コンテンツ事業に関するQ&A」参照）が除外されています。

■ 登録の必要性

　有価証券とみなされる集団投資スキームなど、一定の**有価証券の募集や私**

募（自己募集・私募）を業として行うこと自体が金融商品取引業であり、これを業として行う場合、原則として第二種金融取引業としての登録が必要となります。また、主として有価証券またはデリバティブ取引に対する投資として行う**運用（自己運用）**については、投資運用業として登録が必要になります。しかし、適格機関投資家等を相手方とする業務については一定の例外が認められ（63条）、あらかじめ届け出れば、登録を受けずに行うことができることになります（63条2項。**Q111**参照）。さらに、外国において業務を行う者（61条。**Q109**参照）、海外投資家等を相手方とする場合（63条の8）や信託会社など（65条の5第5項）についても例外が設けられています。

■ 開示規制

集団投資スキームの開示規制、情報提供については**Q25・Q119**参照。

（定　義）
第2条　（略）
2　（……）次に掲げる権利は、（……）有価証券とみなして、この法律の規定を適用する。
　一～四　（略）
　五　（……）組合契約、（……）匿名組合契約、（……）投資事業有限責任組合契約又
　　は（……）有限責任事業組合契約に基づく権利、社団法人の社員権その他の権利
　　（外国の法令に基づくものを除く。）のうち、当該権利を有する者（以下この号にお
　　いて「出資者」という。）が出資又は拠出をした金銭（これに類するものとして政令
　　で定めるものを含む。）を充てて行う事業（以下この号において「出資対象事業」と
　　いう。）から生ずる収益の配当又は当該出資対象事業に係る財産の分配を受けるこ
　　とができる権利であつて、次のいずれにも該当しないもの（……）
　　イ　出資者の全員が出資対象事業に関与する場合として政令で定める場合における
　　　当該出資者の権利
　　ロ　出資者がその出資又は拠出の額を超えて収益の配当又は出資対象事業に係る財
　　　産の分配を受けることがないことを内容とする当該出資者の権利（……）
　　ハ　（……）保険契約、（……）共済契約又は不動産特定共同事業法（……）第2条
　　　第3項に規定する不動産特定共同事業契約（……）に基づく権利（イ及びロに掲
　　　げる権利を除く。）
　　ニ　イからハまでに掲げるもののほか、当該権利を有価証券とみなさなくても公益
　　　又は出資者の保護のため支障を生ずることがないと認められるものとして政令で
　　　定める権利
　六　外国の法令に基づく権利であつて、前号に掲げる権利に類するもの
　七　（略）
　3～42　（略）

Q009

会社法上の持分会社（合名会社・合資会社・合同会社）の社員権は有価証券ですか。

A 合名会社・合資会社の社員権については、無限責任社員全てが株式会社または合同会社の場合に限り、有価証券に該当します。合同会社の社員権は全て有価証券に該当します。

■ 会社の種類と有価証券該当性

　会社法上の会社には、大きく分けて、株主を構成員とする**株式会社**と、社員を構成員とする**持分会社（合名会社・合資会社・合同会社）**があります。株式会社は、株主と経営機構が分離し、会社の債務に関する株主の責任が限定され（有限責任）、株主の地位（株式）も細分化された割合的単位の形をとるため持株比率の形で権利の大きさを表すことができ、また、原則譲渡が自由です。

　これに対して、持分会社は、社員と経営機構が未分離であり、持分会社の種類によっては会社の債務について社員の責任が限定されない（無限責任）こともあるほか、社員の地位（社員権）は定款により多様な内容を定めることができるため持分比率のみで権利の大きさを表すことが難しく、また、原則として譲渡が制限されます。

　このような差異を反映して、株式会社の株式が第一項有価証券に該当する一方、持分会社の社員権の有価証券該当性は、会社の種類や社員の状況により異なり、また、該当する場合も、第二項有価証券となります（ただし、電子記録移転権利は、第一項有価証券となります）。

　まず、持分会社のうち合名会社・合資会社については、株式会社と異なり、その構成員に無限責任を負う者が存在します（合名会社は社員全て、合資会社は最低1名の社員が無限責任を負います）。そのため、投資性が小さく、人的信頼関係のある少人数の共同企業に用いられることが多い実態を踏まえて、実質的に誰も無限責任を負わないような場合に限り、有価証券（第二項有価証券）に当たるものとされています。具体的には、無限責任社員全てが株式会社または合同会社である場合です（2条2項3号、施行令1条の2

有価証券等の取扱い｜第2章 **025**

の2）。

　他方、持分会社のうち合同会社は、株式会社と同様、その構成員は有限責任のみを負い、投資性が認められることから、全て有価証券（第二項有価証券）に当たるものとされています（2条2項3号）。

　このような有価証券となる社員権「の性質を有する」外国法人の社員権も、同様に扱われます（2条2項4号）。米国のLLC（Limited Liability Company）やこれと同様の外国の会社の社員権が、合同会社「の性質を有する」外国法人の社員権と評価されるか、あるいは、その他の有価証券（外国集団投資スキーム持分等）に該当するかは、個別事例ごとに実態に即して実質的に判断されます。

■ 開示規制の対象となる社員権

　第一項有価証券である株式は、金商法上の発行・継続開示規制の対象になり、募集・売出し・私募などの該当性について検討を要します。

　他方、第二項有価証券である持分会社の社員権について、有価証券に該当するからといって、全てのケースで金商法上の発行・継続開示規制の対象になるわけではありません。換言すると、募集・売出し・私募などの該当性について検討しなければならない社員権は限られています。出資総額の50％超を有価証券の投資として運用する場合等を除いて、社員権は概ね開示規制の対象にはなりません（3条3号イ（2）、施行令2条の10第1項3号・4号）。もっとも、金商法上の情報提供義務の対象にはなりえます（**Q25・Q119**参照）。

（定　義）
第2条（略）
2　（……）次に掲げる権利は、証券又は証書に表示されるべき権利以外の権利であっても有価証券とみなして、この法律の規定を適用する。
　一・二　（略）
　三　合名会社若しくは合資会社の社員権（政令で定めるものに限る。）又は合同会社の社員権
　四　外国法人の社員権で前号に掲げる権利の性質を有するもの
　五～七　（略）
3～42　（略）

026

施行令

（有価証券とみなされる合名会社又は合資会社の社員権）

第1条の2の2 法第2条第2項第3号に規定する政令で定めるものは、次に掲げるものとする。

一　その社員の全てが次のいずれかに該当する合名会社の社員権

　　イ　株式会社

　　ロ　合同会社

二　その無限責任社員の全てが次のいずれかに該当する合資会社の社員権

　　イ　株式会社

　　ロ　合同会社

信託受益権はどのように扱われていますか。

 信託受益権は、有価証券に該当します。

■ 信託法

信託受益権は、有価証券に該当します。

信託法では、信託行為において、1または2以上の受益権を表示する証券（以下「受益証券」）を発行する旨を定めることができるところ、そのような信託を受益証券発行信託といい（信託法185条）、受益証券発行信託の受益証券は第一項有価証券とされています。また、そのような証券を発行する定めがない信託（信託法に基づく、通常の信託）についても、その受益権は、第二項有価証券とされています（ただし、電子記録移転権利は、第一項有価証券となります）。以上のような受益証券発行信託や通常の信託「の性質を有する」外国法上の権利も、同様に取り扱われます。

■ 開示規制の対象となる信託受益権

第一項有価証券である**受益証券発行信託**の受益証券は、金商法上の発行・継続開示規制の対象になり、募集・売出し・私募などの要件について検討を要します。

他方、第二項有価証券である通常の信託の受益権について、有価証券に該当するからといって、全てのケースで金商法上の**発行・継続開示規制の対象**になるわけではありません。換言すると、募集・売出し・私募などの要件について検討しなければならない信託受益権は限られています。信託財産に属する資産の価額の総額の50％超を有価証券の投資として運用する場合等を除いて、信託受益権は概ね開示規制の対象にはなりません（3条3号イ（2）、施行令2条の10第1項1号・2号）。もっとも、信託業法や金商法上の**情報提供義務**の対象にはなりえます（Q25・Q119参照）。

金商法において、信託受益権を有価証券に含める意義は、**業者規制の対象**にする点にあります。例えば、受託者のみが発行者となる受益権に係る信託

契約の締結の媒介、信託受益権の売買、売買の媒介などは、第二種金融商品取引業に該当することになります（**Q84**参照）。また、受益権への投資について報酬を得てアドバイスする行為は、投資助言業務に該当し、運用について一任を受けると、投資運用業に該当する可能性があります（**Q85・Q86**参照）。

■ 特別法に基づく信託

　なお、特別法に基づく信託は異なる取扱いとなります（例えば、**投資信託の受益証券**は、第一項有価証券となり、開示規制の対象となります）。

（定　義）

第2条　この法律において「有価証券」とは、次に掲げるものをいう。

　一～十三（略）

　十四　信託法（……）に規定する受益証券発行信託の受益証券

　十五～二十一（略）

2　（……）次に掲げる権利は、証券又は証書に表示されるべき権利以外の権利であつても有価証券とみなして、この法律の規定を適用する。

　一　信託の受益権（前項第10号に規定する投資信託の受益証券に表示されるべきもの及び同項第12号から第14号までに掲げる有価証券に表示されるべきもの並びに資金決済に関する法律第2条第5項第3号又は第4号に掲げるものに該当するもので有価証券とみなさなくても公益又は投資者の保護のため支障を生ずることがないと認められるものとして政令で定めるものを除く。）

　二　外国の者に対する権利で前号に掲げる権利の性質を有するもの（前項第10号に規定する外国投資信託の受益証券に表示されるべきもの並びに同項第17号及び第18号に掲げる有価証券に表示されるべきものに該当するものを除く。）

　三～七（略）

3～42（略）

有価証券等の取扱い｜第2章　029

Q011

トークンは有価証券に該当しますか。

A トークンは、その発行条件や保有者が有する権利の内容、用途等によっては、有価証券に該当します。

■ 判断の視点

「トークン」（ここではデジタルトークンを想定します）は、電子的に記録され移転し得る財産的価値を意味するものとして用いられることもありますが、法令上定義はなく、多様な意味を持つ用語です。トークンについて、有価証券該当性が一律に決まるわけではなく、個別に検討する必要があります。なお、有価証券に該当する場合、一般的に「**セキュリティートークン**」と呼ばれます。

■ 有価証券をトークン化したことが明らかな場合

国内でトークンを用いた主な資金調達の事例として、金商法に限定列挙された有価証券（**Q7**参照）であることを明らかにした上で、その権利関係をブロックチェーン上に記録するものがあります。例えば、トークン化された受益証券発行信託の受益証券や社債、匿名組合持分が国内発行されています。この場合、有価証券の種別に応じて、金商法の規制対象となることは明らかです。

金商法上の具体的な取扱いについては、有価証券をトークン化したものは、「**電子記録移転有価証券表示権利等**」となり、これを取り扱う金融商品取引業者等が販売勧誘における付加的なルールに従う必要があるなど、通常とは部分的に異なる規制を受けます。

金商法2条2項各号に規定する有価証券をトークン化したものも、「電子記録移転有価証券表示権利等」となりますが、さらに原則として「**電子記録移転権利**」にも該当し、第一項有価証券として取り扱われるため、発行者が厳格な開示規制に服するほか、媒介等は第二種金融商品取引業者ではなく第一種金融商品取引業者等のみが行いうるなど、トークン化により異なる規制が適用されます（**Q100**および以下の金商法2条3項参照）。

■ 海外の商品等位置付けが明らかでない場合

　海外の商品等、必ずしも日本の法令上の位置付けが明らかにされずにトークン化されたものについては、その発行条件や保有者が有する権利の内容、用途等を踏まえて、判断する必要があります。

　例えば、トークンが、金銭や暗号資産といった対価を得て発行され、保有者が収益の分配を受ける権利を有するのであれば、基本的に、いわゆる集団投資スキーム持分として有価証券に該当し（**Q8**参照）、上記で説明した電子記録移転権利として、金商法の規制対象となります。

　他方、そのようなトークンが対価を得て発行されるとしても、収益の分配がないのであれば、基本的に、有価証券には該当せず、金商法の適用は受けません。もっとも、トークンが物品等の購入・借受けや役務提供の代価の弁済に用いられるのであれば、前払式支払手段または暗号資産もしくは電子決済手段等として、資金決済法や銀行法等により規制される可能性がありますので、これらの法令の規制には留意が必要です。なお、暗号資産は有価証券ではないものの「金融商品」に該当するため、そのデリバティブ取引が行われるのであれば、金商法により規制されます（**Q6**、**Q12**および以下の金商法2条24項参照）。

（定義）

第2条　（略）

2　（略）

3　この法律において、「有価証券の募集」とは、新たに発行される有価証券の取得の申込みの勧誘（これに類するものとして内閣府令で定めるもの（次項において「取得勧誘類似行為」という。）を含む。以下「取得勧誘」という。）のうち、当該取得勧誘が第1項各号に掲げる有価証券又は前項の規定により有価証券とみなされる有価証券表示権利、特定電子記録債権若しくは同項各号に掲げる権利（電子情報処理組織を用いて移転することができる財産的価値（電子機器その他の物に電子的方法により記録されるものに限る。）に表示される場合（流通性その他の事情を勘案して内閣府令で定める場合を除く。）に限る。以下「電子記録移転権利」という。）（（……）「第一項有価証券」という。）に係るものである場合にあつては第1号及び第2号に掲げる場合、当該取得勧誘が前項の規定により有価証券とみなされる同項各号に掲げる権利（（……）「第二項有価証券」という。）に係るものである場合にあつては第3号に掲げる場合に該当するものをいい、「有価証券の私募」とは、取得勧誘であつて有価証券の募集に該当しないものをいう。

一～三　（略）

4～23　（略）

24　この法律において「金融商品」とは、次に掲げるものをいう。

　一～三　（略）

　三の二　暗号等資産（資金決済に関する法律第2条第14項に規定する暗号資産又は同条第5項第4号に掲げるもののうち投資者の保護を確保することが必要と認められるものとして内閣府令で定めるものをいう。（……））

　三の三～五　（略）

25～42　（略）

Q012

デリバティブ取引はどのように扱われていますか。

A 有価証券デリバティブ、金利・通貨スワップ、クレジット・デリバティブ、天候デリバティブ、暗号資産デリバティブ、一定の商品に係る市場デリバティブなどの取引は、原則として、金商法の業者規制の対象となります。他方、デリバティブ取引であっても、店頭商品先物取引などについては、金商法の規制対象にはなりません。

■ 対象取引

金商法上、概ね、**金融商品（有価証券、預金契約等に基づく権利、暗号資産、通貨等）** または**金融指標（金融商品の価格または利率等、気象の観測の成果に係る数値等）** に基づく先物取引、指標先物取引、オプション取引、指標オプション取引、スワップ取引およびクレジット・デリバティブ取引等などをデリバティブ取引に含め、規制対象にしています。また、コモディティデリバティブも、規制対象になります。

正確な定義は後掲の条文を参照してください。

■ 有価証券、金利、通貨等のデリバティブ取引

有価証券、金利や通貨に関するデリバティブ取引といった伝統的なデリバティブ取引のほか、天候デリバティブやクレジット・デリバティブ、暗号資産デリバティブも金商法の規制対象になります（2条20項以下、施行令1条の13、1条の14、1条の18）。なお、クレジット・デリバティブには保証契約なども形式上含まれるので、これら一定の取引は政令で除かれています（施行令1条の15）。

金商法により規制されるデリバティブ取引には、**店頭デリバティブと国内・外国市場デリバティブ**があります。①店頭デリバティブ取引を行うこと、②第一項有価証券や電子記録移転権利についての国内・外国市場デリバティブ取引を行うこと、そして、①または②の取引の（もしくは②の取引の委託の）媒介、取次ぎ、代理を行うことは、これらを業として行う限り、第一種金融商品取引業となります。第一項有価証券や電子記録移転権利以外につい

有価証券等の取扱い｜第2章｜033

ての国内・外国市場デリバティブ取引、また、これらの取引の（またはその取引の委託の）媒介・取次ぎ・委託を業として行うことは、第二種金融商品取引業となります。ヘッジ目的で頻繁にデリバティブ取引を行っても、金融商品取引業者との間で行っている限り、業に該当しないと解することが可能であり、登録は不要であると考えられます。また、その他の除外行為について**Q80**参照。

■ 商品のデリバティブ取引

　金、原油、大豆等、一定の商品（コモディティ）に係る国内市場デリバティブ取引は、金商法の規制対象となります（施行令1条の17の2、金融庁告示第10号）。これは、証券・金融のみならず商品も一体として取り扱う「総合的な取引所」を可能とするための改正によるものであり、このような取引の（またはこのような取引の委託の）媒介、取次ぎ、代理を業として行うことは、第一種金融商品取引業となります。

　上記以外の商品（コモディティ）のデリバティブ取引は、商品先物取引法という別の法律で規制されています。金商法の規制対象にはなりませんが、商品先物取引法の行為規制には金商法との共通点も多く、横断的な規制が実現されています。

（定　義）
第2条　（略）
2〜19（略）
20　この法律において「デリバティブ取引」とは、市場デリバティブ取引、店頭デリバティブ取引又は外国市場デリバティブ取引をいう。
21　この法律において「市場デリバティブ取引」とは、金融商品市場において、金融商品市場を開設する者の定める基準及び方法に従い行う次に掲げる取引をいう。
　　一　売買の当事者が将来の一定の時期において金融商品及びその対価の授受を約する売買であつて、当該売買の目的となつている金融商品の転売又は買戻しをしたときは差金の授受によつて決済することができる取引
　　二　当事者があらかじめ金融指標として約定する数値（以下「約定数値」という。）と将来の一定の時期における現実の当該金融指標の数値（以下「現実数値」という。）の差に基づいて算出される金銭の授受を約する取引
　　三　当事者の一方の意思表示により当事者間において次に掲げる取引を成立させることができる権利を相手方が当事者の一方に付与し、当事者の一方がこれに対して対

価を支払うことを約する取引

 イ 金融商品の売買（第1号に掲げる取引を除く。）

 ロ 前2号及び次号から第6号までに掲げる取引（前号又は第4号の2に掲げる取引に準ずる取引で金融商品取引所の定めるものを含む。）

四 当事者が元本として定めた金額について当事者の一方が相手方と取り決めた金融商品（……）の利率等（利率その他これに準ずるものとして内閣府令で定めるものをいう。以下同じ。）又は金融指標（金融商品（……）の利率等及びこれに基づいて算出した数値を除く。以下この号及び次項第5号において同じ。）の約定した期間における変化率に基づいて金銭を支払い、相手方が当事者の一方と取り決めた金融商品（……）の利率等又は金融指標の約定した期間における変化率に基づいて金銭を支払うことを相互に約する取引（これらの金銭の支払とあわせて当該元本として定めた金額に相当する金銭又は金融商品を授受することを約するものを含む。）

四の二 当事者が数量を定めた金融商品（……）について当事者の一方が相手方と取り決めた当該金融商品に係る金融指標の約定した期間における変化率に基づいて金銭を支払い、相手方が当事者の一方と取り決めた当該金融指標の約定した期間における変化率に基づいて金銭を支払うことを相互に約する取引

五 当事者の一方が金銭を支払い、これに対して当事者があらかじめ定めた次に掲げるいずれかの事由が発生した場合において相手方が金銭を支払うことを約する取引（（……）を移転することを約するものを含み、第2号から前号までに掲げるものを除く。）

 イ 法人の信用状態に係る事由その他これに類似するものとして政令で定めるもの

 ロ 当事者がその発生に影響を及ぼすことが不可能又は著しく困難な事由であつて、当該当事者その他の事業者の事業活動に重大な影響を与えるものとして政令で定めるもの（イに掲げるものを除く。）

六 前各号に掲げる取引に類似する取引であつて、政令で定めるもの

22 この法律において「店頭デリバティブ取引」とは、金融商品市場及び外国金融商品市場によらないで行う次に掲げる取引（……）をいう。

一 売買の当事者が将来の一定の時期において金融商品（……）及びその対価の授受を約する売買であつて、当該売買の目的となつている金融商品の売戻し又は買戻しその他政令で定める行為をしたときは差金の授受によつて決済することができる取引

二 約定数値（……）と現実数値（……）の差に基づいて算出される金銭の授受を約する取引又はこれに類似する取引

三 当事者の一方の意思表示により当事者間においてイ又はロに掲げる取引を成立させることができる権利を相手方が当事者の一方に付与し、当事者の一方がこれに対して対価を支払うことを約する取引又はこれに類似する取引

 イ 金融商品の売買（第1号に掲げる取引を除く。）

 ロ 前2号及び第5号から第7号までに掲げる取引

四 当事者の一方の意思表示により当事者間において当該意思表示を行う場合の金融指標（……）としてあらかじめ約定する数値と現に当該意思表示を行つた時期における現実の当該金融指標の数値の差に基づいて算出される金銭を授受することとな

る取引を成立させることができる権利を相手方が当事者の一方に付与し、当事者の
　　一方がこれに対して対価を支払うことを約する取引又はこれに類似する取引
　五　当事者が元本として定めた金額について当事者の一方が相手方と取り決めた金融
　　商品（……）の利率等若しくは金融指標の約定した期間における変化率に基づいて
　　金銭を支払い、相手方が当事者の一方と取り決めた金融商品（……）の利率等若し
　　くは金融指標の約定した期間における変化率に基づいて金銭を支払うことを相互に
　　約する取引（（……）を授受することを約するものを含む。）又はこれに類似する取
　　引
　六　当事者の一方が金銭を支払い、これに対して当事者があらかじめ定めた次に掲げ
　　るいずれかの事由が発生した場合において相手方が金銭を支払うことを約する取引
　　（……）又はこれに類似する取引
　　イ　法人の信用状態に係る事由その他これに類似するものとして政令で定めるもの
　　ロ　当事者がその発生に影響を及ぼすことが不可能又は著しく困難な事由であつ
　　　て、当該当事者その他の事業者の事業活動に重大な影響を与えるものとして政令
　　　で定めるもの（イに掲げるものを除く。）
　七　前各号に掲げるもののほか、これらと同様の経済的性質を有する取引であつて、
　　公益又は投資者の保護を確保することが必要と認められるものとして政令で定める
　　取引
23　この法律において「外国市場デリバティブ取引」とは、外国金融商品市場において
　行う取引であつて、市場デリバティブ取引と類似の取引（金融商品（……）又は金融
　指標（……）に係るものを除く。）をいう。
24〜42　（略）

Q013

外国為替証拠金取引（いわゆるFX）は
どのように扱われていますか。

A 外国為替証拠金取引は、通貨に関する店頭デリバティブ取引として、金商法により特に厳しく規制されています。

■ 外国為替証拠金取引とは

　外国為替証拠金取引とは、一般に、FXと呼ばれる取引で、外国通貨の売買を、一定の証拠金（保証金）を担保に、その証拠金の何十倍もの取引単位（金額）で行う金融取引を指します。例えば、米ドルを借りてその米ドルを売り、取得した円を貸す取引を行います。反対売買を行った時点で、取得した円が売った米ドルとの関係で値上がりしていれば利益が出ますが、逆の場合には損失が出ます。この損失が生じることに備えて証拠金を差し入れます。

　このように、外国為替証拠金取引は、証拠金という少額の元手で、その何十倍もの通貨を売買することができ、大きな利益が出る可能性がありますが、差し入れた証拠金以上の多額の損失が生ずるおそれもあります。株式の信用取引やオプション取引と同じくリスクの高い取引です。

■ 規制の内容

　外国為替証拠金取引は、金商法では、通貨に関する店頭デリバティブ取引として、金商法により規制されますが（**Q12**参照）、特に厳しい規制の下に置かれます。

　例えば、金商法においても、金融商品取引契約の内容その他の事情を勘案し、投資者の保護を図ることが特に必要なものとして政令で定める金融商品取引契約については、不招請勧誘を禁止していますが、外国為替証拠金取引を行うことまたはその取引の媒介、取次ぎもしくは代理は、他の個人向け店頭デリバティブ取引と同様に、その対象となっています（施行令16条の4第1項第1号）。また、外国為替証拠金取引は、「通貨関連デリバティブ取引」として、証拠金規制やロスカットルールの対象となります（業府令117条1項27号・28号、123条1項21号の2・21号の3）。

有価証券等の取扱い｜第2章 037

預金はどのように扱われていますか。

A 投資性の高い外貨預金や円建てデリバティブ預金は、金商法の直接の対象にはなりませんが、銀行法において金商法の一定の規定が準用されることにより、預金者の保護が図られています。

■ 銀行法の保護

　金利、通貨の価格、金融商品市場（2条14項）における相場その他の指標に係る変動によりその元本について損失が生ずるおそれがある預金または定期積金等として内閣府令で定めるものは、銀行法で**特定預金等**と定義され、その受入れを内容とする契約は**特定預金等契約**と定められ、預金者の保護が図られています（銀行法13条の4、銀行法施行規則14条の11の4）。

　投資性の高い特定預金等の受入れを内容とする契約（特定預金等契約）については、金商法の規定の大部分が準用されています（銀行法13条の4）。例えば、**損失補塡等の禁止**（39条）や**適合性の原則**（40条）が準用されていますが、適合性の原則の適用があるため、勧誘できる相手方の知識や経験、財産の状況、目的などに照らして、適当な預金であるのかを確認して契約しなければなりません。

　特定預金等契約の締結業務の内容について広告その他これに類似するものとして内閣府令（銀行法施行規則14条の11の17）で定める行為をする場合には、当該業務に関する事項であって、顧客の判断に影響を及ぼすこととなる重要なものとして政令で定めるもの（銀行法施行令4条の5、同施行規則14条の11の20）などについて表示をしなければなりません（37条）。契約前の情報提供の規定（37条の3）についても準用があり、契約締結時の情報提供の規定（37条の4）の準用もありますが、それぞれ例外があります（銀行法施行規則14条の11の25、同規則14条の11の29）。また、銀行法12条の2に基づく預金者等への情報の提供に関しても、一定のデリバティブ取引との組み合わせにより、預金の元本が全額返還される保証がない場合には、詳細な説明が求められています。

　さらに、一定の行為が禁止されています（銀行法施行規則14条の11の

30)。また、クーリング・オフの制度（37条の6）、不招請勧誘の禁止（38条4号）、再勧誘の禁止（38条6号）など業者に課される厳しい規定の準用もありえます。しかし、これらについては政令で定められた場合にのみ適用されるのであり、現在のところ特定預金等契約に適用する旨の定めはありません。

■ 適用除外

　金商法では、プロである**特定投資家**を相手方とする一定の事項については、情報提供などの適用がない旨定められています（45条）。上に挙げた例のうち損失補塡以外の全てについて、この適用除外が定められており、適用除外の規定も準用されています。特定投資家については、当然に特定投資家となるもの、希望してなるものなどが定められています（**Q115**参照）が、これらの規定も、概ね銀行法などで準用されています。

銀行法
（金商法の準用）
第13条の4　金融商品取引法第3章第1節第5款（第34条の2第6項から第8項まで（……）並びに第34条の3第5項及び第6項（……）を除く。）（特定投資家）、同章第2節第1款（第35条から第36条の4まで（第一種金融商品取引業又は投資運用業を行う者の業務の範囲、第二種金融商品取引業又は投資助言・代理業のみを行う者の兼業の範囲、業務管理体制の整備、顧客に対する誠実義務、標識の掲示、名義貸しの禁止、社債の管理の禁止等）、第37条第1項第2号（広告等の規制）、第37条の2（取引態様の事前明示義務）、第37条の3第1項第2号及び第6号並びに第3項（契約締結前の書面の交付）、第37条の5（保証金の受領に係る書面の交付）、第37条の7（指定紛争解決機関との契約締結義務等）、第38条第1号、第2号、第7号及び第8号並びに第38条の2（禁止行為）、第39条第3項ただし書、第4項、第6項及び第7項（損失補塡等の禁止）並びに第40条の2から第40条の7まで（最良執行方針等、分別管理が確保されていない場合の売買等の禁止、金銭の流用が行われている場合の募集等の禁止、特定投資家向け有価証券の売買等の制限、特定投資家向け有価証券に関する告知義務、のみ行為の禁止、店頭デリバティブ取引に関する電子情報処理組織の使用義務等）を除く。）（通則）及び第45条（第3号及び第4号を除く。）（雑則）の規定は、銀行が行う特定預金等契約（特定預金等（金利、通貨の価格、同法第2条第14項に規定する金融商品市場における相場その他の指標に係る変動によりその元本について損失が生ずるおそれがある預金又は定期積金等として内閣府令で定めるものをいう。）の受入れを内容とする契約をいう。以下同じ。）の締結について準用する。この場合において、（……）と読み替えるものとするほか、必要な技術的読替えは、政令で定める。

有価証券等の取扱い｜第2章　039

Q015

変額保険や外貨建て保険はどのように扱われていますか。

A 投資性の高い変額保険や外貨建て保険は、金商法の直接の対象にはなりませんが、保険業法において金商法の一定の規定が準用されることにより、保険契約者の保護が図られています。

■ **保険業法による保護**

「金利、通貨の価格、金融商品市場（2条14項）における相場その他の指標に係る変動により損失が生ずるおそれがある保険契約として内閣府令で定めるもの」は、保険業法で**「特定保険契約」**と定義されています（保険業法300条の2、保険業法施行規則234条の2）。特定保険契約には、**変額保険**や**外貨建て保険**が含まれます。これらの契約については、保険契約者が保険業法で保護されています。

保険会社等、外国保険会社等、保険募集人または保険仲立人が行う特定保険契約の締結またはその代理・媒介については、**損失補塡等の禁止**（39条）や**適合性の原則**（40条）の規定が準用されます。適合性の原則の適用により、勧誘できる相手方の知識や経験、財産の状況、目的などに照らして、適当な保険であるのかを確認して、契約しなければなりません。この点、従来の規制と大きな違いはありません。

特定保険契約の締結業務の内容について広告その他これに類似するものとして内閣府令（保険業法施行規則234条の15）で定める行為をする場合には、当該業務に関する事項であって、顧客の判断に影響を及ぼすこととなる重要なものとして政令（保険業法施行令44条の5、保険業法施行規則234条の17以下）で定めるものなどについての表示をしなければなりません（37条）。契約前の情報提供（37条の3）や契約締結時の情報提供（37条の4）の規定についても、準用がありますが、それぞれ例外があります（保険業法施行規則234条の22、同規則234条の26）。

さらに、不招請勧誘の禁止（38条4号）、再勧誘の禁止（38条6号）など業者に課される厳しい規定の準用もあります。もっとも、これらについては、

政令で定められた場合にのみ適用されるところ、現時点では、かかる定めはありません。**クーリング・オフ**の規定の準用がないのは、現行保険業法に規定があるからです（保険業法309条）。なお、一定の行為が禁止されています（保険業法施行規則234条の27）。

■ 適用除外

なお、金商法では、プロである**特定投資家**を相手方とする一定の事項は、情報提供などの規定の適用がない旨定められています（45条）。損失補塡以外の全てについて、この適用除外が定められており、適用除外の規定も保険業法で準用されています。特定投資家は、当然に特定投資家となるもの、希望してなるものなどが定められています（Q115参照）。保険会社等、外国保険会社等または保険仲立人が行う、①その契約の締結、または②顧客のために特定保険契約の締結の媒介を行うことを内容とする契約の締結について、金商法中の特定投資家についての多くの規定が準用されています。

保険業法
（金商法の準用）
第300条の2　金融商品取引法第3章第1節第5款（第34条の2第6項から第8項まで（特定投資家が特定投資家以外の顧客とみなされる場合）並びに第34条の3第5項及び第6項（特定投資家以外の顧客である法人が特定投資家とみなされる場合）を除く。）（特定投資家）及び第45条（第3号及び第4号を除く。）（雑則）の規定は保険会社等若しくは外国保険会社等又は保険仲立人が行う特定保険契約（金利、通貨の価格、同法第2条第14項（定義）に規定する金融商品市場における相場その他の指標に係る変動により損失が生ずるおそれ（当該保険契約が締結されることにより顧客の支払うこととなる保険料の合計額が、当該保険契約が締結されることにより当該顧客の取得することとなる保険金、返戻金その他の給付金の合計額を上回ることとなるおそれをいう。）がある保険契約として内閣府令で定めるものをいう。以下この条において同じ。）又は顧客のために特定保険契約の締結の媒介を行うことを内容とする契約の締結について、同章第2節第1款（第35条から第36条の4まで（第一種金融商品取引業又は投資運用業を行う者の業務の範囲、第二種金融商品取引業又は投資助言・代理業のみを行う者の兼業の範囲、業務管理体制の整備、顧客に対する誠実義務、標識の掲示、名義貸しの禁止、社債の管理の禁止等）、第34条第1項第2号（広告等の規制）、第37条の2（取引態様の事前明示義務）、第37条の3第1項第2号及び第6号並びに第3項（契約締結前の書面の交付）、第37条の5から第37条の7まで（保証金の受領に係る書面の交付、書面等による解除、指定紛争解決機関との契約締結義務等）、第38条第1号、

第2号、第7号及び第8号並びに第38条の4（禁止行為）、第39条第3項ただし書、第4項、第6項及び第7項（損失補塡等の禁止）並びに第40条の2から第40条の7まで（最良執行方針等、分別管理が確保されていない場合の売買等の禁止、金銭の流用が行われている場合の募集等の禁止、特定投資家向け有価証券の売買等の制限、特定投資家向け有価証券に関する告知義務、のみ行為の禁止、店頭デリバティブ取引に関する電子情報処理組織の使用義務等）を除く。）（通則）の規定は保険会社等、外国保険会社等、保険募集人又は保険仲立人が行う特定保険契約の締結又はその代理若しくは媒介について、それぞれ準用する。この場合において、（……）と読み替えるものとするほか、必要な技術的読替えは、政令で定める。

Q016

不動産特定共同事業法の対象については どのように扱われていますか。

A 不動産特定共同事業法の対象となる商品は、原則として有価証券には該当せず、金商法は適用されませんが、投資家（事業参加者）の保護のため、再勧誘禁止規定が設けられており、また、金商法の一定の規定が準用されています。例外的に、トークン化された商品などは有価証券に該当し、金商法が全般に直接適用されます。

■ 不動産ファンドについて

現在、不動産の流動化スキームの多くは資産流動化法に従って行われ、また不動産の代表的な**運用型投資スキームであるジェイ・リート（J–REIT）**は投信法に従って行われています。これらの仕組みにより生じる商品である優先出資証券や投資証券は、金商法上、有価証券として扱われています。これに対し、これらの仕組みが導入される前の1995年に施行された不動産の小口化商品を扱う業者を規制する「**不動産特定共同事業法**」（いわゆる不動産ファンド法）の対象商品（任意組合型、匿名組合型、賃貸型など）は、流通性が低く、金商法上、原則としては、第二項有価証券である集団投資スキーム持分から明示的に除外されています（2条2項5号ハ）（**Q96**参照）。

このような不動産ファンドは、投資性の強い金融商品としての性格を有する一方、不動産固有の規制が必要であるため不動産特定共同事業法により規制されています。不動産特定共同事業法により行政の監督を受けた事業者がその信用力に依拠した資金調達を行うことを踏まえて、このような不動産ファンドが有価証券から除外されたものです。

■ 不動産ファンド法による投資家保護

同じ経済的性質を有する金融商品・取引には同じルールを適用するとの基本的な考え方の下、不動産特定共同事業法においても金商法における投資者保護と同様の制度が盛り込まれています。

まず、不動産特定共同事業者等は、不動産特定共同事業契約の締結の勧誘

有価証券等の取扱い｜第2章　043

をするに際し、その相手方が当該不動産特定共同事業契約を締結しない旨の意思（当該勧誘を引き続き受けることを希望しない旨の意思を含む）を表示したにもかかわらず、当該勧誘を継続する行為をしてはならないと定められました（不動産特定共同事業法21条2項）。**再勧誘禁止規制**です。業者にとってこれよりも厳しい不招請勧誘の禁止規制は、設けられませんでした。

また、不動産特定共同事業者が行う不動産特定共同事業契約の締結またはその代理・媒介について、金商法の**損失補塡等の禁止**（39条）と**適合性の原則**（40条）の準用が定められました（同法21条の2）。

不動産特定共同事業法を所管するのは、国土交通省と金融庁です（同法49条参照）。なお、不動産流動化などで通常用いられている仕組みの取扱いについては、**Q96**参照。

■ 金融商品取引法の直接の対象となる商品

例外的に、一部の商品は集団投資スキーム持分から除外されておらず、有価証券に該当し、金商法が全般に直接適用されます。

まず、不動産特定共同事業法上の不動産特定共同事業契約のうち、「特例事業者」と締結したものに基づく権利は、集団投資スキーム持分（有価証券）に該当します。「特例事業者」の制度は、いわゆる特別目的会社（SPC）による不動産ファンドについては、不動産特定共同事業法上、本来必要となる登録を不要とし、届出で足りるとするものですが、このような場合、SPCは事業者としての実態を持たず、事業者自身の信用力に依拠した資金調達ではなくアセットファイナンスとしての性質が強いことを踏まえて、有価証券に該当すると整理しています。

また、2023年改正により、通常の不動産特定共同事業契約であっても、トークン化された場合には、投資者保護の観点からより実効的な監督を行うため、金商法の販売・勧誘規制等が直接適用されます。

（定 義）
第2条 （略）
2 ……、次に掲げる権利は、証券又は証書に表示されるべき権利以外の権利であつても有価証券とみなして、この法律の規定を適用する。

一〜四　（略）

五　（……）組合契約、（……）匿名組合契約、（……）投資事業有限責任組合契約又は（……）有限責任事業組合契約に基づく権利、社団法人の社員権その他の権利（外国の法令に基づくものを除く。）のうち、当該権利を有する者（以下この号において「出資者」という。）が出資又は拠出をした金銭（これに類するものとして政令で定めるものを含む。）を充てて行う事業（以下この号において「出資対象事業」という。）から生ずる収益の配当又は当該出資対象事業に係る財産の分配を受けることができる権利であつて、次のいずれにも該当しないもの（……）

イ　出資者の全員が出資対象事業に関与する場合として政令で定める場合における当該出資者の権利

ロ　出資者がその出資又は拠出の額を超えて収益の配当又は出資対象事業に係る財産の分配を受けることがないことを内容とする当該出資者の権利（……）

ハ　（……）保険契約、（……）共済契約又は不動産特定共同事業法（……）第2条第3項に規定する不動産特定共同事業契約（同条第9項に規定する特例事業者と締結したものを除く。）に基づく権利（……）

ニ　（略）

六〜七　（略）

3〜42　（略）

《2023年改正》
第2条
2　（略）

一〜四　（略）

五　（略）

イ〜ロ　（略）

ハ　（……）保険契約、（……）共済契約又は不動産特定共同事業法（……）第2条第3項に規定する不動産特定共同事業契約（同条第九項に規定する特例事業者と締結したもの及び当該不動産特定共同事業契約に基づく権利が電子情報処理組織を用いて移転することができる財産的価値（電子機器その他の物に電子的方法により記録されるものに限る。）に表示されるものを除く。）に基づく権利（……）

六〜七　（略）

3〜42　（略）

不動産特定共同事業法
（金融商品取引法の準用）
第21条の2　金融商品取引法第39条（第3項ただし書、第4項、第6項及び第7項を除く。）及び第40条の規定は、不動産特定共同事業者が行う不動産特定共同事業契約（特例事業者が締結するものであって、金銭（これに類するものとして主務省令で定めるものを含む。）をもって出資の目的とするものを除く。）の締結又はその代理若しくは媒介について準用する。この場合において、（……）と読み替えるものとする。

有価証券等の取扱い｜第2章　045

Q017

商品デリバティブ取引はどのように扱われていますか。

A 商品デリバティブ取引については、広告などの規制、損失補填の禁止、取引証拠金などの受領に係る書面交付義務、虚偽告知の禁止、適合性の原則などについて、金商法の規定と同等の規制を定める商品先物取引法により規制されています。不招請勧誘は禁止されません。

■ 商品デリバティブ取引とは

　商品デリバティブ取引とは、日本国内に設置された商品取引所やこれに類似する外国の商品市場において、あるいは、市場外で相対取引として行われる、農作物や鉱物などの商品または商品指数についてのデリバティブであり、オプション取引や差金決済を約束する取引などが含まれます（商品先物取引法2条15項）。将来の受渡し時期と価格を現時点で決めて行うもので、その期限内であれば、実際に商品の受渡しをせずに、反対売買などをすることによって差金の授受で決済することもできます。少ない元手で大きな取引ができるので、リスクとリターンの大きな取引です。

■ 商品先物取引法の規制

　商品デリバティブ取引は、商品に関する取引であり、現物取引の精算、流通を巡る政策と密接に関連しているため、原則として、金商法とは別の**商品先物取引法**において、投資者保護を図っています。

　商品先物取引法では、商品取引所の組織や商品市場での取引の管理についての定めに加えて、市場内外の取引に関して、金商法の規定と同様の規定が定められています。具体的には、**広告規制**（同法213条の2）、**不当勧誘禁止**（同法214条）、**損失補てん等の禁止**（同法214条の3）、**適合性の原則**（同法215条）などが定められています。

　商品先物取引法を所管するのは、農林水産省と経済産業省です（同法354条参照）。

　なお、金、原油、大豆等、一定の商品（コモディティ）に係る国内市場デ

リバティブ取引は、金商法の規制対象となります（**Q12**参照）。

商品先物取引法
（定　義）
第2条　（略）
2〜14　（略）
15　この法律において「商品デリバティブ取引」とは、商品市場における取引、外国商
　品市場取引及び店頭商品デリバティブ取引（……）をいう。
16〜29　（略）

有価証券等の取扱い｜第2章　047

Q018

商品ファンドはどのように扱われていますか。

A 商品ファンドは、金商法では有価証券とみなされることになりました。

■ 商品ファンドとは

商品ファンドとは、商品投資のためのファンドであり、匿名組合や民法上の組合、海外のリミテッド・パートナーシップの形式をとる契約型（以下「**商品投資契約**」）と信託形式（以下「**商品投資受益権**」）のものがあります（商品投資に係る事業の規制に関する法律2条5項・6項）。ここで、商品投資とは、商品先物取引法で定める商品または商品指数についての先物取引（同法2条1項参照）などを指します。

■ 商品ファンドの有価証券該当性

商品ファンドは、金商法上、商品投資受益権は信託受益権、商品投資契約は集団投資スキーム持分にそれぞれ該当し、広く有価証券とみなされます。

■ 商品投資に係る事業の規制に関する法律

商品投資に係る事業の規制に関する法律は、**商品投資顧問業**についての規制を主とする法律です。「商品投資顧問業」とは、商品投資顧問契約に基づいて商品投資を行う営業をいい、「**商品投資顧問契約**」とは、当事者の一方が、相手方から、商品投資に係る投資判断（投資の対象となる物品の種類、数および価格ならびに売買の別、方法および時期についての判断）の全部または一部を一任されるとともに、当該投資判断に基づき相手方のため商品投資を行うのに必要な権限を委任されることを内容とする契約をいいます。投資運用（投資一任）業務に近い業務であり、商品についてのこの業務は、同法上の許可を要する業種として規制されています。商品投資に係る事業の規制に関する法律は**商品ファンド法**と略されますが、商品投資顧問業法という略称を使用する方が実態に合っています。

048

商品投資に係る事業の規制に関する法律
（目　的）
第1条　この法律は、商品投資顧問業を営む者に対する許可制度の実施その他の商品投資に係る事業に対する必要な規制を行うことにより、その事業を行う者の業務の適正な運営を確保し、もって商品投資に係る事業を公正かつ円滑にするとともに、投資者の保護を図ることを目的とする。

第 **3** 章

開示規制・
上場会社の規制

Q19〜Q52

Q019

発行開示制度について説明してください。

A 発行開示制度とは、有価証券の募集や売出しに際して、企業情報（流動化商品などについては資産情報）や証券情報を有価証券届出書や目論見書を使用して投資者に開示する制度です（2条の3以下）。合併などの組織再編成手続での有価証券届出書での開示も含まれます。

■ 募集・売出しの開示

募集とは、新たに発行される有価証券の取得の申込みの勧誘で、一定の要件を満たすものをいいます（2条3項。厳密には例外的に既発行の有価証券の勧誘も該当する場合があります）。典型的な募集は、いわゆる一般の多数の投資家に対する有価証券の公募ですが、それ以外の様々な勧誘形態も募集に含まれ、規制の対象になっています。この要件は、有価証券の種類ごとに異なります。

売出しとは、既に発行された有価証券の売付けの申込みまたは買付けの申込みの勧誘のうち一定の要件を満たすものをいいます（同条4項）。伝統的な有価証券（第一項有価証券）については、かつて50名以上の者に対して均一の条件で行うことと定義しており、これも既発行証券の公募を指していましたが、現在は募集と同様に有価証券の種類ごとに複雑な定義を定めています。なお、既発行証券の売出しの開示も**発行開示**と呼ばれています。

みなし有価証券は、原則として、開示規制の対象になりませんが、例外的に対象になる「有価証券投資事業権利等」（3条3号）については、募集も売出しも、勧誘の相手方の数を問題にせず、その結果所有することになる投資家の数が500名以上となるか否かが問題となります（施行令1条の7の2、1条の8の5）（**Q7**参照）。

合併などで有価証券の発行などが行われる**組織再編成**についても開示規制が設けられています（**Q33**参照）。

募集または売出しは、勧誘行為であり、この行為の前に、原則として、**有価証券届出書**を提出する必要があります（4条1項）。この届出をする前に勧誘行為を行うことは、ピストルが鳴る前にスタートすることになぞらえて、

米国では**ガン・ジャンピング**と呼ばれています。刑事罰や課徴金の対象になる行為です（197条の2第1号、172条）。この届出書は金商法に基づく有価証券報告書等の開示書類に関する電子開示システムである**EDINET**（Q26参照）を通じて提出され、インターネットで誰もが閲覧できます。

■ 有価証券の取得

　有価証券届出書が提出されると勧誘することが許されますが、**届出の効力**が発生するまでは、その勧誘により、有価証券を取得させることはできません（15条1項）。この「取得させる」とは、現実に受渡しをするということではなく、投資家に撤回できない拘束力のある申込みをさせることをいいます。原則として、届出書が提出されて15日が経過した日、つまり16日後に効力が発生します（8条1項）。ただ、組込方式や参照方式の有価証券届出書を提出することが許されている多くの上場会社が行う届出については、実務上、7日が経過した日に効力を生じさせることがあります（同条3項、開示ガイドライン8-1）。

　届出を行い、一定の待機期間が終了し、届出の効力が発生すると、有価証券を取得させることができます。取得させる以前に、原則として、**目論見書**を作成して（13条1項）、これを交付しておく必要があります（15条2項）。発行開示の方法には、この届出に加えて、**発行登録**の制度もあります（**Q34**参照）。

　発行開示を行った場合には、原則として、その後、有価証券報告書などによる**継続開示**も必要になります（**Q35**参照）。

（募集又は売出しの届出）
第4条　有価証券の募集（……）又は有価証券の売出し（次項に規定する適格機関投資家取得有価証券一般勧誘及び第3項に規定する特定投資家等取得有価証券一般勧誘に該当するものを除き、特定組織再編成交付手続を含む。以下この項において同じ。）は、発行者が当該有価証券の募集又は売出しに関し内閣総理大臣に届出をしているものでなければ、することができない。ただし、次の各号のいずれかに該当するものについては、この限りでない。
　一～五　（略）
2～7（略）

Q020

第一項有価証券についての適格機関投資家向け私募について説明してください。

A 適格機関投資家向け私募（プロ私募）とは、第一項有価証券について発行開示が不要となる私募の一種です。私募の要件は有価証券の種類ごとに異なります。このプロ私募を行う場合、発行開示は必要ありませんが、一定の告知は必要になります。

■ 適格機関投資家（プロ）とは

適格機関投資家とは、有価証券に対する投資に係る専門的知識および経験を有する者として内閣府令で定める者をいいます（2条3項1号、定義府令10条）（Q21参照）。なお、金商法で導入された同じくプロの概念である「**特定投資家**」とは同じではなく、特定投資家の方が広い概念であり、適格機関投資家は特定投資家に含まれます。

■ 私募とは

金商法では、新たに発行される有価証券の取得の申込みの勧誘とこれに類するものとして内閣府令で定めるものを「**取得勧誘**」と定義しています（2条3項、定義府令9条）。既発行の有価証券の勧誘である「**売付け勧誘等**」（2条4項）と区別する概念です。

私募とは、新規発行証券に関する「取得勧誘」であって募集に該当しないものを指します（同条3項）。売出しに該当しない既発行証券の売付け勧誘等のことは一般に**私売出し**と呼びます。

有価証券ごとに政令および内閣府令で私募の要件が定められています。なお、私募の場合、発行開示は不要ですが、原則として、一定の告知は必要になります（23条の13）。また、募集の要件を第一項有価証券（株券や社債券など2条1項に掲げる有価証券と概ねこれらの証券に表示すべき権利）と第二項有価証券（組合持分など2条2項により有価証券とみなされる権利）とを分けて規定しています。

■ プロ私募とは

　このうち**適格機関投資家向け私募（プロ私募）**とは、第一項有価証券に関するもので、一般に、適格機関投資家のみを相手方として行う場合であって、当該有価証券がその取得者から適格機関投資家以外の者に譲渡されるおそれが少ないものとして政令で定める場合（2条3項2号イ、施行令1条の4、定義府令11条）をいいます。各有価証券の種類ごとに要件が定められています。一般的に適格機関投資家以外への転売制限が付されます。

　第一項有価証券である株券については、以前はプロ私募は認められていませんでしたが、現在では認められています。もっとも、上場株券については、私募は認められていません（**Q29**参照）。

　適格機関投資家向け私募を行う場合、適格機関投資家向け勧誘に該当していることにより、有価証券届出書が提出されていないこと、転売制限の内容等内閣府令で定められている一定の**告知義務**が課されます（23条の13第1項、第2項）。

（定　義）
第2条　（略）
2　（略）
3　この法律において、「有価証券の募集」とは、新たに発行される有価証券の取得の申込みの勧誘（これに類するものとして内閣府令で定めるもの（次項において「取得勧誘類似行為」という。）を含む。以下「取得勧誘」という。）のうち、当該取得勧誘が第1項各号に掲げる有価証券又は前項の規定により有価証券とみなされる有価証券表示権利、特定電子記録債権若しくは同項各号に掲げる権利（電子情報処理組織を用いて移転することができる財産的価値（電子機器その他の物に電子的方法により記録されるものに限る。）に表示される場合（……）に限る。以下「電子記録移転権利」という。）（次項及び第6項、第2条の3第4項及び第5項並びに第23条の13第4項において「第一項有価証券」という。）に係るものである場合にあつては第1号及び第2号に掲げる場合、当該取得勧誘が前項の規定により有価証券とみなされる同項各号に掲げる権利（電子記録移転権利を除く。次項、第2条の3第4項及び第5項並びに第23条の13第4項において「第二項有価証券」という。）に係るものである場合にあつては第3号に掲げる場合に該当するものをいい、「有価証券の私募」とは、取得勧誘であつて有価証券の募集に該当しないものをいう。
　一　多数の者（適格機関投資家（有価証券に対する投資に係る専門的知識及び経験を有する者として内閣府令で定める者をいう。以下同じ。）が含まれる場合であつて、当該有価証券がその取得者である適格機関投資家から適格機関投資家以外の者に譲

開示規制・上場会社の規制 | 第3章 | 055

渡されるおそれが少ないものとして政令で定める場合に該当するときは、当該適格機関投資家を除く。）を相手方として行う場合として政令で定める場合（特定投資家のみを相手方とする場合を除く。）

二　前号に掲げる場合のほか、次に掲げる場合のいずれにも該当しない場合

　　イ　適格機関投資家のみを相手方として行う場合であつて、当該有価証券がその取得者から適格機関投資家以外の者に譲渡されるおそれが少ないものとして政令で定める場合

　　ロ〜ハ　（略）

三　（略）

4〜42　（略）

適格機関投資家について説明してください。

A 適格機関投資家とは、有価証券に対する投資に係る専門的知識・経験を有する者として、内閣府令に列挙された者をいいます。

■ 適格機関投資家の意義

第一項有価証券の私募には、**適格機関投資家向け私募**があり、私売出しにも、**適格機関投資家向け私売出し**があり、**適格機関投資家**は、かかる私募（私売出し）の根幹に関わる概念です。

また、集団投資スキームの自己募集や自己運用業務について、**適格機関投資家等特例業務**に該当すると登録が不要になります。適格機関投資家等特例業務の要件として、最低1名の適格機関投資家が投資している必要があります（**Q111**参照）。さらに、適格機関投資家は**特定投資家**になるので（2条31項）、業者の行為規制の適用の有無を判断する上でも重要となります（45条）（**Q115**参照）。加えて、店頭デリバティブ業務において、適格機関投資家が相手であると、金融商品取引業から除外されることがあります（施行令1条の8の3第1項2号イ、定義府令15条1項2号）（**Q80**参照）。

■ 適格機関投資家の定義

適格機関投資家とは、有価証券に対する投資に係る専門的知識および経験を有する者として内閣府令で定める者をいいます（2条3項1号、定義府令10条）。

銀行、第一種金融商品取引業者のほとんど、投資運用業者、投資法人、外国投資法人、保険会社、信用金庫、投資事業有限責任組合などは適格機関投資家に該当します。信用協同組合、有価証券の残高が10億円以上で、金融商品取引業者に有価証券の取引口座を1年以上継続して有している個人、有価証券の残高が10億円以上の法人などは当局への届出をした翌々月から一定期間適格機関投資家となります。この場合、適格機関投資家の地位が継続して必要な場合は更新を忘れないように行う必要があります。具体的には以下の定義府令の条文を参照ください。

金融商品取引法第二条に規定する定義に関する内閣府令

（適格機関投資家の範囲）

第10条 法第2条第3項第1号に規定する内閣府令で定める者は、次に掲げる者とする。ただし、第15号に掲げる者以外の者については金融庁長官が指定する者を除き、同号に掲げる者については金融庁長官が指定する者に限る。

一　金融商品取引業者（第一種金融商品取引業（有価証券関連業に該当するものに限り、法第29条の4の2第10項に規定する第一種少額電子募集取扱業務のみを行うものを除く。）又は投資運用業を行う者に限る。）

二　投資法人

三　投資信託及び投資法人に関する法律第2条第25項に規定する外国投資法人

四　銀行

五　保険会社

六　保険業法（……）第2条第7項に規定する外国保険会社等

七　信用金庫及び信用金庫連合会並びに労働金庫及び労働金庫連合会

八　農林中央金庫及び株式会社商工組合中央金庫

九　信用協同組合のうち金融庁長官に届出を行った者及び信用協同組合連合会並びに業として預金若しくは貯金の受入れ又は共済に関する施設の事業をすることができる農業協同組合連合会及び共済水産業協同組合連合会

十　株式会社地域経済活性化支援機構（……）

十の二　株式会社東日本大震災事業者再生支援機構（……）

十一　財政融資資金の管理及び運用をし、並びに財政投融資計画の執行（……）をする者

十二　年金積立金管理運用独立行政法人

十三　株式会社国際協力銀行及び沖縄振興開発金融公庫

十四　株式会社日本政策投資銀行

十五　業として預金又は貯金の受入れをすることができる農業協同組合及び漁業協同組合連合会

十六　令第1条の9第5号に掲げる者（法第33条の2の規定により登録を受けたものに限る。）

十七　銀行法施行規則（……）第17条の3第2項第12号に掲げる業務を行う株式会社のうち、当該業務を行う旨が定款において定められ、かつ、この号の届出の時における資本金の額が5億円以上であるものとして金融庁長官に届出を行った者

十八　（……）投資事業有限責任組合

十九　存続厚生年金基金（……）であって、同法附則第5条第1項の規定によりなおその効力を有するものとされる同法第1条の規定による改正前の厚生年金保険法（……）第176条第2項の規定による届出がされているもののうち最近事業年度に係る年金経理に係る貸借対照表（……）における流動資産の金額及び固定資産の金額の合計額から流動負債の金額、支払備金の金額及び過剰積立金残高の金額の合計額を控除した額が100億円以上であるものとして金融庁長官に届出を行った者、企業年金基金のうち最近事業年度に係る年金経理に係る貸借対照表（……）における流

動資産の金額及び固定資産の金額の合計額から流動負債の金額及び支払備金の金額の合計額を控除した額が100億円以上であるものとして金融庁長官に届出を行った者並びに企業年金連合会

二十　都市再生特別措置法（……）第29条第1項第1号に掲げる業務を行うものとして同項の承認を受けた者（同号に掲げる業務を行う場合に限る。）及び同法第71条第1項第1号に掲げる業務を行うものとして同項の承認を受けた者（同号に掲げる業務を行う場合に限る。）

二十一　信託業法（中略）第2条第2項に規定する信託会社（同条第4項に規定する管理型信託会社を除く。（……））のうち金融庁長官に届出を行った者

二十二　信託業法第2条第6項に規定する外国信託会社（同条第7項に規定する管理型外国信託会社を除く。（……））のうち金融庁長官に届出を行った者

二十三　次に掲げる要件のいずれかに該当するものとして金融庁長官に届出を行った法人（存続厚生年金基金を除き、ロに該当するものとして届出を行った法人にあっては、業務執行組合員等（組合契約を締結して組合の業務の執行を委任された組合員、匿名組合契約を締結した営業者若しくは有限責任事業組合契約を締結して組合の重要な業務の執行の決定に関与し、かつ、当該業務を自ら執行する組合員又は外国の法令に基づくこれらに類する者をいう。ロ及び第24号において同じ。）として取引を行う場合に限る。）

イ　当該届出を行おうとする日の直近の日（以下この条において「直近日」という。）における当該法人が保有する有価証券の残高が10億円以上であること。

ロ　当該法人が業務執行組合員等であって、次に掲げる要件の全てに該当すること（イに該当する場合を除く。）。

(1)　直近日における当該組合契約、匿名組合契約若しくは有限責任事業組合契約又は外国の法令に基づくこれらに類する契約に係る出資対象事業により業務執行組合員等として当該法人が保有する有価証券の残高が10億円以上であること。

(2)　当該法人が当該届出を行うことについて、当該組合契約に係る組合の他の全ての組合員、当該匿名組合契約に係る出資対象事業に基づく権利を有する他の全ての匿名組合契約に係る匿名組合員若しくは当該有限責任事業組合契約に係る組合の他の全ての組合員又は外国の法令に基づくこれらに類する契約に係る全ての組合員その他の者の同意を得ていること。

二十三の二　次に掲げる要件のいずれかに該当するものとして金融庁長官に届出を行った特定目的会社（資産の流動化に関する法律（……）に規定する特定目的会社をいう。（……））

イ　資産流動化法第4条第1項の規定による届出が行われた資産流動化法第2条第4項に規定する資産流動化計画（……）における特定資産（……）に有価証券が含まれ、かつ、当該有価証券の価額が10億円以上であること。

ロ　資産流動化法第200条第1項の規定により、特定資産（その取得勧誘（法第2条第3項に規定する取得勧誘をいい、法第2条の3第2項に規定する組織再編成発行手続を含む。（……）以下同じ。）が法第2条第3項第2号イに掲げる場合に該当するものである有価証券に限る。ハにおいて同じ。）の管理及び処分に係る業務を

開示規制・上場会社の規制　第3章　059

行わせるため信託会社等（資産流動化法（……）に規定する信託会社等のうち、適格機関投資家に該当する者をいう。（……））と当該特定資産に係る信託契約を締結しており、かつ、当該届出を行うことについての当該特定目的会社の社員総会の決議があること。

ハ　資産流動化法第200条第2項の規定により、特定資産の管理及び処分に係る業務を当該特定資産の譲渡人である金融商品取引業者（投資運用業を行う者に限る。（……））又は当該特定資産の管理及び処分を適正に遂行するに足りる財産的基礎及び人的構成を有する金融商品取引業者に委託しており、かつ、当該届出を行うことについての当該特定目的会社の社員総会の決議があること。

二十四　次に掲げる要件のいずれかに該当するものとして金融庁長官に届出を行った個人（ロに該当するものとして届出を行った個人にあっては、業務執行組合員等として取引を行う場合に限る。）

イ　次に掲げる要件の全てに該当すること。

(1)　直近日における当該個人が保有する有価証券の残高が10億円以上であること。

(2)　当該個人が金融商品取引業者等に有価証券の取引を行うための口座を開設した日から起算して1年を経過していること。

ロ　当該個人が業務執行組合員等であって、次に掲げる要件の全てに該当すること（イに該当する場合を除く。）。

(1)　直近日における当該組合契約、匿名組合契約若しくは有限責任事業組合契約又は外国の法令に基づくこれらに類する契約に係る出資対象事業により業務執行組合員等として当該個人が保有する有価証券の残高が10億円以上であること。

(2)　当該個人が当該届出を行うことについて、当該組合契約に係る組合の他の全ての組合員、当該匿名組合契約に係る出資対象事業に基づく権利を有する他の全ての匿名組合契約に係る匿名組合員若しくは当該有限責任事業組合契約に係る組合の他の全ての組合員又は外国の法令に基づくこれらに類する契約に係る全ての組合員その他の者の同意を得ていること。

二十五　外国の法令に準拠して外国において次に掲げる業を行う者（個人を除く。）で、この号の届出の時における資本金若しくは出資の額又は基金の総額がそれぞれ次に定める金額以上であるものとして金融庁長官に届出を行った者

イ　第一種金融商品取引業（有価証券関連業に該当するものに限り、法第29条の4の2第10項に規定する第一種少額電子募集取扱業務と同種類の業務のみを行うものを除く。）　5,000万円

ロ　投資運用業　5,000万円

ハ　銀行法（……）第2条第2項に規定する銀行業　20億円

ニ　保険業法第2条第1項に規定する保険業　10億円

ホ　信託業法第2条第1項に規定する信託業（……）　1億円

二十六　外国政府、外国の政府機関、外国の地方公共団体、外国の中央銀行及び日本国が加盟している国際機関のうち金融庁長官に届出を行った者

二十七　外国の法令に準拠して設立された厚生年金基金又は企業年金基金に類するも

ののうち、次に掲げる要件の全てを満たすものとして金融庁長官に届出を行った者

イ　外国において主として退職年金、退職手当その他これらに類する報酬を管理
し、又は給付することを目的として運営されていること。

ロ　最近事業年度に係る財務計算に関する書類であって貸借対照表に相当するもの
における資産の総額から負債の総額を控除して得た額（第3項第4号ニ及び第11
項において「純資産額」という。）が100億円以上であること。

2〜13　（略）

開示規制・上場会社の規制｜第3章｜061

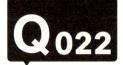

Q022 第一項有価証券についての特定投資家向け私募について説明してください。

A 特定投資家向け私募とは、第一項有価証券について発行開示が不要となる私募の一種です。私募の要件は有価証券の種類ごとに異なります。この特定投資家向け私募を行う場合には、発行開示は必要ありませんが、一定の告知は必要になります。これに加えて特定証券情報の提供・交付も必要になり、この特定証券情報の内容が法令で規定されていないものについてはこの私募自体できないことになります。

■ 特定投資家とは

特定投資家とは、プロ投資家として位置付けられるもので、適格機関投資家を含みますが、それより広い概念で、一般投資家（アマ投資家）と対となる概念です。主に金融商品取引業者の行為規制において重要な概念であり、一般投資家には必要になる書面交付等が特定投資家に対しては免除されています（**Q115**参照）。

■ 適格機関投資家向け私募との違い

適格機関投資家向け私募は、少人数向け私募と同様に要件を満たしていれば、別途告知義務を履行すれば足りるだけの分かりやすい私募です（**Q20**参照）。他方、**特定投資家向け私募**については、要件を満たすだけでなく、**特定証券情報**を事前に相手方に提供するか、公表する必要があります（27条の31）。

この特定証券情報は、証券情報等の提供又は公表に関する内閣府令に規定されていますが、プロ向け市場に上場する有価証券については定められているものの、そうでない場合には、金融庁長官が指定することになっており、2022年に日本証券業協会の規則で定める一定のもののみが指定されています（証券情報等の提供又は公表に関する内閣府令第2条第1項第3号等の規定に基づき情報及び方法を指定する件）。また、特定投資家向け私募を行った場合、継続的に発行者情報を提供または公表する必要があります（27条の32）。

■ 特定証券情報について

　上記のとおり、特定証券情報は、証券情報等の提供又は公表に関する内閣府令などに規定されており、実際には、金融商品取引所または日本証券業協会が定めています。例えば、TOKYO PRO-BOND Marketに上場する場合には、プログラム情報と特定証券情報（補完）とが特定証券情報を構成します。

（定 義）

第2条　（略）

2　（略）

3　この法律において、「有価証券の募集」とは、新たに発行される有価証券の取得の申込みの勧誘（これに類するものとして内閣府令で定めるもの（次項において「取得勧誘類似行為」という。）を含む。以下「取得勧誘」という。）のうち、当該取得勧誘が第1項各号に掲げる有価証券又は前項の規定により有価証券とみなされる有価証券表示権利、特定電子記録債権若しくは同項各号に掲げる権利（電子情報処理組織を用いて移転することができる財産的価値（電子機器その他の物に電子的方法により記録されるものに限る。）に表示される場合（……）に限る。以下「電子記録移転権利」という。）（次項及び第6項、第2条の3第4項及び第5項並びに第23条の13第4項において「第一項有価証券」という。）に係るものである場合にあつては第1号及び第2号に掲げる場合、当該取得勧誘が前項の規定により有価証券とみなされる同項各号に掲げる権利（電子記録移転権利を除く。次項、第2条の3第4項及び第5項並びに第23条の13第4項において「第二項有価証券」という。）に係るものである場合にあつては第3号に掲げる場合に該当するものをいい、「有価証券の私募」とは、取得勧誘であつて有価証券の募集に該当しないものをいう。

　一　多数の者（適格機関投資家（有価証券に対する投資に係る専門的知識及び経験を有する者として内閣府令で定める者をいう。以下同じ。）が含まれる場合であつて、当該有価証券がその取得者である適格機関投資家から適格機関投資家以外の者に譲渡されるおそれが少ないものとして政令で定める場合に該当するときは、当該適格機関投資家を除く。）を相手方として行う場合として政令で定める場合（特定投資家のみを相手方とする場合を除く。）

　二　前号に掲げる場合のほか、次に掲げる場合のいずれにも該当しない場合

　　イ　（略）

　　ロ　特定投資家のみを相手方として行う場合であつて、次に掲げる要件の全てに該当するとき（イに掲げる場合を除く。）。

　　(1)　当該取得勧誘の相手方が国、日本銀行及び適格機関投資家以外の者である場合にあつては、金融商品取引業者等（第34条に規定する金融商品取引業者等をいう。次項、第4条第1項第4号及び第3項、第27条の32の2並びに第27条の34の2において同じ。）が顧客からの委託により又は自己のために当該取得勧誘を行うこと。

開示規制・上場会社の規制｜第3章｜**063**

(2) 当該有価証券がその取得者から特定投資家等（特定投資家又は非居住者（外
国為替及び外国貿易法（中略）第6条第1項第6号に規定する非居住者をいい、
政令で定める者に限る。）をいう。以下同じ。）以外の者に譲渡されるおそれが
少ないものとして政令で定める場合に該当すること。

ハ　（略）

三　（略）

4〜42　（略）

（特定証券情報の提供又は公表）

第27条の31　特定投資家向け取得勧誘その他第4条第1項本文の規定の適用を受けない
有価証券発行勧誘等のうち政令で定めるもの（以下この条及び第6章の2において
「特定取得勧誘」という。）又は特定投資家向け売付け勧誘等（当該特定投資家向け売
付け勧誘等に係る有価証券が特定投資家向け有価証券に該当する場合であつて、少数
の者を相手方として行う場合として政令で定める場合に該当するものを除く。）その
他第4条第1項本文、第2項本文若しくは第3項本文の規定の適用を受けない有価証券
交付勧誘等のうち政令で定めるもの（以下この条及び第6章の2において「特定売付
け勧誘等」という。）は、当該特定取得勧誘又は特定売付け勧誘等（以下「特定勧誘
等」という。）に係る有価証券の発行者が、当該有価証券及び当該発行者に関して投
資者に明らかにされるべき基本的な情報として内閣府令で定める情報（以下「特定証
券情報」という。）を、次項に定めるところにより、当該特定勧誘等が行われる時まで
に、その相手方に提供し、又は公表しているものでなければ、することができない。

2〜5　（略）

（発行者情報の提供又は公表）

第27条の32　次の各号に掲げる発行者は、内閣府令で定めるところにより、当該発行
者に関する情報として内閣府令で定める情報（以下「発行者情報」という。）を、事業
年度（発行者が会社以外の者である場合その他の内閣府令で定める場合にあつては、
内閣府令で定める期間。（……））ごとに1回以上、当該各号に定める有価証券を所有
する者に提供し、又は公表しなければならない。ただし、流通性その他の事情を勘案
し、公益又は投資者保護に欠けることがないものと認められる場合として内閣府令で
定める場合は、この限りでない。

一　特定投資家向け有価証券の発行者　当該発行者の発行する特定投資家向け有価証
券

二　前条第2項に定めるところにより特定証券情報の提供又は公表をした発行者（前
号に掲げるものを除く。）　当該提供又は公表をした特定証券情報に係る有価証券

2〜4　（略）

第一項有価証券についての少人数向け私募について説明してください。

A 少人数向け私募とは、第一項有価証券について発行開示が不要となる私募の一種です。私募の要件は有価証券の種類ごとに異なります。この少人数向け私募を行う場合には、発行開示は必要ありませんが、一定の告知は必要になります。第二項有価証券の私募については**Q25**参照。

■ 少人数向け私募が利用できる場合

プロ私募、特定投資家向け私募および**少人数向け私募**は、第一項有価証券についての私募類型です。第二項有価証券については、原則として、開示規制の対象にはならず、例外的に「有価証券投資事業権利等」（3条3号イ）のみ対象になりますが、私募の要件は緩いものになっています（**Q25**参照）。

第一項有価証券についての少人数向け私募とは、当該有価証券がその取得者から多数の者に譲渡されるおそれが少ないものとして政令で定める場合（2条3項2号ハ）をいいます。有価証券ごとに政令および内閣府令で要件が定められています（施行令1条の7、定義府令13条）。

株券についても少人数向け私募の要件が規定されており、3カ月間で49名以下に勧誘する場合がこれにあたりますが、上場株券や上場株券を目的とする新株予約権の取得勧誘は、1名に勧誘する場合であっても、少人数向け私募には該当しません。上場会社の普通株式の第三者割当てを行う場合、有価証券届出書が提出されているのは、少人数向け私募にも、特定投資家向け私募にも、プロ私募にも該当しえないからです（**Q29**参照）。

少人数向け私募に該当する場合、原則として、届出が行われていないことなど、一定の事項を記載した**告知書**を交付しなければなりません（23条の13第3項・4項。ただし、株券、新株予約権証券については告知書の交付は不要です）。また、金融商品取引業者が介在する場合、契約締結前に書面交付しなければならない場合もあり、その場合には、かかる書面により一定の情報開示がなされることになります（**Q119**参照）。

なお、第一項有価証券の相手方の人数に関して注意しなければならないのは、勧誘の相手方の人数が問題なのであり、勧誘の結果として取得した投資家の人数は関係ないということです。例えば、結果として、49名の投資家にしか売られていないとしても、50名以上の投資家に対して勧誘していれば、一般に少人数向け私募の要件を満たしません。

　また、株券については、従来少人数向け私募を行う際は有価証券通知書の提出が求められていました（改正前開示府令6条）が、この制度は廃止されました。

■ 少人数向け私募のプロ除外

　少人数向け私募については、一定の要件を満たすと250名までの適格機関投資家を算入しないことが認められていました（証取法施行令1条の4第2項）。この要件については、金商法の施行に際して政令の改正により緩和され、プロ私募の際に必要となる転売制限などを満たしていれば、人数についての上限なしに適格機関投資家を勧誘の相手方の人数から除くことができるようになりました（施行令1条の6）。

（定　義）
第2条　（略）
2　（略）
3　（略）
　一　（略）
　二　前号に掲げる場合のほか、次に掲げる場合のいずれにも該当しない場合
　　イ～ロ　（略）
　　ハ　前号に掲げる場合並びにイ及びロに掲げる場合以外の場合（当該有価証券と種類を同じくする有価証券の発行及び勧誘の状況等を勘案して政令で定める要件に該当する場合を除く。）であつて、当該有価証券が多数の者に所有されるおそれが少ないものとして政令で定める場合
　三　（略）
4～42　（略）

第一項有価証券についての私売出しについて説明してください。

A 既に発行された有価証券の売付けの申込みまたは買付けの申込みの勧誘のうち一定の要件を満たすことによって、売出しに該当しないものの一部を指します。第一項有価証券については、適格機関投資家向け私売出し、少人数向け私売出し、特定投資家向け私売出しの3種類が、第二項有価証券については、少人数向け私売出しがあります。私売出しの要件を満たすことにより、発行開示規制の対象にはなりませんが、相手方に告知を行うなどの義務が課されます。

■ 売出しと私売出し

　かつて既発行証券についての売出しと新規発行証券についての募集とは要件が全く異なっており、売出しについては、50名以上の者に対する均一の条件での勧誘と定義されていました。この売出しの定義に該当しない限りは、投資勧誘に関する有価証券届出書等によるいわゆる発行開示（厳密には既発行証券の勧誘であり、発行の際の勧誘ではありませんが、継続開示に対して一般に発行開示と呼ばれています）の対象ではありませんでした。

　しかし、平成21年（2009年）金商法改正により、募集とパラレルな規制になるように要件が整備され、**私売出し**（法令上この用語が使用されているわけではありませんが、私募との対比でこの用語が使用されるようになりました）に該当しない限り、原則として、売出しに該当する構成になりました。ここで、「原則として」と記載しているのは、既存有価証券の勧誘については様々なものがあり、私募に相当する私売出しに該当しない限り、発行開示規制に該当することになると対象範囲があまりに広汎になることから、金融商品取引所での取引など幅広い例外が定められています（施行令1条の7の3）。

　なお、第二項有価証券については、500名以上の者が結果としてその有価証券の保有者となる場合（つまり勧誘の相手方自体は500名以上であっても、所有することになる者が499名以下であれば該当しません）の既発行証券の勧誘をいい（2条4項3号、施行令1条の8の5）、それ以外は私売出しとして

発行開示の対象にはなりません。

■ 適格機関投資家向け私売出し

　適格機関投資家向け私募とパラレルの概念であり、勧誘の相手方が適格機関投資家に限定され、転売制限等により非適格機関投資家に譲渡されるおそれが少ないものとして有価証券の種類ごとに定められたの要件（施行令1条の7の4、定義府令13条の4）を満たすものをいいます。50名以上の者に対する勧誘も可能になります。適格機関投資家向け私募と同じ告知義務は原則として課されますが（23条の13第1項、2項）、発行開示は不要です。適格機関投資家向け私募と同様に上場有価証券のようにそもそもこの私売出しの対象にできないものもあります。これは以下の私売出しも同じです。

■ 少人数向け私売出し

　少人数向け私募とパラレルの概念であり、勧誘の相手方の人数が3カ月間で49名以下で、50名以上の多数の者に所有されるおそれが少ないものとして有価証券の種類ごとに定められた要件（施行令1条の8の4、定義府令13条の7）を満たしたものをいいます。この場合も少人数向け私募と同様に原則として告知義務があります（23条の13第4項、5項）。

■ 特定投資家向け私売出し

　特定投資家のみを相手方として、勧誘を金融商品取引業者等に委託し、特定投資家以外の一般投資家に譲渡されるおそれが少ないものとして有価証券の種類ごとに定められた要件（施行令1条の8の2、定義府令13条の5、13条の6）を満たすものをいいます。ただし、特定投資家向け私募と同様に特定証券情報の提供または公表が義務付けられており（27条の31）、この特定証券情報が定められていることが限定的であることから、実際には、プロ向け市場などでの売買にのみ利用できる制度です（**Q22**参照）。

■ 売出しから除外される取引

　上記のとおり、私売出しに該当しなくても売出しに該当しないいわゆる除外取引は幅広く定められています（施行令1条の7の3）。

除外取引としては、金融商品取引所での取引（同条1号）、PTS取引（同条3号）（**Q131**参照）、金融商品取引業者または特定投資家が他の金融商品取引業者または特定投資家との間で行ういわゆるブロック取引（同条4号）、外国証券業者が金融商品取引業者などに対して行う譲渡制限のない海外発行証券の売付け（同条5号）、譲渡制限のない海外発行証券を取得した金融商品取引業者などが行う他の金融商品取引業者等への一定の譲渡（同条6号）、譲渡制限のない有価証券の売買であって、発行者、その役員、子会社など、発行者の主要株主、金融商品取引業者等以外の者が行う取引（同条7号、これは幅広い）、7号の対象から外れている発行会社や役員などの間で行う取引（業者間取引は除く、同条8号）、現先取引（同条9号）、発行者または発行者に対して当該有価証券の売付けを行おうとする者に対する売付け（同条10号）、金融商品取引業者等が顧客のために市場での売買の取次ぎを行うことに伴う一定の売買（同条11号）が規定されています。

（定 義）

第2条 （略）

2〜3 （略）

4　この法律において「有価証券の売出し」とは、既に発行された有価証券の売付けの申込み又はその買付けの申込みの勧誘（取得勧誘類似行為に該当するものその他内閣府令で定めるものを除く。以下「売付け勧誘等」という。）のうち、当該売付け勧誘等が第一項有価証券に係るものである場合にあつては第1号及び第2号に掲げる場合、当該売付け勧誘等が第二項有価証券に係るものである場合にあつては第3号に掲げる場合に該当するもの（取引所金融商品市場における有価証券の売買及びこれに準ずる取引その他の政令で定める有価証券の取引に係るものを除く。）をいう。

一　多数の者（適格機関投資家が含まれる場合であつて、当該有価証券がその取得者である適格機関投資家から適格機関投資家以外の者に譲渡されるおそれが少ないものとして政令で定める場合に該当するときは、当該適格機関投資家を除く。）を相手方として行う場合として政令で定める場合（特定投資家のみを相手方とする場合を除く。）

二　前号に掲げる場合のほか、次に掲げる場合のいずれにも該当しない場合

　イ　適格機関投資家のみを相手方として行う場合であつて、当該有価証券がその取得者から適格機関投資家以外の者に譲渡されるおそれが少ないものとして政令で定める場合

　ロ　特定投資家のみを相手方として行う場合であつて、次に掲げる要件の全てに該当するとき（イに掲げる場合を除く。）。

(1)　当該売付け勧誘等の相手方が国、日本銀行及び適格機関投資家以外の者である場合にあつては、金融商品取引業者等が顧客からの委託により又は自己のために当該売付け勧誘等を行うこと。

(2)　当該有価証券がその取得者から特定投資家等以外の者に譲渡されるおそれが少ないものとして政令で定める場合に該当すること。

ハ　前号に掲げる場合並びにイ及びロに掲げる場合以外の場合（当該有価証券と種類を同じくする有価証券の発行及び勧誘の状況等を勘案して政令で定める要件に該当する場合を除く。）であつて、当該有価証券が多数の者に所有されるおそれが少ないものとして政令で定める場合

三　（略）

5〜42　（略）

Q025

第二項有価証券（有価証券投資事業権利など）の私募・私売出しについて説明してください。

A 開示規制の対象となる第二項有価証券の私募・私売出しについては、第一項有価証券の場合とは異なり、かかる勧誘の結果、取得・買い付けた投資家の人数が500名未満であれば、要件を満たすことになります。勧誘の相手方の人数ではなく、実際に取得した投資家の数が499名以下なのか、500名以上となるのかがポイントとなります。

■ 第二項有価証券とは

第二項有価証券とは、第一項有価証券に含まれる電子記録移転権利を除く2条2項各号に掲げる権利に該当することにより有価証券とみなされる、いわゆるみなし有価証券であり、これには株券の発行されない株式や社債券の発行されない社債などの有価証券表示権利は含まれません。

第二項有価証券については、**有価証券投資事業権利等**を除き、開示規制の対象から除かれています（3条3号イ）。また、有価証券投資事業権利等は、開示規制の対象となっていますが、その私募・私売出しの要件は第一項有価証券のそれらの要件と比べると非常に緩やかになっています。

■ 私募要件および私売出し要件

すなわち、第一項有価証券については、プロ私募や少人数私募、特定投資家私募に該当しない限り、募集に該当し、これらの私募の要件も比較的厳格です。また、売出しと私売出しとの関係は募集と私募との関係とは全く同じではないものの、現在これに類する規制になっています（**Q24**参照）。

これに対して、第二項有価証券については、新規発行か既発行かにより募集・売出しの区別が文言上あるものの、いずれについても同じ基準が適用され、かつ第一項有価証券に比べ開示規制を免れることは容易になっています。すなわち第二項有価証券については、その取得（売付け）勧誘に応じることにより500名以上の者が当該勧誘に係る有価証券を所有することとなる勧誘を募集・売出しとしています。したがって、全員が応募してきても499

開示規制・上場会社の規制｜第3章　071

名以下の者しか保有者にさせない前提であれば、勧誘の対象者は極端にいうと1,000名以上でもよく、また、当該勧誘によって取得する者の人数が関係するだけなので、既に多数の者が保有していても関係ありません。第一項有価証券についての3カ月通算（施行令1条の6）、1カ月通算（同1条の8の3）の規定に類するものはありません。社債などの一定の第一項有価証券については転売制限が私募要件に含められていますが、第二項有価証券にはこのような要件もありません。

　この点、結果として所有者が500名以上になるか否かが重要ですが、有価証券届出書の提出などは、事前に行う必要があるので、勧誘開始時に募集・売出しになる可能性があるのか否かを判断しなければなりません。

　私募・私売出しに該当するのであれば、発行開示規制の対象にはなりませんが、私募・私売出しの告知は必要になります（23条の13第4項、5項）。すなわち、勧誘にあたり、原則として、少人数向け勧誘に該当することにより当該勧誘に関し届出が行われていないこと、当該有価証券が金商法2条2項各号に掲げる権利であることを告知し、かかる告知文言を記載した書面を交付しなければなりません（特定有価証券開示府令20条）。

　有価証券投資事業権利等に該当しない第二項有価証券については、開示規制の対象にならず、募集に該当しても有価証券届出書などの提出は要求されないことから、募集と私募の区別をする意味はあまりありません。

　一定の権利については、**自己募集**について金商法の規制を受けますが、これは形式的に「募集」であっても、「私募」であっても違いはありません。また、引受業務の規制についても違いはありません。さらに、第二項有価証券の募集や私募の取扱いは第二種金融商品取引業となりますが、これについても、私募と募集に差異はありません。

■ 継続開示

　当該勧誘に応じた所有者が500名未満であったとしても、それより前の所有者との合計が500名以上となる場合には継続開示義務が生じる可能性がある点には注意が必要です（24条5項、施行令4条の2第5項）。

（定義）

第2条 （略）

3 この法律において、「有価証券の募集」とは、新たに発行される有価証券の取得の申込みの勧誘（これに類するものとして内閣府令で定めるもの（次項において「取得勧誘類似行為」という。）を含む。以下「取得勧誘」という。）のうち、当該取得勧誘が第1項各号に掲げる有価証券又は前項の規定により有価証券とみなされる有価証券表示権利、特定電子記録債権若しくは同項各号に掲げる権利（電子情報処理組織を用いて移転することができる財産的価値（電子機器その他の物に電子的方法により記録されるものに限る。）に表示される場合（流通性その他の事情を勘案して内閣府令で定める場合を除く。）に限る。以下「電子記録移転権利」という。）（次項及び第6項、第2条の3第4項及び第5項並びに第23条の13第4項において「第一項有価証券」という。）に係るものである場合にあつては第1号及び第2号に掲げる場合、当該取得勧誘が前項の規定により有価証券とみなされる同項各号に掲げる権利（電子記録移転権利を除く。次項、第2条の3第4項及び第5項並びに第23条の13第4項において「第二項有価証券」という。）に係るものである場合にあつては第3号に掲げる場合に該当するものをいい、「有価証券の私募」とは、取得勧誘であつて有価証券の募集に該当しないものをいう。

一〜二 （略）

三 その取得勧誘に応じることにより相当程度多数の者が当該取得勧誘に係る有価証券を所有することとなる場合として政令で定める場合

4 この法律において「有価証券の売出し」とは、既に発行された有価証券の売付けの申込み又はその買付けの申込みの勧誘（取得勧誘類似行為に該当するものその他内閣府令で定めるものを除く。以下「売付け勧誘等」という。）のうち、当該売付け勧誘等が第一項有価証券に係るものである場合にあつては第1号及び第2号に掲げる場合、当該売付け勧誘等が第二項有価証券に係るものである場合にあつては第3号に掲げる場合に該当するもの（取引所金融商品市場における有価証券の売買及びこれに準ずる取引その他の政令で定める有価証券の取引に係るものを除く。）をいう。

一〜二 （略）

三 その売付け勧誘等に応じることにより相当程度多数の者が当該売付け勧誘等に係る有価証券を所有することとなる場合として政令で定める場合

5〜42 （略）

Q026

有価証券の募集について説明してください。

A 有価証券の募集とは、新たに発行される有価証券の取得の申込みの勧誘で、一定の要件を満たしたものをいいます。これを行う場合には、金額が少額である場合を除いて、原則として、発行開示をしなければなりません。

■ 募集の定義

金商法上での「募集」と「私募」の区別については、**Q20〜Q25**を参照。

■ 募集に該当すると発行開示

発行開示規制の対象外とされていない限り（3条参照）、募集に該当すると発行開示の対象になります。そして、募集金額が1億円未満の場合など4条1項ただし書各号に該当しない限り、**有価証券届出書**または発行登録書・発行登録追補書類による開示が要求されます。なお、この少額免除規定については、1年の通算規定があります。

■ 届出制度

ここでは原則である届出制度について説明します。募集に該当し、有価証券届出書を提出しなければならない場合、当該有価証券の発行者は、自らまたは募集の取扱いをする者による取得勧誘が開始される前にかかる届出書を提出しなければなりません（4条1項）。届出書の記載事項や様式、添付書類は、株式や社債については開示府令に、特定有価証券や外国国債については別の内閣府令に定められています。

実務上は、初めて届出書を出す場合には、事前に管轄財務局に相談の上、提出することになります。EDINETを通じて電子的に提出する必要があるので、このシステムを利用したことがない発行者は、EDINETの登録届出をする必要があります。関東財務局、近畿財務局などのうちどの財務局が管轄財務局なのかについても、上記の内閣府令に定められています。同じ発行者でも有価証券届出書と有価証券通知書で管轄財務局が異なることがある点は留

意する必要があります。

　要件を全て満たした有価証券届出書を提出すると原則として中15日で効力が発生します（8条1項）。訂正をした場合にはその日から中15日で効力発生するのが法律上の原則です（同条2項）。しかしながら、これについては広汎な例外が認められています。実務上は開示ガイドラインを参照し、管轄財務局と事前に日程の調整をしています（開示ガイドライン8-1）。特に証券情報については、市場の動向を見て、効力発生の直前に確定しなければならない場合も多いので、注意を要します。

　この届出の効力発生後に初めて投資家を拘束する契約をすることができます（15条1項）。

　譲渡制限付株式やストック・オプションの付与については、一定の要件を満たした場合、募集に該当しても届出は不要になります。募集または売出しの相手方が当該有価証券に係る有価証券届出書に記載すべき事項に関する情報を既に取得し、または容易に取得することができる場合として政令で定める場合（4条1項1号、施行令2条の12）としてこれらが定められています。

■ 目論見書制度

　有価証券の発行者は、**目論見書**を作成しなければならず（13条1項）、当該有価証券を取得する投資家に交付しなければなりません（15条2項）。届出の効力発生前に使用する目論見書を仮目論見書といい、実務上も活用されていますが、法律上の作成義務はありません。

（募集又は売出しの届出）
第4条　有価証券の募集（……）又は有価証券の売出し（……）は、発行者が当該有価証券の募集又は売出しに関し内閣総理大臣に届出をしているものでなければ、することができない。ただし、次の各号のいずれかに該当するものについては、この限りでない。
　一　有価証券の募集又は売出しの相手方が当該有価証券に係る次条第1項各号に掲げる事項に関する情報を既に取得し、又は容易に取得することができる場合として政令で定める場合における当該有価証券の募集又は売出し
　二　有価証券の募集又は売出しに係る組織再編成発行手続又は組織再編成交付手続のうち、次に掲げる場合のいずれかに該当するものがある場合における当該有価証券の募集又は売出し（前号に掲げるものを除く。）

開示規制・上場会社の規制｜第3章｜075

イ　組織再編成対象会社が発行者である株券（新株予約権証券その他の政令で定める有価証券を含む。）に関して開示が行われている場合に該当しない場合

ロ　組織再編成発行手続に係る新たに発行される有価証券又は組織再編成交付手続に係る既に発行された有価証券に関して開示が行われている場合

三　その有価証券に関して開示が行われている場合における当該有価証券の売出し（前2号に掲げるものを除く。）

四　外国で既に発行された有価証券又はこれに準ずるものとして政令で定める有価証券の売出し（金融商品取引業者等が行うものに限る。）のうち、国内における当該有価証券に係る売買価格に関する情報を容易に取得することができることその他の政令で定める要件を満たすもの（前3号に掲げるものを除く。）

五　発行価額又は売出価額の総額が1億円未満の有価証券の募集又は売出しで内閣府令で定めるもの（前各号に掲げるものを除く。）

2〜7　（略）

有価証券の売出しについて説明してください。

A 既発行有価証券の売付け勧誘または買付けの申込みの勧誘で、一定の要件を満たしたものをいいます。これを行う場合には、金額が少額である場合を除いて、原則として、発行開示をしなければなりません。

■ 売出しの要件

　新規発行証券に関する取得勧誘については、募集（公募）と私募という対になる概念があり、既発行証券の売付けの申込みまたはその買付けの申込みの勧誘（以下「売付け勧誘等」）についても、公募形式である売出しに対する私売出しという概念があります（**Q24**参照）。従来、売出しの要件は、募集と比べ分かりやすく、均一の条件で50名以上の者を勧誘の相手方として行う勧誘行為を指していました。しかし、**Q24**で説明したとおり、募集・私募と同様の規制になるように改正がされました。これに加え、私売出しの要件に該当しなくても、金融商品取引所での市場取引のように募集に該当しない類型の取引が定められています。第二項有価証券（有価証券投資事業権利等）については、**Q25**のとおり、同証券の募集概念と同じように、勧誘の相手方の人数ではなく、結果として所有することになる人数を問題にしています。ただし、有価証券投資事業権利等を除く第二項有価証券については開示規制の対象にはなりません。

　売出しを行う場合、原則として、有価証券届出書などによる発行開示が必要になります。

■ 届出が不要な場合

　売出価額の合計が1億円未満である場合（概ね1年の通算規定の適用があります。4条1項5号・開示府令2条5項2号、外国債等開示府令1条の2、特定有価証券開示府令2条）届出が不要になりますが、1,000万円超の場合には有価証券通知書の提出が必要になります。

　その有価証券に関して開示が行われている場合における当該有価証券の売

出し（上場株券の売出しなど）についても届出は不要ですが（4条1項3号）、原則として目論見書は必要になります（13条1項本文第2文）。

　さらに、募集はあっても、売出しに該当する実例は少ないと思われますが、譲渡制限付株式やストック・オプションの付与についても一定の要件を充足すると届出は不要です（4条1項1号、施行令2条の12）。

　また、**Q28**で説明する外国証券売出し（4条1項4号）も例外として定められています。

外国証券売出しについて説明してください。

A 外国で既に発行された有価証券または国内で既に発行された有価証券でその発行の際に勧誘行為が国内で行われなかった有価証券の売出しで、金商業者等が行うもののうち、国内における当該有価証券に係る売買価格に関する情報を容易に取得することができるなど一定の要件が満たされたものを指します。有価証券届出書の提出義務は免除されますが、外国証券情報の提供・公表が義務付けられます。

■ 導入の経緯

　平成21年（2009年）金商法改正により、売出しの定義が広がったことにより、開示が要求される場面が広がることになりました。他方で、外国で既に発行された有価証券などについては、外国で流通市場が存在しているなど発行者や当該有価証券の情報を容易に入手できるものもあります。このような有価証券については、国内での売買価格情報などが容易に入手できる場合には、有価証券届出書の提出を義務付ける必要性が低いことから、同じ平成21年改正により、**外国証券売出し**として**外国証券情報**の提供または公表を義務付ける一方で、売出しに必要となる開示を免除したものです。

■ 主体と対象有価証券

　金商業者と登録金融機関のみが行うことができます。
　対象となる有価証券は、海外発行証券（4条1項4号）または国内発行証券で発行の際に国内で勧誘されなかったもの（施行令2条の12の2）であり、かつ施行令2条の12の3に列挙された10種類の有価証券のいずれかである必要があります。
　それぞれの種類の有価証券ごとに更に要件が定められています。国内でインターネット等により**売買価格情報**が容易に取得できること、外国での上場や継続的売買、裏付け資産の上場、発行者の外国での情報開示などについて要件が定められています。

■ 外国証券情報の提供または公表

　金商業者等は、外国証券売出しにより有価証券を売り付ける場合、原則として、あらかじめまたは同時に「証券情報等の提供又は公表に関する内閣府令」の12条および別表に定める**外国証券情報**を提供または公表しなければなりません（27条の32の2第1項）。また、販売した後にも一定の場合、外国証券情報の提供・公表義務があります（同条2項）。

■ 違反の責任

　外国証券情報の提供・公表義務に違反した場合や重要な事項に虚偽・重要な事項の欠け・誤解を招く情報提供・公表については、金商業者等が責任を負います（27条の34の2第1項、2項、3項）。虚偽記載などについては、金商業者等が善意・無過失を立証すれば責任を免れます。損害額の推定などの規定はありません。課徴金についての定めはありませんが、刑事罰の規定はあります（205条6号の2〜6号の4。両罰規定は207条1項6号）。

（募集又は売出しの届出）

第4条　有価証券の募集（……）又は有価証券の売出し（……）は、発行者が当該有価証券の募集又は売出しに関し内閣総理大臣に届出をしているものでなければ、することができない。ただし、次の各号のいずれかに該当するものについては、この限りでない。

　　一〜三　（略）

　　四　外国で既に発行された有価証券又はこれに準ずるものとして政令で定める有価証券の売出し（金融商品取引業者等が行うものに限る。）のうち、国内における当該有価証券に係る売買価格に関する情報を容易に取得することができることその他の政令で定める要件を満たすもの（前3号に掲げるものを除く。）

　　五　（略）

2〜7　（略）

（外国証券情報の提供又は公表）

第27条の32の2　金融商品取引業者等は、第4条第1項第4号に該当する有価証券の売出し（以下「外国証券売出し」という。）により有価証券を売り付ける場合には、当該有価証券及び当該有価証券の発行者に関する情報として内閣府令で定める情報（以下「外国証券情報」という。）をあらかじめ又は同時に、その相手方に提供し、又は公表しなければならない。ただし、当該有価証券の発行者が既に当該有価証券に係る特定証券情報を公表している場合その他の内閣府令で定める場合は、この限りでない。

2　外国証券売出しを行つた金融商品取引業者等は、当該外国証券売出しにより有価証

券を取得し、かつ、当該金融商品取引業者等に当該有価証券の保管を委託している者その他これに準ずる者として内閣府令で定める者から請求があつた場合又は投資者の投資判断に重要な影響を及ぼす事実が発生した場合として内閣府令で定める場合には、外国証券情報を提供し、又は公表しなければならない。ただし、当該有価証券に関する情報の取得の容易性、当該有価証券の保有の状況等に照らして公益又は投資者保護に欠けることがないものと認められる場合として内閣府令で定める場合は、この限りでない。

3　前2項の規定により外国証券情報の提供又は公表をしようとする金融商品取引業者等は、当該外国証券情報を、内閣府令で定めるところにより、自ら若しくは他の者に委託して提供し、又はインターネットの利用その他の方法により公表しなければならない。

Q029

上場会社の株式の募集・売出しについて説明してください。

A 上場会社の普通株式については、少数の者に対する第三者割当ての場合でも、金庫株を処分する場合を含め、募集に該当し、原則として届出が必要となります。他方、株主による市場外の売却の場合、売出しに該当したとしても届出は不要です。売出しに該当する場合、有価証券通知書の提出、目論見書の作成・交付が必要となることがあります。

■ 自己募集

有価証券の私募や募集（いわゆる**自己募集**）は金融商品取引業に該当しうる行為です（2条8項7号）。しかし、この業規制は、集団投資スキームの持分など特定の有価証券を自己募集する場合に限られており、株式や社債は対象となっておらず、株式会社が株式や社債を発行し、資金調達を頻繁に行ったとしても、金融商品取引業についての登録は必要ありません。

■ 発行開示規制

株式（社債も同じ）については、会社法上は株券（社債券）という証券（券面）は原則として発行されません。上場会社の普通株式についても、電子化されていることから株券は発行されませんが、2条1項の有価証券に表示されるべき権利として「**有価証券表示権利**」に該当します。したがって、券面が発行されるか否かにかかわらず、第一項有価証券に該当します。

金庫株の処分は本来既発行証券の勧誘になるはずですが、**取得勧誘類似行為**として、募集または私募に該当することになります（2条3項柱書き、定義府令9条1号）。会社法上、新株発行と金庫株の処分との間で、募集に関する手続に差異はありませんが（会社法199条以下）、現在、金商法上の開示規制においても差異はありません。

■ 届出不要のケース

　上場会社の普通株式については、私募はできません。すなわち、24条1項各号に該当する株式を発行している場合、剰余金の配当などについてそれと同じ種類の株式であれば私募要件を充足しえないので（施行令1条の4第1号イ、1条の5の2第2項1号、1条の7第1号）、第三者割当ても募集になってしまうのです（**Q23**参照）。そこで、国内の者に対する1億円以上の上場株式の割当てについては、有価証券届出書または発行登録書・発行登録追補書類の提出が必要となっています（なお、海外募集・少人数勧誘の場合には、金商法が国内の投資者の保護を図る法律なので発行開示は不要です。この場合、届出書など発行開示書類の提出は不要ですが、臨時報告書を提出する必要はあります。**Q46**参照）。これに対して剰余金の配当や残余財産の分配について内容の異なる種類の株式については、私募も可能です（施行令1条の4第1号イ、1条の7第1号参照）。ただし、短期間に容易に普通株式に転換されるような仕組みの場合には募集と取り扱われる場合があります（開示ガイドライン2-4-2）。

■ 売出し

　Q27のとおり、現在売出しは募集に近い類型になっています。そして、上場株式については私募は成立しないことと同様に私売出しも成立しません。もっとも、上場株式については、相当複雑な規制になっています。まず、取引所取引は売出しには該当しません（施行令1条の7の3第1号）。また、売主が、役員など（主要株主（議決権10%以上の株主）、主要株主の役員など、金融商品取引業者等、発行会社の子会社等、かかる子会社等の役員などを含む）以外の場合には、50名以上に勧誘したとしても、売出しにはなりません（同条7号）。これらの者同士の売買（ただし、金商業者等同士の場合を除く）も売出しにはなりません（同条8号）。さらに、金商業者等または特定投資家と金商業者等または特定投資家との取引で当該株式の公正な価値形成および流通の円滑を図るために行うものであって、市場株価を基礎として取引状況を勘案した適正な価格で行う場合にも、売出しには該当しません（ブロック取引。同条4号）。これらにより、上場株式の相対の取引のうち多くのものが売出しに該当しないことになります。

開示規制・上場会社の規制 | 第3章 | **083**

一方、主要株主が売り手になり、幅広く、一般の投資家に市場外で販売するような取引であれば、売出しになります。ただし、上場会社の普通株式は**既開示証券**となり、届出は不要です（4条1項3号）。もっとも、1億円以上の売出しについては目論見書の作成・交付は必要ですし（13条1項後段、15条2項）、勧誘開始の前に有価証券通知書を提出しなければなりません（4条6項）。

金融商品取引法施行令
（取得勧誘において適格機関投資家以外の者に譲渡されるおそれが少ない場合）
第1条の4　法第2条第3項第1号に規定する譲渡されるおそれが少ないものとして政令で定める場合並びに同項第2号イ及び法第2条の3第4項第2号イに規定する政令で定める場合は、次の各号に掲げる有価証券の区分に応じ、当該各号に定める場合とする。

一　株券（法第2条第1項第17号に掲げる有価証券で株券の性質を有するもの並びに協同組織金融機関の優先出資に関する法律（（……）以下「優先出資法」という。）に規定する優先出資証券（この号及び次号を除き、以下「優先出資証券」という。）及び資産の流動化に関する法律（（……）以下「資産流動化法」という。）に規定する優先出資証券並びに同項第17号に掲げる有価証券でこれらの有価証券の性質を有するもの並びに投資信託及び投資法人に関する法律に規定する投資証券及び外国投資証券で投資証券に類する証券（以下「投資証券等」という。）を含む。（……））及び法第2条第1項第17号に掲げる有価証券で同項第6号に掲げる有価証券の性質を有するもの（以下（……）「株券等」という。）　次に掲げる要件の全てに該当する場合

イ　当該株券等の発行者が、当該株券等と同一の内容（……）を表示した株券等であつて法第24条第1項各号（……）のいずれかに該当するものを既に発行している者でないこと。

ロ　当該株券等と同一種類の有価証券として内閣府令で定めるものが特定投資家向け有価証券（法第4条第3項に規定する特定投資家向け有価証券をいう。以下同じ。）でないこと。

ハ　次の(1)又は(2)に掲げる場合の区分に応じ、当該(1)又は(2)に定める要件に該当すること。

(1)　当該株券等に係る権利が、電子情報処理組織を用いて移転することができる財産的価値（電子機器その他の物に電子的方法により記録されるものに限る。以下同じ。）に表示される場合（……）　当該財産的価値を適格機関投資家（……）以外の者に移転することができないようにする技術的措置がとられていること。

(2)　(1)に掲げる場合以外の場合　当該株券等を取得した者が当該株券等を適格機関投資家以外の者に譲渡を行わない旨を定めた譲渡に係る契約を締結すること

を取得の条件として、取得勧誘（……）又は組織再編成発行手続（……）が行われること。

二　新株予約権証券及び新株予約権、新優先出資引受権（資産流動化法に規定する新優先出資引受権をいう。以下同じ。）又は資産流動化法に規定する優先出資証券に転換する権利が付されている有価証券並びに法第２条第１項第17号に掲げる有価証券のうちこれらの有価証券の性質を有するもの並びに新投資口予約権証券（……）及び投資信託及び投資法人に関する法律に規定する外国投資証券で新投資口予約権証券に類する証券（以下「新投資口予約権証券等」という。）（法第２条第１項第19号に掲げる有価証券を除く。以下この号（……）において「新株予約権証券等」という。）　次に掲げる要件の全てに該当する場合

　　イ　当該新株予約権証券等に表示された権利の行使により取得され、引き受けられ、又は転換されることとなる株券の発行者並びに当該株券、新株予約権証券及び新投資口予約権証券がそれぞれ前号イ及びロに掲げる要件に該当すること。

　　ロ　当該新株予約権証券等（新株予約権証券及び新投資口予約権証券を除く。以下ロ及びハにおいて同じ。）の発行者が、当該新株予約権証券等と同一種類の有価証券として内閣府令で定めるものであつて法第24条第１項各号（……）のいずれかに該当するものを既に発行している者でないこと。

　　ハ　当該新株予約権証券等と同一種類の有価証券として内閣府令で定めるものが特定投資家向け有価証券でないこと。

　　ニ　当該新株予約権証券等（当該新株予約権証券等が新優先出資引受権付特定社債券（……）である場合であつて、特定社債券（……）と分離して新優先出資引受権のみを譲渡することができるときは、当該特定社債券及びこれとともに発行される新優先出資引受権証券（……））に、内閣府令で定める方式に従い、これを取得し、又は買い付けた者が当該新株予約権証券等を適格機関投資家に譲渡する場合以外の譲渡が禁止される旨の制限が付されていることその他当該新株予約権証券等がこれに準ずるものとして内閣府令で定める要件に該当すること。

三　前２号に掲げる有価証券以外の有価証券　次に掲げる要件の全てに該当する場合

　　イ　当該有価証券の発行者が、当該有価証券と同一種類の有価証券として内閣府令で定めるものであつて法第24条第１項各号（……）のいずれかに該当するものを既に発行している者でないこと。

　　ロ　当該有価証券と同一種類の有価証券として内閣府令で定めるものが特定投資家向け有価証券でないこと。

　　ハ　前号に準じて内閣府令で定める要件に該当すること。

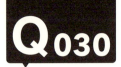

Q030 株式の無償割当てや新株予約権の無償割当て（ライツ・オファリング）を行う場合の手続について説明してください。

A 株主に対する株式の無償割当てについては、発行開示は必要ありません。株主に対する新株予約権の無償割当てについては、無償割当て自体が新株予約権の取得の申込みの勧誘に該当すると取り扱われています。

■ 株式の無償割当て

　株式の無償割当て（会社法185条～187条）や新株予約権の無償割当て（同法277条～279条）は会社法により認められた制度です。

　いずれについても、ある時点での株主にその保有株式数の割合に応じて有価証券が無償で割り当てられるものです。株主からの申込みを待たず、その時点での株主であれば自動的に割り当てられる制度であり、授権枠がある限り株主総会の承認も不要であることから、株主側の行為が全くないので投資判断もないはずです（株式の無償割当ては、株式分割と似た効果を有するものです）。したがって、付与時に、会社から株主に対して、それぞれ、株式および新株予約権についての勧誘行為を観念することはできないはずです。

　株式の無償割当ては、勧誘行為がないことから、募集に該当せず（開示ガイドライン2-4-1⑥）、株式分割と同様（同2-4-1⑨）に届出は不要と取り扱われています。

■ 新株予約権の無償割当て

　これに対して、新株予約権の発行価額については、一般に、新株予約権の払込金額に加えて、行使に際して出資する金額を加算して計算することになっている（開示府令2条5項2号）ので、払込金額がゼロであっても、当然には届出が不要と扱うことはできません。

　そこで、勧誘行為の有無が問題となるのですが、会社法上、取得勧誘は考えられないものの、開示ガイドラインには取得勧誘があると書かれていま

（開示ガイドライン2-3）。

　このガイドラインの背景を考えると、まず、素直に勧誘がないとして、全く有価証券届出書の提出が不要と考えることは問題があるでしょう。新株予約権を無償で取得勧誘なしに付与することは、結局株式についての取得勧誘を新株予約権者に対して行っているとも考えられるからです。一般に、新株予約権を発行する場合、開示規制上、その後の新株予約権者に対する株式の取得勧誘は考慮されていません。これは独立した有価証券である新株予約権の取得勧誘段階で開示の要否が考慮され、それに関連する株式発行などは独立した勧誘対象だとは考えられていないからです（普通株式への転換権が付された優先株式を発行する場合も、将来の普通株式への転換の勧誘は独立した勧誘行為とは扱われていません）。

　これに対し、新株予約権の無償割当ての場合には、新株予約権の取得勧誘を観念しないとすると、その割当て後の株式の取得勧誘についての開示の要否を検討すべきことになります。そうなると、その場合の有価証券届出書の記載様式や効力発生時期、同時募集の場合の金額合算の規定（開示府令2条）など、様々な規定の整備が必要になりそうです。このような問題点に焦点を当てずに解決を図るため、実務的に、新株予約権の無償割当て自体を取得勧誘と取り扱うことにしたものと思われます。

　無償割当てを行う場合、上場会社であれば、実務上、基準日を設定せざるをえないと思われます。新株予約権の無償割当てを行う場合、原則として、その25日前までに届出書（4条4項）または発行登録をしている場合には10日前までに発行登録追補書類（23条の8第3項）を提出する義務があります。しかしながら、当該新株予約権を上場する場合にはこの規制の適用はありません（開示府令3条5号）。

　なお、届出などを要する有価証券の募集をする場合、当該有価証券を取得させる合意をするまでに**目論見書**を交付しなければなりません（15条1項）。この点、新株予約権の無償割当ての場合には、会社法上、無償割当ての効力発生後遅滞なく交付しなければならない通知（会社法279条2項）を受理する時またはそれより前に目論見書を交付することで足りると金融庁は解しています（開示ガイドライン15-5）。上場会社の場合、実務上、割当基準日を設定し、その時点の株主に対して、その翌日を効力発生日として割り当てるこ

開示規制・上場会社の規制｜第3章｜087

とになります（有価証券上場規程427条）。そして、その株主を特定して、上記通知を送ることになりますが、それと同時に目論見書を交付することで足ります。

　また、届出の即時効力発生させる実務上の要件もガイドラインで定められています（開示ガイドライン8−3（2）②）

企業内容等の開示に関する留意事項について（企業内容等開示ガイドライン）
（新株予約権無償割当てに係る募集について）
2−3　会社法第277条の規定による新株予約権無償割当てについては、新株予約権の取得勧誘に該当することに留意する。

（募集に該当しない有価証券の発行）
2−4−1　次に掲げるような場合には、「有価証券の募集」とはならないことに留意する。
　①〜⑤　（略）
　⑥　会社法第185条の規定による株式無償割当てにより株式を発行する場合
　⑦〜⑧　（略）
　⑨　株式の分割により株式を発行する場合（③の場合を除く。）
　⑩　（略）

Q031

ストック・オプションの開示について説明してください。

A 対象を発行会社などの役員・従業員に限るなど一定の要件を満たすと有価証券届出書の提出が不要になります。

■ 会社法上の取扱い

ストック・オプションの付与は新株予約権の無償での発行と有償での発行の場合があります。有償発行の場合、発行価額は、通常、公正な価額として割当日の当日にブラック＝ショールズ・モデル、二項モデルなどで算定することから、割当日の当日までは確定しません。また、行使価額も割当日の終値をベースに決定する場合には、その日まで確定しません。会社法上、割当日の前日までに割当個数の通知を行わなければならないため、申込期日を前倒しにする必要があります。そこで、届出が必要な場合、これらの変数について、算式表示で記載し、効力を発生させる必要があります。また、有償発行と無償発行を組み合わせる会社もありますが、これらは分けて取り扱い、例えば、有償分については、全て当該会社の役員に限られているが、無償分については関連会社の役員が含まれているようなケースにおいては、無償分についてのみ届出書を提出し、有償分については、臨時報告書で足りると思われます。

■ 金融商品取引法上の取扱い

金商法上、有価証券の募集の相手方が当該有価証券に係る情報を容易に取得することができる場合として政令で定める場合、有価証券届出書の提出が不要となります（4条1項1号）。かかる規定に基づいて届出が不要とされているのは、新株予約権証券（当該新株予約権の内容として譲渡による当該新株予約権の取得について会社の承認を要することが定められているものに限る）または外国の者が発行する有価証券のうち新株予約権証券の性質を有するもので譲渡が禁止される旨の制限が付されているものの発行者である会社（外国会社を含む）が、**当該会社、当該会社の直接完全子会社**または**当該会**

社もしくはその完全子会社が全株を保有している**孫会社**の取締役、会計参与、監査役、執行役または使用人を相手方として、当該新株予約権証券等の取得勧誘または売付け勧誘等を行う場合です（施行令2条の12第2号、開示府令2条2項、3項）。100％保有であれば間接子会社でも孫会社までは役職員を相手方とする届出免除の対象となっています。ただし、文言上、発行済株式の総数を親会社等が保有している場合に限られ、これらの会社に自己株式があると対象から外れてしまうようにも読めます。

　上場会社等、継続開示義務の適用される会社については、この届出免除を得られる場合であっても、**臨時報告書**の提出は必要になりえます（開示府令19条2項2号の2）。

　また、新株予約権についての**（上場会社ではない）私募が可能な会社**であれば、かかる相手方の人数が50名未満であれば私募になる可能性もあります。

金融商品取引法施行令
（募集又は売出しの届出を要しない有価証券の募集又は売出し）
第2条の12　法第4条第1項第1号に規定する政令で定める場合は、次の各号のいずれかに該当する場合とする。
　一　株券（金融商品取引所に上場されているもの又は店頭売買有価証券に該当するものに限る。以下この号において同じ。）又は法第2条第1項第17号に掲げる有価証券のうち株券の性質を有するもの（以下この号において「株券等」と総称する。）の発行者である会社（……）が、当該会社又は当該会社がその経営を支配している会社として内閣府令で定めるものの取締役、会計参与、監査役、執行役又は使用人（以下この条において「取締役等」という。）を相手方として、株券等（取締役等が交付を受けることとなる日の属する事業年度経過後3月（外国会社にあつては6月）を超える期間譲渡が禁止される旨の制限が付されているものに限る。）の取得勧誘又は売付け勧誘等を行う場合
　二　新株予約権証券（会社法第236条第1項第6号に掲げる事項が定められているものに限る。）又は法第2条第1項第17号に掲げる有価証券のうち新株予約権証券の性質を有するもので内閣府令で定める条件が付されているもの（以下この号において「新株予約権証券等」と総称する。）の発行者である会社が、当該会社又は当該会社がその経営を支配している会社として内閣府令で定めるものの取締役等を相手方として、新株予約権証券等の取得勧誘又は売付け勧誘等を行う場合

株式報酬(RS)の開示について説明してください。

A 株式報酬には、金銭債権を付与し、現物出資させる手法と無償交付する手法がありますが、開示規制との関係では、いずれも有償発行と扱われます。いわゆる譲渡制限付株式(RS：Restricted Stock)として付与される場合、有価証券届出書の提出が免除され、臨時報告書で足りるとの特例が設けられています。

■ 会社法上の取扱い

株式会社がその役員に直接株式を報酬等として付与する手法としては、一般に、会社が役員に対して金銭報酬債権を付与した上で、役員が当該**金銭報酬債権**を会社に対して**現物出資**することにより、株式を引き受ける方法が従来採られてきました。これに加えて、現在、上場会社は、取締役の報酬として、一定の要件を満たすことにより、**無償**で株式を交付することができることになっています(会社法202条の2)。

■ 金融商品取引法上の取扱い

前者の有償発行・交付の場合には、通常の規制がかかり、上場会社の場合には、私募ができないことから、1億円以上となる場合には、原則として有価証券届出書の提出が必要になります。発行登録の要件を満たす会社については、発行登録制度の利用も可能です。

なお、ストック・オプションのように**届出免除**(この場合には臨時報告書の提出)の規定も設けられています(4条1項1号、施行令2条の12第1号、開示府令2条1項)。届出が免除されるための要件として取締役が交付を受けることになる日の属する事業年度経過後3カ月(外国会社の場合、6カ月)を超える期間譲渡が禁止されている必要があります。令和5年(2023年)12月の**開示ガイドラインの改正**によって、当該株式報酬について発行会社の社内規程や割当契約に、①取締役等の死亡その他正当な理由による退任または退職、②発行会社の組織再編成等といった事由が生じた際、当該株式の譲渡が禁止される旨の制限を解除する旨の定めが設けられている場合であっても、

当該特例の譲渡制限期間の要件を満たし、届出が不要であることが明確化されました（開示ガイドライン4-2-1）。RSの割当契約等にこうした譲渡制限の解除を定めることが一般的に見られていたところ、そのような場合に従来、届出書の提出が必要だと扱われていました。このような会社でも、臨時報告書の提出のみで足りることとなる場合が拡大しています。

これに対して、無償で交付する場合には、払込金額がゼロになるので1億円未満になりそうですが、金融庁は株式の**公正な評価額**が発行価額になるものと考えており、時価ベースで発行価額を計算することになります（金融庁パブリックコメント令和3年（2021年）2月3日回答項番3）。したがって、現物出資構成の場合と同じ扱いになります。

実務上、株式報酬は毎年行われるところ、払込金額が1億円以上になる株式の発行等は**インサイダー取引規制**上の重要事実となります（もっとも、上場会社、その子会社、関連会社の役務の対価として個人に対し、株式または新株予約権を割り当てる場合、発行済み株式数の1%までなら軽微基準を満たす旨の改正案が金融庁から提示されています）。これは決定事実であるところ、インサイダー取引規制上の決定事実の決定は正式決定よりも早いタイミングで生じていると認定されます（**Q139・Q141**参照）。そこで、早めに公表したいところですが、有価証券届出書の提出が必要になる場合、届出前に公表すると事前勧誘だと当局から指摘を受けるリスクが従来問題になっていましたが、この点も当局は柔軟に解するようになってきています。

なお、無償交付の場合、発行開示とは異なり、インサイダー取引規制との関係では、無償と扱われ、軽微基準で重要事実とはならないことになります（上記パブリックコメント回答項番15）。また、上記の改正案が施行された場合、実務上、ほとんどの株式報酬は軽微基準に該当することになると思われます。

Q033

組織再編成による発行開示規制について説明してください。

A 合併などに際して有価証券が交付される場合、金商法の下では、幅広い例外があるものの、発行開示が必要になることがあります。

■ 組織再編成の開示規制

合併の場合、通常、**消滅会社の株主**には、**存続会社の株式**が割り当てられ、また、会社法上、他社の株式を含め、様々な有価証券を割り当てることも可能です。消滅会社の株主は、通常、その**株主総会**で合併を承認するか否かを判断します。この場合、消滅会社の経営者により提案された合併に関する是非について判断するものであり、存続会社による有価証券の勧誘行為自体を直接観念することは難しいように思われます。しかし、存続会社の株式などに投資するのか否かの判断に近いともいえ、発行開示規制を及ぼすべきとの政策判断もありえるところでした。現在の米国の実務では発行開示が義務付けられています（米国株主が一定程度いる日本の会社同士の合併などでも米国での開示（Form F-4）が要求されることがあります）。日本でも同じような取扱いが導入されています。ただ、日本では簡易合併など、議決権行使の機会がない場合も一定の場合届出が必要となります。

組織再編成においても既発行証券と新規発行証券とを区別しており（株式については、自己株式を交付する場合は、新規発行株式を交付するケースと同じように扱われます）、届出の要否が異なる可能性があります。

■ 届出が必要となる場合

まず、対象となる「**組織再編成**」とは、合併、会社分割、株式交換および株式移転をいいます（2条の3第1項、施行令2条）。先ほど述べたように、有価証券の勧誘行為自体を直接観念することが難しいので、組織再編成に係る書面等の備置き（会社法782条1項または803条1項の規定による書面などの備置き。その他政令で定める行為も含まれますが、現在かかる定めはありま

開示規制・上場会社の規制｜第3章 **093**

せん（2条の3第2項、第3項））を勧誘に見立てて規制しています。これらの行為の前に届出などをする必要があります。また、当該組織再編成の効力発生日の前日までに効力を生じさせておかなければなりません（開示ガイドライン15-1）。

　募集に対応する概念を「**特定組織再編成発行手続**」、売出しに対応する概念を「**特定組織再編成交付手続**」と定め、それぞれに該当する場合には、原則として書面等の備置きの前までに届出が必要になります。簡単に述べると、これらの組織再編成にあたって、株式など新規発行第一項有価証券を交付する場合には、適格機関投資家以外の者に譲渡されるおそれの少ない一定の場合を除いて、合併消滅会社株主などが50名以上いる場合には、届出が必要になることがあります。新規発行の有価証券を対価とする場合、届出しないためには、有価証券の種類によっては、転売制限を付さなければなりません。これらの要件については、組織再編成の対価の有価証券ごとに異なりますので、注意が必要です。

　なお、届出が必要となっても、**目論見書**の作成・交付義務はありません。

■ 幅広い例外

　吸収合併消滅会社や株式交換完全子会社などが非開示会社の場合には届出は不要です（4条1項2号イ）。したがって、**非上場会社同士の合併**を行う場合には、通常、届出は不要です。また、対価となる有価証券が既に開示されている場合にも届出は不要です（同号ロ）。例えば、上場会社が自社の**上場普通株式を対価**として他社を吸収合併する場合には、届出は不要になります。

　会社分割については、平成21年（2009年）12月施行の施行令改正により、「組織再編成交付会社」の範囲について、吸収分割会社または新設分割会社のうち、分割承継会社・分割設立会社の株式を現物配当する場合に限定されることとなりました（施行令2条の2）。これにより、会社分割の場合であっても、現物配当をしない場合には、開示規制の適用はないこととなりました。

　これに対して、株式移転の場合、単独株式移転により新設の持株会社が株式を発行する場合でも、発行開示が必要になる点に注意が必要です。

（組織再編成等）

第2条の3 この章において「組織再編成」とは、合併、会社分割、株式交換その他会社の組織に関する行為で政令で定めるものをいう。

2 　この章において「組織再編成発行手続」とは、組織再編成により新たに有価証券が発行される場合（これに類する場合として内閣府令で定める場合（次項において「組織再編成発行手続に類似する場合」という。）を含む。）における当該組織再編成に係る書面等の備置き（会社法（……）第782条第1項の規定による書面若しくは電磁的記録の備置き又は同法第803条第1項の規定による書面若しくは電磁的記録の備置きをいう。次項において同じ。）その他政令で定める行為をいう。

3 　この章において「組織再編成交付手続」とは、組織再編成により既に発行された有価証券が交付される場合（組織再編成発行手続に類似する場合に該当する場合を除く。）における当該組織再編成に係る書面等の備置きその他政令で定める行為をいう。

4 　この章において「特定組織再編成発行手続」とは、組織再編成発行手続のうち、当該組織再編成発行手続が第一項有価証券に係るものである場合にあつては第1号及び第2号に掲げる場合、当該組織再編成発行手続が第二項有価証券に係るものである場合にあつては第3号に掲げる場合に該当するものをいう。

　　一　組織再編成により吸収合併消滅会社（……）又は株式交換完全子会社（……）となる会社その他政令で定める会社（第4条第1項第2号イにおいて「組織再編成対象会社」という。）が発行者である株券（新株予約権証券その他の政令で定める有価証券を含む。）の所有者（以下「組織再編成対象会社株主等」という。）が多数の者である場合として政令で定める場合（組織再編成対象会社株主等が適格機関投資家のみである場合を除く。）

　　二　前号に掲げる場合のほか、次に掲げる場合のいずれにも該当しない場合

　　　イ　組織再編成対象会社株主等が適格機関投資家のみである場合であつて、当該組織再編成発行手続に係る有価証券がその取得者から適格機関投資家以外の者に譲渡されるおそれが少ないものとして政令で定める場合

　　　ロ　前号に掲げる場合及びイに掲げる場合以外の場合（……）であつて、当該組織再編成発行手続に係る有価証券が多数の者に所有されるおそれが少ないものとして政令で定める場合

　　三　組織再編成対象会社株主等が相当程度多数の者である場合として政令で定める場合

5 　この章において「特定組織再編成交付手続」とは、組織再編成交付手続のうち、当該組織再編成交付手続が第一項有価証券に係るものである場合にあつては第1号及び第2号に掲げる場合、当該組織再編成交付手続が第二項有価証券に係るものである場合にあつては第3号に掲げる場合に該当するものをいう。

　　一　組織再編成対象会社株主等が多数の者である場合として政令で定める場合（組織再編成対象会社株主等が適格機関投資家のみである場合を除く。）

　　二　前号に掲げる場合のほか、次に掲げる場合のいずれにも該当しない場合

　　　イ　組織再編成対象会社株主等が適格機関投資家のみである場合であつて、当該組織再編成交付手続に係る有価証券がその取得者から適格機関投資家以外の者に譲

渡されるおそれが少ないものとして政令で定める場合

　ロ　前号に掲げる場合及びイに掲げる場合以外の場合（当該組織再編成交付手続に係る有価証券と種類を同じくする有価証券の発行及び交付の状況等を勘案して政令で定める要件に該当する場合を除く。）であつて、当該組織再編成交付手続に係る有価証券が多数の者に所有されるおそれが少ないものとして政令で定める場合

　三　組織再編成対象会社株主等が相当程度多数の者である場合として政令で定める場合

Q034

発行登録制度について説明してください。

A 参照方式の有価証券届出書の提出適格がある発行者に認められる制度です。発行登録書の提出後は、有価証券届出書を提出しなくてもいつでも勧誘ができ、発行登録の効力が発生している間は、発行登録追補書類を提出すれば、有価証券を取得させ、売り付けることができる制度です。

■ 発行登録制度の利用方法

　発行登録制度は、有価証券届出書を提出しなくても募集または売出しができる、**有価証券届出制度の例外**です。実務上、社債の募集について広く用いられており、その他、株式の募集、新株予約権の募集についても利用されることがあります。

■ 発行開示と継続開示の融合

　有価証券届出書には、主に、証券情報と企業情報が記載されます。**証券情報**とは、株式であれば、株式の種類や募集される株数、申込単位、払込金額などであり、社債であれば、償還期限や利率、払込金額などです。企業情報には、企業の事業の内容、事業等のリスク、財務情報などが含まれます。このうち、企業情報については、**Q35**で説明する継続開示においても開示されます。すなわち、事業年度末のこれらの企業情報は、有価証券報告書に開示され（24条）、事業年度が1年の発行者については、有価証券報告書の提出までの間に、半期報告書（24条の5第1項）が定期に提出されることになります。さらに、一定の重要な事実の決定または発生があった場合には、臨時報告書の提出も必要になります（24条の5第4項、開示府令19条）（**Q46**参照）。

　発行開示にあたっては、これらの継続開示の情報を利用できることが定められています。すなわち、継続開示を1年以上適正に行っている発行者は、有価証券届出書に有価証券報告書などを組み込み、必要なアップデートをすることで足りるとされています（**組込方式**。5条3項）。またこの組込方式が

開示規制・上場会社の規制｜第3章｜097

認められる発行者のうち、一定の要件を満たした者は実際に組み込むことは行わず、届出書に参照すべき有価証券報告書の提出年月日などを記載する方法で届出書を作成することが認められています（**参照方式**。5条4項）。

　発行登録とは、この参照方式が認められている発行者に認められている制度です。

■ 登録の効力

　この適格のある発行者は、有価証券ごとに募集・売出しに分けて、1年か2年のいずれかを選択し、発行登録します。登録の効力は、実務上、登録した8日後（中7日）に発生します（開示ガイドライン23の5-1、8-1、8-2）。届出と同じように、効力の発生とは関係なく、登録をすれば勧誘できます。いったん効力が発生しても、期間中に有価証券報告書などを提出し、発行登録書中の参照書類についての記載に変更が生じる場合には、訂正発行登録書を提出しなければなりません。この訂正を行うと、原則として一定期間効力が停止します。取得をさせ、売付けをするためには、効力が発生し、発行登録追補書類を提出していなければなりません。発行登録については、株主割当ての場合の提出時期も届出に比べて優遇されています（23条の8第3項）。有価証券届出書を提出する場合と同様、**目論見書**を作成し、当該有価証券を取得する投資家に交付しなければなりませんが、発行登録の場合は発行登録目論見書、発行登録追補目論見書が作成・交付されます（23条の12第2項、第3項、13条1項、15条2項）。

（発行登録書の提出）
第23条の3　有価証券の募集又は売出しを予定している当該有価証券の発行者で、第5条第4項に規定する者に該当するものは、当該募集又は売出しを予定している有価証券の発行価額又は売出価額の総額（以下「発行予定額」という。）が1億円以上の場合（募集又は売出しを予定している有価証券が新株予約権証券である場合にあつては、発行予定額に当該新株予約権証券に係る新株予約権の行使に際して払い込むべき金額の合計額を合算した金額が1億円以上となる場合を含む。）においては、内閣府令で定めるところにより、当該募集又は売出しを予定している期間（以下「発行予定期間」という。）、当該有価証券の種類及び発行予定額又は発行残高の上限、当該有価証券について引受けを予定する金融商品取引業者又は登録金融機関のうち主たるものの名称その他の事項で公益又は投資者保護のため必要かつ適当なものとして内閣府令で定め

るものを記載した書類（以下「発行登録書」という。）を内閣総理大臣に提出して、当該有価証券の募集又は売出しを登録することができる。（……）

2　前項の規定は、同項の発行登録書に、同項の内閣府令で定める事項のほか、内閣府令で定めるところにより第5条第1項第2号に掲げる事項につき当該発行者に係る直近の参照書類を参照すべき旨の記載があり、かつ、公益又は投資者保護のため必要かつ適当なものとして内閣府令で定める書類の添付がある場合に限り、適用する。

3　第1項の規定による登録（以下「発行登録」という。）を行つた有価証券の募集又は売出しについては、第4条第1項から第3項までの規定は、適用しない。

4　発行登録を行つた有価証券の発行者である会社は、第5条第4項に規定する要件を満たすため必要があるときは、第24条第1項（……）の規定による有価証券報告書を提出する義務が消滅した後においても、引き続き同条第1項に規定する有価証券報告書及びその添付書類を提出することができる。

継続開示制度について説明してください。

A 上場有価証券、募集・売出しをして届出された有価証券、保有者の多い一定の有価証券の発行者などが有価証券報告書などを継続的に提出することにより行う開示制度です。

■ 開示書類の種類

多くの発行者が提出を義務付けられている報告書として、**有価証券報告書、半期報告書、臨時報告書**があり、一定の者だけが提出を義務付けられている書類として、自己株券買付状況報告書、親会社等状況報告書（**Q42**参照）などがあります。その他、確認書、内部統制報告書、外国会社報告書については、**Q43**、**Q44**および**Q49**参照。

従来、上場会社には四半期ごとに四半期報告書の提出が求められていましたが、令和5年（2023年）の金商法改正により、令和6年（2024年）4月以降は、第1四半期および第3四半期の**四半期報告書**の提出義務が廃止され、第2四半期（中間期）の半期報告書の提出のみ求められるようになりました（**Q45**参照）。

■ 有価証券報告書などの提出義務

有価証券報告書、半期報告書、臨時報告書の提出義務があるのは、以下の有価証券の発行者です。

①**金融商品取引所に上場されている有価証券**（24条1項1号）
②**店頭売買有価証券**（24条1項2号、施行令3条。実務上これに該当するものは現在ありません）
③その募集・売出し（組織再編成に関するものを含みます）につき**届出または発行登録の規定の適用を受けた有価証券**（24条1項3号）
④当該会社が発行する有価証券（株券、有価証券信託受益証券で受託証券が株券であるもの、預託証券（DR）で株券に係る権利を表示するものおよび有価証券とみなされる電子記録移転権利（特定有価証券に該当するものを除く）のうち合名会社もしくは合資会社の社員権または合同会社

の社員権、ならびに、一定の有価証券投資事業権利等に限られています。施行令3条の6第5項、同4条の2第4項）で、（ア）当該有価証券が株券、有価証券信託受益証券で受託証券が株券であるもの、DRで株券に係る権利を表示するものである場合にあっては、当該事業年度または当該事業年度の開始の日前4年以内に開始した事業年度のいずれかの末日におけるその所有者の数が、1,000名以上、（イ）当該有価証券がそれ以外の場合にあっては、当該事業年度の末日におけるその所有者の数が500名以上であるもの（24条1項4号、施行令3条の6第6項、同4条の2第5項）（いわゆる**外形基準**）

　上場廃止になっても、その株式公開の時などに株式の募集・売出しを行っているのが通常なので、③に該当し、原則として有価証券報告書などの提出義務は存続します。半期報告書については、**Q45**参照。臨時報告書は、当該発行者などに関して、一定の重要事項が決定または発生したことにより、提出されるものです。いずれについてもEDINET（**Q26**参照）により電子的に提出しなければなりません。これらの継続開示義務は、スクイーズアウト等によって株主数が少数になった場合には、申請による免除を受けられることがあります（**Q41**参照）。

■ その他の報告書

　自己株券買付状況報告書は、上場会社が自己株式の有償取得の決議を行った場合に、毎月提出する報告書です（24条の6）。**親会社等状況報告書**は、上場会社の議決権の過半数を所有している会社（その他の当該有価証券報告書を提出しなければならない会社と密接な関係を有するものとして政令で定めるもの）で、有価証券報告書提出義務のない会社が提出しなければならない報告書です（24条の7）（**Q42**参照）。金融商品取引所でも、同様のより厳しい情報開示義務が定められています。

（有価証券報告書の提出）

第24条　有価証券の発行者である会社は、その会社が発行者である有価証券（……）が次に掲げる有価証券のいずれかに該当する場合には、内閣府令で定めるところにより、事業年度ごとに、当該会社の商号、当該会社の属する企業集団及び当該会社の経

理の状況その他事業の内容に関する重要な事項その他の公益又は投資者保護のため必要かつ適当なものとして内閣府令で定める事項を記載した報告書（以下「有価証券報告書」という。）を、内国会社にあつては当該事業年度経過後3月以内（やむを得ない理由により当該期間内に提出できないと認められる場合には、内閣府令で定めるところにより、あらかじめ内閣総理大臣の承認を受けた期間内）、外国会社にあつては公益又は投資者保護のため必要かつ適当なものとして政令で定める期間内に、内閣総理大臣に提出しなければならない。ただし、当該有価証券が第3号に掲げる有価証券（株券その他の政令で定める有価証券に限る。）に該当する場合においてその発行者である会社（報告書提出開始年度（……）終了後5年を経過している場合に該当する会社に限る。）の当該事業年度の末日及び当該事業年度の開始の日前4年以内に開始した事業年度全ての末日における当該有価証券の所有者の数が政令で定めるところにより計算した数に満たない場合であつて有価証券報告書を提出しなくても公益又は投資者保護に欠けることがないものとして内閣府令で定めるところにより内閣総理大臣の承認を受けたとき、当該有価証券が第4号に掲げる有価証券に該当する場合において、その発行者である会社の資本金の額が当該事業年度の末日において5億円未満（……）であるとき、及び当該事業年度の末日における当該有価証券の所有者の数が政令で定める数に満たないとき、並びに当該有価証券が第3号又は第4号に掲げる有価証券に該当する場合において有価証券報告書を提出しなくても公益又は投資者保護に欠けることがないものとして政令で定めるところにより内閣総理大臣の承認を受けたときは、この限りでない。

一　金融商品取引所に上場されている有価証券（特定上場有価証券を除く。）

二　流通状況が前号に掲げる有価証券に準ずるものとして政令で定める有価証券（流通状況が特定上場有価証券に準ずるものとして政令で定める有価証券を除く。）

三　その募集又は売出しにつき第4条第1項本文、第2項本文若しくは第3項本文又は第23条の8第1項本文若しくは第2項の規定の適用を受けた有価証券（前2号に掲げるものを除く。）

四　当該会社が発行する有価証券（株券、第2条第2項の規定により有価証券とみなされる有価証券投資事業権利等及び電子記録移転権利その他の政令で定める有価証券に限る。）で、当該事業年度又は当該事業年度の開始の日前4年以内に開始した事業年度のいずれかの末日におけるその所有者の数が政令で定める数以上（……）であるもの（前3号に掲げるものを除く。）

2〜15　（略）

Q036

有価証券報告書における記述情報の開示について説明してください。

A 記述情報とは、有価証券届出書などの発行開示書類や有価証券報告書などの継続開示書類における財務情報以外の発行者情報を指します。近時、事業等のリスクなどの記述情報についての開示項目・内容が増加しており、その重要性が増しているとともに、金融庁から開示の指針や好事例集が公表され、実質的な開示の充実が図られています。もっとも、虚偽記載などに問われないように慎重な記載が求められます。

■ 記述情報の中の重要な項目

　記述情報には様々な項目が含まれ、記載において必要な事実を客観的に書けば足りるものもあります。これらについても重要であり、記載すべき事項が欠けているか否かが客観的に明らかなので、作成において注意を要することは当然です。これに対して、記載に経営者の主観が入る項目が最近増えており、これらについての実務的な対応も重要になってきています。

　特に重要な項目としては、「経営方針、経営環境及び対処すべき課題等」「事業等のリスク」「経営者等による財政状態、経営成績及びキャッシュ・フローの状況の分析」（いわゆるMD&A）「重要な契約」「コーポレート・ガバナンスの概要」「役員の状況」「従業員の状況等」「サステナビリティに関する考え方及び取組」などがあります。

■ 記述情報の開示に関する原則、好事例集の公表や記載上の注意と実務上の注意点

　金商法上の有価証券届出書などの発行開示書類や有価証券報告書などの継続開示書類には、**厳格な法定の開示責任**が伴います（**Q47・Q48**参照）。記述情報の開示も例外ではなく、その開示内容を検討するにあたっては、慎重な検討が必要です。

　特に、その中でも、経営者が経営成績等の状況に重要な影響を与える可能性があると認識している主要なリスクを記載する**「事業等のリスク」**の記載

開示規制・上場会社の規制｜第3章｜103

は、その重要な点の虚偽や不記載について投資者からの開示責任を問われやすいため、記載の正確性・十分性に特に注意する必要があります。さらに、「事業等のリスク」では、当該リスクが顕在化する可能性の程度や時期、当該リスクが顕在化した場合に経営成績等の状況に与える影響の内容、当該リスクへの対応策の具体的な記載も求められています。ただし、この対応策について、過度に楽観的、または、実現可能性のない対応策を記載することは重要な点の虚偽の記載となるおそれがありますので、その内容が十分に合理的な根拠を伴ったものとなっているか検討が必要です。

Q037

有価証券報告書におけるサステナビリティ・人的資本の開示について説明してください。

A 令和3年（2021年）度ディスクロージャーワーキング・グループ（以下「ディスクロージャーWG」）の報告を踏まえ、有価証券報告書においてサステナビリティ情報について、その全般に加えて、気候変動、人的資本・多様性に関する開示が制度化され、令和5年（2023年）3月31日以後に終了する事業年度に係る有価証券報告書から適用が開始されました。

■ サステナビリティ開示

近年、企業活動における**サステナビリティ**に関する関心の高まりを受け、統合報告書やサステナビリティレポートなどの任意開示や、改正前の有価証券報告書において、投資家に対してこれらのサステナビリティに関する情報開示を行う動きが高まっていました。これを受けて、比較可能性および開示責任による実効性確保という観点から、金商法に基づく法定開示である有価証券報告書において、「**サステナビリティに関する考え方及び取組**」欄が新設されました。

当該記載欄には、サステナビリティに関する「**ガバナンス**」「**戦略**」「**リスク管理**」「**指標及び目標**」の4つの開示事項を記載します（開示府令第2号様式・記載上の注意（30-2）a、b）。これは、サステナビリティ開示に関する国際的なフレームワークである、**気候関連財務情報開示タスクフォース**（**TCFD**）や国際サステナビリティ基準審議会（ISSB）で示された開示基準に整合したものとなっています。これらの4つの開示項目の「ガバナンス」と「リスク管理」は全企業に開示が義務付けられます。一方、「戦略」と「指標及び目標」は各企業が重要と判断した場合に開示が求められます。

■ 金融庁の基本的な考え方と望ましい開示

この「サステナビリティに関する考え方及び取組」の開示に関しては、金融庁が記述情報の開示に関する原則の別添で、その基本的な考え方と望まし

開示規制・上場会社の規制｜第3章 **105**

い開示に向けた取組みを整理しています。そこでは「戦略」と「指標及び目標」について、各企業が重要性を判断した上で記載しないこととした場合でも、当該判断やその根拠の開示を行うことが期待されるとともに、TCFDやISSBに基づく開示をした場合には、適用した開示の枠組みの名称を記載することが考えられるとされています。

■ 人的資本・多様性

　また、サステナビリティに関する当該記載欄においては、**人的資本・多様性**に関する開示が義務付けられています。そこでは「戦略」として、人材の多様性の確保を含む人材の育成に関する方針および社内環境整備に関する方針を開示することが求められます（開示府令2号様式・記載上の注意（30-2）c（a））。今回の改正では、「従業員の状況」欄において、女性管理職比率、男性の育児休業取得率、男女間賃金格差の開示も義務付けられるようになりました。

■ 虚偽記載責任

　法定開示書類である有価証券報告書には、法定の厳格な**虚偽記載責任**の規定が適用されます（**Q47・Q48**参照）、サステナビリティに関する記載もその例外ではありません。この点、特にサステナビリティに関する将来情報と実際の結果が異なる場合に、開示された情報の虚偽記載責任が問題となります。企業内容等開示ガイドラインにおいては、開示した将来情報と実際の結果が異なる場合であっても、将来情報に関する経営者の認識や当該認識の前提となる事実、仮定、推論過程に関する合理的な説明が記載されている場合のほか、将来情報について社内で合理的な根拠に基づく適切な検討を経た上で、その旨が、検討された事実、仮定、推論過程とともに記載されている場合には、直ちに虚偽記載等の責任を負うものではないと考えられる旨が明確化されており（開示ガイドラインB5-16-2）、実際の開示内容を検討するにあたっては、合理的な根拠に基づいて具体的な記載となるよう留意が必要です。

Q038

有価証券報告書等における重要な契約の開示について説明してください。

A 開示府令が改正され、有価証券報告書等における「重要な契約」の開示として、「企業・株主間のガバナンスに関する合意」「企業・株主間の株主保有株式の処分・買増し等に関する合意」および「ローン契約と社債に付される財務上の特約」の開示が拡充されます。また、これらの契約の締結等をした際には臨時報告書の提出も求められることとなりました。有価証券報告書等での開示は令和7年（2025年）3月31日以後に終了する事業年度から、臨時報告書の提出は令和7年（2025年）4月1日以後に提出される臨時報告書から適用されます。

■ 改正の経緯

令和4年（2022年）6月に公表された令和3年度（2021年度）ディスクロージャーWGの報告において、「**重要な契約**」について、開示すべき契約の類型や求められる開示内容を具体的に明らかにすることで、適切な開示を促すことが考えられるとの提言がなされました。有価証券報告書では、企業が「経営上の重要な契約」を締結している場合、その概要を記載することが求められてきましたが、わが国においては、投資家にとって重要な契約を開示すべきであるとの考えが十分実務に浸透しておらず、諸外国と比較して、その開示が不十分であるとの指摘がなされていました。このような問題意識を踏まえ、有価証券報告書等の提出会社が締結する以下の内容を含む契約の開示が求められることとなりました。

■ 開示内容の拡充の概要

具体的には、「**企業・株主間のガバナンスに関する合意**」として、提出会社（提出会社が持株会社の場合には、その子会社を含む）が、その株主との間で、（a）役員候補者指名権の合意、（b）議決権行使内容を拘束する合意および（c）事前承諾事項等に関する合意を含む契約（重要性の乏しいものを除く）を締結している場合、当該契約の概要や合意の目的およびガバナンスへの影響等の開示が求められます。また、「**企業・株主間の株主保有株式の処**

開示規制・上場会社の規制｜第3章 | 107

分・買増し等に関する合意」として、提出会社が、その株主（大量保有報告書を提出した株主）との間で、(a) 保有株式の譲渡等の禁止・制限の合意、(b) 保有株式の買増しの禁止に関する合意、(c) 株式の保有比率の維持の合意および (d) 契約解消時の保有株式の売渡請求の合意を含む契約（重要性の乏しいものを除く）を締結している場合、当該契約の概要や合意の目的等の開示を求められます。さらに、「**ローン契約と社債に付される財務上の特約**」については、財務上の特約の付されたローン契約の締結または社債の発行をした場合（既に締結している契約や既に発行している社債に新たに財務上の特約が付される場合も含む）であって、その元本または発行額の総額が連結純資産額の10%以上の場合には、契約の概要（契約の相手方の属性、元本総額および担保の内容等）や財務上の特約の内容の開示が求められます。

　これら契約については、事業年度末の状況を有価証券報告書で開示するほか、その締結または変更の時点で遅滞なく臨時報告書を提出することが求められることとなります。また、財務上の特約について、当該財務上の特約に抵触した場合にも、その内容等を記載した臨時報告書の提出が求められます。

■ 主な留意点

　この開示府令の改正に伴う留意点は多岐にわたりますが、例えば「企業・株主間のガバナンスに関する合意」については、法的拘束力を有する合意のみが開示対象とされており、特定の事項（役員候補の選定を含む）について**通知・協議を行う義務**を有するにすぎない場合には開示対象外とされます。また、親会社または当該会社（上場子会社）の社内規程に一定の重要事項について親会社の事前承諾を要する旨の規定があっても、それが当該会社（上場子会社）に当該事前承諾を得る法的義務を課すものでなければ開示対象外とされます。

　会社の代表者（実質的な大株主である場合を含む）を含め（当該企業ではない）個人と株主との間の契約は開示対象外とされます。開示対象となる合意の相手方たる「提出会社の株主」とは名義株主を指すものとされています。事前承諾事項の合意であっても、通常の事業過程で締結されたものであり、かつ、事前承諾事項が一部に限定されているものなど、ガバナンスに対する

108

影響が限定的であるものについては「重要性の乏しいもの」として開示対象外となることがあります。

■ 施行日程

　有価証券報告書に係る改正は、**令和7年（2025年）3月31日以後に終了する事業年度**に係る有価証券報告書から適用されます。ただし、令和6年（2024年）3月31日以前に締結された「重要な契約」については、令和7年（2025年）4月1日前に開始する事業年度に係る有価証券報告書では、その記載の省略が可能とされています。また、臨時報告書の提出義務は、令和7年（2025年）4月1日から適用されます。

Q039

有価証券報告書におけるコーポレート・ガバナンスの開示について説明してください。

A 有価証券報告書では、コーポレート・ガバナンスの概要としてその基本的考え方、企業統治の体制の概要および当該体制を採用する理由、内部統制システムの整備の状況を記載するほか、役員の報酬決定方針、個別報酬、政策保有株式の保有状況（保有方針、個別銘柄等）の記載が求められます。

■ 改正の経緯

　有価証券報告書における**コーポレート・ガバナンスに係る開示**は、平成16年（2004年）3月期の有価証券報告書から導入されました。導入当初においては、開示すべき内容は、基本的に開示会社の判断に委ねられ、関係府令で規定された有価証券報告書の「記載上の注意」では、会社の機関の内容、内部統制システムの整備の状況等の開示が例示されるにとどまっていました。その後、証取法上のディスクロージャーをめぐる不適正な事例等を踏まえて、開示内容の充実が図られ、平成17年（2005年）3月期の有価証券報告書から内部監査等の状況の概要、社外取締役および社外監査役と会社との人的関係、資本的関係または取引関係その他の利害関係の概要、ならびに、会計監査の状況の概要などの開示が求められるようになりました。

　その後も、投資家が求めるコーポレート・ガバナンスに関する情報開示の高度化・多様化を踏まえ、開示事項の拡充が進められてきており、令和元年（2019年）1月の企業内容等の開示に関する内閣府令の改正では、財務情報および財務情報をより適切に理解するための記述情報の充実（経営戦略、経営者による経営成績等の分析（MD&A）、事業等のリスク等）、企業と投資家との対話の観点から求められるガバナンス情報の提供（役員報酬の算定方法、政策保有株式の保有状況等）などが図られました。

■ 役員報酬の開示

　具体的には、**役員報酬に関する開示**については、近年、企業価値の向上に

向けて経営陣にインセンティブを付与するため、業績連動報酬の導入が進むなか、報酬体系が企業価値の向上に向けた経営陣の適切なインセンティブとして十分機能しているか否かが、企業の中長期的な成長期待を判断する要素の1つとして投資判断や対話において重視されるようになっています。このような動向を踏まえて、現行の有価証券報告書における役員報酬の開示としては、報酬プログラムについて、報酬の決定・支給の方法に関し、種類別に算定方法や支給割合を記載するとともに、支給額についての考え方、KPI等の指標が関連付けられている場合の選定理由等を記載すること、報酬実績については、報酬実績と報酬プログラムの整合性等の確認のため、KPIの目標と達成度や、業績連動報酬の支給割合等を記載すること、報酬決定の枠組みについて、報酬決定プロセスの客観性・透明性のチェックを可能とするため、決定権者や報酬委員会に関する情報を記載することが求められます。また、令和元年（2019年）会社法改正に伴い、個人別の報酬決定方針等も開示の対象に追加されています。

■ 政策保有株式の開示

もう1つ、有価証券報告書におけるコーポレート・ガバナンスに関する開示で特徴的なのは、上場会社の**政策保有株式に関する開示**です。政策保有株式については、企業間で戦略的提携を進める場合等に意義があるとの指摘もある一方、安定株主の存在が企業経営に対する規律の緩みを生じさせているのではないかとの指摘や、保有に伴う効果が十分検証されず資本効率が低いとの指摘があり、政策保有株式に関する情報は、投資判断と企業と投資家との間の対話の双方で、重要性があるとされています。そこで、現行の有価証券報告書では、政策保有株式の保有の合理性の検証方法等、株式数が増加した銘柄数・取得価額の合計額・増加の理由、株式数が減少した銘柄数・売却価額の合計額、60の個別銘柄について、保有目的・効果、相手方の保有の有無、株式数増加の理由などが求められます。

■ 各種の委員会活動状況の開示

また、令和3年（2021年）度ディスクロージャーWGにおける議論を経て、現行の有価証券報告書では、従来の監査役会の活動状況の開示に加えて、**取**

締役会、指名委員会・報酬委員会等の活動状況の開示についても充実が図られています。

■ 留意点

　こうしたコーポレート・ガバナンスに関する記載も、法定の虚偽記載責任の対象となりますので、虚偽の記載や重要な点の欠けが生じないよう、適切な内容を検討する必要があります（**Q47**・**Q48**参照）。

Q040

有価証券報告書と事業報告書の一体的開示、有価証券報告書の株主総会前の提出について説明してください。

A 現在の有価証券報告書にはコーポレート・ガバナンスやサステナビリティに関する充実した開示がなされるようになっているところ、その提出期限は事業年度末後3カ月以内とされており、同様に事業年度末後3カ月以内の一定の時期に開催される定時株主総会の招集や議決権行使のタイミングではかかる有価証券報告書は提出・開示されていないことが多い状況です。そこで、有価証券報告書で開示される情報の定時株主総会での議決権行使における重要性・有用性に照らして、定時株主総会前の有価証券報告書の提出・開示を求める投資家の要望が強くなっており、それに向けた政府の取組みが進んでいます。

■ 有価証券報告書の提出時期

　有価証券報告書の提出期限は事業年度末後3カ月以内とされており、同様に事業年度末後3カ月以内の一定の時期に開催される定時株主総会より前に有価証券報告書を提出・開示する企業は、2021年3月期決算の上場会社（2,346社）のうち、27社にとどまり、その後も現在に至るまで、その数は大きく変動しておらず、有価証券報告書の早期開示が十分に進んでいるとはいい難い状況です。

　この要因として、日本においては、毎年「一定の時期」に開催される定時株主総会が、事業年度末後3カ月以内とされることが確立した実務として定着しており、事業年度末後4〜5カ月程度で株主総会を開催し、それに先立ち法定開示書類が開示される欧米の実務に比べて、事業年度末から定時株主総会開催までの期間が短いという点が挙げられます。そのため、株主総会の開催時期の見直しに向けた提言がなされているほか、政府により**有価証券報告書と会社法に基づく事業報告の一体的開示**に向けた取組みが進められています。

開示規制・上場会社の規制 │ 第3章 │ 113

■ 一体的開示・有報早期提出に向けた取組み

　例えば、金融庁は、平成30年（2018年）1月、有価証券報告書における大株主やストック・オプションの記載について、事業報告等との共通化の観点から関連する内閣府令の改正を行いました。また、同年3月、法務省が、事業報告等における大株主の記載について法務省令を改正し、財務会計基準機構は、記載内容の共通化を行う場合の「雛型」を公表したほか、平成30年（2018年）12月には、内閣官房、金融庁、法務省および経済産業省の連名により、一体的開示の記載例やスケジュール案等が公表されたほか、令和3年（2021年）1月には、経済産業省からFAQ集が公表されるなどの取組みが進められています。

　さらに、令和元年（2019年）会社法改正によって令和5年（2023年）から始まった株主総会資料の電子提供制度では、株主総会の3週間前までの電子提供措置開始日までに電子提供措置事項の内容を記載した有価証券報告書をEDINETに提出した場合には、株主総会資料の電子提供措置を行う必要がないとされ、一定の負担軽減は図られています。

■ 総会前提出の留意点

　前述のように有価証券報告書にはコーポレート・ガバナンスその他の株主の議決権行使のために有用な情報が多く記載されることを踏まえ、有価証券報告書と事業報告書の一体的開示、有価証券報告書の株主総会前の提出の実務が拡大することが期待されます。なお、この場合、こうした有価証券報告書の虚偽記載責任（**Q47・Q48**参照）は、報告書の提出時点の役員が負うことになりますので、定時総会前に提出する場合、定時総会後を前提とする記載内容について総会前に在任する役員が責任を負うため、その主体にずれが生じるという問題点があります。

有価証券報告書などの継続開示義務の消滅・免除の要件について説明してください。

A 株券の募集・売出しをしたことがある発行者が一定の要件を充たす場合、継続開示が消滅または免除されます。

■ 継続開示義務

上場会社や発行開示をした会社などは、その後、継続開示をしなければなりません（**Q35**参照）。しかし、継続開示に要する労力・費用を考えると、その後、有価証券の所有者（開示すべき投資者）の数が減少するなど、その必要性が小さくなってきた場合には、義務の消滅・免除を認められます。

■ 消滅要件

継続開示義務を負う会社が、**上場を廃止**された場合、上場に基づくかかる義務は消滅します。上場廃止になっても、その株式公開の時などに株式の募集・売出しのための有価証券届出書を提出しているのが通常であるため、**Q35**の③の類型に該当し、継続開示義務は存続します。

■ 免除要件

①**外形基準に係る免除事由**　株券、有価証券信託受益証券で受託証券が株券であるもの、DRで株券に係る権利を表示するものについて、**外形基準**（24条1項4号（**Q35**の④の類型））により継続開示義務を負う会社は、①当該事業年度末における資本金の額が5億円未満で、かつ、②当該事業年度の末日における当該有価証券の所有者の数が300名未満であれば、当該事業年度に係る有価証券報告書の提出が免除されます（24条1項ただし書、施行令3条の6第1項・4条の2第1項～3項・4条の11第1項・2項）。もっとも、その翌事業年度に①または②の要件を満たさず、いまだ外形基準に該当していれば、当該事業年度に係る有価証券報告書を提出しなければなりません。その他の有価証券の発行者についても、同様の免除事由が定められています。

②**届出書を提出した者の免除事由**　当該有価証券につき**有価証券届出書**ま

たは発行登録追補書類を提出した発行者である場合（24条1項3号（**Q35**の③の類型））、①当該募集などを行った有価証券が株券（施行令3条の5第1項第1号）、外国会社が発行する株券の性質を有する有価証券もしくはその有価証券信託受益証券・預託証券（同項2号〜4号）または優先出資証券（施行令4条の10第1項。会社以外の発行者に準用する場合（27条））に該当し、外国の発行体が発行する優先出資証券の性質を有する有価証券もしくはその有価証券信託受益証券・預託証券（施行令4条の10第1項2号〜4号）に該当し、②報告書提出開始年度（当該有価証券の募集などに関する届出などを行った日の属する事業年度をいい、当該報告書提出開始年度が複数あるときは、その直近のものをいう）終了後**5年を経過**しており、③その発行者の当該事業年度の末日および当該事業年度の開始の日前4年以内に開始した事業年度（つまり過去5事業年度）全ての末日における当該有価証券の所有者の数が**300名に満たない場合**であって（施行令3条の5第2項・4条の10第2項）、かつ④有価証券報告書を提出しなくても公益または投資者保護に欠けることがないものとして内閣府令で定めるところにより内閣総理大臣の承認を受けたときには、当該事業年度に係る有価証券報告書から提出義務が免除されます（24条1項ただし書）。

　なお、当該事業年度の開始の日後に開始する事業年度の末日における当該有価証券の所有者の数が300名以上となっても、その後新たに当該有価証券が24条1項各号に掲げる有価証券に該当していなければ有価証券報告書の提出を要しません（企業開示ガイドライン24-12）。

　③**承認を受けた免除**　上記のほか、事業年度末における当該有価証券の所有者が**25名未満**になるなどして、管轄財務局長に申請して、**承認を受けた**場合にも継続開示の免除を受けられます（24条1項ただし書、施行令4条、開示府令16条2項など）。

（有価証券報告書の提出）
第24条　有価証券の発行者である会社は、その会社が発行者である有価証券（特定有価証券を除く。次の各号を除き、以下この条において同じ。）が次に掲げる有価証券のいずれかに該当する場合には、内閣府令で定めるところにより、事業年度ごとに、当該会社の商号、当該会社の属する企業集団及び当該会社の経理の状況その他事業の

内容に関する重要な事項その他の公益又は投資者保護のため必要かつ適当なものとして内閣府令で定める事項を記載した報告書（以下「有価証券報告書」という。）を、内国会社にあつては当該事業年度経過後3月以内（やむを得ない理由により当該期間内に提出できないと認められる場合には、内閣府令で定めるところにより、あらかじめ内閣総理大臣の承認を受けた期間内）、外国会社にあつては公益又は投資者保護のため必要かつ適当なものとして政令で定める期間内に、内閣総理大臣に提出しなければならない。ただし、当該有価証券が第3号に掲げる有価証券（株券その他の政令で定める有価証券に限る。）に該当する場合においてその発行者である会社（報告書提出開始年度（……）終了後5年を経過している場合に該当する会社に限る。）の当該事業年度の末日及び当該事業年度の開始の日前4年以内に開始した事業年度全ての末日における当該有価証券の所有者の数が政令で定めるところにより計算した数に満たない場合であつて有価証券報告書を提出しなくても公益又は投資者保護に欠けることがないものとして内閣府令で定めるところにより内閣総理大臣の承認を受けたとき、当該有価証券が第4号に掲げる有価証券に該当する場合において、その発行者である会社の資本金の額が当該事業年度の末日において5億円未満（当該有価証券が第2条第2項の規定により有価証券とみなされる有価証券投資事業権利等又は電子記録移転権利である場合にあつては、当該会社の資産の額として政令で定めるものの額が当該事業年度の末日において政令で定める額未満）であるとき、及び当該事業年度の末日における当該有価証券の所有者の数が政令で定める数に満たないとき、並びに当該有価証券が第3号又は第4号に掲げる有価証券に該当する場合において有価証券報告書を提出しなくても公益又は投資者保護に欠けることがないものとして政令で定めるところにより内閣総理大臣の承認を受けたときは、この限りでない。

一〜四　（略）

Q042

親会社についての開示制度について説明してください。

A 上場会社の親会社等で有価証券報告書を提出していない会社は、原則として、親会社等状況報告書を提出しなければなりません。

■ 提出義務のある親会社等

　西武鉄道の有価証券報告書虚偽記載の発覚を契機として、上場会社の親会社の情報開示の必要性が認識され、上場会社自身の有価証券報告書での開示として、また取引所の適時開示規則上のルールに基づき親会社の開示がなされてきました。取引所は、必ずしも親会社に該当しなくても、一定の影響力のある会社については開示を要求しています。かかる開示強化の一環として、親会社等状況報告書の提出が義務付けられています（24条の7）。

　開示が要求されているのは、**上場会社の親会社等**です。有価証券を上場せずに有価証券報告書を提出している会社の親会社等は提出する義務はありません。ここで親会社等とは発行者の議決権の過半数を所有している会社等であり、間接的に保有している会社を含みます（施行令4条の4）。上場会社の親会社にC社があり、その親会社にB社があり、さらにその親会社としてA社がある場合には、A〜Cの全てが原則として提出しなければなりません。

■ 適用除外

　もっとも、**有価証券報告書**を提出する義務のある親会社等や**外国金融商品取引所**にその有価証券を**上場**などして、その国の法令で企業内容に関する書類が開示され、日本で閲覧できるような会社については、提出義務はありません（24条の7第1項、開示府令19条の5第1項）。

■ 提出時期

　その親会社等の事業年度終了後原則として3カ月以内に提出する必要があります（24条の7第1項）。また、株式を新たに取得して、過半数を保有するようになるなど新たにこの要件に該当することになった場合には、遅滞なく、

提出する義務があります（同条2項）。

■ 開示内容

　当該親会社等が内国会社の場合には、開示府令第5号の4様式、外国会社である場合には第10号の3様式で提出することになります。それぞれの計算書類やその株主構成、大株主の状況、役員の状況を開示することになります。

（親会社等状況報告書の提出）
第24条の7　第24条第1項の規定により有価証券報告書を提出しなければならない会社（同項第1号又は第2号に掲げる有価証券の発行者であるものに限る。（……）「提出子会社」という。）の議決権の過半数を所有している会社その他の当該有価証券報告書を提出しなければならない会社と密接な関係を有するものとして政令で定めるもの（第24条第1項（……）の規定により有価証券報告書を提出しなければならない会社（……）を除く。以下（……）「親会社等」という。）は、内閣府令で定めるところにより、当該親会社等の事業年度（……）ごとに、当該親会社等の株式を所有する者に関する事項その他の公益又は投資者保護のため必要かつ適当なものとして内閣府令で定める事項を記載した報告書（以下「親会社等状況報告書」という。）を、当該事業年度経過後3月以内（当該親会社等が外国会社である場合には、公益又は投資者保護のため必要かつ適当なものとして政令で定める期間内）に、内閣総理大臣に提出しなければならない。ただし、親会社等状況報告書を提出しなくても公益又は投資者保護に欠けることがないものとして政令で定めるところにより内閣総理大臣の承認を受けたときは、この限りでない。
2　前項本文の規定の適用を受けない会社が親会社等に該当することとなつたときは、当該親会社等に該当することとなつた会社は、内閣府令で定めるところにより、その該当することとなつた日の属する事業年度の直前事業年度に係る親会社等状況報告書を、遅滞なく、内閣総理大臣に提出しなければならない。（……）
3〜6　（略）

開示規制・上場会社の規制｜第3章　119

Q043

有価証券報告書などの記載内容に係る確認書について説明してください。

A 上場会社は、有価証券報告書や半期報告書等の提出に併せて、当該書類の記載内容が金融商品取引法令に基づき適正であることを確認した旨の確認書を提出しなければなりません。

■ 金融商品取引法による提出の義務付け

　有価証券報告書を提出しなければならない会社のうち、株式を上場している会社など（施行令4条の2の5第1項）は、内閣府令で定めるところにより、当該有価証券報告書の記載内容が金融商品取引法令に基づき適正であることを確認した旨を記載した**確認書**を当該有価証券報告書と併せて提出しなければならないと定めています（24条の4の2第1項、開示府令17条の5、第4号の2様式、第9号の2様式）。これ以外の提出会社についても任意で提出することが認められています（24条の4の2第2項）。この規定は、半期報告書（24条の5の2）にも準用されています。証券取引所の規則で義務付けられていた確認書を、一定の発行者には法定の義務としたところに意義があります。提出しないと過料の適用があります（208条2号、209条3号・4号）。

■ 訂正報告書にも適用

　上記の確認書は、過去の有価証券報告書、半期報告書または廃止はされたものの過去に提出された四半期報告書の訂正を行い、**訂正報告書**を提出する場合には併せて提出する義務があります（24条の4の2第4項、24条の5の2、附則（令和5年（2023年）11月29日法律第79号）2条3項）。

（有価証券報告書の記載内容に係る確認書の提出）
第24条の4の2　第24条第1項の規定による有価証券報告書を提出しなければならない会社（第23条の3第4項の規定により当該有価証券報告書を提出した会社を含む。次項において同じ。）のうち、第24条第1項第1号に掲げる有価証券の発行者である会社その他の政令で定めるものは、内閣府令で定めるところにより、当該有価証券報告書

の記載内容が金融商品取引法令に基づき適正であることを確認した旨を記載した確認書（以下この条及び次条において「確認書」という。）を当該有価証券報告書（第24条第8項の規定により同項に規定する有価証券報告書等に代えて外国会社報告書を提出する場合にあつては、当該外国会社報告書）と併せて内閣総理大臣に提出しなければならない。

2～6　（略）

Q044

内部統制報告書について説明してください。

A 内部統制報告書は、上場会社等が、当該会社の属する企業集団および当該会社に係る財務計算に関する書類その他の情報の適正性を確保するために必要な体制（財務報告に係る内部統制）についての評価を開示する書類です。財務報告に係る内部統制の有効性に関する経営者による評価と公認会計士または監査法人による監査が義務付けられます。

■ 内部統制報告書制度の沿革

内部統制報告書制度は、有価証券報告書の開示内容について不適正な事例が相次いだことを踏まえ、開示の信頼性を確保するためには、財務報告に係る内部統制の充実を図ることが重要であるとの観点から、金商法において**財務報告に係る内部統制の有効性に関する経営者による評価と公認会計士または監査法人による監査**を義務付けるものとして導入されたもので、平成20年（2008年）4月1日以後に開始する事業年度から適用されています。

■ 内部統制報告書制度の概要

提出義務者は、株券、優先出資証券など一定の有価証券を上場または店頭登録している発行会社です（24条の4の4第1項、施行令4条の2の7第1項）。有価証券報告書提出会社は、上場会社等以外の会社であっても、任意に内部統制報告書を提出することができます（24条の4の4第2項）。**内部統制報告書**は、事業年度ごとに、有価証券報告書と併せて提出する必要があります（24条の4の4第1項、内部統制府令4条）。

内部統制報告書には、当該会社の属する企業集団および当該会社に係る財務計算に関する書類その他の情報の適正性を確保するために必要な体制についての評価を記載します。かかる体制は、当該会社における財務報告が法令などに従って適正に作成されるための体制をいい（内部統制府令3条）、その具体的内容は、各社の置かれた状況により異なることから、各社において適切に判断すべきものとされています。なお、**会社法**において大会社である取

締役会設置会社に整備することが求められる内部統制体制は、取締役の職務の執行が法令・定款に適合することを確保するための体制その他株式会社の業務の適正を確保するために必要な体制とされており（会社法362条4項6号・5項、会社法施行規則100条）、その業務全般に及ぶのに対し、**金商法上の内部統制**は財務報告の信頼性確保を目的とする内部統制に限られており、また、直接にかかる体制の構築を義務付けるのではなく、その有効性についての評価を内部統制報告書により開示することを求めているという点で異なります。

上場会社等が提出する内部統制報告書には、特別の利害関係のない公認会計士または監査法人の**監査**を受けなければなりません（193条の2第2項）。監査証明は、**内部統制監査報告書**により行われ（内部統制府令1条2項）、内部統制府令および一般に公正妥当と認められる財務報告に係る内部統制の監査に関する基準および慣行に従って実施された監査の結果に基づいて作成されます（同条4項）。

かかる監査は企業会計審議会が策定した「財務報告に係る内部統制の評価及び監査の基準」および「財務報告に係る内部統制の評価及び監査に関する実施基準」に基づいて実施されます。これらの基準は平成20年（2008年）の制度導入以後改訂されていませんでしたが、経営者による内部統制の評価範囲の外で開示すべき重要な不備が明らかになる事例や内部統制の有効性の評価が訂正される際に十分な理由の開示がない事例が一定程度見受けられており、経営者が内部統制の評価範囲の検討にあたって財務報告の信頼性に及ぼす影響の重要性を適切に考慮していないのではないか等の内部統制報告制度の実効性に関する懸念が指摘されていたことから、令和5年（2023年）に改訂されました。

令和5年（2023年）の内部統制基準などの改訂は、内部統制報告制度の実効性向上の観点から、経営者が内部統制の評価範囲を検討する際に適切なリスクアプローチを徹底するとともに、その評価範囲の決定の考え方について開示を促すものとなっています。併せて、国際的な内部統制の枠組みの改訂を踏まえ、内部統制の基本的枠組みが改訂されています。改訂後の内部統制基準等では、サステナビリティ等の非財務情報に係る開示の進展や米国のCOSO（トレッドウェイ委員会支援組織委員会）の内部統制の基本的枠組み

に関する報告書の改訂を踏まえ、内部統制の目的の1つである「財務報告の信頼性」を「報告の信頼性」に見直すとともに、「報告の信頼性」を「組織内及び組織の外部への報告（非財務情報を含む）の信頼性を確保すること」と定義付けられています。その上で、「報告の信頼性」には、「財務報告の信頼性」が含まれることが明確にされています。なお、金融商品取引法上の内部統制報告制度は、あくまで「財務報告の信頼性」の確保が目的である点に変更はありません。

（財務計算に関する書類その他の情報の適正性を確保するための体制の評価）

第24条の4の4 第24条第1項の規定による有価証券報告書を提出しなければならない会社（第23条の3第4項の規定により当該有価証券報告書を提出した会社を含む。次項において同じ。）のうち、第24条第1項第1号に掲げる有価証券の発行者である会社その他の政令で定めるものは、内閣府令で定めるところにより、事業年度ごとに、当該会社の属する企業集団及び当該会社に係る財務計算に関する書類その他の情報の適正性を確保するために必要なものとして内閣府令で定める体制について、内閣府令で定めるところにより評価した報告書（以下「内部統制報告書」という。）を有価証券報告書（同条第8項の規定により同項に規定する有価証券報告書等に代えて外国会社報告書を提出する場合にあつては、当該外国会社報告書）と併せて内閣総理大臣に提出しなければならない。

2　第24条第1項の規定による有価証券報告書を提出しなければならない会社であつて、前項の規定により内部統制報告書を有価証券報告書と併せて提出しなければならない会社以外の会社（政令で定めるものを除く。）は、同項に規定する内部統制報告書を任意に提出することができる。

3　（略）

4　内部統制報告書には、第1項に規定する内閣府令で定める体制に関する事項を記載した書類その他の書類で公益又は投資者保護のため必要かつ適当なものとして内閣府令で定めるものを添付しなければならない。

5〜6　（略）

四半期開示がどのように変わったか説明してください。

A 金商法に基づく第1・第3四半期報告書の廃止に係る金商法改正は令和5年（2023年）11月に成立し、令和6年（2024年）4月より施行されました。かかる四半期報告書の廃止に伴う新しい四半期決算短信の開示は、3月期決算会社の第1四半期および9月期決算会社の第3四半期から順に開始されています。従来の第2四半期に係る四半期報告書（現行の半期報告書）および四半期決算短信については基本的に従前の取扱いが維持されています。

■ 四半期報告書の廃止と四半期決算短信への一本化

　一本化後の第1・第3**四半期決算短信**は、「サマリー情報」と「添付資料」で構成されます。**サマリー情報**は、投資者の投資判断に重要な影響を与える上場会社の四半期決算の内容を、一覧性および比較可能性を確保する観点から簡潔に取りまとめるもので、所定の参考様式に基づいて作成する必要があります。また、サマリー情報に記載される主要な決算数値を投資者が適切に理解できるようにするために、その添付資料として、経営成績等の概況ならびに四半期財務諸表または四半期連結財務諸表の記載が義務付けられます。このうち、四半期財務諸表等として記載すべき具体的な項目は以下のとおりです。

（第1・第3四半期決算短信の四半期財務諸表等の開示項目）
a. 四半期連結貸借対照表
b. 四半期連結損益計算書および四半期連結包括利益計算書または四半期連結損益および包括利益計算書
c. 継続企業の前提に関する注記
d. 株主資本の金額に著しい変動があった場合の注記
e. 会計方針の変更、会計上の見積りの変更、修正再表示に関する注記
f. 四半期連結財務諸表の作成に特有の会計処理に関する注記

g. セグメント情報等の注記

h. キャッシュ・フローに関する注記（任意に四半期連結キャッシュ・フロー計算書を開示する場合を除く）

■ 監査法人などのレビュー

第1・第3四半期に係る四半期財務諸表等の**監査法人**などによるレビューは、従来、四半期報告書においては義務的であったものが、一本化後の第1・第3四半期に係る四半期決算短信における四半期財務諸表等に関しては**原則として任意**となりました。ただし、以下のいずれかの場合、その後に開示する四半期累計期間（第2四半期を除く）に係る四半期財務諸表等に対し、監査法人などによるレビューが必須とされます。

（第1・第3四半期レビューが必須になる場合）

a. 直近の有価証券報告書、半期報告書または四半期決算短信（レビューを受ける場合）において、無限定適正意見（無限定の結論）以外の監査意見（レビューの結論）が付される場合

b. 直近の内部統制監査報告書において、無限定適正意見以外の監査意見が付される場合

c. 直近の内部統制報告書において、内部統制に開示すべき重要な不備がある場合

d. 直近の有価証券報告書または半期報告書が当初の提出期限内に提出されない場合

e. 当期の半期報告書の訂正を行う場合であって、訂正後の財務諸表に対してレビュー報告書が添付される場合

■ 虚偽記載などがあった場合の責任

四半期決算短信については、虚偽記載があった場合、取引所規則に基づく**実効性確保措置の対象**になるほか、金商法に基づく**風説の流布**に該当する可能性がありますが（ただし、風説の流布については、虚偽記載が風説の流布に当たることに加え、有価証券の売買等を行うためまたは変動を図る目的であることが要件となります）、金商法上の継続開示書類のように、民事上の

126

損害賠償責任に関する立証責任の転換等の特別な規定や課徴金の対象となるわけではありません。

この点に関して、令和4年（2022年）12月ディスクロージャーWG報告において一本化後の四半期決算短信の虚偽記載に対しては、取引所のエンフォースメントをより適切に実施していくことが考えられるとの指摘がされていました。かかる観点から、四半期決算短信に対する上場規則の実効性の確保を目的として、①**会計不正等の疑義が生じた場合**への適用を想定した、上場会社による調査および調査結果の報告・開示義務が新設されるほか、②監査法人などとの情報連携の強化に係る上場会社の協力義務の規定が新設されました。

■ 実務的な対応

令和5年（2023年）金商法改正等による第1・第3四半期開示の四半期決算短信への一本化は、基本的に従来四半期報告書で開示・対応していた事項を四半期決算短信に移管することを目的とするものであるといえます。一本化後の第1・第3四半期決算短信は、従来の速報性に特化された決算短信とは異なり、「決算発表の早期化の要請」の対象ではなくなりますが、上場会社は、適切な時期に四半期決算の開示を行うことができるよう、必要な**社内体制の整備**および充実等に取り組むことが期待され、かつ、決算の内容が定まったときに、その内容を直ちに開示することが義務付けられます。具体的な期限としては、半期報告書の法定提出期限に準じて、**各四半期終了後45日以内**に開示することが原則となり、これは基本的に従来の提出期限と同様です。

開示規制・上場会社の規制　第3章　127

Q046

臨時報告書について説明してください。

A 臨時報告書は、企業内容に関して発生した重要な事実であって、特に投資者に開示すべき事項を、有価証券報告書または半期報告書の提出を待たずその開示を求めるもので、取引所規則に基づく適時開示制度と並んで、投資者の的確な判断に資するための情報を適時に提供することを目的とする制度です。

■ 臨時報告書制度の概要

有価証券報告書の提出義務を負う会社（**Q35**参照）は、その会社が発行者である有価証券の募集・売出しが外国において行われるとき、その他公益または投資者保護のため必要かつ適当なものとして内閣府令で定める場合に該当することとなったときは、内閣府令で定めるところにより、その内容を記載した臨時報告書（内国会社の場合は第5号の3様式、外国会社の場合は第10号の2様式）を、**遅滞なく提出**しなければなりません（24条の5第4項、開示府令19条）。この「遅滞なく」との提出時期に関する文言は、「直ちに」や「速やかに」といった規定に比べて時間的即時性には後れるもので、事情の許す限りできるだけ早くとして、合理的な理由があれば遅滞が許容されるものと一般的には解釈されています。ただし、実務上は業務執行決定機関の決定に基づくものは適時開示同様決定後直ちに、一定の事由の発生に基づくものは発生を認識したら直ちに提出されるのが一般的です。また、当該事由の発生による影響額が不明な場合、その旨を開示し、金額が明らかになった段階で訂正報告書を提出することが望まれます。

■ 臨時報告書の提出事由と記載内容等

上場会社などの株式会社についての主要な**臨時報告書の提出事由**とその記載内容は、開示府令19条2項1号から21号に規定されており、海外におけるエクイティ証券の募集・売出し、届出を要しないストック・オプションの発行・譲渡制限付株式報酬の付与、親会社、特定子会社または主要株主の異動、合併等の組織再編のほか、重要な災害の発生、訴訟の提起または解決、

提出会社の財政状態および経営成績に著しい影響を与える事象の発生などが含まれ、提出会社単体に関する提出事由に加えて、連結ベースでの臨時報告書の提出事由も定められています。また、**Q38**で説明したとおり、「重要な契約」に関して、「企業・株主間のガバナンスに関する合意」「企業・株主間の株主保有株式の処分・買増し等に関する合意」および「財務上の特約の付されたローン契約の締結または社債の発行」についての臨時報告書提出事由も追加されます。臨時報告書の提出事由は取引所規則に基づく適時開示事由よりは限定的なものとなっています。

■ 発行開示書類への組込みなどと虚偽記載などの責任

臨時報告書は金商法上の企業情報開示を一部として、組込方式および参照方式による有価証券報告書の**組込書類**および**参照書類**として、募集・売出しの際に投資家に提供される情報の一部を構成することになります。

臨時報告書の**虚偽記載など**については、刑事罰として5年以下の懲役または500万円以下の罰金（併科あり）、会社に対しては5億円以下の罰金、行政処分として300万円または時価総額の10万分の3のいずれか高い方の課徴金、また、民事責任（民事上の損害賠償責任に関する立証責任の転換など）の対象となります。そのため、適時の提出が求められるとともに、その内容の正確性には十分注意する必要があります

臨時報告書およびその訂正報告書は、提出日から5年間、公衆の縦覧に供されます（25条1項8号）。

（半期報告書及び臨時報告書の提出）
第24条の5　（略）
2～3　（略）
4　第24条第1項（同条第5項において準用する場合を含む。）の規定による有価証券報告書を提出しなければならない会社は、その会社が発行者である有価証券の募集又は売出しが外国において行われるとき、その他公益又は投資者保護のため必要かつ適当なものとして内閣府令で定める場合に該当することとなつたときは、内閣府令で定めるところにより、その内容を記載した報告書（以下「臨時報告書」という。）を、遅滞なく、内閣総理大臣に提出しなければならない。
5～21　（略）

開示規制・上場会社の規制｜第3章　**129**

企業内容等の開示に関する内閣府令

（臨時報告書の記載内容等）

第19条　法第24条の5第4項に規定する内閣府令で定める場合は、次項各号に掲げる場合とする。

2　法第24条の5第4項の規定により臨時報告書を提出すべき会社（指定法人を含む。）は、内国会社にあつては第5号の3様式、外国会社にあつては第10号の2様式により、次の各号に掲げる場合の区分に応じ、当該各号に定める事項を記載した臨時報告書3通を作成し、財務局長等に提出しなければならない。

　　一〜二十一　（略）

3〜11　（略）

Q047

発行開示・継続開示制度の虚偽記載が発覚した場合の対応とその責任について説明してください。

A 有価証券届出書などの発行開示書類について重要な虚偽記載などがあったことが判明した場合、原則として訂正を行うことになります。また、重要な虚偽記載があった場合、代表者などに故意があると、刑事罰を負うことがあり、また故意・過失がなくても課徴金が課されることがあります。さらに、損害を被った募集などに応じた投資家に対し、発行体は無過失の民事責任を負うことがあります。また、発行体の役員や引受証券会社等も過失の民事責任を負います。他方、有価証券報告書などの継続開示書類についても重要な虚偽記載があったことが判明した場合、原則として訂正を行い、故意があれば刑事罰を負い、故意・過失が無くても課徴金が課されることがあり、流通市場で売買などを行い、損害を被った投資家に対して、発行体、役員などは過失の民事責任を負うことがあります。

■ 発行開示・継続開示に虚偽記載があったことが発覚した場合の対応

　有価証券届出書などの発行開示書類や有価証券報告書などの継続開示書類は投資家の投資判断に資するために提出されるものです。目論見書は受領する投資家の投資判断のために交付されます。そこで、記載内容が正確である必要があります。

　実務上、これらの書類に不正確な記載があったことが分かった場合、原則として**自発的訂正**を行います（7条1項、24条の2第1項など）。重要な事項についての虚偽記載などであった場合には通常事前に財務局に相談して訂正することになります。なお、発行開示書類については、提出後当該発行開示書類による募集・売出しによる応募が終わるまでに変更があった場合も訂正の対象になります。他方、継続開示書類の場合には、提出時点で正確であれば、提出後記載内容に変化が生じたとしても、訂正の対象にはなりません。継続開示書類の提出後に重要な事態が発生した場合には臨時報告書の提出義務が生じることがあり、臨時報告書が定時の開示書類の間を埋める機能を果たしています。また、上場会社であれば、適時開示を行う義務も生じるかも

開示規制・上場会社の規制｜第3章　131

しれません。

　虚偽記載などの疑いがあるのに自発的訂正を行わない場合その他当局として調査する必要があると判断した場合、財務局や証券取引等監視員会は、**報告命令や資料提出命令**を発行者などに出すこともあります（26条）。その上で財務局は訂正が必要だと判断した場合には、自発的訂正を促し、従わない場合には**訂正命令**を出すことができます（10条、24条の2など）。

　有価証券報告書の記載事項のうち重要なものについて訂正報告書を提出した場合には公告が必要になります（24条の2第2項、施行令4条の2の4）。

■ 虚偽記載の責任──課徴金・刑事罰・民事責任

　以上は虚偽記載が発覚した場合の対応ですが、虚偽記載を行った場合に事後に制裁を受け、また重い責任を負う制度があれば、それを念頭に開示書類を慎重に作成することになり、虚偽記載を抑止する効果があります。また、重要な虚偽記載があったことにより損害を被った投資家について損害を補填する制度があれば投資家の保護になり、またこのような制度があることにより資本市場への信頼が増すことになります。このようなことから、金商法は以下のような制度を置いています。

　①課徴金が課される場合　重要な事項について虚偽の記載があり、または記載すべき重要な事項の記載を欠いた書類を提出した場合、**課徴金**が課されることがあります（172条の2、172条の4など）。課徴金については、故意・過失は要件とされていないこと、金額の算定式が以下に記載のとおり定まっており、損害の立証などが必要となっていないこと、刑事事件に比べ、迅速に手続が行われることが多く（178条以下参照）、通常発覚後1～2年後には証券取引等監視委員会による課徴金納付命令の勧告が出され、公になることが多く、確定までも比較的早く完了することが多いです。また、刑事事件に比べ件数も遙かに多いといえます。課徴金の金額は、有価証券届出書の虚偽記載等を株式の募集について行った場合は発行価額の総額の4.5％、社債の募集について行った場合は同総額の2.25％、有価証券報告書の虚偽記載等の場合には、時価総額の10万分の6（時価総額が1,000億円未満の場合には600万円）となっています。その他の書類についても別途規定が設けられています。また、証券取引等監視委員会が調査を開始する前に申告した場合には、

課徴金の金額を半額にする減算制度（185条の7第14項）、過去5年以内に金商法の課徴金を受けた者が再度課徴金納付命令を受ける場合には50％増額される**加算制度**（同条15項）が設けられています。

②刑事罰の対象となる場合　重要な事項につき虚偽の記載のある書類を提出した者は**刑事罰**の対象になります。上記の課徴金の事例に比べ、件数が少なく、証券取引等監視委員会が調査した案件の中で比較的悪質性が高いとみられる事案に限って、刑事告発されています。上記のとおり、刑事罰は故意犯に限られています。基本的には代表者などの役員が対象になり、その他の者も共犯にはなりえ、法人については両罰規定があります。罰則は有価証券届出書、有価証券報告書の重要な事項についての虚偽記載の場合には、個人について10年以下の懲役、1,000万円以下の罰金（またはこれらの併科）となっており（197条1項1号）、法人については7億円以下の罰金の両罰規定が設けられています（207条1項1号）。

③民事責任を負う場合　重要な事項について虚偽の記載があり、もしくは記載すべき重要な事項もしくは誤解を生じさせないために必要な事実の記載を欠いた書類を提出した発行者などは投資家に対して民事責任を負うことがあります。民事責任については以下の「■ **発行開示における民事責任**」で詳述します。

　広い意味での虚偽記載には、①**虚偽記載**（重要な事項についての虚偽の記載）、②**記載漏れ**（記載すべき重要な事項の記載の欠け）、③**ミスリーディングな記載**（誤解を生じさせないために必要な重要な事実の記載の欠け）という3つのカテゴリーがあります。法律の文言上、刑事は①のみ、課徴金は①と②とを、民事責任については①～③の全てを対象としています（訂正命令も①～③です）。意図的に文言を区別して使用されていることから、この区別は重要ですが、具体的な記載が少なくとも②や③に該当することは明確であったとしても、これが①に該当しないといえるかは明確でない場合も多く、いずれにしても必要事項を全て正確に誤解の無いように記載することが重要だといえます。

■ 発行開示における民事責任

　発行開示についても、継続開示についても金商法は**民事責任**の規定を置い

開示規制・上場会社の規制｜第3章　**133**

ています。これらは民法の不法行為（民法709条、715条など）の特則だと考えられています。そこで、一般に投資家が発行会社を訴える際、原告は、金商法および民法に基づいて請求原因を記載しています。

このうち**発行開示**については、有価証券届出書の虚偽記載など（上記①〜③まで）があった場合には、届出者（発行者）の責任（18条〜20条）、届出者の役員・売出人・監査を行った公認会計士・監査法人・元引受会社の責任（21条）、目論見書についての発行者の責任（18条2項）、目論見書使用者の責任（17条）などが置かれています。

発行者自身の有価証券届出書・目論見書の重要な虚偽記載などについては無過失責任となっており、発行者が無過失（注意義務を尽くしていたこと）を立証したとしても当該募集・売出しにより有価証券を取得した投資家に対する責任を免れることはできません。投資家が当該虚偽記載などを知っている場合には責任を負わないことになっていますが、他方、投資家が開示書類の虚偽記載部分を読んでだまされていたことは要件ではなく、投資家が開示書類を一切読んでいなくても、責任を免れることはありません。

また、損害賠償額は、請求権者が支払った額から請求時まで当該有価証券を保有している場合には請求時の市場価額を、処分している場合には処分価額を差し引いた金額と法定されています（19条1項）。以上の差額が、虚偽記載などによって生ずべき値下がり以外の事情により生じたことを発行体が立証できれば、その分についての責任を負わない旨規定されています（同条2項）。虚偽記載などについて知った時または相当な注意をもって知ることができる時から3年、有価証券届出書の提出、目論見書の交付から7年の時効期間が定められています。

この他上記の発行者の役員などや目論見書の使用者についても、故意・過失の立証責任の転換などの規定が設けられています（21条、17条）。

■ 継続開示における民事責任

上記の発行開示における民事責任は発行開示書類に関する募集・売出しにより有価証券を取得した投資家に対する責任ですが、流通市場で有価証券の売買をしている投資家と**継続開示書類**を提出している発行体等との間には、そのような直接的な関係はありません。このようなことから、従前裁判で不

法行為責任はほとんど認められていませんでしたが、近時の裁判例では、金商法の規定の拡充に伴って裁判例も増え、民法の不法行為責任が認められた事例も増えています。なお、有価証券届出書は発行開示書類ですが、公衆縦覧されますので、有価証券届出書の虚偽記載などにより流通市場の投資家が損害影響を受けることも想定されます。そこで、有価証券届出書の虚偽記載なども流通市場の投資家に対して有価証券報告書の虚偽記載などと同様の扱いになっています（21条の2、22条）。

発行体の責任は、21条の2に規定しており、虚偽記載などがある有価証券報告書などが公衆縦覧されている間に発行者の有価証券を募集または売出しによらずに（つまり通常は流通市場で）取得または処分した投資家が請求できます。この規定が平成16年（2004年）に加わったときには無過失責任と規定されていましたが、現在は発行体が無過失（注意義務を尽くしたこと）を立証すれば責任を免れる旨規定されています。

虚偽記載などがある開示書類が縦覧されている間に取得した投資家に対する**責任限度額**は、取得した価額から請求時の市場価額（処分済みの場合には処分価額）を差し引いた価額とされています。また、虚偽記載などが公表された日前1年以内に取得し、公表日まで継続して保有していた投資家については、公表日前1月の市場価額の平均から公表日後1カ月の市場価額の平均を差し引いた価額を**損害額と推定**する旨の規定も置かれています（同条3項）。これについては、発行体が虚偽記載などによって生ずべき値下がり以外の事情により生じた旨を反証できれば損害額を減少させることができます。虚偽記載などについて知った時または相当な注意をもって知ることができる時から2年、有価証券報告書などの提出から5年の時効期間が定められています。

以上は金商法上の規定であり、原告が民法の不法行為責任として因果関係や損害の立証をするのであれば、これとは異なる損害を請求できます。

この他発行体の**役員**や監査をした**公認会計士・監査法人**についての民事責任の規定も発行開示の場合と同様に置かれています（24条の4、22条、21条1項1号、3号）。

開示規制・上場会社の規制 | 第3章 | 135

（虚偽記載等のある書類の提出者の賠償責任）
第21条の2　第25条第1項各号（第4号及び第7号を除く。）に掲げる書類（以下この条において「書類」という。）のうちに、重要な事項について虚偽の記載があり、又は記載すべき重要な事項若しくは誤解を生じさせないために必要な重要な事実の記載が欠けているときは、当該書類の提出者は、当該書類が同項の規定により公衆の縦覧に供されている間に当該書類（同項第10号に掲げる書類を除く。）の提出者又は当該書類（同号に掲げる書類に限る。）の提出者を親会社等（第24条の7第1項に規定する親会社等をいう。）とする者が発行者である有価証券を募集若しくは売出しによらないで取得した者又は処分した者に対し、第19条第1項の規定の例により算出した額を超えない限度において、記載が虚偽であり、又は欠けていること（以下この条において「虚偽記載等」という。）により生じた損害を賠償する責めに任ずる。ただし、当該有価証券を取得した者又は処分した者がその取得又は処分の際虚偽記載等を知つていたときは、この限りでない。

2　前項の場合において、賠償の責めに任ずべき者は、当該書類の虚偽記載等について故意又は過失がなかつたことを証明したときは、同項に規定する賠償の責めに任じない。

3　第1項本文の場合において、当該書類の虚偽記載等の事実の公表がされたときは、当該虚偽記載等の事実の公表がされた日（以下この項において「公表日」という。）前1年以内に当該有価証券を取得し、当該公表日において引き続き当該有価証券を所有する者は、当該公表日前1月間の当該有価証券の市場価額（市場価額がないときは、処分推定価額。以下この項において同じ。）の平均額から当該公表日後1月間の当該有価証券の市場価額の平均額を控除した額を、当該書類の虚偽記載等により生じた損害の額とすることができる。

4　前項の「虚偽記載等の事実の公表」とは、当該書類の提出者又は当該提出者の業務若しくは財産に関し法令に基づく権限を有する者により、当該書類の虚偽記載等に係る記載すべき重要な事項又は誤解を生じさせないために必要な重要な事実について、第25条第1項の規定による公衆の縦覧その他の手段により、多数の者の知り得る状態に置く措置がとられたことをいう。

5　第3項の場合において、その賠償の責めに任ずべき者は、その請求権者が受けた損害の額の全部又は一部が、当該書類の虚偽記載等によつて生ずべき当該有価証券の値下り以外の事情により生じたことを証明したときは、その全部又は一部については、賠償の責めに任じない。

6　前項の場合を除くほか、第3項の場合において、その請求権者が受けた損害の全部又は一部が、当該書類の虚偽記載等によつて生ずべき当該有価証券の値下り以外の事情により生じたことが認められ、かつ、当該事情により生じた損害の性質上その額を証明することが極めて困難であるときは、裁判所は、口頭弁論の全趣旨及び証拠調べの結果に基づき、賠償の責めに任じない損害の額として相当な額の認定をすることができる。

Q048

どのような場合に発行開示書類・継続開示書類に重要な虚偽記載などがあったと判断されますか。

A 課徴金や刑事責任、民事責任を負うことになる重要な虚偽記載であるか否かは、一般的な投資家の立場にたって投資判断に重要な影響が出るような間違いであったか否かを基準として判断すべきだと考えます。

■ 開示書類に一定の間違いは生じること

開示書類の記載事項は膨大で、頻繁に改正され拡大されているなか、多様な事業を大規模に行っている会社においては、発行者側で慎重に開示書類を作成していたとしても期限までに提出しなければならないこともあり、**些細な間違い**が生じることは避けられません。これは財務情報についても、非財務情報についても当てはまることです。

そのなかで、いかなる間違いについては訂正すべきか、また、課徴金や刑事罰、民事責任を負うかが問題となります。

■ 民事責任を負うような重要な事項の虚偽記載などに該当しなくても訂正は行うこと

一般に、刑事責任、課徴金、民事責任を負うような**重要な事項**についての虚偽記載に該当しなくても、**自発的訂正**は行うべきであり（Q47参照）、実際に訂正は行われています。なお、自発的訂正とは、訂正命令に応じた訂正ではないという意味であり、投資家の投資判断に全く影響がないような間違いであれば訂正義務はないと考えますが、そうでなければ**訂正義務**は生じると考えます。そこで、実際に訂正が行われている事由のうちごく一部が民事責任その他の責任が生じる事案となっています。

■ 重要な虚偽記載などの内容

民事責任を負う重要な虚偽記載などの内容は**Q47**で説明したとおり、①虚偽記載（重要な事項についての虚偽の記載）、②記載漏れ（記載すべき重要

開示規制・上場会社の規制 第3章 137

な事項の記載の欠け）、③ミスリーディングな記載（誤解を生じさせないために必要な重要な事実の記載の欠け）という3つのカテゴリーがあります。いずれも、重要な間違い等であるか否かが問題となり、**一般投資家の観点から投資判断に重要な影響を生じるような間違い、記載漏れであるか否か**が基準になると考えます。

　重要な事項についての虚偽記載といっても、有価証券報告書の記載項目自体が重要であっても、その項目について軽微な間違いであれば責任は負わないと解すべきです。

■ 刑事事件・課徴金・民事事件で重要な虚偽記載の有無の判断が異なりうること

　一般に刑事事件、課徴金、民事責任のいずれかについて上記①～③のカテゴリーの違いはあるものの、例えば①の重要な虚偽記載の中での重要性に差異はないと考えます。しかしながら、実際には、刑事罰や課徴金については、それぞれの手続において関係する当事者が争うべきか否か判断し、その上で積極的には争わず、その結果重要性が認められることもありますし、また争ったとしても、判断する裁判体や審判官が民事責任についての裁判体と判断が異なることもあります。したがって、発行体に課徴金が課されたからといって、必ずしも発行体や役員などの民事責任についての裁判において重要な虚偽記載に該当すると判断されるとは限らず、また、役員や発行体に刑事罰が科されたからといって同様に民事責任の裁判で重要性が肯定されるとは限りません。さらに、重要性の判断の前に虚偽記載があったのか否かの**判断も分かれること**があります。

■ 財務情報と非債務情報について

　開示書類中の発行体の情報には**財務情報**（経理の状況などに記載される連結財務諸表や単体の財務諸表など）と**非財務情報**（事業の内容、経営方針、対処すべき課題、事業等のリスク、大株主の状況、経営者による財政状態等の状況の分析（MD&A）、重要な契約、コーポレート・ガバナンスの状況など）とが含まれており、いずれも重要な虚偽記載などに該当する可能性がある記載事項に当たります。もっとも、記載事項の間違いについて公表され株

価に大きな影響が出るのは一般に財務情報の場合が多く、民事責任が問題になるのは財務情報の虚偽記載の場合が多いといえます。

　また、虚偽記載などに該当するか否かは本来客観的に決まることであり、財務情報であっても、非財務情報であっても、その虚偽記載について知っていたか、虚偽であることについて過失があったか否かは一般論としては関係ありません。もっとも、非財務情報のリスクファクターやMD&Aなどについては、**経営者の認識**を記載すべき事柄であることから、経営者の認識を基礎として正確に記載されていれば虚偽記載にはならないと考えます（この点には反対説もあります）。

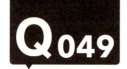

Q049 外国会社の英文開示について説明してください。

A 外国会社の英文開示とは、金融商品取引法によって有価証券の発行者に提出が義務付けられている有価証券届出書、有価証券報告書その他の開示書類の提出に代えて、一定の場合に、英文により記載された書類を外国会社等が提出することができる制度です。

■ 英文開示制度の概要

　英文開示制度は、平成17年（2005年）の証取法の改正によって導入されたもので、現在の金融商品取引法の下で有価証券の発行者である外国会社等が提出するほとんどの書類に適用されます。具体的には募集または売出しにあたって提出する有価証券届出書のほか、有価証券報告書、半期報告書、確認書、内部統制報告書、臨時報告書および親会社等状況報告書について英文での開示が可能となっています。

　これは、具体的には、外国会社が本国で英語で作成・開示している書類を金商法に基づく開示書類として提出できる制度で、例えば、募集または売出しにあたって提出する有価証券届出書については、使用言語が英語であること、外国の法令等に基づいて開示されたものであること、公益または投資者保護に欠けることがない（用語、様式および作成方法が公益または投資者保護に欠けるものでないか、外国において適正に開示されているか）との要件を充足する場合に利用が認められます（5条6項、24条8項等）。

　外国会社届出書として提出するには、当該書類が**法令または外国金融商品取引所等の定める規則によって開示**されたものでなければなりません。なお、本国の公用語が英語ではない外国会社も、英語を公用語とする第三国において、当該第三国の法令・取引所規則によって英語により作成した書類を開示している場合、当該書類を外国会社届出書として提出することが認められます。公益または投資者保護に欠けることがないものであるか否かは、届出の都度、当該外国会社届出書が開示されている国または地域ごとに、金融庁長官が判断し、外国の法令・取引所規則に基づく作成基準・開示基準に照らして、公益または投資者保護に欠けるものでないか、外国の法令・取引所規則

に基づいて、外国において適正に開示されているかどうかが確認されます。

　英文開示には、**要約の日本語による翻訳文**が必要となる事項があります。例えば、外国会社届出書については、主要な経営指標等の推移、事業の内容、事業等のリスク、これら以外の項目であって、届出書提出外国会社が公益または投資者保護のため必要かつ適当と認める項目です。また、有価証券届出書の様式において記載することが求められる事項について記載がない場合で、当該事項（以下「**不記載事項**」）が要約の日本語による翻訳文を作成すべき項目に該当する場合は、当該事項を日本語または英語により記載した書面を補足書類として添付します（英語により記載した場合にはその要約の日本語による翻訳文を添付します）。また、それ以外の不記載事項については、日本語または英語により、当該事項を記載した書面を補足書類として添付します。さらに、様式における記載事項と、提出する外国会社届出書の記載事項との対照表も添付します。

■ 英文開示ガイドライン

　英文開示制度については、金融庁が「外国会社届出書等による開示に関する留意事項について（**英文開示ガイドライン**）」と策定しているほか、外国会社報告書等作成要領研究会が取りまとめた「外国会社報告書等の作成要領」が公表されています。

　この英文開示制度は、過去に日本国内において募集または売出しを実施したことで、または、従業員向け株式インセンティブプランを採用することで継続開示義務を負う外国会社等に活用されています。

開示規制・上場会社の規制 | 第3章 | 141

Q050

東京証券取引所の市場区分について説明してください。

A 令和4年（2022年）4月に東京証券取引所の市場区分が再編され、「プライム市場・スタンダード市場・グロース市場」の3つの市場区分となりました。各市場区分のコンセプトに応じた、流動性やコーポレート・ガバナンスなどに係る定量的・定性的な上場基準が設けられています。また、各市場区分への新規上場基準と上場維持基準は、それぞれの市場ごとに原則として共通化され、上場会社には、上場後においても継続して各市場区分の新規上場基準の水準を維持することが求められます。

■ 市場区分見直しの経緯

　従来、東京証券取引所（以下「東証」）の市場区分は、市場第一部、市場第二部、マザーズおよびJASDAQ（スタンダード・グロース）の4つで構成されていました。これは、東証と大阪証券取引所が平成25年（2013年）に株式市場を統合した際に、市場関係者への影響を考慮して、それぞれの市場構造を維持したことが背景になっていました。しかしながら、こうした構成については、各市場区分のコンセプトが曖昧であり、多くの投資者にとっての利便性が低い、上場会社の持続的な企業価値向上の動機付けが十分にできていないといった問題点が指摘されていました。

■ 市場区分見直しの概要

　こうした問題点を踏まえ、東証に設置された有識者会議での議論などを経て、令和4年（2022年）4月に「プライム市場・スタンダード市場・グロース市場」の3つの新たな市場区分に再編されました。**プライム市場**とは、多くの機関投資家の投資対象になりうる規模の時価総額（流動性）を持ち、より高いガバナンス水準を備え、投資者との建設的な対話を中心に据えて持続的な成長と中長期的な企業価値の向上にコミットする企業向けの市場。**スタンダード市場**とは、公開された市場における投資対象として一定の時価総額（流動性）を持ち、上場企業としての基本的なガバナンス水準を備えつつ、持

続的な成長と中長期的な企業価値の向上にコミットする企業向けの市場。そして、**グロース市場**とは、高い成長可能性を実現するための事業計画およびその進捗の適時・適切な開示が行われ一定の市場評価が得られる一方、事業実績の観点から相対的にリスクが高い企業向けの市場とされています。2024年6月末時点では、プライム市場に1,644社、スタンダード市場に1,603社、グロース市場に589社が上場しています。

　各市場には、それぞれのコンセプトに応じた**流動性**や**コーポレート・ガバナンス**などに係る定量的・定性的な上場基準が設けられています。流動性とは、市場に出回る株式の数・金額の多寡を示す指標であり、株主数・流通株式数・流通株式時価総額・売買代金（売買高）等の指標で構成され、例えば、流通株式時価総額については、プライム市場では100億円以上、スタンダード市場では10億円以上、グロース市場では5億円となっています。また、コーポレート・ガバナンスに関する基準としては、スタンダード・グロース市場については上場会社として最低限の公開性を求める趣旨から25％の流通株式比率が、プライム市場については投資家との建設的な対話の促進の観点で、安定株主が株主総会特別決議を押さえることのないようにする趣旨から35％の流通株式比率が求められています。

■ 経過措置

　市場区分の再編により、新規上場のため基準と上場を維持するための基準は、原則として共通化され、上場会社は、上場後も継続して各市場区分の新規上場のための基準に相当する水準を維持する必要があることになりました。その上で、新市場区分への移行による影響を踏まえた経過措置が用意されており、移行前に上場していた会社が移行後の市場区分の上場維持基準を充足していない場合、適合に向けた計画およびその進捗状況を提出し、改善に向けた取組みを図ることで、**経過措置**として**緩和された上場維持基準**を適用されます。ただし、この経過措置は令和7年（2025年）3月に終了することになっています。

Q051

コーポレートガバナンス・コードについて説明してください。

A コーポレートガバナンス・コード（以下「CGコード」）は、有価証券上場規程の別添として平成27年（2015年）に定められたもので、実効的なコーポレート・ガバナンスの実現に資する主要な原則を取りまとめたものです。CGコードにおいて、コーポレート・ガバナンスとは、会社が、株主をはじめ顧客・従業員・地域社会等の立場を踏まえた上で、透明・公正かつ迅速・果断な意思決定を行うための仕組みを意味するとされており、こうした認識の下、CGコードには、実効的なコーポレート・ガバナンスの実現に資する主要な原則が示されています。

■ CGコードの趣旨

CGコードは、中長期的な企業価値増大に向けた経営者による的確な意思決定を支える実務的な枠組みを示したものであり、投資家との建設的な対話における共通基盤として、機関投資家向けのスチュワードシップ・コード（**Q52**参照）と両輪で、実効的なコーポレート・ガバナンスが実現されることを企図して、**有価証券上場規程の別添として平成27年（2015年）に策定**されました。その目的は、**上場会社の持続的な成長と中長期的な企業価値の向上**であり、①**攻めのガバナンスの実現**（会社におけるリスクの回避・抑制や不祥事の防止に限らず、健全な企業家精神の発揮を促し、会社の持続的な成長と中長期的な企業価値の向上を図ること）と、②中長期保有の株主との**建設的な対話**（により、CGコードに基づくコーポレート・ガバナンスの改善に向けた会社の取組みに、さらなる充実が図られること）が期待されています。

■ CGコードの構成

CGコードにおいて示される規範は、**5つの基本原則**と、それに紐付く**31個の原則**と**47個の補充原則**から構成されています。それらの履行の態様は、例えば、会社の業種、規模、事業特性、機関設計、会社を取り巻く環境等によって様々に異なりうることから、各原則の適用の仕方は、それぞれの会社が自らの置かれた状況に応じて工夫すべきものとされています。こうした観

点から、CGコードは、会社が取るべき行動について詳細に規定する「ルールベース・アプローチ」（細則主義）ではなく、会社が各々の置かれた状況に応じて、実効的なコーポレート・ガバナンスを実現することができるよう、いわゆる**「プリンシプルベース・アプローチ」（原則主義）**が採られています。具体的には有価証券上場規程の「企業行動規範」では、CGコードに関して、上場会社に望まれる事項として、「上場会社は、別添『コーポレートガバナンス・コード』の趣旨・精神を尊重してコーポレート・ガバナンスの充実に取り組むよう努めるものとする」（有価証券上場規程第445条の3）と定められています。上場会社には、CGコードの各原則を実施するか、実施しない場合にはその理由をコーポレート・ガバナンスに関する報告書において説明すること**（コンプライ・オア・エクスプレイン）**が義務付けられています（有価証券上場規程436条の3）。これは、コードの各原則を実施することが一律に義務付けられるものではなく、コードの各原則の中に、自らの個別事情に照らして実施することが適切でないと考える原則があれば、それを「実施しない理由」を十分に説明することにより、一部の原則を実施しないことが想定されていることによります。「実施するか、実施しない場合にはその理由を説明する」ことが必要となる各原則の範囲は、上場会社の市場区分ごとに異なっており、スタンダード市場およびプライム市場の上場内国会社については、基本原則・原則・補充原則が、グロース市場の上場内国会社については基本原則が対象となります。

開示規制・上場会社の規制 第3章 145

Q052

スチュワードシップ・コードについて説明してください。

A スチュワードシップ・コードとは、機関投資家が、顧客・受益者と投資先企業の双方を視野に入れ、「責任ある機関投資家」としてスチュワードシップ責任を果たすにあたり有用と考えられる諸原則を定めたもので、平成26年（2014年）2月に金融庁に設置された「日本版スチュワードシップ・コードに関する有識者検討会」により策定されました。

■ スチュワードシップ・コードの概要

　日本版スチュワードシップ・コード（「責任ある機関投資家」の諸原則）は、企業の持続的な成長を促す観点から、幅広い範囲の機関投資家が企業との建設的な対話を行い、適切に受託者責任を果たすための原則としてとりまとめられたものです。ここでは、スチュワードシップ責任を「機関投資家が、投資先の日本企業やその事業環境等に関する深い理解のほか運用戦略に応じたサステナビリティ（ESG要素を含む中長期的な持続可能性）の考慮に基づく建設的な『**目的を持った対話**』（エンゲージメント）などを通じて、当該企業の企業価値の向上や持続的成長を促すことにより、『顧客・受益者』（最終受益者を含む）の中長期的な投資リターンの拡大を図る責任」と定義されています。これらの原則が対象とする主体は、そのような機関投資家と、議決権行使助言会社や年金運用コンサルタントなどの機関投資家のスチュワードシップ活動に向けたサービスの提供者とされています。

　日本版スチュワードシップ・コードでは、機関投資家を、①資金の運用等の受託者として自ら企業への投資を担う運用機関としての機関投資家（**運用機関**）と、②当該資金の出し手であるアセットオーナーとしての機関投資家（**アセットオーナー**）に区別しています。アセットオーナーは、最終受益者から預かった資金運用を運用機関に委託するにあたってスチュワードシップ責任を果たすとともに、運用機関に対してスチュワードシップ責任を果たすことを求め、運用機関は投資先企業の評価、投資、エンゲージメント、議決

権行使等を通じてスチュワードシップ責任を果たすことが期待されています。スチュワードシップ責任は、CGコード（**Q51**参照）に示されている投資先企業の原則と併せて、「車の両輪」と称され、両社が相まって企業の持続的な成長と顧客・受益者の中長期的な投資リターンの確保を図るものとされています。

■ CGコードとスチュワードシップ・コードの関係

なお、CGコードおよびスチュワードシップ・コードでは、機関投資家による上場会社との建設的な対話が期待されているところ、そこでは、**協働エンゲージメント**（複数の投資家が協調して個別の投資先企業に対し特定のテーマについて対話を行うこと）の積極的活用により、質的・量的なリソース不足を補い、対話の実効性を高めることが重要とされています。かかる協働エンゲージメントの実施にあたって、**大量保有報告制度**における「共同保有者」の範囲が法令上不明確であることが、その支障となっているとの指摘があったことから、令和6年（2024年）に可決成立した金商法改正によって、「共同保有者」の範囲が明確化され、複数の投資家が「経営に重大な影響を与えるような合意」を行わない限り、「共同保有者」に該当しないことが明確化されることとなっています（改正金商法27条の23第5項）（**Q75**参照）。かかる「合意」としては、配当方針や資本政策の変更といった、企業支配権に直接関係しない提案を共同して行う場合等が想定されています。

■ スチュワードシップ・コードの受入状況

なお、日本版スチュワードシップ・コードの受入れを表明した機関投資家は、2024年6月末時点で334社・団体となっています。運用機関である機関投資家は、議決権行使基準や方針を定めるとともに、スチュワードシップ活動に関するレポートを公開しています。

第 4 章

公開買付け・
大量保有報告制度

Q53〜Q78

Q053

公開買付制度について概説してください。

A 公開買付けとは、不特定かつ多数の者に対し、公告により株券等の買付け等の申込み等を行い、取引所金融商品市場外で株券等の買付け等を行うことをいいます。自己株式を買い付けるための手続と第三者が行う手続とが定められています。また、一定の取引を行うには、公開買付けの中で行うことが義務付けられています（強制公開買付制度）。このような取引の中には、公開買付けで行うことは他の株主からも買い付けざるをえないことなどにより、経済的その他の理由で実現できないこともあります。

■ 発行者以外の者が行う公開買付け

公開買付けには、大きく分けて、**発行者以外の者が行う公開買付け**（通常の公開買付け）と上場会社が自己株式取得などの目的で行う**発行者による公開買付け**とがあります。

発行者以外の者による公開買付けについては、①法令の定める一定の有価証券を買うなどする際、どのような要件を満たすと公開買付けをしなければならないか（**強制公開買付け**）を定めるルール（**Q57～Q61**参照）と②公開買付けが義務付けられるか否かにかかわらず、法令の定める一定の有価証券を公開買付けする場合の手続などを定めるルール（**Q54・Q62～Q69**参照）が金商法に規定されています。

したがって、この①、②の対象となる法令の定める一定の有価証券とは何かを知っておく必要があります。ここでいう公開買付けの対象となる有価証券は、次の①～⑤について有価証券報告書を提出しなければならない者の①～⑤の有価証券を指します（27条の2第1項、施行令6条1項、他社株公開買付府令2条）。

①株券、新株予約権証券、新株予約権付社債券
②外国の者が発行するこれらと同等のもの
③投資証券、外国投資証券
④有価証券信託受益証券で、受託有価証券が①～③であるもの
⑤預託証券で、①～③に係る権利を表示するもの

ただし、a.完全無議決権株式で、議決権株式と交換できないもの（取得条項付株式または取得請求権付株式）、b.新株予約権証券または新株予約権付社債券のうちa.の株式のみを取得する権利を付与されているもの、c.外国の者の発行するa.またはb.と同等のものは除かれています。

　例えば、普通株式を上場している上場会社の（普通株式を目的にする）新株予約権は対象になりますが、当該会社の普通社債は対象になりません。また、かつて普通株式を募集したことがあり、有価証券報告書を提出する義務がある非上場の会社の普通株式も対象になります。上場J-REITのような投資証券も対象となります。これに対して、社債を募集したことにより、有価証券報告書を提出している会社の普通株式は対象にはなりません。

■ 発行者による公開買付け

　これに対して、発行者による公開買付けの対象となる有価証券は全く異なります。上場会社の普通株式は対象となりますが、普通株式を対象とする新株予約権は対象にはなりません。詳しくは、24条の6第1項、施行令4条の3第2項に定める「上場株券等」を参照してください。株式会社の場合、主として、会社法の自己株買いの手続を補完する規定であり、発行会社以外の者による公開買付けの規定の多くが準用されていますが、買付株数の下限を設定できないなどの違いもあります（**Q55**参照）。

（発行者以外の者による株券等の公開買付け）
第27条の2　その株券、新株予約権付社債券その他の有価証券で政令で定めるもの（以下この章及び第27条の30の11（第5項を除く。）において「株券等」という。）について有価証券報告書を提出しなければならない発行者又は特定上場有価証券（流通状況がこれに準ずるものとして政令で定めるものを含み、株券等に限る。）の発行者の株券等につき、当該発行者以外の者が行う買付け等（株券等の買付けその他の有償の譲受けをいい、これに類するものとして政令で定めるものを含む。以下この節において同じ。）であつて次のいずれかに該当するものは、公開買付けによらなければならない。ただし、……。
　　一～六　（略）
2～5　（略）
6　この条において「公開買付け」とは、不特定かつ多数の者に対し、公告により株券等の買付け等の申込み又は売付け等（売付けその他の有償の譲渡をいう。以下この章

公開買付け・大量保有報告制度｜第4章 **151**

において同じ。）の申込みの勧誘を行い、取引所金融商品市場外で株券等の買付け等を行うことをいう。

7～8　（略）

（発行者による上場株券等の公開買付け）
第27条の22の2　（略）
2　（第27条の22の2第2項において準用された上記6項（読替後））
　この条において「公開買付け」とは、不特定かつ多数の者に対し、公告により上場株券等の買付け等の申込み又は売付け等の申込みの勧誘を行い、取引所金融商品市場外で上場株券等の買付け等を行うことをいう。

3～13　（略）

発行者以外の者による公開買付けの手続について概説してください。

A 公開買付けは、概ね、公開買付開始公告により始まり、公開買付届出書・意見表明報告書などが提出され、応募株主等に公開買付説明書が交付され、応募が行われ、公開買付期間終了後に公開買付報告書の提出、応募株主等への通知などが行われ、決済を行うことにより終了します。

■ 友好的公開買付け（同意ある買収）

友好的か敵対的かの区別は、対象者の経営陣（取締役会）が当該公開買付けに賛成しているか否か（同意の有無）で通常判断されています。

友好的公開買付け（同意ある買収） は、概ね以下のように展開します。まず、正式決定する前に、公開買付けの準備を行います。通常、対象者、**公開買付代理人** となる証券会社、フィナンシャル・アドバイザー、印刷会社、弁護士などを交えて条件の交渉や必要書類作成準備などを行います。この段階で公開買付けの決定に関するインサイダー取引規制の問題が生じうる点については **Q139** 参照。買付者が対象者のデューディリジェンスを行うこともあります。デューディリジェンスで発見された重要事実については **Q138** 参照。また、支配株主などの大株主が存在している場合には、事前に締結する**応募契約** についての交渉を行います（**Q71** 参照）。買付者が資金を調達して公開買付資金に充てる場合には、資金調達の交渉も同時に行うことになります。

また、**公開買付届出書** の記載内容や添付書類について、提出先である関東財務局に対して通常掲出3週間前に事前相談することになります。また、同様に対象者が上場会社である場合（これが通常）には対象者が金融商品取引所に事前相談します。

その後、①公開買付けを行う者（公開買付者）が公開買付けを行うことを決定し、**公表** します。公開買付者が上場会社である場合、取引所の適時開示規則で公開買付けを行うことを決定したときは適時開示を行う義務があります。また、公開買付者が上場会社でない場合でも、自発的にプレスリリース

を行うのが通常です。

②友好的公開買付けの場合、対象者と公開買付者とは事前に十分協議しており、対象者は、公開買付者による①の決定の直後・公表前に公開買付けに**賛同**する旨の決議を行います。対象者は株券等について有価証券報告書の提出義務がある者なので、上場会社には限りませんが、上場会社の場合には、公開買付けについての意見表明を行うことを決定したときには、適時開示に関する規則上、公表する義務があります。この公表は通常、公開買付者の公表と同時に行うことになります。

その後、③**公開買付開始公告**を行います。③の公告は、①、②の翌日に行う（正確には、①、②の公表を夕方行い、③の公告をその夜中の午前零時にEDINETで行う）ことが多いのですが、1〜2週間後、場合により、国内外の**独占禁止法・競争法制上事前のクリアランス**が必要なときには、それより後に公告を行い、正式な公開買付けはこの公告のタイミングで開始することになります。公告の方法は、EDINET以外に新聞紙に掲載する方法もありますが、現在では、ほとんどの場合、コストの安いEDINETで行っています。EDINETで公告をした場合には、その後遅滞なく、当該公告をした旨を日刊新聞紙に掲載する必要がありますので、忘れないよう留意が必要です。文言上は「遅滞なく」とされていますが、EDINET公告と同日の朝刊に掲載するのが通常の実務です。公開買付開始公告には、公開買付けの目的や公開買付期間、買付価格、買付けに係る受渡しその他の決済、下限・上限などの条件を記載します。**公開買付期間**は、原則として、この公告の日から起算して20営業日から60営業日までの間で買付者が設定した期間となります（2024年改正（施行日について**Q3**参照）により、関東財務局との協議の上、一定の場合には60日を超える任意の延長が認められるようになることが見込まれています）。公開買付期間については、現行法では初日から起算するようになっています。

④公開買付開始公告を行った日に公開買付届出書をEDINETで提出します。

⑤友好的な公開買付けで既に意見表明の内容が決定している場合、通常、公開買付開始公告・公開買付届出書と同日に対象者は**意見表明報告書**を提出します。100％の取得を目指す公開買付けなのか否か、価格が一般株主にと

っても十分に高いのか否かなどの事情により、友好的公開買付の中でも一般株主に積極的に応募することを勧める場合とそうでない場合があります。

⑥公開買付期間中に応募してきた株主には公開買付届出書とほとんど同内容の公開買付説明書を交付します（**2024年改正施行後、公開買付届出書を参照すべき旨を記載することにより、公開買付説明書の内容を簡素化することが可能になります。改正法27条の9第2項参照）**。応募株主は、公開買付期間中、**自由に応募の撤回**ができます。他方、買付者は、いったん公開買付開始公告を行い、公開買付けを開始したら、一定の例外を除いて、**公開買付けの撤回**はできません（もっとも、2024年改正施行後、関東財務局と協議の上、明文の撤回可能事由がない場合でも一定の場合には撤回が可能となることが見込まれています）。買付者は、買付価格の引上げなど応募株主に有利に条件変更することはできますが、原則として、買付価格の引下げなど応募株主に不利になるような条件変更はできません（もっとも、2024年改正施行後、関東財務局と協議の上、明文の条件変更可能事由がない場合でも一定の場合には条件変更が可能となることが見込まれています）。また、公開買付者、特別関係者、公開買付代理人は、公開買付期間中、公開買付けによらないで対象者の株券等を買い付けられません（別途買付けの禁止。もっとも、2024年改正施行後、関東財務局と協議の上、一定の免除を受けられるようになることが見込まれています）。

⑦買付期間が終了すると、公告・公表し、公開買付報告書を提出し、応募株主等に通知を行います。適時開示も行います。

⑧公開買付けが成立した場合、速やかに決済を行い、成立しなかった場合、株券等の返還を行います。

■ 敵対的公開買付け（同意なき買収）

敵対的公開買付け（同意なき買収） の場合、事前の準備については、友好的公開買付けとは異なり、通常対象者経営陣の協力が得られないので、デューディリジェンスは行えないなどの違いがあります。

①公開買付者の決定、公表は友好的公開買付けの場合と同じです。投資ファンドのように適時開示規則の適用のない者が行う場合、適時開示・プレスリリースをせずに、いきなり③の公開買付開始公告を行う場合もありえます

が、通常幅広い投資家からの応募を集めるため、プレスリリースを行っています。

②の意見の表明については、通常、即時には行わず、意見形成のために必要な情報を収集してから行います。

③の公開買付開始公告、④の公開買付届出書については、友好的な公開買付けのケースと同じです。

⑤**意見表明報告書**は公開買付開始公告から10営業日以内に提出しなければなりません。「公開買付けに応募しないことを勧める」「公開買付けに対し中立の立場をとる」などの意見と根拠（意思決定に至った過程を具体的に記載する）、理由、買収防衛策などを行う予定の有無およびその内容について記載する必要があります。その時点で意見を表明できない場合には、意見を留保することもできます。この場合には、その理由および今後表明する予定の有無等を具体的に記載する必要があります（**Q68**参照）。状況の変化に従い意見の変更があった場合には意見表明報告書の訂正報告書を提出することになります。また、公開買付者への質問を記載することが認められています。さらに、公開買付期間が20営業日から29営業日までの間の場合、意見表明報告書で30営業日に延長することを請求することができます。

⑥意見表明報告書に質問が記載された場合、買付者はその報告書の写しを受領してから5営業日以内に**対質問回答報告書**を提出しなければなりません。敵対的公開買付けの場合でも、原則として、**買付者側の撤回**はできませんが、対象者が各種の買収防衛策を講じてきた場合や導入済みの防衛策を維持することを決定した場合には、撤回できることになっています（**Q66**参照）。維持の決定の認定については、明示的に取締役会などで決定をしていなくても、意見表明報告書の記載などにより判断されることになります。

⑦、⑧の公開買付期間終了後の手続は友好的な場合と同じです。

（公開買付開始公告及び公開買付届出書の提出）
第27条の3　前条第1項本文の規定により同項に規定する公開買付（以下この節において「公開買付」という。）によつて株券等の買付け等を行わなければならない者は、政令で定めるところにより、当該公開買付について、その目的、買付け等の価格、買付予定の株券等の数（……）、買付け等の期間その他の内閣府令で定める事項

を公告しなければならない。この場合において、当該買付け等の期間が政令で定める期間より短いときは、第27条の10第3項の規定により当該買付け等の期間が延長されることがある旨を当該公告において明示しなければならない。

2　前項の規定による公告（以下この節において「公開買付開始公告」という。）を行つた者（以下この節において「公開買付者」という。）は、内閣府令で定めるところにより、当該公開買付開始公告を行つた日に、次に掲げる事項を記載した書類及び内閣府令で定める添付書類（以下この節並びに（……）において「公開買付届出書」という。）を内閣総理大臣に提出をしなければならない。ただし、当該提出をしなければならない日が日曜日その他内閣府令で定める日に該当するときは、これらの日の翌日に提出するものとする。

　　一　買付け等の価格、買付予定の株券等の数、買付け等の期間（前項後段の規定により公告において明示した内容を含む。）、買付け等に係る受渡しその他の決済及び公開買付者が買付け等に付した条件（以下この節において「買付条件等」という。）

　　二　当該公開買付開始公告をした日以後において当該公開買付けに係る株券等の買付け等を公開買付けによらないで行う契約がある場合には、当該契約の内容

　　三　公開買付けの目的、公開買付者に関する事項その他の内閣府令で定める事項

3～4　（略）

（公開買付説明書等の作成及び交付）

第27条の9　公開買付者は、公開買付届出書に記載すべき事項で内閣府令で定めるもの及び公益又は投資者保護のため必要かつ適当なものとして内閣府令で定める事項を記載した書類（以下この節並びに……において「公開買付説明書」という。）を、内閣府令で定めるところにより、作成しなければならない。

2　公開買付者は、公開買付けによる株券等の買付け等を行う場合には、当該株券等の売付け等を行おうとする者に対し、内閣府令で定めるところにより、公開買付説明書を交付しなければならない。

3　公開買付者は、前条第1項から第4項までの規定により訂正届出書を提出した場合には、直ちに、内閣府令で定めるところにより、公開買付説明書を訂正し、かつ、既に公開買付説明書を交付している者に対して、訂正した公開買付説明書を交付しなければならない。

《2024年改正》

（公開買付説明書等の作成及び交付）

第27条の9　（現行法の1項と同じ）

（新設）2　公開買付者が、前項の規定に基づき公開買付説明書に記載すべき事項のうち、公開買付届出書に記載された事項（公開買付開始公告に記載すべき事項を除く。以下この項において同じ。）について、公開買付届出書を参照すべき旨及び投資者が当該公開買付届出書に記載された事項を閲覧するために必要な事項として内閣府令で定める事項を公開買付説明書に記載した場合には、公開買付説明書に当該公開買付届出書に記載された事項の記載をしたものとみなす。

3　（現行法の2項と同じ）

公開買付け・大量保有報告制度｜第4章　157

4 公開買付者は、前条第1項から第4項までの規定により訂正届出書を提出した場合には、投資者の投資判断に及ぼす影響が軽微なものとして内閣府令で定める場合を除き、直ちに、内閣府令で定めるところにより、公開買付説明書を訂正し、かつ、既に公開買付説明書を交付している者に対して、訂正した公開買付説明書を交付しなければならない。

発行者による公開買付けの手続を概説してください。

A 上場会社が自己株式の公開買付けを行う場合、通常、買付者により適時開示・公開買付開始公告が行われ、公開買付届出書が提出され、公開買付説明書が交付され、応募され、公開買付期間終了後に公開買付報告書の提出、応募株主等への通知などが行われ、決済が行われて終了します。

■ 発行者による公開買付けの意義

発行者による公開買付けの手続は、必ずしも会社法上の株式会社の自己株式取得にだけ適用される手続ではありませんが、会社法上の自己株式取得の手続を補完する意義を有しています。すなわち、上場会社が自己株式を**取引所金融商品市場外**で買う場合、原則として、公開買付けを強制すること（27条の22の2）により、上場会社に株主を平等に取り扱わせるとともに詳細な情報開示を行わせています。

上場株券等の発行者が取引所金融商品市場外において行う自己株式の有償取得は、原則として、公開買付けをしなければなりません。なお、株主総会の特別決議を要する特定の者からの買付けの場合（会社法160条1項）には、公開買付けは不要です。また、自己新株予約権や自己新株予約権付社債の買取には公開買付けの適用はありません。なお、インサイダー取引規制について**Q141**参照。

日本で上場している外国会社が多数の者に知らせてその上場株券等の買付けを行う場合にも、同様に公開買付けが要求されています。

■ 手続の流れ

内国上場会社が自己株式の公開買付けを行う場合の手続の流れを紹介します。

まず、①上場会社ですので、適時開示規則の適用があり、公開買付けを決定した場合、**公表**する義務があります。また未公表の重要事実が存在する場

合、事前（公開買付届出書提出日より前の日）に公表しておく必要があります。

　②公開買付けの開始は**公開買付開始公告**により行います。公告日が営業日であれば当日中に公開買付届出書を提出します。

　③**公開買付期間**は20営業日から60営業日の間です。公開買付期間中に重要事実が生じた場合には直ちに公表し、応募者および応募しようとする株主に通知しなければなりません。また、重要事実を公表した日から10営業日経過した日が公開買付期間終了後の場合には、公開買付期間を延長しなければなりません。もっとも、2024年改正（施行日について**Q3**参照）施行後、関東財務局と協議の上、この義務的な延長の免除が得られるようになる可能性があります。応募株主には、**公開買付説明書**を交付し、公開買付期間終了後、公告・公表し、公開買付報告書を提出し、応募株主等に通知を行い、決済をする点については、発行者以外の者による公開買付けと同じです。自己株式の公開買付けの場合、みなし配当課税などの税務の計算が複雑であることから、公開買付期間終了日から決済開始までの期間が実務上相当長くなります。

■ 発行者以外の者による公開買付けとの違い

　発行者以外の者が行う公開買付けについては、下限株数を決めて、応募株数が当該数に満たない場合には、一切買わないことが認められています（27条の13第4項1号）が、発行者が行う場合には**下限**を設定することは認められていません（27条の22の2第2項）。発行者自身が行うことから、意見表明の制度はなく、撤回事由が異なり、特別関係者の概念がないなどの差異があります。

（発行者による上場株券等の公開買付け）
第27条の22の2　上場株券等の当該上場株券等の発行者による取引所金融商品市場外における買付け等（買付けその他の有償の譲受けをいう。以下この条及び次条において同じ。）のうち、次に掲げるものに該当するものについては、公開買付けによらなければならない。ただし、取引所金融商品市場における有価証券の売買等に準ずるものとして政令で定める取引による買付け等については、この限りでない。
一　会社法第156条第1項（同法第165条第3項の規定により読み替えて適用する場合

を含む。以下この号において同じ。）の規定又は他の法令の規定で同法第156条第1項の規定に相当するものとして政令で定めるものによる買付け等（同法第160条第1項に規定する同法第158条第1項の規定による通知を行う場合を除く。）

二　上場株券等の発行者が外国会社である買付け等のうち、多数の者が当該買付け等に関する事項を知り得る状態に置かれる方法により行われる買付け等として政令で定めるもの

2～13　（略）

（業務等に関する重要事実の公表等）

第27条の22の3　前条第1項に規定する公開買付けによる上場株券等の買付け等を行おうとする発行者は、当該発行者の重要事実（……）であつて第166条第1項に規定する公表がされていないものがあるときは、公開買付届出書（……）を提出する日前に、内閣府令で定めるところにより、当該重要事実を公表しなければならない。

2　前条第1項に規定する公開買付けによる上場株券等の買付け等を行う場合において、公開買付者である発行者は、公開買付届出書を提出した日以後当該公開買付けに係る前条第2項において準用する第27条の5に規定する公開買付期間（……）の末日までの間において、当該発行者に重要事実が生じたとき（公開買付届出書を提出する日前に生じた重要事実であつて第166条第1項に規定する公表がされていないものがあることが判明したときを含む。）は、直ちに、内閣府令で定めるところにより、当該重要事実を公表し、かつ、当該公開買付けに係る上場株券等の買付け等の申込みに対する承諾又は売付け等の申込みをした者及び当該上場株券等の売付け等を行おうとする者に対して、当該公表の内容を通知しなければならない。

3～8　（略）

公開買付け・大量保有報告制度｜第4章　161

株券等所有割合について説明してください。

A 株券等所有割合は、強制公開買付規制の適用の有無や強制的全部勧誘義務・全部買付義務の対象の範囲を画する意味を持ち、また公開買付届出書などでの開示を要求されている重要な概念です。

■ 株券等所有割合の意義

　株券等所有割合（27条の2第8項）は、**強制公開買付規制の適用の有無**を左右する概念であり、また公開買付けを行う場合、**公開買付開始公告**や**公開買付届出書**での開示事項であることから、非常に重要な概念です。また、全部買付義務などの適用の基準にもなります。大量保有報告制度の株券等保有割合（27条の23第4項）と似ている概念ですが、全く同じではありません（Q74参照）。

　ここでいう「所有」には、引渡請求を有している場合や投資一任契約に基づき、当該株券等に投資するのに必要な権限を有する場合などが含まれます（27条の2第1項1号、施行令7条1項、他社株公開買付府令4条）。

■ 株券等所有割合の計算方法

　分母は、発行会社の総株主の議決権の数と買付者および特別関係者の保有している潜在株式に係る議決権の数の合計数となります。詳しくは後述の計算式参照。例えば、普通株式を1万単元（100万株）発行しており（議決権の数であり、株数ではないので、単元ベースとなります）、自己株式がなく、他に現在議決権を有する株式がない場合には、少なくとも1万は分母に入れられます。さらに、行使されると5,000単元に相当する数の普通株式を発行することになる新株予約権を発行済みであり、そのうち1,000単元分に相当する新株予約権を買付者または特別関係者が保有している場合には、1,000を加えることになります。他方、無関係の者が所有している新株予約権の対象となる株式の単元は分母には算入しません。

　無議決権株式でも議決権のある普通株式に転換できる株式（取得条項付株式・取得請求権付株式）は、新株予約権の場合と同じように買付者または特

別関係者が転換後に保有することになる議決権数を加えることになります。

分子については、それぞれ所有している株数と潜在株数分を買い付ける分に加算することになります。先の例で、買付者が、1,000単元の普通株式を所有し、特別関係者が1,000単元の普通株式と500単元相当の新株予約権、転換した場合に1,000単元の普通株式を取得できる取得請求権付無議決権株式を所有している場合、その時点での買付者の株券等所有割合は、1万1,500分の1,000となり、特別関係者の株券等所有割合は1万1,500分の2,500となります。

公開買付けを行う場合の株券等所有割合の計算式は以下のとおりです（27条の2第8項、施行令9条の2、他社株公開買付府令6～8条）。

買付け等を行った後における株券等所有割合

$$= (a + d + g) \div \{j + (b - c) + (e - f) + (h - i)\} \times 100 \ （\%）$$

- (a) 買付予定の株券等に係る議決権の数（個）
- (b) （a）のうち潜在株券等に係る議決権の数（個）
- (c) （b）のうち株券の権利を表示する株券等信託受益証券および株券等預託証券に係る議決権の数（個）
- (d) 届出書提出日現在における公開買付者の所有株券等に係る議決権の数（個）
- (e) （d）のうち潜在株券等に係る議決権の数（個）
- (f) （e）のうち株券の権利を表示する株券等信託受益証券および株券等預託証券に係る議決権の数（個）
- (g) 届出書提出日現在における特別関係者の所有株券等に係る議決権の数（個）
- (h) （g）のうち潜在株券等に係る議決権の数（個）
- (i) （h）のうち株券の権利を表示する株券等信託受益証券および株券等預託証券に係る議決権の数（個）
- (j) 対象者の総株主等の議決権の数（個）

（発行者以外の者による株券等の公開買付け）
第27条の2 （略）
2～7 （略）
8 第1項の「株券等所有割合」とは、次に掲げる割合をいう。
 一 株券等の買付け等を行う者にあつては、内閣府令で定めるところにより、その者の所有に係る当該株券等（その所有の態様その他の事情を勘案して内閣府令で定めるものを除く。以下この項において同じ。）に係る議決権の数（株券については内閣府令で定めるところにより計算した株式に係る議決権の数を、その他のものについ

ては内閣府令で定める議決権の数をいう。以下この項において同じ。）の合計を、当該発行者の総議決権の数にその者及びその者の特別関係者の所有に係る当該発行者の発行する新株予約権付社債券その他の政令で定める有価証券に係る議決権の数を加算した数で除して得た割合

二　前項の特別関係者（同項第2号に掲げる者で当該株券等の発行者の株券等の買付け等を行うものを除く。）にあつては、内閣府令で定めるところにより、その者の所有に係る当該株券等に係る議決権の数の合計を、当該発行者の総議決権の数にその者及び前号に掲げる株券等の買付け等を行う者の所有に係る当該発行者の発行する新株予約権付社債券その他の政令で定める有価証券に係る議決権の数を加算した数で除して得た割合

Q057

公開買付けが義務付けられるのは
どのような場合ですか。

A 　上場会社等の株券等を相対で買った直後の所有割合が3分の1（2024年改正により30％に変更されます）超となる場合、公開買付けが義務付けられています。現行法では、原則として市場取引で3分の1を超える場合には問題ありませんが、2024年改正により、市場取引で30％超となることは、強制公開買付規制上許されなくなり、この場合にも公開買付けが義務付けられることになります。現行法では、一定の取引を組み合わせて、3カ月以内に一定割合を超える買付け等を行うことで3分の1超となる場合なども公開買付けが義務付けられていますが、2024年改正により、原則としてこの規制は撤廃される見込みです。

■ 公開買付けが強制される場合

　27条の2第1項各号のいずれかに定める場合に公開買付けが義務付けられます。まず、買付けなどの対象となる有価証券の発行者が、株式などについて継続開示義務を負っていることが前提となります（Q53参照）。その上で以下のいずれかに該当するかの検討をすることになります。なお、これらに該当したとしても公開買付けが義務付けられないこともあります。かかる例外についてはQ61参照。

■ 5％基準

　現行法の1号は、特別関係者と合わせて、買付け後、5％を超えることになる取引所金融商品市場外での有償取得には公開買付けが原則として必要となるという規定です。もっとも、これには例外が定められています。例えば、株券等所有割合が特別関係者と合算して3分の1を超えない範囲で61日間に10名以下から買う場合（施行令6条の2第3項）、または既に過半数保有している場合に61日間で10名以下の者から買う場合（ただし、買付け後株券等所有割合が特別関係者と合算して3分の2以上にならない場合）には公開買付けをする必要はありません。

　2024年改正（施行日についてQ3参照）では同等の規定は2号に移され、

公開買付け・大量保有報告制度｜第4章　165

特定市場外買付け等（施行令が改正され、61日間で11名以上者から市場外で買う行為がこれに該当すると規定される可能性があります）の後における株券等所有割合が5％を超えることになる場合と特定市場外買付け等の前から5％を超えていたところ、当該特定市場外買付け等の後に30％以下となる場合がこのカテゴリーに該当するものと規定されています。30％超になる場合は次のカテゴリーに該当するようになり、買い付ける相手方の人数に関係なく、公開買付けが強制されることになります。この他2024年改正施行後は、金融商品取引業者等による顧客からの一定の買付けなどの取扱いについて明確化されることが見込まれています。

■ 3分の1（2024年改正後は30％）ルール

現行法の2号は、買付け後の株券等所有割合が特別関係者分と合わせて**3分の1**を超える場合の公開買付けの強制規定です。この場合には、売り手の人数は関係なく、1名から買うことも制限されます。買付け前から過半数保有している場合で61日間に10名以下の者から買う場合（ただし、買付け後株券等所有割合が特別関係者と合算して3分の2以上にならない場合）には公開買付けは強制されません。詳しくは**Q58**参照。

2024年改正により、同等の規定は1号に移されました。買付けの後における株券等所有割合が30％を超えることになる場合と既に買付けの前から**30％**を超えていた者が買い増す場合が規定されています。いずれも2024年改正施行後は**市場買付け**であっても対象となります（公開買付けが強制されることになるので、この市場買付けはできないことになります）。また、30％超からの買増しについては、買付数が少ない場合または買付価格の総額が小さい場合で、かつ買付け後の株券等所有割合が一定以上でない場合（施行令が改正され、3分の2と定められる可能性があります）には除外されています。

現行法3号は、**ToSTNeT取引**など**立会市場外**の市場取引で、買付け後の株券等所有割合が特別関係者分と合わせて3分の1を超える買付けを行う場合の公開買付けの強制規定です（**2024年改正後**は立会外のみならず、立会内取引についても買付け後30％を超える取引は上記のとおりできないことになるので、この3号の規定は削除されています）。公開買付け自体を市場取引として行うことはできないので、結局、このようなケースではToSTNeT取引

は諦めて、全く買付けを行わないか、または公開買付けを行うことにせよという規制です（**Q58**参照）。

現行法4号および6号（同6号を受けて施行令7条7項）は、市場内外の取引を組み合わせて株券等所有割合が特別関係者と合算して3分の1超となる場合の規制です（**Q59**参照）。**2024年改正**では4号は削除されました。施行令7条7項も削除される可能性があります。

■ **第三者が公開買付けを行っている場合の強制**

現行法5号は、第三者が公開買付けを行っている最中に、別の者が立会内市場でのみ買い集めたとすると、公開買付者には撤回禁止などの規制がかかっているのと比べて市場買付者には何の制約もなく不公平であるため、公開買付けが義務付けられています（**Q60**参照）。この規定も2024年改正で削除されました。

（発行者以外の者による株券等の公開買付け）
第27条の2　その株券、新株予約権付社債券その他の有価証券で政令で定めるもの（以下……「株券等」という。）について有価証券報告書を提出しなければならない発行者又は特定上場有価証券（……）の発行者の株券等につき、当該発行者以外の者が行う買付け等（……）であつて次のいずれかに該当するものは、公開買付けによらなければならない。ただし、適用除外買付け等（……）は、この限りでない。
　一　取引所金融商品市場外における株券等の買付け等（取引所金融商品市場における有価証券の売買等に準ずるものとして政令で定める取引による株券等の買付け等及び著しく少数の者から買付け等を行うものとして政令で定める場合における株券等の買付け等を除く。）の後におけるその者の所有（これに準ずるものとして政令で定める場合を含む。以下この節において同じ。）に係る株券等の株券等所有割合（その者に特別関係者（第7項第1号に掲げる者については、内閣府令で定める者を除く。）がある場合にあつては、その株券等所有割合を加算したもの。以下この項において同じ。）が100分の5を超える場合における当該株券等の買付け等
　二　取引所金融商品市場外における株券等の買付け等（取引所金融商品市場における有価証券の売買等に準ずるものとして政令で定める取引による株券等の買付け等を除く。第4号において同じ。）であつて著しく少数の者から株券等の買付け等を行うものとして政令で定める場合における株券等の買付け等の後におけるその者の所有に係る株券等の株券等所有割合が3分の1を超える場合における当該株券等の買付け等
　三　取引所金融商品市場における有価証券の売買等であつて競売買の方法以外の方法による有価証券の売買等として内閣総理大臣が定めるもの（以下この項において

公開買付け・大量保有報告制度　第4章　167

「特定売買等」という。）による買付け等による株券等の買付け等の後におけるその者の所有に係る株券等の株券等所有割合が3分の1を超える場合における特定売買等による当該株券等の買付け等

四〜五　（略）

六　その他前各号に掲げる株券等の買付け等に準ずるものとして政令で定める株券等の買付け等

2〜8　（略）

《2024年改正》
（発行者以外の者による株券等の公開買付け）
第27条の2　その株券、新株予約権付社債券その他の有価証券で政令で定めるもの（以下……「株券等」という。）について有価証券報告書を提出しなければならない発行者又は特定上場有価証券（……）の発行者の株券等につき、当該発行者以外の者が行う買付け等（……）であつて次のいずれかに該当するものは、公開買付けによらなければならない。ただし、適用除外買付け等（……）は、この限りでない。

一　株券等の買付け等の後におけるその者の所有（これに準ずるものとして政令で定める場合を含む。以下この節において同じ。）に係る株券等の株券等所有割合（その者に特別関係者（第7項第1号に掲げる者については、内閣府令で定める者を除く。）がある場合にあつては、その株券等所有割合を加算したもの。以下この項において同じ。）が100分の30を超えることとなる場合又は株券等の買付け等の前におけるその者の所有に係る株券等の株券等所有割合が既に100分の30を超えている場合における当該株券等の買付け等（株券等の買付け等の前におけるその者の所有に係る株券等の株券等所有割合が既に100分の30を超えている場合における株券等の買付け等のうち、買付け等を行う株券等の数又は買付け等の価格の総額が著しく少ない場合として政令で定める場合に該当し、かつ、当該株券等の買付け等の後におけるその者の所有に係る株券等の株券等所有割合が政令で定める割合以上とならないもの（次号に規定する特定市場外買付け等に該当しないものに限る。）を除く。）

二　特定市場外買付け等（取引所金融商品市場外における株券等の買付け等（取引所金融商品市場における有価証券の売買等に準ずるものとして政令で定める取引による株券等の買付け等及び著しく少数の者から買付け等を行うものとして政令で定める場合における株券等の買付け等を除く。）をいう。以下この号において同じ。）の後におけるその者の所有に係る株券等の株券等所有割合が100分の5を超えることとなる場合又は特定市場外買付け等の前におけるその者の所有に係る株券等の株券等所有割合が既に100分の5を超えている場合であつて、当該特定市場外買付け等の後におけるその者の所有に係る株券等の株券等所有割合が100分の30以下となるときにおける当該特定市場外買付け等

三　その他前2号に掲げる株券等の買付け等に準ずるものとして政令で定める株券等の買付け等

2〜8　（略）

Q058

いわゆる3分の1（2024年改正後は30%）ルールについて説明してください。

A 公開買付けによらずに行う相対有償取得または立会外取引による取得（2024年改正後は立会内市場取引を含めた有償取得）で、取得後の株券等所有割合が特別関係者分と合算して3分の1（2024年改正後は30%）を超えることになる取引は禁止されるというルールです。

■ 相対取得についての3分の1ルール

強制公開買付けのルール全般については、**Q57**で説明しましたが、この相対取得についての**3分の1ルール**は、M&Aの具体的な取引の中で最も頻繁に問題になる規制です。**2024年改正**（施行日について**Q3**参照）により、基準が**30%**に引き下げられることになり、また**市場取引**一般も規制対象になります。

現行法では、取引所金融商品市場外において、株券等の買付け等をする場合、61日間で10名以下の者から買う場合であっても、買付け等の後の株券等所有割合がその特別関係者と合算して3分の1を超えるときには、公開買付けによらなければならないと定められています（27条の2第1項2号、施行令6条の2第3項）。買付けを行う場合、その前60日の取引を合算することから当該取引日と合わせて61日間での取引が対象になります。株券等所有割合、特別関係者については、それぞれ**Q56・Q75**参照。たとえ少数の者から買う取引であっても、かかる取引は発行者の支配に大きな影響があるので、原則として他の投資家にも平等に売却する機会を与えようとする趣旨の規制です。

例えば、従来、特別関係者と合わせて株券等所有割合が20%であった者が相対取引で15%分買い増して35%になるような場合には必ず公開買付けをしなければなりません。また、従来何らかの理由で35%の株券等所有割合であった者が相対取引で1%買い増すだけでも公開買付けが強制されます。

もっとも、以下で説明するとおり、50%超である者が3分の2に至るまでは一定の例外が設けられており、この例外は上の35%のケースには適用され

公開買付け・大量保有報告制度 ｜ 第4章 169

ませんが、**2024年改正後は既に30%を超えていた者の買増し**については、買付数が少ない場合または買付価格の総額が小さい場合で、かつ買付け後の株券等所有割合が一定以上でない場合（施行令が改正され3分の2と定められる可能性があります）に強制公開買付けの対象から除外されています（改正法27条の2第1項1号）。

規制対象である買付け等は、**既発行の有価証券**の**有償の譲受け**であり、例えば、新規発行証券の原始取得は規制対象ではありません。そこで、自己株式の第三者割当てはこの3分の1ルールの対象になりますが、新株の発行の割当てを受けることは対象にはなっていません。ただし、この点については、**Q59**参照。

なお、この現行の相対取得についての3分の1ルールは、1年以上継続して形式基準の特別関係者である者（**Q75**参照）と合算して50%超の株券等所有割合の者が、61日間で10名以下の者から買い付ける場合、買付け後の株券等所有割合が3分の2未満である限り、適用除外になります（施行令6条の2第1項4号）。**2024年改正法**では、閾値が3分の1から30%に下がりますが、上記のとおり、50%超保有していなくても、30%超保有している者が買い増す場合についても、一定の適用除外が設けられることになります。

■ 立会外取引についての3分の1ルール

取引所金融商品市場の定義には、通常の立会市場に加えて実質的には相対に近い市場も含まれています。金融商品取引所が投資者の便宜のためにこのような市場も設けているためで、これ自体には問題ないのですが、このような市場を利用して、買付け等の結果3分の1を超えることになる取引を行うことを認めると3分の1ルールの趣旨が没却されてしまいます。そこで従来、立会外市場により行うことについても規制されているとの見解が有力でした。しかし、ライブドアがニッポン放送株を対象として5%以下の所有割合から立会外市場により3分の1超まで買う取引を行ったことを契機に、立会外取引についても明文で規制する必要性が認識され、2005年に法改正されました。この場合も公開買付けにより行うことが強制され、立会外取引で行うことは禁止されるに至りました。

なお、この3分の1ルールについては、立会外取引が規制されていますが、

3分の1までであれば、多数の者から立会外市場を含めて市場で買い付けることは禁止されていません。立会外市場であっても取引所金融市場内取引ではあるため、**Q57**で説明した5%基準による強制公開買付規制の適用はないということです。しかし、例えば、当事者間で、名古屋証券取引所のN-Net市場で×月×日×時に×円で○○株の取引を行う旨事前に約束をして、その取引を行うことは、当該事前の約束が相対取得であると認定されるおそれがあるので注意が必要です。

　上記のとおり、**2024年改正**により、新しい30%ルールは立会外のみならず立会内取引にも適用されることから、この立会外取引に限定したルールは削除されます。

（発行者以外の者による株券等の公開買付け）
第27条の2　その株券、新株予約権付社債券その他の有価証券で政令で定めるもの（以下（……）「株券等」という。）について有価証券報告書を提出しなければならない発行者又は特定上場有価証券（……）の発行者の株券等につき、当該発行者以外の者が行う買付け等（……）であつて次のいずれかに該当するものは、公開買付けによらなければならない。ただし、適用除外買付け等（……）は、この限りでない。
　一　（略）
　二　取引所金融商品市場外における株券等の買付け等（取引所金融商品市場における有価証券の売買等に準ずるものとして政令で定める取引による株券等の買付け等を除く。第4号において同じ。）であつて著しく少数の者から株券等の買付け等を行うものとして政令で定める場合における株券等の買付け等の後におけるその者の所有に係る株券等の株券等所有割合が3分の1を超える場合における当該株券等の買付け等
　三　取引所金融商品市場における有価証券の売買等であつて競売買の方法以外の方法による有価証券の売買等として内閣総理大臣が定めるもの（以下この項において「特定売買等」という。）による買付け等による株券等の買付け等の後におけるその者の所有に係る株券等の株券等所有割合が3分の1を超える場合における特定売買等による当該株券等の買付け等
　四～六　（略）
2～8　（略）

《2024年改正》
（発行者以外の者による株券等の公開買付け）
第27条の2　その株券、新株予約権付社債券その他の有価証券で政令で定めるもの（以下……「株券等」という。）について有価証券報告書を提出しなければならない発行者又は特定上場有価証券（……）の発行者の株券等につき、当該発行者以外の者が行う

買付け等（……）であつて次のいずれかに該当するものは、公開買付けによらなければならない。ただし、適用除外買付け等（……）は、この限りでない。

一　株券等の買付け等の後におけるその者の所有（これに準ずるものとして政令で定める場合を含む。以下この節において同じ。）に係る株券等の株券等所有割合（その者に特別関係者（第7項第1号に掲げる者については、内閣府令で定める者を除く。）がある場合にあつては、その株券等所有割合を加算したもの。以下この項において同じ。）が100分の30を超えることとなる場合又は株券等の買付け等の前におけるその者の所有に係る株券等の株券等所有割合が既に100分の30を超えている場合における当該株券等の買付け等（株券等の買付け等の前におけるその者の所有に係る株券等の株券等所有割合が既に100分の30を超えている場合における株券等の買付け等のうち、買付け等を行う株券等の数又は買付け等の価格の総額が著しく少ない場合として政令で定める場合に該当し、かつ、当該株券等の買付け等の後におけるその者の所有に係る株券等の株券等所有割合が政令で定める割合以上とならないもの（次号に規定する特定市場外買付け等に該当しないものに限る。）を除く。）

二～三　（略）

2～8　（略）

Q059

市場内外の取引を組み合わせた場合の公開買付けの強制について説明してください。

A 主として、株券等所有割合が3分の1未満のところまで、3カ月以内に5%超を相対取得し、かかる相対取得と合わせて10%超となるように立会市場で買って、または第三者割当てを引き受けて3分の1超となること（急速な買付け）を禁止する現行法上の規制です。2024年改正によりかかる規制はなくなることが見込まれています。

■ 3分の1規制

Q58のとおり、相対取引またはToSTNeTなどの立会外市場取引により行う、買付け後の株券等所有割合が3分の1超となる買付けは、強制公開買付規制の対象であることから、許されません。**2024年改正後**（施行日についてQ3参照）は閾値が30%に引き下げられ、かつ立会内市場での買付けで買付け後の割合が30%超となることも許されません。

しかし、立会内の市場取引（2024年改正前）や、新株を引き受けることにより株券等所有割合を大幅に増やす取引自体は禁止されていません。立会内市場取引については規制の必要性がないとの判断から（これについては2024年改正により変更）、新規発行については、自己株式を会社から譲り受ける場合と異なり、「譲受け」や「買付け」に該当しないとの確定的な解釈により、公開買付規制の対象にはなっていませんでした。

これに対して、一定の組み合わせによる取引**（急速な買付け）**は現行法上規制されています（27条の2第1項4号）。この規制については、実質基準の特別関係者による取得が買付者の取得とみなされて適用されます（同項6号、施行令7条7項）。

2024年改正では、かかる急速な買付けについての4号の規定が削除されました。6号の政令指定による強制公開買付事由の規定は残存していることから、改正施行令で維持されれば、残りますが、4号を削除したことから、この規制は廃止されることが見込まれます。

公開買付け・大量保有報告制度 | 第4章 | 173

■ 金融商品取引法の規制

この規定は非常に難解です。

まず、3カ月以内（施行令7条2項）に、立会外取引または相対取引により、5%（同条4項）を超える株券等を買い集め、かつその期間内にこの相対・立会外取引での5%超と合わせて10%（同条3項）を超えることになる取得を立会市場での買付けまたは第三者割当てによる新株発行の引受けなどの新規発行取得を行い、それらの取得後に株券等所有割合が特別関係者と合算して3分の1超となる取得に適用されます。新規発行取得には、合併など組織再編行為に基づく取得も含まれる可能性があるので、注意を要します。

したがって、典型的には、立会外取引または相対取引により大量に、かつ当該取引の結果、3分の1を超えない程度まで取得し、その後、自らまたは実質基準の特別関係者の市場取引または第三者割当て（新株予約権の新規取得なども含まれる）により株券等所有割合が3分の1を超える取引について、規制されます。規定の建付け上、公開買付けが強制されることになりますが、過去に行われた相対取引や立会外取引を遡って公開買付けにより行うことは実務上できないことから、実際には、3カ月間は、これらの取引を行うことが禁止されることになります。なお、もともと23%所有している者が6%相対取得し、その1カ月後、5%以上の公開買付けをする行為は、本規定に抵触することになり、6%の相対取得から3カ月経過した後に公開買付けをしなければなりません。

（発行者以外の者による株券等の公開買付け）

第27条の2 その株券、新株予約権付社債券その他の有価証券で政令で定めるもの（以下……「株券等」という。）について有価証券報告書を提出しなければならない発行者又は特定上場有価証券（……）の発行者の株券等につき、当該発行者以外の者が行う買付け等（……）であつて次のいずれかに該当するものは、公開買付けによらなければならない。ただし、適用除外買付け等（……）は、この限りでない。

　一～三　（略）

　四　6月を超えない範囲内において政令で定める期間内に政令で定める割合を超える株券等の取得を株券等の買付け等又は新規発行取得（株券等の発行者が新たに発行する株券等の取得をいう。以下この号において同じ。）により行う場合（株券等の買付け等により行う場合にあつては、政令で定める割合を超える株券等の買付け等を特定売買等による株券等の買付け等又は取引所金融商品市場外における株券等の買

付け等（公開買付けによるもの及び適用除外買付け等を除く。）により行うときに限る。）であつて、当該買付け等又は新規発行取得の後におけるその者の所有に係る株券等の株券等所有割合が3分の1を超えるときにおける当該株券等の買付け等（前3号に掲げるものを除く。）

　五　（略）
　六　その他前各号に掲げる株券等の買付け等に準ずるものとして政令で定める株券等の買付け等

2〜8　（略）

《2024年改正》
上記四号削除

Q060

公開買付けが行われている場合に別の者が買集めをするときは公開買付けが強制されますか。

A 公開買付期間中に公開買付者と全く関係ない者が当該株式を買い集める場合においても、一定の場合、公開買付けが強制されます。

■ 公開買付者以外が買い集めた場合

　例えば、市場株価が400円のときに、プレミアムを付して1株500円で、買付株数を下限50％・上限なしとし、期間を40営業日と定めて公開買付けが開始されたとします。この公開買付けを邪魔したいと思う者はどのような行動に出るでしょうか。

　通常、買付株数の上限を定めない友好的な公開買付けが公表されると、市場価格は公開買付価格を少し下回る価格（例えば499円）になります。敵対的な買収者が現れるとの見込みが市場参加者にある場合や、友好的な買収ではあっても市場価格からディスカウントして公開買付けが行われるような場合には、このような株価の動きにはなりませんが、通常、市場価格は買付価格を少し下回る価格から大きく変動しません。そのような市場環境の中で、売却してもよいと考えている株主は応募してくるのです。

　しかし、公開買付けに応じようとしている株主であっても、市場価格が公開買付価格を上回ってしまえば、公開買付期間中または終了後に市場で売却することを考えるはずであり、公開買付けに応募しない可能性が高くなります。そこで公開買付けの成立を妨害したい者は市場において500円超の価格で買うことにより、応募株数を減らすことができます。また、一般に買い注文を多く出し、需要が大きくなれば株価は上がりますが、公開買付けに応募しようとしている者のうち一定数は、市場価格が少しでも買付価格を上回れば市場で売却しようとするので、公開買付期間中は株価次第で、供給も大きくなり、通常その効果が限定的になり、公開買付けを実施せずに、マーケットで買い集めることが比較的容易にできます。つまり、500円を少し上回る価格で多数の株式を買い集めることが可能になります。

もっとも、大量保有報告書が提出されれば、市場が買集めの意図を知り、市場価格が上昇する可能性もあります。ただし、大量保有報告書は株券等保有割合が5％を超えてから5営業日以内に提出すればよく、時間的なラグがあります。

　また、公開買付けを行っていれば、公開買付けによらない買付け、いわゆる**別途買付け**が禁止され（27条の5）、撤回や条件変更の制限が課されますが、公開買付けを行わなければ、このような規制は一切課されません。

■ 平等な公開買付けを目指す

　このような買集めが行われると、公開買付者との間での公平性が確保できず、公開買付者の立場を不安定にします。一般株主の見地からも、支配権を争う2者が存在しているのであれば、平等に公開買付けを行わせ、そのなかで優劣を判断する機会があった方が望ましいといえます。他方で、過度の規制は流通市場の機能を害することになります。このようなバランスを考えて、以下のとおりの規制が導入されています。

　すなわち、当該株券等について公開買付けが他の者により開始されている場合、特別関係者と合わせた株券等所有割合が3分の1を超える者が当初の公開買付期間（つまり延長されても延長前の期間）（施行令7条5項）内に5％（施行令7条6項）を超える株券等の買付けなどを行うときは、その買付けなどは公開買付けによらなければなりません（27条の2第1項5号）。

　もっとも、**2024年改正**（施行日についてQ3参照）施行後は、30％を超えることになる市場買付けにも強制公開買付規制が適用されることになりましたので、この5号の強制公開買付事由は廃止されます。

（発行者以外の者による株券等の公開買付け）
第27条の2　その株券、新株予約権付社債券その他の有価証券で政令で定めるもの（以下……「株券等」という。）について有価証券報告書を提出しなければならない発行者又は特定上場有価証券（……）の発行者の株券等につき、当該発行者以外の者が行う買付け等（……）であつて次のいずれかに該当するものは、公開買付けによらなければならない。ただし、適用除外買付け等（……）は、この限りでない。
　一～四　（略）
　五　当該株券等につき公開買付けが行われている場合において、当該株券等の発行者

公開買付け・大量保有報告制度｜第4章　177

以外の者（その者の所有に係る株券等の株券等所有割合が3分の1を超える場合に限る。）が6月を超えない範囲内において政令で定める期間内に政令で定める割合を超える株券等の買付け等を行うときにおける当該株券等の買付け等（前各号に掲げるものを除く。）

六 （略）

2～8 （略）

《2024年改正》

上記五号削除

Q061

強制公開買付けの適用除外について概説してください。

A 強制公開買付けのルールには多数の例外が設けられています。特に一定のグループ内の取引や株券等の所有者の数が25名未満であり、全員から同意がある場合の例外が重要です。

■ 親会社などによる買付け・グループ内取引

強制公開買付規制については**Q57**参照。以下、この規制の適用除外について説明します。

親会社などによる買付けについての適用除外として、**1年以上継続して形式基準の特別関係者**である者と合算して50%超の株券等所有割合の者が61日間で10名以下の者から買付け等（特定買付け等）をする場合（ただし、買付け等の後の株券等所有割合が3分の2以上となる場合を除く。施行令6条の2第1項4号）があります（**Q58**参照）。

グループ内取引の例外には、以下のものがあります。

- 1年間継続して形式基準の特別関係者である者から株券等の買付け等を行う場合（27条の2第1項ただし書）。議決権保有割合が1年間20％以上である必要があり、議決権行使について合意を行って、実質基準の特別関係者になっても、この要件は満たしません。特別関係者については**Q75**参照。
- 法人等の行う特定買付け等であつて、兄弟会社間の買付け等（施行令6条の2第1項5号、他社株公開買付府令2条の3）。
- 買付者と次ページの図の関係法人等が合わせて3分の1超の議決権を保有している場合の当該関係法人等から行う特定買付け等（施行令6条の2第1項6号、他社株公開買付府令2条の4）。

■ 25名未満の取引

対象となる種類の株券等の所有者の数が**25名未満**の場合に全ての所有者から書面等で公開買付けをしないことの同意を得ている場合の特定買付け等

図　買付者と関係法人

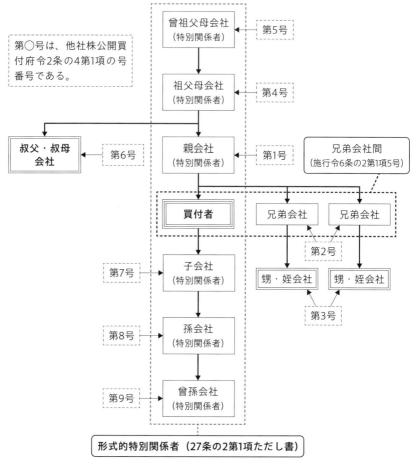

（注）→は、総株主の議決権の50％を超えて所有する場合（特別支配関係）を示している。

も除外されます（施行令6条の2第1項7号、他社株公開買付府令2条の5）。

　もっとも、①特定買付け等後における株券等所有割合が特別関係者と合算して3分の2以上となる場合で、特定買付け等の対象とならない種類の株券等がある場合には、特定買付け等の対象となる株券等の全ての所有者から書面等による同意が提出されており、対象外の株券等の所有者が25名未満でありかつその全ての者から書面等による同意が提出されているか、対象外の株

券等に係る種類株主総会での同意の決議があること（種類株主総会の決議を要する事項として定款で定める必要あり）が必要です（他社株公開買付府令2条の5第2項1号）。

　他方、②上記①以外の場合には、特定買付け等の対象となる株券等の全ての所有者から書面等による同意が提出されていることで足ります（同項2号）。すなわち、買付け後の株券等所有割合が3分の2以上とならない場合に、例えば、上場会社の新株予約権付社債を買う際は、その保有者の数が25名未満か否かを確認し、25名未満であればその全員から同意を取れば足ります。しかし、買付け後の株券等所有割合が3分の2以上になる場合には買付け等の対象外の種類の株券等の株主の数も問題になり、上場会社についてこの例外は事実上使えなくなります。

■ その他の適用除外

・新株予約権の行使により買付け等を行う場合（27条の2第1項ただし書）
・株式の割当てを受ける権利を有する者が当該権利を行使することにより行う株券等の買付け等（施行令6条の2第1項1号）
・現物拠出型ETF（投信の受益証券）の株との交換（同項2号、3号）
・担保権の実行による特定買付け等（同項8号）
・事業の全部または一部の譲受けによる特定買付け等（同項9号）
・売出しに応じて行う買付け等（同項10号）。もっとも、適用除外の要件を満たすためには当該売出しにつき届出等が行われていなければならないのですが、通常、既開示証券の売出しは有価証券通知書の提出で足りることから、この適用除外に該当することはあまりありません。
・取得請求権付株式の取得請求による株券等の買付け等（転換株式の転換）（同項11号）
・取得条項付株式または取得条項付新株予約権の取得の対価として株券等を交付することにより株主等に生じる買付け等（強制転換株式等の転換）（同項12号）
・一定の持株会の買付け等（同項13号）
・有価証券報告書の提出義務がある発行者以外の発行者が発行する株券等の買付け等（同項14号）。もっとも、このような株券等は、通常は、そもそ

公開買付け・大量保有報告制度 第4章 181

も公開買付けの対象にならないので、この規定の意義はあまりありません（**Q53**参照）。

・金融商品取引清算機関が業務方法書に定めるところに従い証券会社等が行う一定の買付け等（同項15号）

・会社法上の特別支配株主による株式等売渡請求（会社法179条以下）による場合（施行令6条の2第1項16号）。ただし、新株予約権が発行されている場合には、株式に加えて、全ての新株予約権が売渡請求の対象になっている場合に限られます。

（発行者以外の者による株券等の公開買付け）

第27条の2　その株券、新株予約権付社債券その他の有価証券で政令で定めるもの（以下……「株券等」という。）について有価証券報告書を提出しなければならない発行者又は特定上場有価証券（……）の発行者の株券等につき、当該発行者以外の者が行う買付け等（……）であつて次のいずれかに該当するものは、公開買付けによらなければならない。ただし、適用除外買付け等（新株予約権（……）を有する者が当該新株予約権を行使することにより行う株券等の買付け等、株券等の買付け等を行う者がその者の特別関係者（第7項第1号に掲げる者のうち内閣府令で定めるものに限る。）から行う株券等の買付け等その他政令で定める株券等の買付け等をいう。（……））は、この限りでない。

　　一～六　（略）

2～8　（略）

全部買付義務について概説してください。

A 買付け後の株券等所有割合が特別関係者と合算して3分の2以上となる可能性がある場合には、上限を設定することはできない規制であり、狭義の全部買付義務と強制的全部勧誘義務とがあります。

■ 狭義の全部買付義務

買付け後の株券等所有割合が特別関係者と合算して3分の2以上となる可能性がある場合には、上限を設定することはできません（27条の13第4項、施行令14条の2の2）。

原則として、公開買付けには上限を設定して、その上限を超えた場合には、按分して買うことが認められています。しかし、この**全部買付義務**の導入により、例えば、70％以上の応募がない場合には、一切買付けを行わないとする下限を設定することは許されますが、70％以上の応募があった場合には、70％のみを按分して買うとの上限を設定することは許されません。他方、3分の2未満、例えば51％を上限と設定することは可能です（どれだけ応募があっても、上場子会社として維持するような場合）。特定の株主が議決権の大多数を保有した状態で、少数派株主として残存を余儀なくさせるのは公正ではないとの価値判断による規制です。

■ 全部勧誘義務

また、同じ趣旨で、買付け後の株券等所有割合が特別関係者と合算して3分の2以上となる可能性がある場合には、特定の種類の株券等だけを対象にする公開買付けを行うことはできなくなりました（**全部勧誘義務**。27条の2第5項、施行令8条5項3号）。

例えば、上限を設けずに上場会社の株式の公開買付けを行う場合、普通株式などを目的にしている新株予約権や新株予約権付社債が発行され、残存している場合、それらも対象にしなければなりません。これにより実務上、価格の設定が問題になることがあります。

例えば、公開買付価格は、政令で定めるところにより、均一でなければな

らないと規定されていますが（27条の2第3項）、政令では、種類の異なる株券等について、均一にしなければならないとの規定はないので、形式的には全く異なる価格の設定も許されているようにもみえます。しかし、均一の条件を強制している趣旨に照らして、**実質的に均一**に価格設定しなければならないとの見解が有力です。この点、2024年改正施行後、明確化されることが見込まれています。

　もっとも、実質的な均一価格を決めることは実務上容易ではありません。例えば、新株予約権については、役員などでないと行使できない旨が定められているストックオプションについては、役員ではない買付者にとっては価値がないともいえるので、1円での買付けも許されるとの見解もあり、そのような価格設定をした事例もあります。また、買付者自身が行使できるものであるとしても、例えば、行使期間の開始が遠い将来である場合にどのような価格を設定するのが公正であるか、また行使価格が1,000円の新株予約権について、公開買付価格が1,200円である場合、1,200円が適正なのか、あるいは公開買付けがなければ、オプションの価値が低かったはずなので、もう少し低くてもよいのか、さらに行使期間が将来にわたることを考慮して、もっと高くなければならないのかなどが問題になります。

　また、多くの上場会社は海外で新株予約権付社債（海外CB）を発行し、資金を調達しています。このような会社の株式を公開買付けの対象とする場合、この海外CBも対象にしなければならないことがあります。このような場合、当該海外CBの要項や関連契約の条項、その保有者が存在しそうな国の規制や、当該海外CBが海外の取引所で上場している場合にはその取引所のルールを調査する必要があります。また、ユーロクリアなどで決済されている場合、公開買付けの決済と海外CBの決済をどのように融合させるか、国内の公開買付代理人がどのような業務を担当すべきなのかが問題になります。

（公開買付けに係る応募株券等の数等の公告及び公開買付報告書等の提出）
第27条の13　（略）
2〜3　（略）
4　公開買付者は、公開買付期間中における応募株券等の全部について第27条の11第1

項ただし書の規定により公開買付けの撤回等を行う場合並びに公開買付開始公告及び公開買付届出書において次に掲げる条件を付した場合（第2号の条件を付す場合にあつては、当該公開買付けの後における公開買付者の所有に係る株券等の株券等所有割合（……）が政令で定める割合を下回る場合に限る。）を除き、応募株券等の全部について、公開買付開始公告及び公開買付届出書に記載した買付条件等（……）により、買付け等に係る受渡しその他の決済を行わなければならない。

　一　応募株券等の数の合計が買付予定の株券等の数の全部又はその一部としてあらかじめ公開買付開始公告及び公開買付届出書において記載された数に満たないときは、応募株券等の全部の買付け等をしないこと。

　二　応募株券等の数の合計が買付予定の株券等の数を超えるときは、その超える部分の全部又は一部の買付け等をしないこと。

5　（略）

金融商品取引法施行令
（買付け等の期間等）
第8条　（略）

2～4　（略）

5　法第27条の2第5項に規定する政令で定める条件及び方法は、次に掲げるものとする。

　一～二　（略）

　三　買付け等の後における当該買付け等を行う者の株券等所有割合の合計が3分の2以上となるときは、当該株券等の発行者が発行する全ての株券等（公益又は投資者保護に欠けることがないものとして内閣府令で定めるものを除く。）について、内閣府令で定めるところにより買付け等の申込み又は売付け等（法第27条の2第6項に規定する売付け等をいう。以下この章において同じ。）の申込みの勧誘を行うこと。

6　（略）

公開買付け・大量保有報告制度｜第4章　185

公開買付期間について概説してください。

A 原則として、20営業日以上60営業日以内です。公開買付者は、公開買付け開始後に公開買付期間を短縮することはできませんが、原則60営業日まで延長することができ、公開買付期間終了直前に条件を変更した場合には更に延長することが必要になり、結果として60営業日を超えることもあります。また、他社が同時に公開買付けを行っている場合には、その期間終了日まで延長することが可能です。さらに、2024年改正後は、これらのケース以外でも、関東財務局の承認を得て、60営業日を超える延長が認められることが見込まれます。

■ 公開買付期間の議論

　公開買付けは政令で定める期間の範囲内で買付け等の期間を定めなければならないと規定されています（27条の2第2項）。この法律の規定を受けて、施行令8条1項は、公開買付けの期間を、公開買付開始公告を行った日から起算して**20営業日**以上**60営業日**以内と定めています。初日を算入して起算します。発行者による公開買付けについても、施行令14条の3の3で同様に営業日ベースになっています。

■ 公開買付期間の延長

　買付者は、自らいったん定めた公開買付期間を後で短縮することはできませんが、60営業日までであれば延長することができます。また、他者（公開買付者およびその特別関係者以外の者）が公開買付けを行っている場合、その公開買付期間の末日までは、上限である60営業日を超えることになっても延長できます。

　さらに、上限については、実務上、公開買付開始後に条件を変更することにより、事実上、永久に延長することができる点に注意が必要です。例えば、当初の公開買付期間の終了の前日に買付価格を1円引き上げることを決定し、買付条件等の変更の公告か公表をし、訂正届出書を提出するとします。この場合、訂正届出書を提出する日より起算して10営業日を経過する日までの期間、公開買付期間を延長しなければならないと規定されています

（27条の8第8項、他社株公開買付府令22条2項）。このような訂正を繰り返すことにより、公開買付期間を延長し続けることは、形式上可能となっていますが、場合により、脱法行為だと認定される可能性があります。

この点、**2024年改正**（施行日について**Q3**参照）施行後は、買収防衛策の差止の裁判が係属している場合や独禁法・競争法上のクリアランスを待っている場合など延長をすることが合理的なケースにおいて、関東財務局の承認を得て、延長をすることが認められることが見込まれ、上記のような条件変更は必要なくなると思われます。

なお、対象者による延長請求権については**Q64**参照。

（発行者以外の者による株券等の公開買付け）
第27条の2 （略）
2　前項本文に規定する公開買付けによる株券等の買付け等は、政令で定める期間の範囲内で買付け等の期間を定めて、行わなければならない。
3〜8 （略）

金融商品取引法施行令
（買付け等の期間等）
第8条　法第27条の2第2項に規定する政令で定める期間は、公開買付者（……）が公開買付開始公告（……）を行つた日から起算して20日（行政機関の休日に関する法律（……）第1条第1項各号に掲げる日（以下「行政機関の休日」という。）の日数は、算入しない。）以上で60日（行政機関の休日の日数は、算入しない。）以内とする。
2〜6 （略）

公開買付け・大量保有報告制度 | 第4章 | 187

Q064

対象者による公開買付期間の延長請求権について説明してください。

A 公開買付期間は、公開買付者が、20営業日以上60営業日以内で設定できますが、30営業日より短いときには、対象者は意見表明報告書に記載することにより、30営業日に延長することを請求できます。

■ 公開買付期間の延長

　Q63で述べたとおり、公開買付期間の下限は20営業日になっています。ただ、**敵対的公開買付け（同意なき買収）**の場合、20営業日では、対象者が十分に買付者の情報を収集し、同意するか否かを検討し、同意しない場合、対抗策を講じる必要があるか否かについても検討し、必要な場合には対抗策を準備する期間、あるいは対抗策は講じないものの、株主に対象者の経営陣の見解を提供し浸透させる期間としては短すぎるおそれがあります。そこで、一定の場合に対象者に公開買付期間の延長請求権が与えられています。

　まず、30営業日（施行令9条の3第6項）よりも短い公開買付期間を設定している場合、買付者は、**公開買付開始公告**において、対象者により延長されることがある旨を明示しなければなりません（27条の3第1項）。

■ 意見表明報告書の提出

　その上で、対象者は**意見表明報告書**において、①当該公開買付けに関する意見などに加えて、②公開買付者に対する質問と、③公開買付期間が30営業日より短く、30営業日に延長することを請求する場合には、その旨とその理由を記載することが必要になります（27条の10第2項）。30営業日未満の公開買付期間の場合、対象者は、③により、30営業日に延長することを請求できます。

　対象者は、意見表明報告書を提出しなければならない期限（公開買付開始公告が行われた日から10営業日以内）の翌日までに延長後の買付け等の期間が30営業日となる旨、延長後の公開買付期間の末日など内閣府令で定める

事項を公告しなければなりません（**期間延長請求公告**。同条4項、他社株公開買付府令25条の2)。

　この意見表明報告書が公衆の縦覧に供されたときは、公開買付者は期間の延長をしなければなりません（27条の10第3項）。一般に、公開買付けの条件を変更する場合は買付者が公告しなければなりませんが、この延長請求権に基づく延長の場合には買付者側には公告の義務はありません（27条の6第2項）。公開買付開始公告で延長の可能性について記載しており、加えて、対象者から期間延長請求公告がなされるので、これ以上の公告は不要であるからです。

（公開買付対象者による意見表明報告書等及び公開買付者による対質問回答報告書等の提出）
第27条の10　（略）
2　意見表明報告書には、当該公開買付けに関する意見のほか、次に掲げる事項を記載することができる。
　一　公開買付者に対する質問
　二　公開買付開始公告に記載された買付け等の期間を政令で定める期間に延長することを請求する旨及びその理由（当該買付け等の期間が政令で定める期間より短い場合に限る。）
3　前項の規定により意見表明報告書に同項第2号に掲げる請求をする旨の記載があり、かつ、第27条の14第1項の規定により内閣総理大臣が当該意見表明報告書を公衆の縦覧に供したときは、公開買付者は、買付け等の期間を政令で定める期間に延長しなければならない。
4　対象者は、第2項の規定により意見表明報告書に同項第2号に掲げる請求をする旨の記載をした場合には、第1項に規定する期間の末日の翌日までに、政令で定めるところにより、前項の規定による延長後の買付け等の期間その他の内閣府令で定める事項を公告しなければならない。
5　前項の規定による公告（次項において「期間延長請求公告」という。）を行つた対象者は、その内容に形式上の不備があり、又は記載された内容が事実と相違していると認めたときは、その内容を訂正して、内閣府令で定めるところにより、公告し、又は公表しなければならない。
6　内閣総理大臣は、期間延長請求公告の内容について訂正をする必要があると認められるときは、当該期間延長請求公告を行つた対象者に対し、期限を指定して、内閣府令で定めるところにより、その訂正の内容を公告し、又は公表することを命ずることができる。
7　前項の規定による処分は、当該公開買付期間（第27条の8第8項の規定により延長しなければならない期間を含む。）の末日後は、することができない。
8〜14　（略）

Q065

買収防衛策は、どのような内容で、いつ導入することができるか説明してください。

A 買収防衛策には、具体的な買収者が出現してから導入する有事導入策と買収者が出現する前に導入する平時導入策とがあります。いずれも、買収をする場合に買収者による対象者に対する一定の情報の提供、提供された情報を対象者が評価する等のプロセスや期間に関するルールを対象者が設定し、公表し、買収者がそのルールに則って買収行為を進める場合とそうでない場合とで分けて、それに応じて対象者が行動するように定めるのが一般的です。ルールを守らない場合や守った場合でも一定のケースについては、多くの場合、株主の意思を確認した上で、差別的行使条件付新株予約権を発行することにより買収者の議決権を希薄化させる手段を講じることになるものが通常です。

■ 事前警告型（平時導入）買収防衛策──情報提供と期間の設定

　従前は、買収防衛策として、市場取引を含めて20％以上の保有割合になる者または公開買付けなどにより20％以上の保有割合になるような買付行為を開始する者は、事前に株式の発行会社に連絡し、一定の情報提供をしなければならないとのルールを事前に設定し、公表している例が多く見られ、現在でも維持している会社はあります。これが**事前警告型買収防衛策**です。

　多くの場合、20％以上の議決権比率になるような市場または公開買付けを含む相対買付けを行おうとする者に対して事前に会社が要求する意向表明などの情報を会社に提供することを求めています。提供し終わってから、全株を対象として円貨の金銭を対価とする公開買付けを行う場合には60営業日後、それ以外の場合には90営業日後に買付けをすることができるとの内容となっているものが多いです。そのような**情報提供**と**待機期間**の設定は、金商法に定められた公開買付けのルールだけでは、十分に株主などの投資家に情報を提供することができないおそれがあり、また、法定の公開買付期間では買収防衛策を発動すべきか否かを検討する期間としては短すぎるとの理由などから行われています。

　このルールに従わない買付者に対しては、買収防衛策のために設けられた

独立委員会で検討を経た上で、取締役会限りで、または**株主の意思確認総会**の決議を経た上で、**差別的行使条件**を付し、ルールに従わなかった株主やその他一定の敵対的株主グループの株主は行使できない条件を定めた新株予約権を株主に無償で割り当てることを想定しています（会社法277条以下）。割当て後に、その新株予約権を敵対的株主グループ以外の株主に行使させ、または敵対的株主グループ以外の株主が取得した新株予約権を株式と交換する（**取得条項付新株予約権**の取得に際して新株を交付する）などして、敵対的株主グループの**議決権を希薄化**させるという防衛策が発動されます。買収者側は、株主の意思確認総会で反対票を集める、また裁判所で差止の仮処分の申立を行うことにより防衛策の発動を止めるように動くことになります。

■ 会社がルールを設定することの可否

ところで、対象者は、意見表明報告書において、買付者に質問をすることができ（27条の10第2項1号）、公開買付期間が30営業日より短い場合には30営業日に延長を請求することができます（同項2号）。対象者から質問をされた場合、買付者は意見表明報告書の写しの送付を受けた日から5営業日以内に、質問に対する回答（回答する必要がないと認めた場合には、その理由）、回答に至った経緯（時系列）などを記載した対質問回答報告書を関東財務局長に提出しなければなりません（同条11項）。また、直ちに対質問回答報告書の写しを対象者に送付しなければなりません（同条13項）（**Q63・Q69**参照）。

このように、金商法でも対象者の質問権等はある程度手当てされていますが、これは最低限の規制を定めたものにすぎず、これ以上に株主のために会社が一定のルールを設定することを禁止する趣旨ではないと解されています。

もっとも、近時では、事前警告型の買収防衛策については、導入時および3年ごとの更新に際して実務上必要になる株主意思確認総会での承認決議について、機関投資家を中心に反対の議決権行使をする株主が増えています。その結果、いったん導入した会社でも廃止をする会社が増えており、事前警告型買収防衛策は減少傾向にあります。

公開買付け・大量保有報告制度｜第4章　191

■ 有事導入型買収防衛策

　これに対して、具体的な買収者が現れた後に当該買収者を念頭に置いた有事導入型の防衛策を導入して対抗する案件は増えています。

　有事導入型の仕組みも、防衛策のターゲットとなる買収者グループが特定されていることを除き、通常、事前警告型と大きな違いはありません。すなわち、意向表明・情報提供を求めていること、独立委員会を設けていること、待機期間を設けていること、ルールを遵守した場合とそれ以外の場合を区別していること、原則として株主の意思確認総会の承認を経て防衛策を発動すること、具体的には差別的行使条件を付した新株予約権を無償割当てすることなどは共通しています。買収者側の対応策も同様であり、株主の意思確認総会で否決されるように活動し、また差止の仮処分を申し立てることもあります。

　上記のとおり、事前警告型の買収防衛策の導入・継続については、事実上、将来の潜在的な買収を抑制する効果があり、経営者の保身につながるなどを理由として、機関投資家が反対することが多いのに対し、有事導入の買収防衛策に基づく対抗措置の発動については、経営者と買収者のそれぞれの主張を検討した上で、機関投資家が防衛策の発動に賛成することも珍しくはありません。

（公開買付対象者による意見表明報告書等及び公開買付者による対質問回答報告書等の提出）
第27条の10　（略）
2　意見表明報告書には、当該公開買付けに関する意見のほか、次に掲げる事項を記載することができる。
　　一　公開買付者に対する質問
　　二　公開買付開始公告に記載された買付け等の期間を政令で定める期間に延長することを請求する旨及びその理由（当該買付け等の期間が政令で定める期間より短い場合に限る。）
3〜14　（略）

公開買付者はいったん始めた公開買付けを
自由に撤回できますか。

A 原則として、公開買付者はいったん開始した公開買付けを自由に撤回することはできません。政令で例外的に撤回できる事由が定められており、これらに該当する場合にのみ撤回できます。2024年改正施行後、これ以外に個別具体的な事案において当局の承認を受けて撤回できる事由が認められることになる見込みです。

■ 撤回が認められる例外

　公開買付者は、公開買付けを開始した場合、すなわち公開買付開始公告を行った場合、原則として、公開買付けに係る申込みの撤回および契約の解除（以下併せて「撤回」）をすることができないと規定されています（27条の11第1項）。

　例外的に撤回が認められる場合として、①買付者側の事情変更と②対象者側の事情変更などがあり、いずれについても、原則として、政令で列挙された事由に限られています。

　買付者側の事情変更としては、買付者が個人の場合で死亡したことや後見開始の審判を受けたこと、買付者が法人の場合を含めて、破産手続開始決定など倒産事由があったことなどが挙げられています（施行令14条2項）。この場合については、公開買付開始公告および公開買付届出書にあらかじめ記載しておかなくても、撤回できます。

　対象者側の事情変更としては、①対象者またはその子会社の業務執行を決定する機関が公開買付開始公告を行った日以後に株式交換、合併、解散、上場廃止申請、株式分割、新株・新株予約権の無償割当て、新株・新株予約権等の発行、自己株式の処分、重要な財産の処分・譲渡、多額の借財などの具体的列挙事由もしくはこれらに準ずる事項で、公開買付者が公開買付開始公告および公開買付届出書において指定したものを決定した場合、対象者が買収防衛策を講じてきた場合や導入済みの買収防衛策を維持することを決定した場合と、②対象者が事業の差止めの仮処分などの申立て、破産手続開始な

どの申立てなど具体的列挙事由もしくはこれらに準ずる事項で、公開買付開始公告および公開買付届出書で指定した事実が発生した場合とがあります（施行令14条1項、他社株公開買付府令26条）。

施行令14条1項2号イは、公開買付開始公告を行った日以後に公表された買収防衛策を維持する旨の決定をしたことを撤回事由としていますが、意見表明報告書において買収防衛策を行う予定の有無等を記載することとされていることから（**Q68**参照）、通常、その記載内容により撤回事由が生じているか否かを判断することになります。

■ 撤回事由が限定されていること

いずれにしても、原則として、撤回事由は具体的に列挙されている事由またはそれらに準ずる事由に限定されており、特に対象者側の事情変更については、公開買付開始公告と公開買付届出書にあらかじめ記載されている場合にのみ撤回が許されることから、法令の隙間を見つけて、これに該当しないような重要な決定を対象者が行うことが今後も想定できます。

例えば、多額の配当を行うことの決定については、重要な財産の処分の決定に該当せず、施行令14条1項1号ネに基づき、公開買付届出書において指定した場合には、「準ずる事項」として、撤回事由とすることはできますが、配当の額が最近事業年度の末日における純資産の帳簿価額に比べ少額（例えば、10％に相当する額未満）である場合や対象者が既に公表している配当予想の額との差異が小さい場合には撤回事由とすることはできないと実務上扱われています（金融庁企画市場局「株券等の公開買付けに関するQ&A」問35参照）。

撤回事由に該当しない場合には、原則として買付者は撤回できないと思われますが、当該対象者の決定が不合理な決定であるとすると、対象者の業務執行者は、不法行為などを理由に買付者から損害賠償請求を受ける可能性があります。したがって、このような手法を防衛策として使うことには慎重になるべきだと思われます。

■ 2024年改正での柔軟化

2024年改正（施行日について**Q3**参照）施行後、上記以外に個別具体的な事案において当局の承認を受けて撤回できる事由が認められることになる見込みです。

（公開買付者による公開買付けの撤回及び契約の解除）

第27条の11 公開買付者は、公開買付開始公告をした後においては、公開買付けに係る申込みの撤回及び契約の解除（以下この節において「公開買付けの撤回等」という。）を行うことができない。ただし、公開買付者が公開買付開始公告及び公開買付届出書において公開買付けに係る株券等の発行者若しくはその子会社（……）の業務若しくは財産に関する重要な変更その他の公開買付けの目的の達成に重大な支障となる事情（政令で定めるものに限る。）が生じたときは公開買付けの撤回等をすることがある旨の条件を付した場合又は公開買付者に関し破産手続開始の決定その他の政令で定める重要な事情の変更が生じた場合には、この限りでない。

2　前項ただし書の規定による公開買付けの撤回等を行おうとする場合には、公開買付期間の末日までに、政令で定めるところにより、当該公開買付けの撤回等を行う旨及びその理由その他の内閣府令で定める事項を公告しなければならない。ただし、公告を当該末日までに行うことが困難である場合には、当該末日までに当該公告に記載すべき内容を、内閣府令で定めるところにより、公表し、その後直ちに公告を行うものとする。

3　前項の規定による公告又は公表を行つた者は、内閣府令で定めるところにより、当該公告又は公表を行つた日に、前項に規定する公告の内容その他の内閣府令で定める事項を記載した書類（以下この節並びに第197条及び第197条の2において「公開買付撤回届出書」という。）を内閣総理大臣に提出しなければならない。

4　（略）

5　公開買付けの撤回等は、第2項の規定により公告をした場合に限り、その効力を生ずる。この場合において、その効力を生ずる時期は、当該公告を行つた時（同項ただし書の規定により公表及び公告を行つたときにあつては、当該公表を行つた時）とする。

Q067

公開買付けの条件変更はどのような場合に認められますか。

A 公開買付けの条件は売却する株主に不利にならない変更であれば原則として許されますが、株主に不利になる変更は原則として許されません。もっとも、形式的には株主に不利になる条件変更でも、公平の観点から例外的に許される事由も列挙されています。これに加えて、2024年改正施行後、個別具体的な事案において当局の承認を受けて株主に不利になる条件変更ができる事由が認められることになると見込まれます。

■ 条件変更の禁止

公開買付けは、いったん開始されると、Q66のとおり、買付者側からの撤回は原則として認められないのみならず、**株主に不利になるような条件変更**も認められません（27条の6）。株主に不利な条件変更の例として、①買付価格の引下げ、②買付株数の下限の引上げ、③買付株数の上限の引下げ、④公開買付期間の短縮、⑤公開買付期間の法定上限を超えた延長、⑥対価の変更（例えば、金銭を対価とする買付けから有価証券との交換への変更）、⑦撤回条件の変更が挙げられています。

■ 価格引下げが認められる例外

買付け等の価格の引下げは、上記のとおり原則として許されませんが、公開買付開始公告および公開買付届出書において、公開買付期間中に対象者が株式（または投資口）の分割、株主に対して無償で行う株式または新株予約権の割当てを行ったとき（施行令13条）は他社株公開買付府令19条1項で定める基準に従い買付け等の価格の引下げを行うことがある旨の条件を付した場合、当該基準に従い価格の引下げを行うことができます。この引下げを行うには、単に決定を行っているだけでは足りず、その効力が生じていなければならないと解されています。Q66で解説したとおり、撤回の場合には株式分割等の「決定」が対象者の業務を執行する機関でなされたことが撤回事由

となるのに比べて、買付価格の引下げの場合には、「決定」では足りず、実際に株式分割等が行われることが必要であると要件が厳格に解されていることには注意が必要です。

■ 2024年改正での柔軟化

これに加えて、**2024年改正**（施行日について**Q3**参照）施行後、個別具体的な事案において当局の承認を受けて株主に不利になる条件変更ができる事由が認められることになると見込まれます。

（公開買付けに係る買付条件等の変更）
第27条の6　公開買付者は、次に掲げる買付条件等の変更を行うことができない。
　　一　買付け等の価格の引下げ（公開買付開始公告及び公開買付届出書において公開買付期間中に対象者（第27条の10第1項に規定する対象者をいう。）が株式の分割その他の政令で定める行為を行つたときは内閣府令で定める基準に従い買付け等の価格の引下げを行うことがある旨の条件を付した場合に行うものを除く。）
　　二　買付予定の株券等の数の減少
　　三　買付け等の期間の短縮
　　四　その他政令で定める買付条件等の変更
2　公開買付者は、前項各号に規定するもの以外の買付条件等の変更を行うことができる。この場合において、当該変更を行おうとする公開買付者は、公開買付期間中に、政令で定めるところにより、買付条件等の変更の内容（第27条の10第3項の規定により買付け等の期間が延長された場合における当該買付け等の期間の延長を除く。）その他内閣府令で定める事項を公告しなければならない。
3　前項の規定による公告を公開買付期間の末日までに行うことが困難である場合には、公開買付者は、当該末日までに同項に規定する内容及び事項を内閣府令で定めるところにより公表し、その後直ちに同項の規定の例により公告を行わなければならない。

公開買付け・大量保有報告制度　第4章　197

Q068

対象者は意見表明を行う義務がありますか。

A 公開買付開始公告が行われた日から10営業日以内に意見表明報告書を提出しなければなりません。

■ 意見表明の義務化

　法律上、対象者は公開買付けに関して沈黙していることは許されず、**意見を公表する義務**を負います。公開買付開始公告が行われた日から10営業日以内に、公開買付けに関する意見その他の内閣府令で定める事項を記載した**意見表明報告書**を内閣総理大臣（実際には関東財務局長）に提出しなければなりません（27条の10第1項、施行令13条の2第1項）。「公開買付けに応募することを勧める」「公開買付けに応募しないことを勧める」「公開買付けに対し中立の立場をとる」「意見の表明を留保する」などの公開買付けについての意見に加えて、その理由、根拠（意思決定に至ったプロセス）も記載する必要があります。

　意見の表明を留保する場合には、その時点において意見が表明できない理由および今後表明する予定の有無などを具体的に記載する必要があります。**買収防衛策発動予定**の有無、予定がある場合にはその具体的な内容なども記載事項として定められています。いわゆるMBO（マネジメント・バイアウト。公開買付者が対象者の役員または対象者の役員の依頼に基づき公開買付けを行う者であって対象者の役員と利益を共通にするものである場合）や親会社による子会社を対象とする公開買付けで、利益相反を回避する措置を講じているときは、具体的な開示が求められています（**Q70参照**）。

　公開買付開始公告が行われた日から10営業日以内に意見表明報告書を提出しなければなりませんが、上記のとおり、場合によっては、賛成・反対・中立のいずれの意見も採らず、理由や後日意見を表明する予定の有無などを記載して、意見自体を留保することも認められます。

　加えて、公開買付者や対象者が上場会社である場合には、適時開示も必要になります。実務上、関東財務局に加えて、金融商品取引所にも事前に開示内容について相談することになります。

意見表明報告書には、意見に加えて、公開買付者に対する質問（**Q69**参照）および期間延長を請求する場合にその旨と理由（**Q64**参照）を記載することができます（同条2項）。

なお、役員個人としての意見表明は想定されていません。会社の意見と異なる個人の意見を表明する場合には、会社の意見が変更したと誤解されないようにあくまでも個人の意見であると断って表明すべきです。

■ 金融商品取引所の規制

対象者が上場会社の場合、公開買付けに関する意見の公表、株主に対する表示を行うことを決定した場合には直ちに適時開示しなければなりません。細かい開示事項が適時開示ガイドブックに記載されており、これに則って詳しい開示文を作成する必要があります。

なお、公開買付けに対抗するために買付けを要請することを決定した場合も同じです。MBOおよび支配株主などによる公開買付けに関する意見表明や上場廃止となることが見込まれる公開買付けに関する意見表明については10日前までに事前相談を行う必要があります。

（公開買付対象者による意見表明報告書等及び公開買付者による対質問回答報告書等の提出）
第27条の10 公開買付けに係る株券等の発行者（以下この節及び……において「対象者」という。）は、内閣府令で定めるところにより、公開買付開始公告が行われた日から政令で定める期間内に、当該公開買付けに関する意見その他の内閣府令で定める事項を記載した書類（以下「意見表明報告書」という。）を内閣総理大臣に提出しなければならない。
2〜14 （略）

公開買付け・大量保有報告制度 第4章 199

公開買付けの対象者には公開買付者に対する質問権がありますか。

A 対象者に公開買付者に対する質問権が認められています。しかし、対象者は質問自体に必ず回答しなければならないわけではありません。

■ 敵対的買収への対応

　友好的公開買付け（同意ある買収）の場合は、公開買付者と対象者とが事前に協議をして公開買付けに臨んでいますが、**敵対的公開買付け（同意なき買収）**の場合は、かつては買付者と対象者のそれぞれが一方的に見解を公表していることが多く、議論がかみ合っていないこともしばしば見られました。公開買付者に対する質問権を対象者に与えれば、意見の対立点が鮮明になり、株主・投資者が投資（売却）判断をする上で有益だと考えられ、現在では対象者に公開買付者に対する**質問権**が付与されています。

　他方、このような質問権について、法律で詳細に要件などを定めると、対立している2者間で自由な協議・対応ができなくなるおそれがあります。以上から、法令上の質問権の手当ては**意見表明報告書**に質問を記載できるという形で1回のみとされ、最低限の枠組みを示すにとどめることになっています。なお、法定の質問権以外での当事者間の自主的な質問と情報提供の取組みを制約するものではありません。

■ 買付者への質問が可能に

　まず、対象者は意見表明報告書において買付者に質問をすることができます（27条の10第2項1号）。対象者は意見表明報告書を提出したときは、直ちにその写しを公開買付者に送付しなければなりません。対象者が上場会社の場合にはこの質問についても適時開示文に記載する必要があります。

　質問をされた場合、買付者は意見表明報告書の写しの送付を受けた日から5営業日以内に、質問に対する回答（回答する必要がないと認めた場合には、その理由）、回答に至った経緯（時系列）などを記載した**対質問回答報告書**

を内閣総理大臣（実際には関東財務局長）に提出しなければなりません（同条11項、施行令13条の2第2項、他社株公開買付府令8号様式）。すなわち、一定期間内に反応はしなければなりませんが、直接的な回答をしないことも許され、その場合には理由を詳細に記載することになります。

対質問回答報告書を提出した買付者は、直ちに対質問回答報告書の写しを対象者に送付しなければなりません（同条13項）。対象者が上場会社の場合、対質問回答報告書の提出が行われたことを知った時点で、その旨を適時開示する必要があります。

このように、対象者に対し一定の質問権を認め、質問に対する回答などが開示されることになったため、敵対的な公開買付けが行われた場合、当事者同士の争いに公開買付けの規制当局が関与する可能性が大きくなります。

規制当局は、公開買付者にも意見表明報告書を提出した対象者にも報告や資料提出を命ずることができ（27条の22）、訂正を命ずる権限もあります（27条の8第3項、27条の10第8項）。当事者の対立が先鋭化する敵対的公開買付けのケースにおいて、当事者や投資者が当局にこれらの権限行使を求めることも考えられます。過度に当局が介入することは望ましくありませんが、当事者に予見可能性を与えて、適正に行使されることは、制度趣旨に適っているといえます。

また、敵対的公開買付けとそれに対する対抗措置をめぐって後日訴訟となった場合には、買付者による対象者の質問への回答の内容や回答に至る経緯等が対抗措置の相当性の判断にも影響することがあると考えられるため、質問と回答のやり取りは、訴訟になった場合のことまで念頭に置いて対応する必要があります。

（公開買付対象者による意見表明報告書等及び公開買付者による対質問回答報告書等の提出）
第27条の10　（略）
2　意見表明報告書には、当該公開買付けに関する意見のほか、次に掲げる事項を記載することができる。
　一　公開買付者に対する質問
　二　（略）
3～10　（略）
11　意見表明報告書に第2項第1号の質問が記載されている場合には、第9項の規定に

より当該意見表明報告書の写しの送付を受けた公開買付者は、当該送付を受けた日から政令で定める期間内に、内閣府令で定めるところにより、当該質問に対する回答（当該質問に対して回答する必要がないと認めた場合には、その理由）その他の内閣府令で定める事項を記載した書類（以下「対質問回答報告書」という。）を内閣総理大臣に提出しなければならない。

12　第27条の8第1項から第5項まで（第3項第2号及び第3号を除く。）の規定は、対質問回答報告書について準用する。この場合において、（……）と読み替えるものとする。

13　公開買付者が対質問回答報告書を提出したときは、直ちに当該対質問回答報告書の写しを当該対象者（当該対質問回答報告書を提出した日において、既に当該発行者の株券等に係る公開買付届出書を提出している者がある場合には、当該提出している者を含む。）に送付するとともに、当該公開買付けに係る株券等が第27条の3第4項各号に掲げる株券等に該当する場合には、当該各号に掲げる株券等の区分に応じ、当該各号に定める者に送付しなければならない。

14　（略）

Q070

MBOや親会社による公開買付けにおいて注意すべきことを説明してください。

A MBOや親会社による公開買付けについては、対象者の経営陣に利益相反の問題がありうるので、一定の追加的な開示が求められています。

■ 対象となるMBOなどの概念

公開買付者が、①対象者の役員、②対象者の役員の依頼に基づいて公開買付けを行う者であって、対象者の役員と利益を共通にしている者、または③対象者の親会社等である場合（**MBO、親会社による公開買付け**など、以下「**MBO等**」）、追加的な開示が要求されます。

通常、日本でMBOといわれている取引は、一定のファンドが対象者経営陣と協議し、SPCを設立し、経営陣はそのSPCに対しファンドと共に出資し、SPCはかかる出資により調達した金銭と金融機関から借り入れた金銭とで公開買付けの決済を行います。このような取引は、通常上記②に該当し、追加的な開示が要求されます。経営陣が当初出資せずに、例えば、ストックオプションのみを取得するようなケースについては、②に該当するか否か明確ではありません。

■ 買付者による開示

公開買付価格の算定にあたり参考とした第三者による評価書、意見書その他これらに類するものがある場合には、その写しを公開買付届出書の添付書類として提出しなければなりません（他社株公開買付府令13条1項8号）。MBO等でない場合には、かかる書類があっても、添付書類として開示する必要はありませんが、その第三者の名前、意見の概要、当該意見を踏まえて買付価格を決定するに至った経緯などを開示する必要はあります。なお、買付者は、通常、当該価格が高すぎないことを買付者の株主などの関係者に説明するために、評価書を取得します。したがって、（対象者が取得する評価書はともかく）買付者側の評価書が株主による応募するか否かの判断にあた

公開買付け・大量保有報告制度 | 第4章 203

って有益な資料かとの疑問もありますが、かかる評価書の添付が求められてからは、価格が適正である旨の評価が取得され、開示されるようになってきています。

　また、MBO等の際に公開買付者が価格の公正性を担保するための措置を講じている場合には、その具体的な内容を公開買付届出書に開示しなければなりません。さらに、当該公開買付けの実施を決定するに至った意思決定の過程、利益相反を回避するための措置を講じている場合にはその具体的な内容も届出書で開示しなければなりません。

対象者による開示

　MBO等の場合には、対象者により提出が義務付けられている意見表明報告書（**Q68**参照）において、対象者として利益相反を回避するための措置を講じているときには、その具体的な内容を開示する必要があります。

その他

　公開買付者や対象者が上場会社の場合には、適時開示が要求されています。MBOや支配株主などの公開買付けについて上場会社である対象者の意見表明の適時開示については必要かつ十分に行う旨の企業行動規範も定められており、またコーポレートガバナンス・コードの原則1-6でも、既存株主を不当に害することのないように取締役会・監査役が必要性・合理性をしっかりと検討し、適正な手続を確保し、株主に十分な説明をすべき支配権の変動を伴う資本政策の一例として挙げられています。MBO等の対象会社の適時開示においても、適時開示ガイドブック上、具体的で詳細な追加の開示が要求されています。

　なお、2019年に経産省の公正なM&Aの在り方に関する研究会によって取りまとめられた「公正なM&Aの在り方に関する指針」が策定され、MBOや支配株主による従属会社の買収に関し、構造的な利益相反への対応の観点から考え方が整理され、実務上の対応を提示されています。これについて同研究会はM&A一般についての指針として2023年に「企業買収における行動指針」を策定しています。

　MBOなどについては、スクイーズアウトが想定されていることも多くあり

ます（**Q71**参照）。

発行者以外の者による株券等の公開買付けの開示に関する内閣府令
（公開買付届出書の添付書類）
第13条　法第27条の3第2項に規定する内閣府令で定める添付書類は、次に掲げる書類
　　とする。
　　一～七　（略）
　　八　買付け等の価格の算定に当たり参考とした第三者による評価書、意見書その他こ
　　　れらに類するものがある場合には、その写し（公開買付者が対象者の役員、対象者
　　　の役員の依頼に基づき当該公開買付けを行う者であって対象者の役員と利益を共通
　　　にする者又は対象者を子会社（……）とする会社その他の法人である場合に限る。）
　　九～十三　（略）
2　（略）

第2号様式（公開買付届出書の様式）の記載上の注意（6）f
「算定の経緯」欄には、算定の際に第三者の意見を聴取した場合に、当該第三者の名
称、意見の概要及び当該意見を踏まえて買付価格を決定するに至った経緯を具体的に記
載すること。公開買付者が対象者の役員、対象者の役員の依頼に基づき当該公開買付け
を行う者であって対象者の役員と利益を共通にする者又は対象者を子会社（……）とす
る会社その他の法人である場合であって、買付価格の公正性を担保するためのその他の
措置を講じているときは、その具体的内容も記載すること。

第4号様式（意見表明報告書の様式）の記載上の注意（2）d
公開買付者が対象者の役員、対象者の役員の依頼に基づき当該公開買付けを行う者で
あって対象者の役員と利益を共通にする者又は対象者を子会社とする会社その他の法人
等である場合であって、利益相反を回避する措置を講じているときは、その具体的内容
を記載すること。

Q071

スクイーズアウトの取引に関して
注意すべきことを説明してください。

A スクイーズアウトする場合、公開買付けの手続以外に大量保有報告、インサイダー取引規制、親会社等状況報告書の提出義務などに注意しなければなりません。

■ 応募契約

　上場会社について他の株主を**スクイーズアウト**するための取引を行う場合、通常、公開買付けを行い、大量の株式を取得した後、議決権の90％以上を取得し、買付者が特別支配株主になった場合には株券等売渡請求を行い（会社法179条以下）、そうでない場合には、株主総会（場合により種類株主総会も併せて必要になる）で株式併合や組織再編についての決議を行い、上場廃止にし、少数派株主に対し金銭等を交付することによりその保有株式を取得し、100％保有を実現しています。

　まず、公開買付けを行う場合、なるべく多数の株主から応募をしてもらうため、買付者などが事前に大株主との間で**応募契約**を締結することがあります。この応募契約は当該大株主にとって、大量保有報告書の開示事項である重要な契約になる可能性があり、あまり早くに締結すると、公開買付けの公表前に重要な契約の締結を提出事由とする大量保有報告の変更報告書の提出による開示を強いられる可能性があるので注意が必要です。また、契約内容次第で、特別関係者や共同保有者になる可能性もあります。

■ インサイダー取引規制

　公開買付けをする前に買付者などは対象者についての調査（**デューディリジェンス**）を行うことがあります。この調査の過程で**重要事実**が発見された場合、対象会社に公開買付けの開始以前に当該事実を公表してもらう必要があります。また、対象者が、将来の組織再編について具体的に検討している場合には、当該検討が重要事実になる可能性があるので、対象者にその賛同意見の公表の際に、組織再編についての事実も公表してもらう必要がありま

206

す。公開買付けの目的に記載してある程度の開示で足りることが多いと思われますが、検討状況に応じて異なります。

■ 決済時

　公開買付けが成立した場合には、株主側では大量保有報告書による、また発行会社側では臨時報告書などによる開示が必要になります。さらに、買付者やその親会社が親会社になると、それらが上場会社等でなければ、対象者が上場会社である限り親会社等状況報告書の提出が必要になります。ここでいう親会社は、議決権の過半数を保有する者と定められており、直接の親会社のみならず、祖父母会社など上に遡ることになるので、注意が必要です。それらの株主構成についての開示が要求されるので、MBOなどのファンドは注意する必要があります（**Q42**参照）。

■ 継続開示の免除

　スクイーズアウトが終了し、株主数が1名になった場合には、継続開示の免除申請ができます（**Q41**参照）。

（親会社等状況報告書の提出）
第24条の7　第24条第1項の規定により有価証券報告書を提出しなければならない会社（同項第1号又は第2号に掲げる有価証券の発行者であるものに限る。……において「提出子会社」という。）の議決権の過半数を所有している会社その他の当該有価証券報告書を提出しなければならない会社と密接な関係を有するものとして政令で定めるもの（第24条第1項（同条第5項において準用する場合を含む。第4項各号において同じ。）の規定により有価証券報告書を提出しなければならない会社（第23条の3第4項の規定により有価証券報告書を提出した会社その他内閣府令で定めるものを含む。）を除く。以下この条、……において「親会社等」という。）は、内閣府令で定めるところにより、当該親会社等の事業年度（当該親会社等が特定有価証券の発行者である場合には、内閣府令で定める期間。以下この項及び次項において同じ。）ごとに、当該親会社等の株式を所有する者に関する事項その他の公益又は投資者保護のため必要かつ適当なものとして内閣府令で定める事項を記載した報告書（以下「親会社等状況報告書」という。）を、当該事業年度経過後3月以内（当該親会社等が外国会社である場合には、公益又は投資者保護のため必要かつ適当なものとして政令で定める期間内）に、内閣総理大臣に提出しなければならない。ただし、親会社等状況報告書を提出しなくても公益又は投資者保護に欠けることがないものとして政令で定めるところにより内閣総理大臣の承認を受けたときは、この限りでない。

公開買付け・大量保有報告制度｜第4章　207

2 前項本文の規定の適用を受けない会社が親会社等に該当することとなつたときは、当該親会社等に該当することとなつた会社は、内閣府令で定めるところにより、その該当することとなつた日の属する事業年度の直前事業年度に係る親会社等状況報告書を、遅滞なく、内閣総理大臣に提出しなければならない。ただし、親会社等状況報告書を提出しなくても公益又は投資者保護に欠けることがないものとして政令で定めるところにより内閣総理大臣の承認を受けたときは、この限りでない。

3〜6 （略）

海外の株主なども対象に含めた公開買付けについて説明してください。

A 実務上は米国の公開買付規制が重要です。米国の居住者株主などを対象にしているか否か、対象にしている場合、対象者が米国で上場などをしていることにより継続開示義務を負っているか否か、継続開示義務を負っていない場合には、米国株主が10％超いるか否かにより手続が変わってきます。

■ 米国株主を含めない対応

　外国人株主の増加により、海外の株主も勧誘の対象として、公開買付けを行わなければならないケースが増加しています。自国で上場などをしていない株式の公開買付けには規制をかけていない国が多いのですが、米国は、自国の株主を含めた株主から買付けを行う公開買付けについて規制を課しています。そこで、外国で株式やその株式を預託して発行される預託証券（米国の場合にはAmerican Depositary ReceiptまたはADRと呼ばれる）を上場していない場合でも米国の規制について考慮する必要があります。

　ひとつには、**米国株主を対象にしない**方法があります。すなわち、米国の株主を対象としない旨の文言を公開買付開始公告・公開買付届出書に記載し、米国の株主の応募を認めない公開買付けです。この実務については、自己株式を対象とする発行会社自身による公開買付け（27条の22の2以下）についても同様に行われています。

　米国株主を含めなくても実務上、支障がないケースにおいては、含めない取扱いをすればよいのですが、多数の株主から買う必要がある場合には、米国株主も含めて買付けを行います。後述のとおり、米国株主の比率が低い場合には公開買付けの手続規制について一定の例外が認められています。いずれにしても、公開買付けに詳しい米国の弁護士と相談しながら進める必要があります。

　また、全部勧誘義務・全部買付義務により（**Q62**参照）、海外で発行された新株予約権付社債を対象に公開買付けをする場合、それが上場している取

公開買付け・大量保有報告制度 | 第4章　209

引所のルールや投資家が所在していそうな国のルールを確認する必要が生じます。さらに、ユーロクリアなどで決済される証券については、応募方法についても確認しておく必要があります。

■ 米国の公開買付けルール

米国のルールを概説すると、まず、米国で上場などをして、継続開示をしている会社（1934年証券取引所法に基づく登録をしている会社）か、そうでない会社かによりルールが異なります。米国で登録していない会社については、米国株主が10%以下であり、その他一定の要件を満たしている場合には、幅広い免除が認められています。この米国株主が10%超かどうかの計算は複雑ですので、専門家に確認する必要があります。

この免除が認められない場合、公開買付期間や別途買付禁止、迅速な支払い、意見表明の義務について、米国のルールが適用されます。米国では最も短い公開買付期間は20営業日であり、改正後の日本のルールと同じですが（**Q63**参照）、米国と日本とは休日が異なるので注意が必要です。また、別途買付けについても、規制対象とされている者の範囲など日本と異なる点があります。

厳しいルールが適用されない場合でも、通常は公開買付説明書などの英訳を作成し、米国の応募株主に交付できるようにしています。いずれにしても、それぞれのルールにおける英訳の要否やその範囲、米国での新聞公告の要否など具体的な手続については、米国の弁護士に相談しながら進める必要があります。

SECへの登録などは、米国で株式を登録している会社の株式を公開買付けしないのであれば不要です。

Q073

大量保有報告制度について説明してください。

A 5%ルールといわれている制度で、上場会社（プロ向け市場に上場している会社を含む）の株券等の有価証券（上場REITの投資証券も含む）を大量に保有などしている投資者側に情報提供を義務付け、他の投資者などに開示する制度です。

■ 制度の概要

大量保有報告制度とは、名義に関係なく、発行済株式の5%超の株券などを実質的に保有している者に大量保有報告書を提出させ、いったん提出した後、その大量保有報告書に記載すべき重要な事項について変更があった場合や株券等保有割合が1%以上増減した場合に変更報告書の提出を義務付ける制度です。大量保有報告制度の規定は非常に複雑であり、報告義務の有無や記載内容を決定するためには、法律だけでなく、政令や内閣府令・報告書様式の細かい規定を詳細に検討する必要があります。

■ 提出義務者・期限

大量保有報告書の提出主体を「**保有者**」といい、実質的に株式などを保有している者や引渡請求権を持っている者、議決権行使の指図ができる者、処分権を有している者などが含まれます。例えば、投資一任契約を結んでいる投資運用業者は、自ら株券などを保有していなくても、保有者に含まれます（27条の23第3項2号）。投資運用業者の顧客で、株券等を保有していても、投資権限（処分権限）も、議決権行使権限等も実質的に保有していない場合には、大量保有報告制度上、保有者ではないと取り扱われています。

現金決済型の**デリバティブ取引**については、原則として保有にはなりません。しかし、取引の相手方から株券等を取得することを目的とするもの、取引の相手方が保有する株券等に係る議決権行使に一定の影響力を及ぼすことを目的としているもの、このような地位にあることをもって発行会社に重要提案行為等を行うことを目的としているものなどについては、保有しているとみなされるとの当局見解が示されています。この点、**2024年改正**（施行

公開買付け・大量保有報告制度 第4章 211

日について**Q3**参照）施行後、株券等に係るデリバティブ取引に係る権利を有する者であって、当該デリバティブ取引の相手方から当該株券等を取得する目的その他の政令で定める目的を有する者についても、内閣府令で定める計算方法により算出された数について保有者とみなされることになります。この改正は上記の当局見解を明確化するものと思われますが、政府令の内容を確認する必要があります。

議決権の行使その他一定の事項について他の株主などと合意している保有者（27条の23第5項）は**共同保有者**として、また他の株主などと親子会社関係・親族関係などを有する保有者（同条6項）は共同保有者とみなされる者として、他の共同保有者と合算して**株券等保有割合**（**Q74**参照）が5％を超えると大量保有報告書を提出しなければなりません。自ら大量に保有していなくても、内国法人が発行する株券等については0.1％超保有していると、共同保有者とともに提出する義務があります（大量保有府令6条1号）。

原則として、提出義務が生じた日から5営業日以内（つまり通常1週間後まで）に提出しなければなりません。例外として、特例報告の制度があります（**Q78**参照）。

■ 提出先・提出方法

提出者が非居住者の場合には関東財務局長に、居住者の場合にはその所在地を管轄する財務局長または福岡財務支局長に対して提出する義務があります。提出は、開示用電子情報処理組織、つまり**EDINET**を通じて行う必要があります。事前に提出者届出を行い、ユーザID、EDINETコードを取得しておく必要があり、大量保有報告書を提出する可能性が出てきそうな場合には事前の準備をしておく必要があります。

■ 記載内容

大量保有者・共同保有者の名称、職業や事業内容、**保有目的**、株券・新株予約権などごとに、保有数、保有割合、最近60日間の取引、当該株券等に関する担保契約・貸借契約などの**重要な契約**、**取得資金の内訳**（自己資金か借入れかなど）などを記載することになります。**2024年改正**施行後、保有目的や重要な契約などの記載についての定める記載様式を含む内閣府令が改正

されることが見込まれています。

　虚偽記載や不提出は、刑事罰や課徴金の対象になります（197条の2第5号、6号、172条の7、172条の8）。

■ 2024年改正の施行時点での対応

　大量保有報告に関する2024年改正は、2024年5月22日から2年を超えない範囲内において政令で定める日に施行されます（**Q3**参照）。2024年改正には、上記のとおりデリバティブ取引に関して保有者とみなされる改正や転換型株式の株券等保有割合の計算方法（**Q74**参照）、共同保有者の範囲（**Q75**参照）についての改正が含まれています。したがって、これらの改正が施行されると株券等保有割合が増減し（2024年改正附則5条前段）、施行日から5営業日以内に大量保有報告書または変更報告書の提出が義務付けられることがある点に注意が必要です。

（大量保有報告書の提出）
第27条の23　株券、新株予約権付社債券その他の政令で定める有価証券（以下この項において「株券関連有価証券」という。）で金融商品取引所に上場されているもの（流通状況がこれに準ずるものとして政令で定める株券関連有価証券を含む。）の発行者である法人が発行者（内閣府令で定める有価証券については、内閣府令で定める者。第27条の30第2項を除き、以下この章及び第27条の30の11第5項において同じ。）である対象有価証券（当該対象有価証券に係るオプション（当該オプションの行使により当該行使をした者が当該オプションに係る対象有価証券の売買において買主としての地位を取得するものに限る。）を表示する第2条第1項第19号に掲げる有価証券その他の当該対象有価証券に係る権利を表示するものとして政令で定めるものを含む。以下この章及び第27条の30の11第5項において「株券等」という。）の保有者で当該株券等に係るその株券等保有割合が100分の5を超えるもの（以下この章において「大量保有者」という。）は、内閣府令で定めるところにより、株券等保有割合に関する事項、取得資金に関する事項、保有の目的その他の内閣府令で定める事項を記載した報告書（以下「大量保有報告書」という。）を大量保有者となつた日から5日（日曜日その他政令で定める休日の日数は、算入しない。第27条の25第1項及び第27条の26において同じ。）以内に、内閣総理大臣に提出しなければならない。ただし、第4項に規定する保有株券等の総数に増加がない場合その他の内閣府令で定める場合については、この限りでない。

2　（略）

3　第1項の保有者には、自己又は他人（仮設人を含む。）の名義をもつて株券等を所有する者（売買その他の契約に基づき株券等の引渡請求権を有する者その他これに準ず

る者として政令で定める者を含む。）のほか、次に掲げる者を含むものとする。ただ
し、第1号に掲げる者については、同号に規定する権限を有することを知つた日におい
て、当該権限を有することを知つた株券等（株券等に係る権利を表示する第2条第
1項第20号に掲げる有価証券その他の内閣府令で定める有価証券を含む。以下この項
及び次条において同じ。）に限り、保有者となつたものとみなす。

一　金銭の信託契約その他の契約又は法律の規定に基づき、株券等の発行者の株主と
しての議決権その他の権利を行使することができる権限又は当該議決権その他の権
利の行使について指図を行うことができる権限を有する者（次号に該当する者を除
く。）であつて、当該発行者の事業活動を支配する目的を有する者

二　投資一任契約その他の契約又は法律の規定に基づき、株券等に投資をするのに必
要な権限を有する者

4～6　（略）

《2024年改正》

3　第1項の保有者には、自己又は他人（仮設人を含む。）の名義をもつて株券等を所有
する者（売買その他の契約に基づき株券等の引渡請求権を有する者その他これに準ず
る者として政令で定める者を含む。）のほか、次に掲げる者を含むものとする。ただ
し、第1号に掲げる者については、同号に規定する権限を有することを知つた日におい
て、当該権限を有することを知つた株券等（株券等に係る権利を表示する第2条第
1項第20号に掲げる有価証券その他の内閣府令で定める有価証券を含む。以下この項
及び次条において同じ。）に限り、保有者となるものとみなし、第3号に掲げる者につ
いては、同号に規定するデリバティブ取引の原資産である株券等の数を算出する計算
方法として内閣府令で定める計算方法により算出された数の株券等について保有者と
なるものとみなす。

一　金銭の信託契約その他の契約又は法律の規定に基づき、株券等の発行者の株主と
しての議決権その他の権利を行使することができる権限又は当該議決権その他の権
利の行使について指図を行うことができる権限を有する者（次号に該当する者を除
く。）であつて、当該発行者の事業活動を支配する目的を有する者

二　投資一任契約その他の契約又は法律の規定に基づき、株券等に投資をするのに必
要な権限を有する者

三　株券等に係るデリバティブ取引に係る権利を有する者（前2号に該当する者を除
く。）であつて、当該デリバティブ取引の相手方から当該株券等を取得する目的そ
の他の政令で定める目的を有する者

Q074 株券等保有割合について説明してください。

A 株券等保有割合とは、大量保有報告制度上、重要な保有割合の概念であり、公開買付制度の株券等所有割合との相違点は多くあります。

■ 株券等保有割合の意義

株券等保有割合は、大量保有報告書の提出義務の有無を左右する5%超の保有割合か否かの判断、変更報告書の提出義務の有無を判断する1%以上の判断、特例報告の適用を受けられなくなる10%超の判断などで使われる重要な概念です。

公開買付制度における株券等所有割合は、議決権ベースとなっています（**Q56**参照）が、大量保有報告制度の株券等保有割合は、議決権で換算することが徹底されておらず、自己株式など議決権がないものも割合の計算上分母に含まれます。他方、自己株式は分子から除外されますが（27条の23第4項）、子会社が保有する親会社株式、相互保有株式は除外されていません。

「保有」には、まだ所有していなくても、引渡請求権を持っている場合、投資一任契約などに基づき、投資するのに必要な権限を有する場合も含まれます（27条の23第4項、同条第3項）（**Q73**参照）。

■ 株券等保有割合の計算

具体的には、次のとおり計算します。「自己保有分の株式数＋潜在株式数（信用取引により譲渡した株券等の数を控除）」に「共同保有者分の株式数＋潜在株式数」を加えた数（保有者および共同保有者の間で引渡請求権その他の政令で定める権利が存在するものを除く）を、「発行済株式総数」と「自己及び共同保有者の保有分の潜在株式数」の合計の数で除して求めます。

このとおり、議決権ベースではなく、発行済株式数ベースで計算します。ここで、潜在株式数とは、新株予約権証券等について、その権利の行使によって取得できる株式の数をいいます。発行後に行使価額の調整や修正が行われると、この数は変化します。

また、議決権付株式に転換できる株式（取得請求権付株式や取得条項付株式）は、議決権付株式として扱われますが、転換後の株数ではなく、転換前の株数で計算することになっています。もっとも、この点は**2024年改正**（施行日について**Q3**参照）施行後、転換後の株式数の方が多い場合には多い株式数を算入することになると見込まれています。

　共同保有者間で、貸株を行っているような場合、現在は二重計上しない方式になっています。

（大量保有報告書の提出）
第27条の23　（略）
2〜3　（略）
4　第1項の「株券等保有割合」とは、株券等の保有者（同項に規定する保有者をいう。以下この章において同じ。）の保有（前項各号に規定する権限を有する場合を含む。以下この章において同じ。）に係る当該株券等（自己株式（……）その他当該株券等の保有の態様その他の事情を勘案して内閣府令で定めるものを除く。以下この項において同じ。）の数（株券については株式の数を、その他のものについては内閣府令で定める数をいう。以下この章において同じ。）の合計から当該株券等の発行者が発行する株券等のうち、第161条の2第1項に規定する信用取引その他内閣府令で定める取引の方法により譲渡したことにより、引渡義務（共同保有者に対して負うものを除く。）を有するものの数を控除した数（以下この章において「保有株券等の数」という。）に当該発行者が発行する株券等に係る共同保有者の保有株券等（保有者及び共同保有者の間で引渡請求権その他の政令で定める権利が存在するものを除く。）の数を加算した数（以下この章において「保有株券等の総数」という。）を、当該発行者の発行済株式の総数又はこれに準ずるものとして内閣府令で定める数に当該保有者及び共同保有者の保有する当該株券等（株券その他の内閣府令で定める有価証券を除く。）の数を加算した数で除して得た割合をいう。
5〜6　（略）

《2024年改正》
4　第1項の「株券等保有割合」とは、株券等の保有者（同項に規定する保有者をいう。以下この章において同じ。）の保有（前項第1号若しくは第2号に規定する権限又は同項第3号に規定する権利を有する場合を含む。以下この章において同じ。）に係る当該株券等（自己株式（……）その他当該株券等の保有の態様その他の事情を勘案して内閣府令で定めるものを除く。以下この項において同じ。）の数（株券については内閣府令で定めるところにより計算した株式の数を、その他のものについては内閣府令で定める数をいう。以下この章において同じ。）の合計から当該株券等の発行者が発行する株券等のうち、第161条の2第1項に規定する信用取引その他内閣府令で定める取引の方法により譲渡したことにより、引渡義務（共同保有者に対して負うものを除

く。）を有するものの数を控除した数（以下この項及び第6項において「保有株券等の数」という。）に当該発行者が発行する株券等に係る共同保有者の保有株券等の数（保有者及び共同保有者の間で引渡請求権その他の政令で定める権利が存在する株券等の数を除く。）を加算した数（第27条の25第1項において「保有株券等の総数」という。）を、当該発行者の発行済株式の総数又はこれに準ずるものとして内閣府令で定める数に当該保有者及び共同保有者の保有する当該株券等（株券その他の内閣府令で定める有価証券を除く。）の数を加算した数で除して得た割合をいう。

Q075

共同保有者について、公開買付規制における特別関係者と対比して説明してください。

A 共同保有者の保有分は株券等保有割合の計算上、合算されることから重要な概念です。実質的共同保有者とみなし共同保有者とがあります。公開買付制度における特別関係者とは異なる概念です。

■ 共同保有者概念の重要性

大量保有報告制度上、開示しなければならないのは、自らが5％超保有している場合に限らず、共同保有者と合算して5％超となる場合も含まれます。したがって、どのような場合に共同保有者になるかについて、熟知しておく必要があります。株主間で議決権行使や処分等について合意をすることがよくありますが、一定の合意をすると共同保有者になり、開示しなければならない可能性があるので、注意が必要です。

■ 共同保有者の定義

共同保有者には、実質的な共同保有者（第27条の23第5項）とみなし共同保有者（第27条の23第6項、施行令第14条の7）とがあります。**実質的な共同保有者**とは、共同して株券等を取得し、譲渡し、または議決権その他の権利を行使することを合意している者を指します。この点、**2024年改正施行**後、合意する当事者がそれぞれ金融商品取引業者、銀行その他の内閣府令で定める者であり、合意の目的に重要提案行為等を行うことが含まれておらず、政令で定める個別の権利の行使ごとの議決権その他の権利を行使することの合意である場合であれば、共同保有者からは除外されることになります。

みなし共同保有者とは、次の関係にある者を指します。①夫婦の関係、②支配株主等（50％超の議決権を有している者）と被支配会社の関係、③支配株主等を同じくする被支配会社同士の関係、④財務諸表等規則第8条第3項に規定する子会社（組合に限る）と親会社の関係、⑤その他施行令第14条の7に定める関係。ただし、内国法人の発行する株券等については、単体株券等保有割合が1,000分の1となる株券等の数以下である場合等には、みなし共

同保有者から除外されます（大量保有府令第6条1号）。**2024年改正**（施行日について**Q3**参照）の施行後、上記①は削除され、独立した議決権行使基準や投資判断を行う体制を有している資産運用会社とその持株会社のような場合には当局の承認を得て、みなし共同保有者から外すことが可能になることが見込まれています。

■ 公開買付制度の特別関係者との異同

公開買付制度の**特別関係者**も合算するという意味で共同保有者と同じような機能を持っていますが、その範囲は異なります。買収防衛策などでは、この両方の概念を合わせて、割合の基準を定めているケースが多いのですが、計算してみると異なることが多いので注意が必要です。特別関係者（27条の2第7項、施行令9条）には、形式基準の特別関係者と実質基準の特別関係者とがあります。**形式基準の特別関係者**は、買付者が個人の場合（施行令9条1項）と買付者が法人の場合（施行令9条2項）とが分けて規定されており、法人が買付者の場合、買付者の役員、買付者が20％以上の議決権を有している法人等とその役員、買付者の議決権の20％以上を保有している法人等とその役員が該当します。みなし共同保有者が50％超を基準としているのに対し、特別関係者は20％以上を基準にしています。また、**実質基準の特別関係者**は、株券等の買付け等を行う者との間で、①共同して当該株券等を取得し、もしくは譲渡し、もしくは当該株券等の発行者の株主としての議決権その他の権利を行使すること、または②当該株券等の買付け等の後に相互に当該株券等を譲渡し、もしくは譲り受けることを合意している者が該当します。②は実質的な共同保有者の定義には含まれていません。なお、**2024年改正**後、一定の資本関係があることにより形式的特別関係者に該当する場合であっても、関東財務局との協議により規制の対象から外すことができることが見込まれています。

（大量保有報告書の提出）
第27条の23　（略）
2～4　（略）
5　前項の「共同保有者」とは、株券等の保有者が、当該株券等の発行者が発行する株

券等の他の保有者と共同して当該株券等を取得し、若しくは譲渡し、又は当該発行者
の株主としての議決権その他の権利を行使することを合意している場合における当該
他の保有者をいう。

6　　株券等の保有者と当該株券等の発行者が発行する株券等の他の保有者が、株式の所
有関係、親族関係その他の政令で定める特別の関係にある場合においては、当該他の
保有者を当該保有者に係る第4項の共同保有者とみなす。ただし、当該保有者又は他
の保有者のいずれかの保有株券等の数が内閣府令で定める数以下である場合において
は、この限りでない。

《2024年改正》

5　　前項の「共同保有者」とは、株券等の保有者が、当該株券等の発行者が発行する株
券等の他の保有者と共同して当該株券等を取得し、若しくは譲渡し、又は当該発行者
の株主としての議決権その他の権利を行使することを合意している場合（次に掲げる
要件の全てに該当する場合を除く。）における当該他の保有者をいう。
　　一　　当該保有者及び他の保有者が金融商品取引業者（第28条第1項に規定する第一種
　　　金融商品取引業を行う者又は同条第4項に規定する投資運用業を行う者に限る。）、
　　　銀行その他の内閣府令で定める者であること。
　　二　　共同して第27条の26第1項に規定する重要提案行為等を行うことを合意の目的
　　　としないこと。
　　三　　共同して当該発行者の株主としての議決権その他の権利を行使することの合意
　　　（個別の権利の行使ごとの合意として政令で定めるものに限る。）であること。

6　　株券等の保有者と当該株券等の発行者が発行する株券等の他の保有者が、株式の所
有関係その他の政令で定める特別の関係にある場合においては、当該他の保有者を当
該保有者に係る第四項の共同保有者とみなす。ただし、当該保有者又は他の保有者の
いずれかの保有株券等の数が内閣府令で定める数以下である場合においては、この限
りでない。

《現行法》

（発行者以外の者による株券等の公開買付け）

第27条の2　（略）

2～6　（略）

7　　第1項の「特別関係者」とは、次に掲げる者をいう。
　　一　　株券等の買付け等を行う者と、株式の所有関係、親族関係その他の政令で定める
　　　特別の関係にある者
　　二　　株券等の買付け等を行う者との間で、共同して当該株券等を取得し、若しくは譲
　　　渡し、若しくは当該株券等の発行者の株主としての議決権その他の権利を行使する
　　　こと又は当該株券等の買付け等の後に相互に当該株券等を譲渡し、若しくは譲り受
　　　けることを合意している者

8　　（略）

《2024年改正》
7　第1項の「特別関係者」とは、次に掲げる者をいう。
　一　株券等の買付け等を行う者と、株式の所有関係その他の政令で定める特別の関係
　　にある者
　二　株券等の買付け等を行う者との間で、共同して当該株券等を取得し、若しくは譲
　　渡し、若しくは当該株券等の発行者の株主としての議決権その他の権利を行使する
　　こと又は当該株券等の買付け等の後に相互に当該株券等を譲渡し、若しくは譲り受
　　けることを合意している者

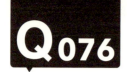

Q076 変更報告書はどのような場合に提出しなければなりませんか。

A 株券等保有割合が1%以上増減した場合や大量保有報告書に記載すべき重要な事項に変更があった場合に提出します。記載事項に誤りがあった場合の訂正報告書とは違います。

■ 1%以上の増減について

　通常の**大量保有報告**と**特例報告**（**Q78**参照）とでは、変更報告書の提出のタイミングに違いがあります。ここでは、通常の大量保有報告について、説明します。大量保有報告書または変更報告書を提出している者の株券等保有割合が1%以上増減した場合、その日から、原則として、5営業日以内（通常1週間後の応答日まで）に変更報告書を提出しなければなりません。ただし、発行済株式総数が新規発行により増加し、計算の分母のみが増加し、保有割合が減少した場合（27条の25第1項本文括弧書）や新株予約権付社債の転換条件が調整条項により調整されたことにより株券等保有割合が変更した場合など一定の場合には提出しなくてもよいことになっています（27条の25第1項ただし書、大量保有府令9条）。

■ 記載すべき重要な事項の変更

　保有株式を**担保**に入れたり、その株式について**貸株契約**を締結した場合、処分制限（**ロックアップ**）や買増制限（**スタンドスティル**）の合意をした場合は、原則として、**重要な契約**として開示しなければなりません。対象とする株数が非常に少ない場合には重要性に欠けることから記載する必要がありません。合意から5営業日より後の日を引渡日とする売却契約、公開買付けの応募契約も重要な契約として、記載する義務があります。売却する場合には必ず声を掛ける旨のいわゆるファースト・オファー（**ファースト・リフューザル**）の合意についても、実務上、重要な契約として開示している例が多く見られます。

　また、新たに共同保有者が追加されたり、共同保有者がなくなった場合に

も原則として開示が必要となります。

かかる約束をした場合の大量保有報告書での開示については、注意が必要です。

■ 訂正報告書

変更報告書は、いったん提出した大量保有報告書または変更報告書に記載した事実が後日変わったことにより提出が求められる書類です。これとは別に、既に提出した報告書に誤りがあったことが分かった場合には**訂正報告書**を提出することになります。大量保有報告の制度は複雑で難解なことから、間違える場合もあります。間違ったことが判明した場合には、必要に応じて管轄財務局に連絡して、躊躇せずに、速やかに訂正報告書を提出する必要があります。

（大量保有報告書に係る変更報告書の提出）

第27条の25　大量保有報告書を提出すべき者は、大量保有者となつた日の後に、株券等保有割合（第27条の23第四項に規定する株券等保有割合をいう。以下この章において同じ。）が100分の1以上増加し又は減少した場合（保有株券等の総数の増加又は減少を伴わない場合を除く。以下この章において同じ。）その他の大量保有報告書に記載すべき重要な事項の変更として政令で定めるものがあつた場合は、内閣府令で定めるところにより、その日から5日以内に、当該変更に係る事項に関する報告書（以下「変更報告書」という。）を内閣総理大臣に提出しなければならない。ただし、株券等保有割合が100分の5以下であることが記載された変更報告書を既に提出している場合その他の内閣府令で定める場合については、この限りでない。

2〜3　（略）

公開買付け・大量保有報告制度｜第4章　223

Q077

短期大量譲渡の特則について説明してください。

A 短期間に大量に株券等を譲渡した場合には、譲渡先の名前などを開示しなければならないことがあります。

■ 短期大量譲渡の実務上のインパクト

後述する**短期大量譲渡**の要件に該当すると1%以上を売却した相手については、2号様式により**譲渡の相手方の名前**や譲渡の相手方ごとの価格を開示しなければなりません。立会市場で売却したことにより相手方が分からない場合にはその旨記載すれば足りますが、相対取引や立会外取引で売却し、相手方が判明している場合には開示しなければなりません。

証券会社などが特定の取引を行うことにより、短期大量譲渡に該当することになった場合、特例報告制度が利用できるときを除き、当該取引とは無関係のブロックトレードの相手方について60日遡って開示しなければならなくなります。将来、短期大量譲渡に該当する可能性のある銘柄については、あらかじめ譲渡の相手方に将来その名称や価格について開示する可能性がある旨の告知を実務上行っておくなど、不意打ちにならないような措置を講じておく必要があります。

■ 短期大量譲渡の要件

変更報告書に記載すべき変更後の株券等保有割合が当該譲渡の日の前60日間（営業日ではなく、暦日ベース）における最高の割合の50%未満となり、かつ5%を超えて減少した場合、2号様式により相手方の名前などの開示が必要になります。例えば、12%保有していた者が4%を相対でA氏に売却し、その40日後にさらに3%を相対でB氏に売却し、合計60日以内に7%売却したとします。A氏やB氏は、他に当該銘柄の株券等を保有しておらず、共同保有者もいない場合、それぞれの買い主は大量保有報告書を提出する必要がないにもかかわらず、売却した者の変更報告書でA氏およびB氏が買ったこと、その価格が開示されることになります。当該保有者とその共同保有者から譲渡を受けた株数の比率が1%未満の場合には、その譲り受けた者の

224

名前を記載する必要はありません（施行令14条の8第2項）。なお、その間に売却ではなく、買付けをした場合、その買付けの相手方の名前などを記載する必要はありません。

　61日間に新株発行等があり、分母が増えて、株券等保有割合は大きく減少したが、譲渡による株券等保有割合の減少が2分の1以下である場合や5％以下である場合には短期大量譲渡にはなりません（施行令14条の8第1項ただし書）。

（大量保有報告書に係る変更報告書の提出）
第27条の25　（略）
2　　株券等保有割合が減少したことにより変更報告書を提出する者は、短期間に大量の株券等を譲渡したものとして政令で定める基準に該当する場合においては、内閣府令で定めるところにより、譲渡の相手方及び対価に関する事項（譲渡を受けた株券等が僅少である者として政令で定める者については、対価に関する事項に限る。）についても当該変更報告書に記載しなければならない。
3　　（略）

公開買付け・大量保有報告制度｜第4章　225

Q078

特例報告制度について説明してください。

A 第一種金融商品取引業者、銀行、投資運用業者などの一定の機関投資家は、日常的に大量の株券等の売買を行っており、事務負担の軽減により、特例報告制度が認められています。基準日の届出を行うと、原則として、基準日から5営業日以内に提出すれば足り、最近60日間の取引状況の記載が不要になるなど通常方式の大量保有報告より緩和された報告制度です。

■ 基準日

　第一種金融商品取引業者、銀行、投資運用業者などの一定の機関投資家は、日常的に大量の株券等の売買を行っており、事務負担の軽減により、**特例報告制度**が認められており、原則として、基準日から5営業日以内に報告書を提出すれば足ります。**基準日**は、毎月①15日・末日または②第2・第4月曜日（第5月曜日がある場合は第5月曜日も）のいずれかを選択することになります。そして、この原則として月に2回の基準日において、1％以上の増減があったなどの場合、その5営業日以内に提出しなければなりません。

■ 特例報告制度が認められる機関

　この制度を利用できるのは、第一種金融商品取引業者、銀行その他の内閣府令で定める者で、かつ基準日を届け出た者に限られています。内閣府令では、第一種金融商品取引業者、銀行、信託会社、保険会社、投資運用業者、農林中金、商工中金、ならびに外国の法令に準拠して外国においてこれらの業務を営む者などが、基準日の届出ができる旨定められています（大量保有府令11条）。投資運用業については、規制が緩やかな国もあり、そのような国において、投資運用業を行っている者も基準日の届出をすることができます。これらの機関投資家についても、特例報告を利用するには、株券等保有割合が**10％以下**である必要があります。

　特例報告制度が認められる場合、基準日において、株券等保有割合が5％を超えて、大量保有報告書提出事由が生じたときや前回提出した大量保有報

告書・変更報告書に記載された株券等保有割合が1％以上増減した場合その他変更報告書提出事由があるときは、その5営業日以内に報告書を提出しなければなりません。また、10％を超えて、特例制度を利用できなかった株券などについて10％を下回った場合にも、その5営業日以内に提出しなければなりません。これらの**共同保有者**も基準日の届出をしておけば保有割合が1％以下である限り、特例を利用できます。

これらの機関投資家に加えて、国、地方公共団体その他内閣府令で定める者およびこれらを共同保有者とするものも特例報告を利用することができます。国などの場合にも基準日届出は必要ですが、10％の上限や以下で説明する重要提案行為等による制約は受けません。

■ 利用できない場合——重要提案行為等

発行会社の事業活動に重大な変更を加え、または重大な影響を及ぼす行為として政令で定めるもの（以下「**重要提案行為等**」）を行うことを保有目的とする場合にも機関投資家は特例を利用することができません。重要提案行為等とは、具体的には発行者またはその子会社に係る次の①〜⑮に掲げる事項をその株主総会（もしくは投資主総会）または役員に対して提案する行為をいいます（施行令14条の8の2第1項、大量保有府令16条）。

①重要な財産の処分または譲受け、②多額の借財、③代表取締役の選定または解職、④役員の構成の重要な変更（役員の数または任期に係る重要な変更を含む）、⑤支配人その他の重要な使用人の選任または解任、⑥支店その他の重要な組織の設置、変更または廃止、⑦株式交換、株式移転、株式交付、会社の分割または合併、⑧事業の全部または一部の譲渡、譲受け、休止または廃止、⑨配当に関する方針の重要な変更、⑩資本金の増加または減少に関する方針の重要な変更、⑪その発行する有価証券の取引所金融商品市場における上場の廃止、⑫その発行する有価証券の取引所金融商品市場への上場、⑬資本政策に関する重要な変更（上記⑩を除く）、⑭解散（合併による解散を除く）、⑮破産手続開始、再生手続開始または更生手続開始の申立て

ここで「役員」とは、業務を執行する社員、取締役、執行役、会計参与、監査役またはこれらに準ずる者をいい、相談役、顧問その他いかなる名称を有する者であるかを問わず、法人に対し業務を執行する社員、取締役、執行

公開買付け・大量保有報告制度 | 第4章 227

役、会計参与、監査役またはこれらに準ずる者と同等以上の支配力を有する
ものと認められる者を含みます。

　提案する行為のうち軽微なものとして内閣府令で定める基準に該当するも
のは除かれることになっていますが、現在、この軽微基準は定められていま
せん。

　上記の列挙事由について機関投資家が質問や協議をするだけでは、通常、
提案には該当せず、特例報告を利用し続けることができます。しかし、実務
上、基準が明確ではないことから、かかる協議については慎重にならざるを
えないともいわれています。他方、機関投資家と投資先の上場会社との対話
は重要であり、これを過度に萎縮させることは適切ではないといわれてきま
した。そこで、**2024年改正**（施行日について**Q3参照**）施行後、この点明確
になるような対応がとられることが見込まれています。

（特例対象株券等の大量保有者による報告の特例）
第27条の26　金融商品取引業者（第28条第1項に規定する第一種金融商品取引業を行
　う者又は同条第4項に規定する投資運用業を行う者に限る。以下この条において同
　じ。）、銀行その他の内閣府令で定める者（第3項に規定する基準日を内閣総理大臣に
　届け出た者に限る。）が保有する株券等で当該株券等の発行者の事業活動に重大な変
　更を加え、又は重大な影響を及ぼす行為として政令で定めるもの（第4項及び第5項
　において「重要提案行為等」という。）を行うことを保有の目的としないもの（株券等
　保有割合が内閣府令で定める数を超えた場合及び保有の態様その他の事情を勘案して
　内閣府令で定める場合を除く。）又は国、地方公共団体その他の内閣府令で定める者
　（第3項に規定する基準日を内閣総理大臣に届け出た者に限る。）が保有する株券等
　（以下この条において「特例対象株券等」という。）に係る大量保有報告書は、第27条
　の23第1項本文の規定にかかわらず、株券等保有割合が初めて100分の5を超える
　こととなつた基準日における当該株券等の保有状況に関する事項で内閣府令で定めるも
　のを記載したものを、内閣府令で定めるところにより、当該基準日から5日以内に、
　内閣総理大臣に提出しなければならない。
2～6　（略）

228

第 **5** 章

金融商品取引業の内容

Q79～Q101

Q079

金融商品取引業とは何ですか。

A 金融商品取引業は、有価証券やデリバティブ取引に関する一定の業務であり、金融商品取引法に基づく業者としての登録等が必要となります。

■ 金融商品取引業の全体像

金融商品取引業とは、以下の業務をいいます（①〜⑱は、2条8項各号の号数を指します）。

①（イ） 有価証券の売買、（ロ） 国内・外国市場デリバティブ取引

②①の媒介・取次ぎ・代理

③（イ） 取引所金融商品市場・外国金融商品市場における有価証券の売買の委託の媒介・取次ぎ・代理、（ロ） 取引所金融商品市場・外国金融商品市場における国内・外国市場デリバティブ取引の委託の媒介・取次ぎ・代理

④（イ） 店頭デリバティブ取引、（ロ） 店頭デリバティブ取引の媒介・取次ぎ・代理

⑤有価証券等清算取次ぎ

⑥有価証券の引受け

⑦一定の有価証券の募集または私募（自己募集）

⑧有価証券の売出し

⑨有価証券の募集・売出し・私募の取扱い

⑩PTS（私設取引システム）

⑪投資助言

⑫⑭⑮資産運用

⑬投資助言・資産運用に係る契約締結の代理・媒介

⑯①〜⑩に掲げる行為に関して、金銭・証券・証書・電子記録移転権利の預託を受けること（保護預り）

⑰社債等の振替

⑱その他これらに類するものとして政令で定める行為

証券会社による有価証券の取引に関するサービスのみならず、デリバティブ取引に関するサービス、投資に関するアドバイス、また、有価証券やデリバティブ取引への運用行為、ファンド業務、これらに関して金銭等の預託を受ける行為などが幅広く含まれています。

■ 金融商品取引業の区分

金融商品取引業は、**第一種金融商品取引業、第二種金融商品取引業、投資助言・代理業、投資運用業**の4つに分けられています（28条）（Q83〜Q86参照）。金融商品取引法は、基本的にこの4つの区分ごとに異なる登録の要件等を設けており、それぞれの業にふさわしい規制が行われます。

■ 「業」について

金商業となるのは上記行為を「**業**」として行う場合に限られます。「**業**」は、対公衆性と反復継続性のある行為と解されています。

例えば、証券会社に委託して毎日株式の売買を行っている個人は、公衆を相手に行っていないので、対公衆性を欠き、金融商品取引「業」を行っていないと考えます。もっとも、それぞれの金融商品取引業のカテゴリーによってはこの公衆性を理由に業ではないとはいい切れない場合もあります。例えば、1人の投資家に継続的に投資助言を行う場合や投資運用を行う場合、登録が必要だと扱われています。金融商品取引業として列挙されている行為については次の条文を参照してください。

（定 義）
第2条 （略）
2〜7 （略）
8 この法律において「金融商品取引業」とは、次に掲げる行為（その内容等を勘案し、投資者の保護のため支障を生ずることがないと認められるものとして政令で定めるもの及び銀行、優先出資法第2条第1項に規定する協同組織金融機関（以下「協同組織金融機関」という。）その他政令で定める金融機関が行う第12号、第14号、第15号又は第28条第8項各号に掲げるものを除く。）のいずれかを業として行うことをいう。
　一　有価証券の売買（……）、市場デリバティブ取引（……）を除く。）又は外国市場デリバティブ取引（……）
　二　有価証券の売買、市場デリバティブ取引又は外国市場デリバティブ取引の媒介、

取次ぎ（有価証券等清算取次ぎを除く。）又は代理（……）

三　次に掲げる取引の委託の媒介、取次ぎ又は代理

　イ　取引所金融商品市場における有価証券の売買又は市場デリバティブ取引

　ロ　外国金融商品市場（……）における有価証券の売買又は外国市場デリバティブ取引

四　店頭デリバティブ取引又はその媒介、取次ぎ（有価証券等清算取次ぎを除く。）若しくは代理（以下「店頭デリバティブ取引等」という。）

五　有価証券等清算取次ぎ

六　有価証券の引受け（有価証券の募集若しくは売出し又は私募若しくは特定投資家向け売付け勧誘等に際し、第6項各号に掲げるもののいずれかを行うことをいう。）

七　有価証券（次に掲げるものに限る。）の募集又は私募

　イ　第1項第10号に規定する投資信託の受益証券のうち、投資信託及び投資法人に関する法律第2条第1項に規定する委託者指図型投資信託の受益権に係るもの

　ロ　第1項第10号に規定する外国投資信託の受益証券

　ハ　第1項第16号に掲げる有価証券

　ニ　第1項第17号に掲げる有価証券のうち、同項第16号に掲げる有価証券の性質を有するもの

　ホ　イ若しくはロに掲げる有価証券に表示されるべき権利又はハ若しくはニに掲げる有価証券のうち内閣府令で定めるものに表示されるべき権利であつて、第2項の規定により有価証券とみなされるもの

　ヘ　第2項の規定により有価証券とみなされる同項第5号又は第6号に掲げる権利

　ト　イからヘまでに掲げるもののほか、政令で定める有価証券

八　有価証券の売出し又は特定投資家向け売付け勧誘等

九　有価証券の募集若しくは売出しの取扱い又は私募若しくは特定投資家向け売付け勧誘等の取扱い

十　有価証券の売買又はその媒介、取次ぎ若しくは代理であつて、電子情報処理組織を使用して、同時に多数の者を一方の当事者又は各当事者として次に掲げる売買価格の決定方法又はこれに類似する方法により行うもの（……）

　イ　競売買の方法（有価証券の売買高が政令で定める基準を超えない場合に限る。）

　ロ　金融商品取引所に上場されている有価証券について、当該金融商品取引所が開設する取引所金融商品市場における当該有価証券の売買価格を用いる方法

　ハ　第67条の10第1項の規定により登録を受けた有価証券（以下「店頭売買有価証券」という。）について、当該登録を行う認可金融商品取引業協会が公表する当該有価証券の売買価格を用いる方法

　ニ　顧客の間の交渉に基づく価格を用いる方法

　ホ　イからニまでに掲げるもののほか、内閣府令で定める方法

十一　当事者の一方が相手方に対して次に掲げるものに関し、口頭、文書（新聞、雑誌、書籍その他不特定多数の者に販売することを目的として発行されるもので、不特定多数の者により随時に購入可能なものを除く。）その他の方法により助言を行うことを約し、相手方がそれに対し報酬を支払うことを約する契約（以下「投資顧問契約」という。）を締結し、当該投資顧問契約に基づき、助言を行うこと。

イ　有価証券の価値等（有価証券の価値、有価証券関連オプション（……）の対価の額又は有価証券指標（有価証券の価格若しくは利率その他これに準ずるものとして内閣府令で定めるもの又はこれらに基づいて算出した数値をいう。）の動向をいう。）

ロ　金融商品の価値等（金融商品（……）の価値、オプションの対価の額又は金融指標（……）の動向をいう。以下同じ。）の分析に基づく投資判断（投資の対象となる有価証券の種類、銘柄、数及び価格並びに売買の別、方法及び時期についての判断又は行うべきデリバティブ取引の内容及び時期についての判断をいう。以下同じ。）

十二　次に掲げる契約を締結し、当該契約に基づき、金融商品の価値等の分析に基づく投資判断に基づいて有価証券又はデリバティブ取引に係る権利に対する投資として、金銭その他の財産の運用（その指図を含む。以下同じ。）を行うこと。

イ　投資信託及び投資法人に関する法律第2条第13項に規定する登録投資法人と締結する同法第188条第1項第4号に規定する資産の運用に係る委託契約

ロ　イに掲げるもののほか、当事者の一方が、相手方から、金融商品の価値等の分析に基づく投資判断の全部又は一部を一任されるとともに、当該投資判断に基づき当該相手方のため投資を行うのに必要な権限を委任されることを内容とする契約（以下「投資一任契約」という。）

十三　投資顧問契約又は投資一任契約の締結の代理又は媒介

十四　金融商品の価値等の分析に基づく投資判断に基づいて有価証券又はデリバティブ取引に係る権利に対する投資として、第1項第10号に掲げる有価証券に表示される権利その他の政令で定める権利を有する者から拠出を受けた金銭その他の財産の運用を行うこと（第12号に掲げる行為に該当するものを除く。）。

十五　金融商品の価値等の分析に基づく投資判断に基づいて主として有価証券又はデリバティブ取引に係る権利に対する投資として、次に掲げる権利その他政令で定める権利を有する者から出資又は拠出を受けた金銭その他の財産の運用を行うこと（第12号及び前号に掲げる行為に該当するものを除く。）。

イ　第1項第14号に掲げる有価証券又は同項第17号に掲げる有価証券（同項第14号に掲げる有価証券の性質を有するものに限る。）に表示される権利

ロ　第2項第1号又は第2号に掲げる権利

ハ　第2項第5号又は第6号に掲げる権利

十六　その行う第1号から第10号までに掲げる行為に関し、顧客から金銭、第1項各号に掲げる証券若しくは証書又は電子記録移転権利の預託を受けること（……）。

十七　社債、株式等の振替に関する法律（……）第2条第1項に規定する社債等の振替を行うために口座の開設を受けて社債等の振替を行うこと。

十八　前各号に掲げる行為に類するものとして政令で定める行為

9〜42　（略）

金融商品取引業の内容 | 第5章　233

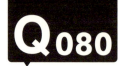

金融商品取引業の定義に列挙されている行為を行う場合、必ず登録をしなければなりませんか。

A 政令や内閣府令で除外されている行為であれば、登録は必要なく、また除外されていない行為であっても、業として行わなければ登録は不要です。

■ 除外行為

　2条8項に掲げる行為を業として行う場合には、原則として、あらかじめ登録しなければなりません（28条）。しかし、これについては、幅広い**適用除外事由**が定められています（施行令1条の8の6、定義府令15条、16条）。かかる除外規定に該当する行為については、業として行っても、登録は不要となります。また登録している金融商品取引業者がかかる行為を行う場合、原則として、各種行為規制は適用されませんが、規制趣旨に鑑みて適用されるものもあります。また、51条のような一般的規定は適用されます。第一種金融商品取引業者や投資運用業者の兼業規制との関係では、基本的に、**付随業務**と位置付けられます。

　適用除外行為には以下のようなものがあります。

①国や地方公共団体などが行う行為（施行令1条の8の6第1項1号）
②有価証券関連店頭デリバティブ取引および暗号等資産関連店頭デリバティブ取引を除いた店頭デリバティブ取引であって、専門的な知識などがある一定の者を相手方とする取引またはそのような者のために行う媒介・取次ぎ・代理（同項2号、定義府令15条、同条に関連する告示）
③自己運用のうち、商品投資受益権を有する者からの出資を受けた金銭等の全部を充てて行う一定のもの（施行令1条の8の6第1項3号）
④勧誘をすることなく、金融商品取引業者等の代理・媒介により行う信託受益権の一定の販売（定義府令16条1項1号）
⑤投資運用業者が関係外国運用会社の委託を受けて行う取引所取引の委託の媒介など（同項2号）
⑥一定の外国業者が勧誘せずに商品投資顧問業者等から注文を受けて外国

から行う商品関連市場デリバティブ取引の委託の媒介、取次ぎまたは代理

⑦商社などが行う一定の店頭為替先物取引・オプション取引（同項3号）

⑧有価証券報告書提出会社が子会社と行う一定の店頭為替先物取引・オプション取引または子会社のために行うその媒介・取次ぎ・代理（同項4号）

⑨一定の外国業者が金融機関等との間で外国から行う暗号等資産関連店頭デリバティブ取引等またはその媒介・取次ぎ・代理（同項4号の2）

⑩一定の引受行為（同項5号〜7号の2）

⑪一定の投資一任契約に基づく運用行為（同項8号、9号）

⑫一定の外国業者が行う外国投資信託の運用行為（同項第9号の2）

⑬他の運用業者に全部委託して行う一定の運用行為（同項10号）

⑭一定の二層構造不動産ファンドの運用行為（同項11号）

⑮一定の競走用馬ファンドの運用行為（同項12号）

⑯主として非居住者を相手とする外国集団投資スキームの自己運用（同項13号）

⑰一定の有価証券等管理行為（同項14号〜16号）

⑱海外における業務継続が困難となった外国業者の行為（同項第17号）

■ その他の登録が必要とならない理由

かかる適用除外行為に該当しなかったとしても、「業」として行わなければ、登録は必要ありません（**Q79**参照）。さらに、業として行っていたとしても、各種特例の適用があり（適格機関投資家等特例業務など。**Q111**参照）、その他に登録が必要とならない理由があれば、登録は必要ありません。

（定 義）
第2条 （略）
1〜7 （略）
8　この法律において「金融商品取引業」とは、次に掲げる行為（その内容等を勘案し、投資者の保護のため支障を生ずることがないと認められるものとして政令で定めるもの及び銀行、優先出資法第2条第1項に規定する協同組織金融機関（以下「協同組織金融機関」という。）その他政令で定める金融機関が行う第12号、第14号、第15号又は第28条第8項各号に掲げるものを除く。）のいずれかを業として行うことをいう。
　　一〜十八 （略）
9〜42 （略）

金融商品取引業の内容 | 第5章 | 235

Q081

金融商品仲介業とは何ですか。

A 第一種金融商品取引業者、投資運用業者または登録金融機関の委託を受けて、これらのために①有価証券の売買の媒介、②有価証券の市場売買・市場デリバティブ取引の委託の媒介、③有価証券の募集・売出し・私募もしくは特定投資家向け売付け勧誘等の取扱い、④投資顧問契約・投資一任契約の締結の媒介を行う業務をいいます。

■ 金融商品仲介業の範囲

金融商品仲介業（2条11項）は、金融商品取引業に含まれる行為であり、本来、金融商品取引業者としての登録を行わなければできない業務です（29条）。しかしながら、金融商品仲介業者として登録をすれば、例外的に金融商品取引業者として登録することなく、かかる業務を行うことができます（66条）。

■ 登録要件の緩和

仲介業務であっても、投資者と直接コンタクトすることから、投資者保護を図る目的上、一定の規制は必要です。しかし、金融商品取引業者・登録金融機関などの**所属金融商品取引業者等**と投資者との間に立ってその間の法律行為の成立に尽力したり、金融商品取引業者などのために募集などの取扱いをするなど、事実行為のみを行うことから、委託をする金融商品取引業者に一定の責任を負わせることにより、一般の金融商品取引業よりは参入を容易にしてもよいと考えられています。そこで、法人に限らず、個人でも仲介業者になることができ、登録するための要件も金融商品取引業者に比べると緩和されています（66条の2以下、業府令257条以下）（**Q113**参照）。

■ 損害発生の防止・損害の賠償

委託をする所属金融商品取引業者等は、金融商品仲介業者による**法令違反を防止するための措置**をとらなければならず、仲介業者が顧客に損害を加えたときには、所属金融商品取引業者等は、その金融商品仲介業者への委託に

つき相当の注意をし、かつ仲介業者が行う金融商品仲介行為について顧客に
加えた損害の発生の防止に努めていなければ、責任を負います（66条の24）。

（定義）
第2条　（略）
2～10　（略）
11　この法律において「金融商品仲介業」とは、金融商品取引業者（第28条第1項に規
　　定する第一種金融商品取引業又は同条第4項に規定する投資運用業を行う者に限る。）
　　又は登録金融機関（第33条の2の登録を受けた銀行、協同組織金融機関その他政令で
　　定める金融機関をいう。以下同じ。）の委託を受けて、次に掲げる行為（同項に規定
　　する投資運用業を行う者が行う第4号に掲げる行為を除く。）のいずれかを当該金融商
　　品取引業者又は登録金融機関のために行う業務をいう。
　　一　有価証券の売買の媒介（第8項第10号に掲げるものを除く。）
　　二　第8項第3号に規定する媒介
　　三　第8項第9号に掲げる行為
　　四　第8項第13号に規定する媒介
12～42　（略）

《2024年改正》
第2条　（略）
2～10　（略）
11　この法律において「金融商品仲介業」とは、金融商品取引業者（第28条第1項に規
　　定する第一種金融商品取引業（第29条の4の2第9項に規定する第一種少額電子募集
　　取扱業務及び第29条の4の4第8項に規定する非上場有価証券特例仲介等業務を除
　　く。）又は第28条第4項に規定する投資運用業（第29条の5第1項に規定する適格投資
　　家向け投資運用業を除く。）を行う者に限る。）又は登録金融機関（第33条の2の登録
　　を受けた銀行、協同組織金融機関その他政令で定める金融機関をいう。以下同じ。）
　　の委託を受けて、次に掲げる行為（第28条第4項に規定する投資運用業を行う者が行
　　う第4号に掲げる行為を除く。）のいずれかを当該金融商品取引業者又は登録金融機関
　　のために行う業務をいう。
　　一　有価証券の売買の媒介（第8項第10号に掲げるものを除く。）
　　二　第8項第3号に規定する媒介
　　三　第8項第9号に掲げる行為
　　四　第8項第13号に規定する媒介
12～42　（略）

金融商品取引業の内容｜第5章　237

Q082

金融サービス仲介業とは何ですか。

A 銀行（預金・資金移動・貸金）・証券・保険のサービスに関する一定の媒介業務を意味します。

■ 背景

金融サービス仲介制度は、1つの登録により、銀行・証券・保険の分野について、複数の金融機関が提供するサービスの取扱いが可能なワンストップ提供に最適化された制度として2020年に創設され、2021年11月1日から施行されています。

従前の仲介制度として、証券の分野については金商法に基づく**金融商品仲介業**（Q81参照）があり、また銀行や保険の分野にはそれぞれ銀行法や保険業法に基づくそれぞれの仲介制度がありますが、仲介業者は、取り扱うサービスの分野に応じて**複数のライセンス**を取得する必要があり、実際に複数の分野を取り扱う仲介業者は限定的でした。また、特定の金融機関に所属することが求められており、複数の金融機関が提供するサービスを取り扱うためには、それぞれの金融機関の指導に対応する必要もありました。

近時、情報通信技術の発展により、オンラインでの金融サービスの提供が可能になり、また、就労や世帯の状況が多様化するなか、利用者が、様々なサービスの中から自身に適したものを選択しやすくすることの重要性が増しています。そのような状況の変化に対応するため、従前の仲介制度と異なり、銀行・証券・保険の1つに限らず分野をまたいで取り扱うことを可能とし、特定の金融機関への所属ではなく金融機関との柔軟な連携・協働を可能とする制度となっています。

■ 業務の範囲

金融サービス仲介業の範囲は、金融サービスの提供及び利用環境の整備等に関する法律（**金サ法**）により、サービス提供元となる金融機関の種類に応じて、**預金等媒介業務、保険媒介業務、有価証券等仲介業務、貸金業貸付媒介業務**に分類されています。

証券の分野に関する有価証券等仲介業務は、以下のとおりです。

①第一種金融商品取引業者、投資運用業者または登録金融機関と顧客との間において行う有価証券の売買の媒介

②第一種金融商品取引業者、投資運用業者または登録金融機関と顧客との間において行う有価証券の市場売買・市場デリバティブ取引の委託の媒介

③第一種金融商品取引業者、投資運用業者または登録金融機関のために行う有価証券の募集・売出し・私募もしくは特定投資家向け売付け勧誘等の取扱い

④第一種金融商品取引業者、投資運用業者または登録金融機関と顧客との間において行う投資顧問契約・投資一任契約の締結の媒介

対象行為は、金融商品仲介業と類似しますが、顧客トラブル防止の観点から、高度に専門的な説明を要するサービスが除外されています。

■ 顧客の保護

金融サービス仲介業は、いずれの業務類型についても、顧客被害の防止の観点から、**顧客からの財産の受入が原則禁止**され、保証金の供託が義務付けられています。

金融サービスの提供及び利用環境の整備等に関する法律

第11条 （略）

2〜3 （略）

4 この章及び第137条第2項第3号において「有価証券等仲介業務」とは、金融商品取引業者（　　）であって第一種金融商品取引業（……）を行うもの及び金融商品仲介業者（……）以外の者が次に掲げる行為（他の法律の規定に基づき業として行うもの及び投資運用業（……）を行う者が行う第4号に掲げる行為を除く。）のいずれかを行う業務をいう。

　一　次に掲げる者と顧客との間において行う有価証券の売買（当該売買について顧客に対し高度に専門的な説明を必要とするものとして政令で定めるものを除く。）の媒介（金融商品取引法第2条第8項第10号に該当するものを除く。）

　　イ　第一種金融商品取引業（金融商品取引法第29条の4の2第10項に規定する第一種少額電子募集取扱業務を除く。）又は投資運用業（同法第29条の5第1項に規定する適格投資家向け投資運用業を除く。）を行う金融商品取引業者

　　ロ　金融商品取引法第2条第11項に規定する登録金融機関

二　前号イ又はロに掲げる者と顧客との間において行う金融商品取引法第2条第17項に規定する取引所金融商品市場又は同条第8項第3号ロに規定する外国金融商品市場における有価証券の売買又は市場デリバティブ取引若しくは外国市場デリバティブ取引（これらの取引について顧客に対し高度に専門的な説明を必要とするものとして政令で定めるものを除く。）の委託の媒介

三　第1号イ又はロに掲げる者のために行う有価証券の募集（……）若しくは有価証券の売出し（……）の取扱い又は有価証券の私募（……）若しくは特定投資家向け売付け勧誘等（……）の取扱い（これらの取扱いについて顧客に対し高度に専門的な説明を必要とするものとして政令で定めるものを除く。）

四　第1号イ又はロに掲げる者と顧客との間において行う投資顧問契約（……）（当該投資顧問契約について顧客に対し高度に専門的な説明を必要とするものとして政令で定めるものを除く。）又は投資一任契約（……）（当該投資一任契約について顧客に対し高度に専門的な説明を必要とするものとして政令で定めるものを除く。）の締結の媒介

5〜14　（略）

Q083

第一種金融商品取引業とは何ですか。

A 第一種金融商品取引業とは、概ね、①第二項有価証券を除く有価証券の売買など、②店頭デリバティブ取引など、③有価証券の引受け、④PTS（私設取引システム）、⑤有価証券等管理業務を業として行うことを指します。

■ 第一種金融商品取引業の定義

第一種金融商品取引業とは、伝統的な有価証券を広くカバーする業務であり、金商法上、他の業務と比べて厳しい規制が課されています。

具体的には以下のとおりです（①〜⑰は、2条8項各号の号数を指します）。

一　第二項有価証券以外の有価証券、つまり、2条1項の有価証券および2条1項の有価証券に表示されるべき権利（有価証券表示権利）についての、①売買、市場デリバティブ取引、外国市場デリバティブ取引、②①の媒介・取次ぎ・代理、③①の委託の媒介・取次ぎ・代理、⑤有価証券等清算取次ぎ、⑧売出し、または⑨募集・売出し・私募の取扱い、

一の二　商品関連市場デリバティブ取引について、②取引自体や媒介・取次ぎ・代理、③委託の媒介・取次ぎ・代理、⑤有価証券等清算取次ぎ

二　④（イ）店頭デリバティブ取引、（ロ）店頭デリバティブ取引の媒介・取次ぎ・代理

三　有価証券の引受け

四　⑩PTS（私設取引システム）

五　⑯　①〜⑩（**Q79**の「■　金融商品取引業の全体像」の①〜⑩参照）に掲げる行為に関して、金銭・証券の預託を受けること（保護預り）または⑰社債等の振替

■ 参入規制

第一種金融商品取引業には、他の業務に比べて、厳しい**参入規制**が課せられています（**Q102**参照）。

原則として、日本に拠点を持たない法人が、直接外国から業務を行うこと

金融商品取引業の内容｜第5章　241

はできません。また、第二種金融商品取引業や投資助言・代理業などとは異なり、個人が行うこともできません。

投資運用業と同様に、**主要株主規制**もかかります（**Q107**参照）。兼業規制（**Q106**参照）や最低資本金（出資）規制（29条の4第1項4号）、純資産規制（同項5号）、などの**財産規制**が課される点も投資運用業と同様です。ただし、最低資本金規制については損失の危険の管理の必要性の高い業務を行う場合、より高い金額となります。また、投資運用業と異なり、自己資本比率規制（同項6号イ）が課されます。一定の役職員について登録制度（**外務員制度**）がある点も特徴的です（**Q112**参照）。

第28条 この章において「第一種金融商品取引業」とは、金融商品取引業のうち、次に掲げる行為のいずれかを業として行うことをいう。
一　有価証券（第2条第2項の規定により有価証券とみなされる同項各号に掲げる権利（電子記録移転権利を除く。次条第2号及び第64条第1項第1号において同じ。）を除く。）についての第2条第8項第1号から第3号まで、第5号、第8号又は第9号に掲げる行為
一の二　商品関連市場デリバティブ取引についての第2条第8項第2号、第3号又は第5号に掲げる行為
二　第2条第8項第4号に掲げる行為又は店頭デリバティブ取引についての同項第5号に掲げる行為
三　次のイからハまでのいずれかに該当する行為
　　イ　有価証券の元引受けであつて、損失の危険の管理の必要性の高いものとして政令で定めるもの
　　ロ　有価証券の元引受けであつて、イに掲げるもの以外のもの
　　ハ　第2条第8項第6号に掲げる行為であつて、有価証券の元引受け以外のもの
四　第2条第8項第10号に掲げる行為
五　第2条第8項第16号又は第17号に掲げる行為
2～8　（略）

242

Q084

第二種金融商品取引業とは何ですか。

A 第二種金融商品取引業とは、概ね、①集団投資スキーム持分など の自己募集、②第二項有価証券の売買など、③有価証券デリバティブ・商品関連市場デリバティブ取引を除く市場デリバティブ取引を指します。

■ 第二種金融商品取引業の定義

第一種金融商品取引業と比べると規制の緩い業務です。

具体的には以下のとおりです（①〜⑱は、2条8項各号の号数を指します）。

一　⑦一定の有価証券の募集または私募（自己募集。この「一定の有価証券」以外の有価証券の募集・私募は金融商品取引業に該当しない）

二　2条2項各号の規定により有価証券とみなされる権利（みなし有価証券）についての①売買・市場デリバティブ取引・外国市場デリバティブ取引、②①の媒介・取次ぎ・代理、③①の委託の媒介・取次ぎ・代理、⑤有価証券等清算取次ぎ、⑧売出し、⑨募集・売出し・私募の取扱い

三　①有価証券に関連しない国内・外国市場デリバティブ取引、②①の媒介・取次ぎ・代理、③①の委託の媒介・取次ぎ・代理

四　⑱委託者指図型投資信託の受益証券、外国投資信託の受益証券（これらに表示されるべき権利を含む）について上の一の自己募集を行った者による転売を目的としない買取り（施行令1条の12第1号）、⑱トークン化有価証券のカストディ業務（施行令1条の12第2号）

■ 参入規制

主として流動性の低い金融商品についての業務であり、第一種金融商品取引業や投資運用業と比べると**参入規制は緩く**なっています。主要株主規制はかからず（Q107参照）、兼業規制もありません（Q106参照）。

財産規制については、最低資本金（出資）の規制があります（29条の4第1項4号）が、いずれも金額は第一種金融商品取引業や投資運用業の最低資本金に比べて原則として低く設定されており、最低純資産規制等はありませ

金融商品取引業の内容｜第5章　243

ん。

　個人で登録することも法令上は可能ですが（31条の2第1項により、資本金に代えて、営業保証金を積むことが求められます）、実際に個人で登録している例は乏しく、現実的ではないと思われます。

　適格機関投資家等のみを相手方とする集団投資スキームについては、例外があります（**Q111**参照）。

第28条　この章において「第一種金融商品取引業」とは、金融商品取引業のうち、次に掲げる行為のいずれかを業として行うことをいう。

　　一　有価証券（第2条第2項の規定により有価証券とみなされる同項各号に掲げる権利（電子記録移転権利を除く。次項第2号及び第64条第1項第1号において同じ。）を除く。）についての第2条第8項第1号から第3号まで、第5号、第8号又は第9号に掲げる行為

　　一の二　商品関連市場デリバティブ取引についての第2条第8項第2号、第3号又は第5号に掲げる行為

　　二　第2条第8項第4号に掲げる行為又は店頭デリバティブ取引についての同項第5号に掲げる行為

　　三　次のイからハまでのいずれかに該当する行為

　　　イ　有価証券の元引受けであつて、損失の危険の管理の必要性の高いものとして政令で定めるもの

　　　ロ　有価証券の元引受けであつて、イに掲げるもの以外のもの

　　　ハ　第2条第8項第6号に掲げる行為であつて、有価証券の元引受け以外のもの

　　四　第2条第8項第10号に掲げる行為

　　五　第2条第8項第16号又は第17号に掲げる行為

2　この章において「第二種金融商品取引業」とは、金融商品取引業のうち、次に掲げる行為のいずれかを業として行うことをいう。

　　一　第2条第8項第7号に掲げる行為

　　二　第2条第2項の規定により有価証券とみなされる同項各号に掲げる権利についての同条第8項第1号から第3号まで、第5号、第8号又は第9号に掲げる行為

　　三　第2条第8項第1号から第3号まで又は第5号に掲げる行為（前項第1号、第1号の2若しくは第2号又は前号に掲げるものを除く。）

　　四　第2条第8項第18号に掲げる行為

3〜8　（略）

244

Q085

投資助言・代理業とは何ですか。

A 投資助言・代理業には、従来の投資顧問業務（助言業務）とその代理・媒介業務が含まれます。助言業務は、有価証券の価値に限らず、金融商品の価値等の分析に基づく投資判断に関して助言することに広がっており、また投資一任契約の代理・媒介も含まれます。

■ 投資助言・代理業の定義

金融商品取引業のうち、有価証券の価値等または金融商品（有価証券を含む）の価値等の分析に基づく投資判断に関し、助言を行うことを約し、相手方がそれに対し**報酬**を支払うことを約する契約（**投資顧問契約**）を締結し、当該契約に基づき助言を業として行うこと（2条8項11号）を投資助言業務といいます（28条6項）。このような助言を行う旨を約束しても、不特定多数の者により随時購入可能な文書や電子データ等を販売する方法の助言であれば投資顧問契約には該当せず（2条8項11号）、投資助言業務には当たりません。

このような投資顧問契約に基づき自ら助言することだけでなく、他の業者が顧客と締結する投資顧問契約について、業として代理・媒介することについても、登録が必要となります。さらに、投資一任契約（**Q86**参照）の締結の代理・媒介を業として行うことも登録の対象となります（2条8項13号）。

このような代理・媒介と、投資助言業務とを併せて、投資助言・代理業といいます（28条3項）。

■ 助言の対象

登録を要する助言の範囲は、対象が有価証券なのか、それ以外の金融商品なのかにより、異なります。

有価証券については、投資判断の助言に至らないとしても、有価証券の価値等に関する助言を行うだけで、投資助言業務に該当します。有価証券の「価値」は、有価証券投資によって将来得られる利益（値上がり益や配当などの経済的価値）を意味します。現在・過去の有価証券の価格の情報提供

金融商品取引業の内容｜第5章　245

は、黙示的に将来の利益の助言をしていると評価されない限り、投資助言業務には当たりません。有価証券関連オプションの対価の額または有価証券指標の動向を助言することは、価値「等」に関する助言であり、投資助言業務に該当します。投資判断とは、投資の対象となる有価証券の種類、銘柄、数および価格ならびに売買の別、方法および時期についての判断を意味し、これらの要素の一部の助言でも、登録を要する可能性があります。

これに対して、有価証券以外の金融商品については、その価値等に関する助言にとどまるのであれば登録は不要です。投資判断の助言に至ると登録を要します。投資判断は、デリバティブ取引の内容および時期についての判断を意味します。例えば、金利の動向に関する助言のみでは問題ありませんが、金利スワップ取引の内容および時期の判断に関する助言には登録が必要です。

■ 無償の助言

助言の相手方から助言の対価として報酬を受け取らない場合（**無償の助言**）は、投資助言業務に該当しません。例えば、証券会社（第一種金融商品取引業者）が、本業である顧客との有価証券の売買等に付随して、顧客に有価証券に関する投資助言を行うとしても、顧客から本業の報酬は受領していても、助言の報酬を受領しているわけではなく、投資助言業務に該当しないことになります。支払の名目や形式的な支払者を問わず、実質的に判断されます。

■ 書籍の販売等

不特定多数の者が随時購入可能な**文書や電子データ等**を販売する方法で助言をすることについては、言論・出版への自由の配慮、また、投資者被害の可能性が相対的に低いことを踏まえて投資顧問契約から除外されており、登録不要です。

口頭で不特定多数に助言することは除外されないため、例えば、投資助言に当たる内容を含む講演を、助言の相手方から報酬を受領して行えば、投資助言業務に当たります。購入に会員登録を要する場合も、除外されません。投資分析ツール（ソフトウェア）の提供も、ユーザーが継続的に投資情報等

のデータその他のサポート等の提供を受ける必要がある場合は、除外されず
登録が必要となりえます。

■ 参入規制

投資助言・代理業についての**参入規制は**、第一種金融商品取引業、投資一
任業務と比べて、緩いといえます。法人のみならず個人が行うことも可能で
あり、主要株主規制はかからず（**Q107**参照）、兼業規制もありません
（**Q106**参照）。

財産規制については、個人・法人いずれも、営業保証金を積まなければな
りませんが（31条の2第1項）、金額は第二種金融商品取引業の営業保証金や
最低資本金と比べて原則として低く設定されています。

■ 登録後の規制

投資助言・代理業についても、通常の業者の**行為規制**（36条以下）を受け
ます。さらに、投資助言業務に関する特則も定められています。まず、顧客
を勧誘するに際して、**損失補填**を約束する行為は禁止されています（38条の
2第2号）。また投資助言業務に関しては、顧客に対して**忠実義務**を負い（41
条1項）、各種の利益相反行為などが禁止されています（41条の2）。業者は、
その行う投資助言業務に関して、第一種金融商品取引業として行う場合およ
びその他政令で定める場合（施行令16条の8。第二種金融商品取引業として
行う場合など）を除いて、顧客を相手方とし、または顧客のために有価証券
の売買など2条8項1号から4号までに掲げる行為はできません（41条の3）。
さらに、**特定投資家**を相手方とする場合（45条3号）その他の例外を除いて、
その行う投資助言業務に関して、**金銭**または**有価証券の預託**の受入れ等をす
ることが禁じられ（41条の4）、金銭または有価証券の貸付け等をすることも
禁止されています（41条の5）。

（定 義）
第2条 （略）
2～7 （略）
8 この法律において「金融商品取引業」とは、次に掲げる行為（その内容等を勘案し、

金融商品取引業の内容｜第5章 **247**

投資者の保護のため支障を生ずることがないと認められるものとして政令で定めるもの及び銀行、優先出資法第2条第1項に規定する協同組織金融機関（以下「協同組織金融機関」という。）その他政令で定める金融機関が行う第12号、第14号、第15号又は第28条第8項各号に掲げるものを除く。）のいずれかを業として行うことをいう。

一～十　（略）

十一　当事者の一方が相手方に対して次に掲げるものに関し、口頭、文書（新聞、雑誌、書籍その他不特定多数の者に販売することを目的として発行されるもので、不特定多数の者により随時に購入可能なものを除く。）その他の方法により助言を行うことを約し、相手方がそれに対し報酬を支払うことを約する契約（以下「投資顧問契約」という。）を締結し、当該投資顧問契約に基づき、助言を行うこと。

イ　有価証券の価値等（有価証券の価値、有価証券関連オプション（……）の対価の額又は有価証券指標（……）の動向をいう。）

ロ　金融商品の価値等（金融商品の価値、オプションの対価の額又は金融指標の動向をいう。以下同じ。）の分析に基づく投資判断（投資の対象となる有価証券の種類、銘柄、数及び価格並びに売買の別、方法及び時期についての判断又は行うべきデリバティブ取引の内容及び時期についての判断をいう。以下同じ。）

十二　（略）

十三　投資顧問契約又は投資一任契約の締結の代理又は媒介

十四～十八　（略）

9～42　（略）

第28条　（略）

2　（略）

3　この章において「投資助言・代理業」とは、金融商品取引業のうち、次に掲げる行為のいずれかを業として行うことをいう。

一　第2条第8項第11号に掲げる行為

二　第2条第8項第13号に掲げる行為

4～8　（略）

Q086

投資運用業とは何ですか。

A 投資運用業とは、概ね、投資一任業務、投資信託法上の投資法人資産運用業、投資信託委託業のほか、信託や集団投資スキームにおける財産の運用を業として行う行為を指します。

■ 投資運用業の範囲

投資運用業は、概ね、投資一任業務、投資信託法上の投資法人資産運用業、投資信託委託業のほか、信託や集団投資スキームにおける財産の運用を業として行う行為をいいます。投資助言業務では、投資家は、業者から有価証券の価値や投資判断などの助言を受けるものの、投資判断や投資実行は業者に委ねず自ら行うことになりますが（**Q85**参照）、これに対して、投資運用業（投資一任業務）では、投資家は、投資の迅速性・効率性を重視して、業者に最終的な**投資判断権限**と**投資権限**を委任することになります。その性質上、重い規制が課せられる業務であり、投資助言・代理業と比べ厳しい規制が課せられます。具体的には、次の業務を指します（なお、次の①、②、③は、それぞれ2条8項12号、同項14号・15号を指します）。

①次の（イ）または（ロ）の契約を締結し、当該契約に基づき、金融商品の価値等の分析に基づく投資判断に基づいて有価証券またはデリバティブ取引に係る権利に対する投資として、金銭その他の財産の運用（その指図を含む。以下同じ）を行うこと。

（イ）　投信法上の登録投資法人と締結する資産の運用に係る委託契約

（ロ）　（イ）に掲げるもののほか、当事者の一方が、相手方から、金融商品の価値等の分析に基づく投資判断の全部または一部を一任されるとともに、当該投資判断に基づき当該相手方のため投資を行うのに必要な権限を委任されることを内容とする契約（以下「投資一任契約」）

②金融商品の価値等の分析に基づく投資判断に基づいて有価証券またはデリバティブ取引に係る権利に対する投資として、投資信託または外国投資信託の受益証券に表示される権利を有する者から拠出を受けた金銭その他の財産の運用を行うこと（施行令1条の11）。

③金融商品の価値等の分析に基づく投資判断に基づいて主として有価証券またはデリバティブ取引に係る権利に対する投資として、次の（イ）～（ハ）の権利（その他政令で定める権利を含むが、現在かかる定めはない）を有する者から出資または拠出を受けた金銭その他の財産の運用を行うこと。

（イ）　受益証券発行信託の受益証券・外国の者の発行するこの性質を有する証券に表示される権利

（ロ）　貸付信託などを除く信託受益権または外国の者に対する同じ性質の権利

（ハ）　国内・外国の集団投資スキームの持分権

■ ファンドのジェネラル・パートナー

ファンドのジェネラル・パートナーは③に該当しうることから、この業務に当たる可能性があります。ただし、適格機関投資家のみを相手にする場合など、緩和された規制に服する可能性もあります（**Q111**参照)。

■ 登録後の規制

投資運用業についても、通常の業者の**行為規制**を受けます（36条以下）。さらに、投資運用業については、特則が定められています（42条以下）。禁止行為の特則や運用報告書についての規定が設けられています。

第28条　（略）
2～3　（略）
4　この章において「投資運用業」とは、金融商品取引業のうち、次に掲げる行為のいずれかを業として行うことをいう。
　一　第2条第8項第12号に掲げる行為
　二　第2条第8項第14号に掲げる行為
　三　第2条第8項第15号に掲げる行為
5～8　（略）

Q087

投資一任業務、投資助言業務、これらに該当しない助言等の業務の区別について概説してください。

A 実務上、金商法の業規制に服する業務とそうでない業務との区別が問題になる例は多数あり、金融商品の価値等の分析に関する投資判断が関連しているか否かなど事案ごとに検討しなければなりません。

■ 区別の必要性

　M&Aアドバイザリー、プライベートファンド業務、不動産ファンド業務など様々な場面で問題となります。

　例えば、株式を取得し、事業を支配しようとしている者と契約を締結し、企業価値を算定し、有償で算定結果を提供する行為は、多くの銀行や会計士が行っていますが、投資助言業務には該当しないと考えられます（**Q93**参照）。

　プライベートファンドの運営会社が、ファンドの投資先候補のリサーチや投資先に対して行うコンサルティング等は、投資助言業務に該当しない範囲で行うことも可能と思われますが、具体的なサービスの内容に応じて該当性の検討が必要となりえます（**Q85**参照）。

　金商法施行時に出された政令や内閣府令についてのパブリックコメントでも多数のコメントや疑問が寄せられ、それに対して、金融庁が回答しています。

■ 自己が唯一の出資者である集団投資スキームの営業者などに対する助言や投資一任

　投資助言や投資一任が行われても、「業」に該当しないのであれば登録不要です。「業」は対公衆性と反復継続性のある行為と解されています。（**Q79**参照）。集団投資スキームの運用者が自ら全てを決定することが事実上困難である場合または助力が必要である場合に、実質的に唯一の出資者である投資家が当該運用者に対し行う投資助言・一任行為は、自らのために行っているようにも思えるので、**対公衆性**のある行為ではないとして、「業」に該当し

金融商品取引業の内容｜第5章　251

ないとの見解も成り立ちそうです。しかし、一概にこのようにいい切ること
はできないというのが金融庁の見解のようですので、慎重に検討する必要が
あります。

■ 顧客または投資委員会の同意を要する仕組みと投資一任

　一般論として、顧客などの同意を要する仕組みにおいては、業者に投資判
断が一任されていないので、投資助言業務に該当する可能性はあるものの、
投資一任業務にはならないと思われます。**投資委員会**については、そのメン
バーの行為が投資助言業務や投資一任業務として規制対象にならないか理論
的には問題になりうるものの、実務上は一般的に投資委員会の構成員である
個人はかかる業務を行っているとは扱われていません。

（定　義）
第2条　（略）
2〜7　（略）
8　この法律において「金融商品取引業」とは、次に掲げる行為（その内容等を勘案し、
　投資者の保護のため支障を生ずることがないと認められるものとして政令で定めるも
　の及び銀行、優先出資法第2条第1項に規定する協同組織金融機関（以下「協同組織
　金融機関」という。）その他政令で定める金融機関が行う第12号、第14号、第15号又
　は第28条第8項各号に掲げるものを除く。）のいずれかを業として行うことをいう。
　一〜十　（略）
　十一　当事者の一方が相手方に対して次に掲げるものに関し、口頭、文書（……）そ
　　の他の方法により助言を行うことを約し、相手方がそれに対し報酬を支払うことを
　　約する契約（以下「投資顧問契約」という。）を締結し、当該投資顧問契約に基づ
　　き、助言を行うこと。
　　イ　有価証券の価値等（……）
　　ロ　金融商品の価値等（……）
　十二　次に掲げる契約を締結し、当該契約に基づき、金融商品の価値等の分析に基づ
　　く投資判断に基づいて有価証券又はデリバティブ取引に係る権利に対する投資とし
　　て、金銭その他の財産の運用（その指図を含む。以下同じ。）を行うこと。
　　イ　（……）登録投資法人と締結する（……）資産の運用に係る委託契約
　　ロ　イに掲げるもののほか、（……）（以下「投資一任契約」という。）
　十四　金融商品の価値等の分析に基づく投資判断に基づいて有価証券又はデリバティ
　　ブ取引に係る権利に対する投資として、第1項第10号に掲げる有価証券に表示され
　　る権利その他の政令で定める権利を有する者から拠出を受けた金銭その他の財産の
　　運用を行うこと（……）。

十五　金融商品の価値等の分析に基づく投資判断に基づいて主として有価証券又はデリバティブ取引に係る権利に対する投資として、次に掲げる権利その他政令で定める権利を有する者から出資又は拠出を受けた金銭その他の財産の運用を行うこと（……）。

　イ　第1項第14号に掲げる有価証券又は同項第17号に掲げる有価証券（同項第14号に掲げる有価証券の性質を有するものに限る。）に表示される権利

　ロ　第2項第1号又は第2号に掲げる権利

　ハ　第2項第5号又は第6号に掲げる権利

十六～十八　（略）

9～42　（略）

有価証券関連業とは何ですか。

A 自ら有価証券の取引を行ったり、有価証券の取引に媒介・取次ぎ・代理などの形で関与する業務を意味し、銀行などの金融機関が原則として行えない業務です。

■ 有価証券関連業の意義

　金商法上、銀行などの金融機関は、原則として**有価証券関連業**を行うことを禁じられています。これは、銀証分離規制といわれる規制で、ユニバーサル・バンキング制を採用しているヨーロッパとは異なり、(実際の規制内容は日米で異なるものの)米国や日本で採用されています。もっとも、銀行は登録金融機関として登録することにより、一部を除き、有価証券関連業務を行うことが可能です(**Q105**参照)。

　さらに、**外国証券業者**の規制にも関係する概念です(**Q108**参照)。

■ 有価証券関連業の定義

　次に掲げるいずれかの行為を業として行うことを有価証券関連業といいます。

　①有価証券の売買またはその媒介、取次ぎ(有価証券等清算取次ぎを除く)もしくは代理

　②取引所金融商品市場または外国金融商品市場における有価証券の売買の委託の媒介、取次ぎまたは代理

　③有価証券に関連する市場デリバティブ取引(具体的には28条8項3号)

　④有価証券に関連する店頭デリバティブ取引(具体的には28条8項4号)

　⑤外国金融商品市場において行う取引であって、③と類似の取引

　⑥③〜⑤(以下「有価証券関連デリバティブ取引」)の媒介、取次ぎ(有価証券等清算取次ぎを除く)もしくは代理または③もしくは⑤に掲げる取引の委託の媒介、取次ぎもしくは代理

　⑦有価証券等清算取次ぎであって、有価証券の売買、有価証券関連デリバティブ取引その他政令で定める取引(施行令15条の3)に係るもの

254

⑧有価証券の引受け、有価証券の売出しまたは有価証券の募集・売出し・私募の取扱いなど

第28条 （略）

2〜7 （略）

8　この章において「有価証券関連業」とは、次に掲げる行為のいずれかを業として行うことをいう。

　一　有価証券の売買又はその媒介、取次ぎ（有価証券等清算取次ぎを除く。）若しくは代理

　二　取引所金融商品市場又は外国金融商品市場における有価証券の売買の委託の媒介、取次ぎ又は代理

　三　市場デリバティブ取引のうち、次に掲げる取引

　　イ〜ホ　（略）

　四　店頭デリバティブ取引のうち、次に掲げる取引

　　イ〜ヘ　（略）

　五　外国金融商品市場において行う取引であつて、第3号に掲げる取引と類似の取引

　六　前3号に掲げる取引（以下「有価証券関連デリバティブ取引」という。）の媒介、取次ぎ（有価証券等清算取次ぎを除く。）若しくは代理又は第3号若しくは前号に掲げる取引の委託の媒介、取次ぎ若しくは代理

　七　第2条第8項第5号に掲げる行為であつて、有価証券の売買、有価証券関連デリバティブ取引その他政令で定める取引に係るもの

　八　第2条第8項第6号、第8号又は第9号に掲げる行為

金融商品取引業の内容│第5章　255

有価証券等管理業務とは何ですか。

A 有価証券等管理業務とは、概ね①その行う有価証券の売買などに関して、顧客から金銭または証券・証書の預託を受けること、および②社債等の振替に関する法律に規定する社債等の振替を行うために口座の開設を受けて社債等の振替を行うことを指します。

■ 有価証券等管理業務の位置付け

有価証券等管理業務は、投資者の利益にも影響しうるので重要な業務です。金商法では、この業務を行う者が倒産した場合のリスクに鑑みてこれを独立した業務と捉え、第一種金融商品取引業に含められています(28条5項、同条1項5号)。

■ 具体的な業務内容

有価証券等管理業務とは、概ね①その行う有価証券の売買等に関して、顧客から金銭または証券・証書の預託を受けることおよび②社債等の振替に関する法律に規定する社債等の振替を行うために口座の開設を受けて社債等の振替を行うことを指します。

具体的な業務内容としては、以下に関して、顧客から金銭または証券・証書・電子記録移転権利の預託を受けることが該当します(2条8項16号)。

①(イ) 有価証券の売買、(ロ) 国内・外国市場デリバティブ取引
②①の媒介・取次ぎ・代理
③(イ) 取引所金融市場・外国金融商品市場における有価証券の売買の委託の媒介・取次ぎ・代理、(ロ) 取引所金融市場・外国金融商品市場における国内・外国市場デリバティブ取引の委託の媒介・取次ぎ・代理
④(イ) 店頭デリバティブ取引、(ロ) 店頭デリバティブ取引の媒介・取次ぎ・代理
⑤有価証券等清算取次ぎ
⑥有価証券の引受け
⑦一定の有価証券の募集または私募

⑧有価証券の売出し

⑨有価証券の募集・売出し・私募の取扱い

⑩PTS（私設取引システム）

　この①～⑩までの行為の中には、第二種金融商品取引業に含まれるものもありますが、これに関して、金銭または証券・証書・電子記録移転権利の預託を受ける場合には、第一種金融商品取引業の登録をしていなければならないことになります（ただし、定義府令16条1項14号および同項第14号の2参照）。

　また、社債、株式等の振替に関する法律に規定する社債等の振替を行うために、口座の開設を受けて社債等の振替を行うことも有価証券等管理業務に該当します（2条8項17号）。同法に定める振替機関や口座管理機関としての業務を指すと考えられます。なお、同法44条1項13号に掲げる者（外国口座管理機関）について、除外規定があります（施行令1条の8の3第1項4号、定義府令16条1項15号）。

　有価証券等管理業務については特則が設けられており（43条以下）、かかる業務を行う者は、適正に**分別管理**する義務を負い、書面による同意を得ないで、預託を受けた有価証券を担保に供したり、貸し付けたりすることなどは禁止されています（43条の2～43条の4）。

（定　義）
第2条　（略）
2～7　（略）
8　この法律において「金融商品取引業」とは、次に掲げる行為（その内容等を勘案し、投資者の保護のため支障を生ずることがないと認められるものとして政令で定めるもの及び銀行、優先出資法第2条第1項に規定する協同組織金融機関（……）その他政令で定める金融機関が行う第12号、第14号、第15号又は第28条第8項各号に掲げるものを除く。）のいずれかを業として行うことをいう。
　一～十五　（略）
　十六　その行う第1号から第10号までに掲げる行為に関して、顧客から金銭、第1項各号に掲げる証券若しくは証書又は電子記録移転権利の預託を受けること（商品関連市場デリバティブ取引についての第2号、第3号又は第5号に掲げる行為を行う場合にあつては、これらの行為に関して、顧客から商品（第24項第3号の3に掲げるものをいう。以下この号において同じ。）又は寄託された商品に関して発行された証券若しくは証書の預託を受けることを含む。）。

金融商品取引業の内容｜第5章　**257**

十七　社債等の振替に関する法律（……）第2条第1項に規定する社債等の振替を行
　　うために口座の開設を受けて社債等の振替を行うこと。
　　十八　（略）
9～42　（略）

第28条　この章において「第一種金融商品取引業」とは、金融商品取引業のうち、次に
　掲げる行為のいずれかを業として行うことをいう。
　　一～四　（略）
　　五　第2条第8項第16号又は第17号に掲げる行為
2～4　（略）
5　この章において「有価証券等管理業務」とは、第一種金融商品取引業に係る業務の
　うち、第1項第5号に掲げる行為に係る業務をいう。
6～8　（略）

有価証券の自己募集は
金融商品取引業になりますか。

A 株券や社債など典型的な有価証券について発行体自らが行う募集や私募は金融商品取引業に含まれませんが、ファンド持分等の募集や私募は金融商品取引業に含まれます。また、発行者以外の者が行う募集や私募の取扱いは、典型的な有価証券かファンド持分等かを問わず、従来どおり、金融商品取引業です。

■ 株式・社債等の取扱い

　株式や社債など典型的な有価証券を発行会社が頻繁に募集するとしても、それは資金調達のために行っており、金融商品取引業として規制する必要はないと考えられています。これに対し、発行会社から委託を受けて発行会社のために勧誘行為を業として行う行為は、**募集や私募の取扱い**として金商業に該当します。

■ 信託型・組合型ファンド持分等の取扱い

　これに対して、投信法上の**委託者指図型投資信託の受益証券**（証券投資信託はこれに該当します）、**外国投資信託の受益証券**、抵当証券、外国の者が発行する証券で抵当証券の性質を有するもの、**集団投資スキームの持分**、**外国の集団投資スキームの持分**などについては、募集や私募自体が金融商品取引業に該当します（2条8項）。例えば、これらの有価証券について投信委託会社やリミテッド・パートナーシップのジェネラル・パートナーなどの発行者が自ら勧誘するような行為は金融商品取引業になります。

　もっとも、これらの業務は第二種金融商品取引業であり、第一種金融商品取引業と比較すれば規制は重くありません。

　なお、これらの有価証券についても、第三者が発行者から委託を受けて発行者のために勧誘行為を業として行う行為は、募集や私募の取扱いとして金商業に該当しますが、この場合には、有価証券の種類や行為者次第で、第二種金融商品取引業にとどまるのか、第一種金融商品取引業になるのかが異な

ります。

■ 勧誘者の判別

　このように、発行者自身が勧誘しているのか、第三者が発行者のために勧誘しているのかは、参入規制の有無や態様に影響します。有価証券の種類によっては発行者や発行時が定義されていることがあり、それらを確認することが重要です。また、発行者が勧誘しているといえるためには、実際に勧誘する個人が発行者の役職員等として発行者に所属している必要があり、実態に即して判断されます（なお、合同会社等の社員権については、一定の場合には、その従業員による勧誘が、発行者による勧誘でなく、第三者による勧誘と位置付けられることに留意が必要です）。

■ 適格機関投資家等特例業務

　適格機関投資家等（49名以下の一定の要件を満たした非プロを含む）のみを相手方とする一定の要件を満たした集団投資スキームの自己募集については、登録は不要となり、事前の届出が必要となるのみです（**Q111**参照））。

■ 外部委託

　また、勧誘行為を金融商品取引業者や登録金融機関に**全て委託**し、自らは全く行わない場合、登録は不要と考えられます。

（定　義）
第2条　（略）
2〜7　（略）
8　この法律において「金融商品取引業」とは、次に掲げる行為（その内容等を勘案し、投資者の保護のため支障を生ずることがないと認められるものとして政令で定めるもの及び銀行、優先出資法第2条第1項に規定する協同組織金融機関（……）その他政令で定める金融機関が行う第12号、第14号、第15号又は第28条第8項各号に掲げるものを除く。）のいずれかを業として行うことをいう。
一〜六　（略）
七　有価証券（次に掲げるものに限る。）の募集又は私募
　イ　第1項第10号に規定する投資信託の受益証券のうち、投資信託及び投資法人に関する法律第2条第1項に規定する委託者指図型投資信託の受益権に係るもの

ロ　第1項第10号に規定する外国投資信託の受益証券

ハ　第1項第16号に掲げる有価証券

ニ　第1項第17号に掲げる有価証券のうち、同項第16号に掲げる有価証券の性質
を有するもの

ホ　イ若しくはロに掲げる有価証券に表示されるべき権利又はハ若しくはニに掲げ
る有価証券のうち内閣府令で定めるものに表示されるべき権利であつて、第2項
の規定により有価証券とみなされるもの

ヘ　第2項の規定により有価証券とみなされる同項第5号又は第6号に掲げる権利

ト　イからヘまでに掲げるもののほか、政令で定める有価証券

八～十八　（略）

9～42　（略）

Q091

有価証券に関する情報提供は
金融商品取引業に当たりますか。

A 有価証券に関する単なる情報提供は金融商品取引業には当たりませんが、実態に即して、売買の媒介や勧誘や投資助言として金融商品取引業に当たると評価されないか留意が必要です。

■ 媒介と勧誘

既に発行された有価証券について、業として売買の媒介を行えば、金融商品取引業に該当します。また、新たに発行される有価証券の取得勧誘を、第三者が行えば募集の取扱いまたは私募の取扱いであり、金融商品取引業に該当します（**Q79**参照）。有価証券の種類によっては、発行体自身の勧誘も同様です（業の種類は、発行者自身か第三者かで異なりえます。**Q90**参照）。金融商品取引業に該当すれば原則として登録が必要です。

このように、**媒介**や**勧誘**は、金商法上の登録が必要となる行為の範囲を決める重要な概念ですが、金商法で定義されておらず、解釈に委ねられます。媒介は、一般に、他人の間に立って他人を当事者とする法律行為の成立に尽力する事実行為と解されています。また、勧誘は、開示規制では特定の有価証券についての投資家の関心を高め、その取得・買付を促進することとなる行為と解されています。

媒介や勧誘を規制する主な理由は、不適切な業者の関与による投資家被害を防止することにあると考えられるため、規制趣旨を踏まえて必要な範囲内の行為を意味するように適切に解釈されるべきです。

例えば、金融商品仲介法制（**Q81**参照）の前身である証券仲介法制の立案担当者は、①当事者となる両者を具体的に特定することに関与していること、②当事者となる両者に直接働きかけを行い、両者もその働きかけについて認識を行っていること、③法律行為の一部に直接かかわる役務を提供すること、④当事者となる両者の間で法律行為が直接成立しうる状況に置くことといった4つの要件が満たされる場合には、行為と取引の因果関係が肯定されて媒介に当たる旨を述べています。現在でも有用な解釈ですが、実際の事

案への当てはめでは、これらの要件（要素）への該当性の判断や、各要件（要素）の該非を踏まえていかなる場合に媒介となるかを考慮する必要があります。

監督指針等では従前、金融商品の仕組み等の一般的な説明や顧客紹介、商品案内チラシの配布等や契約申込書の受領・回収等といった事務処理の一部のみを受託して行うにすぎないのであれば、媒介に当たらない場合もあるとされています。比較的新しい金融サービス仲介業（**Q82**参照）の監督指針では、オンライン上の行為である、金融機関サイトへの単なるリンク設定や商品情報のコンテンツのウェブサイトへの単純転載も、同様に捉えられる旨が記載されており、この点は基本的には既存の業態にも当てはまるといえます。また、勧誘についても同様に考えられます。

これらの行為が媒介や勧誘に当たらない方向で捉えられている理由は明確にはされていませんが、一般的な説明や顧客紹介では、具体的な有価証券に言及しないため、取引との因果関係が希薄であると考えられます。他方、商品案内チラシや契約申込書、商品情報のコンテンツは、具体的な有価証券に関するものですが、媒介や勧誘を行う業者が準備した商品情報をそのまま伝達するのであれば投資家への影響が限定的であることなどを踏まえて、上記のように取り扱われている可能性があります。

■ 投資助言

有価証券については、投資判断の助言に至らないとしても、有価証券の価値等に関する助言を行うだけで、投資助言業務に該当し、原則として登録を要します（**Q85**参照）。

有価証券の「価値」は、有価証券投資によって将来得られる利益（値上がり益や配当などの経済的価値）を意味します。**現在・過去の有価証券の価格**の情報提供は、黙示的に将来の利益の助言をしていると評価されない限り、投資助言業務には当たりません（**Q85**参照）。

また、投資判断の助言や、有価証券の価値等に関する助言であるとしても、**無償の場合**や、不特定多数の者により随時購入可能な文書や電子データ等を販売する方法で行われる場合は、投資助言業務に該当しません（**Q85**参照）。

金融商品取引業の内容 | 第5章 | 263

■ 情報提供の金商業該当性

　以上を踏まえて情報提供について検討しますと、単なる有価証券に関する情報提供、例えば、現在・過去の有価証券の価格を伝えることは、原則として、上記の媒介や勧誘、投資助言には当たらず、金商業を構成しないと考えられます。35条1項8号においても、有価証券に関連する情報の提供は、金商業（本業）には当たらない、付随業務と位置付けられています。

　もっとも、有価証券に関する情報提供であっても、実態として、媒介・勧誘に該当する程度に有価証券取引に関与していたり、有価証券取引による将来の利益の助言をしているなどと評価されれば、金商業に当たりえます。個別具体的な事情によりますが、媒介・勧誘への該当性については、監督指針等で媒介・勧誘に当たらないと理解されている事例との異同を、投資助言該当性については、有価証券の情報提供を行う文脈や前後関係を、それぞれ踏まえて、問題がないか検討することが考えられます。また、投資助言については、有償性や助言方法から、該当性が否定されることもあります（**Q85**参照）。法定の除外規定や業概念の解釈について検討の余地がある場合もあります（**Q80**参照）。

（第一種金融商品取引業又は投資運用業を行う者の業務の範囲）

第35条　金融商品取引業者（第一種金融商品取引業又は投資運用業を行う者に限る。以下この条において同じ。）は、金融商品取引業のほか、次に掲げる行為を業として行うことその他の金融商品取引業に付随する業務を行うことができる。

　一～七　（略）

　八　有価証券に関連する情報の提供又は助言（第2条第8項第11号に掲げる行為に該当するものを除く。）

　九～十七　（略）

2～7　（略）

金融商品取引業者への顧客紹介は
金融商品取引業に当たりますか。

A 勧誘行為をせず、単に顧客を金融商品取引業者に紹介する行為は、金融商品取引業には当たりません。

■ 紹介の位置付け

　有価証券やデリバティブ取引を取り扱う**金融商品取引業者**に対して、**顧客を紹介する行為**、具体的には金融商品取引業者に顧客の連絡先等の情報を提供する行為は、有価証券やデリバティブ取引に関する行為ではないため、媒介や勧誘ではなく、金融商品取引業には当たりません（**Q91**参照）。

　実際には、紹介者は、あらかじめ顧客に説明して了解を得た上で、顧客紹介を行うと思われます。監督指針の記載などを踏まえると、紹介者が、そのような説明のために、顧客に対して、紹介者と紹介先の関係や紹介先の業務内容を伝達するとしても、それは顧客紹介の範囲内といえます。紹介者の店舗に紹介先の宣伝媒体を据置き・掲示することや、紹介先のウェブサイトに紹介先へのリンクを掲載することも、同様です。35条1項17号・業府令66条の2第1号においても、顧客の紹介は、金商業（本業）には当たらない、付随業務と位置付けられています。

　また、類似の行為として、**事業者を顧客に紹介**する事業者紹介がありますが、こちらも35条2項7号、業府令68条21号において、金商業（本業）には当たらない、届出業務と位置付けられています。

■ 注意が必要な行為

　ただし、紹介の範囲を超えるような行為は避ける必要があり、監督指針では勧誘行為をしないことが重視されています。紹介後の取引を促進しようと、金融商品取引業者が取り扱う有価証券やデリバティブ取引を勧誘したり、勧誘目的でそれらの商品説明をすること、また受注等まで行うと、金融商品取引業に当たり、紹介者が登録を要する可能性があります。

　紹介手数料の受領は妨げられませんが、紹介者に過度なインセンティブを

与える手数料体系・水準については、紹介の範囲を超える行為が疑われるおそれもあるため留意が必要です。

（第一種金融商品取引業又は投資運用業を行う者の業務の範囲）

第35条　金融商品取引業者（第一種金融商品取引業又は投資運用業を行う者に限る。以下この条において同じ。）は、金融商品取引業のほか、次に掲げる行為を業として行うことその他の金融商品取引業に付随する業務を行うことができる。

　　一〜十六　（略）

　　十七　当該金融商品取引業者の保有する人材、情報通信技術、設備その他の当該金融商品取引業者の行う金融商品取引業に係る経営資源を主として活用して行う行為であつて、地域の活性化、産業の生産性の向上その他の持続可能な社会の構築に資するものとして内閣府令で定めるもの

2　金融商品取引業者は、金融商品取引業及び前項の規定により行う業務のほか、次に掲げる業務を行うことができる。

　　一〜六　（略）

　　七　その他内閣府令で定める業務

3〜7　（略）

金融商品取引業等に関する内閣府令

（地域の活性化等に資するもの）

第66条の2　法第35条第1項第17号に規定する内閣府令で定めるものは、次に掲げる行為（当該金融商品取引業者の保有する人材、情報通信技術、設備その他の当該金融商品取引業者の行う金融商品取引業に係る経営資源に加えて、当該行為を行う業務の遂行のために新たに経営資源を取得する場合にあっては、需要の状況によりその相当部分が活用されないときにおいても、当該金融商品取引業者の業務の健全かつ適切な遂行に支障を及ぼすおそれがないものに限り、同項第8号、第11号、第12号及び第16号に掲げる行為に該当するものを除く。）とする。

　　一　他の事業者等（法人その他の団体及び事業を行う個人（当該事業の利益のためにする行為を行う場合における個人に限る。）をいう。以下この条及び第68条において同じ。）の経営に関する相談の実施、当該他の事業者等の業務に関連する事業者等又は顧客の紹介その他の必要な情報の提供及び助言並びにこれらに関連する事務の受託

　　二〜五　（略）

（届出業務）

第68条　法第35条第2項第7号に規定する内閣府令で定める業務は、次に掲げる業務とする。

　　一〜二十　（略）

　　二十一　その行う業務に係る顧客に対し他の事業者等のあっせん又は紹介を行う業務

　　二十二〜二十四　（略）

M&Aアドバイザリー業務や仲介業務は金融商品取引業に含まれますか。

A 一般的には、金融商品取引業には該当しませんが、大株主から株式を買い取る取引や第三者割当てが含まれる取引においては、第一種金融商品取引業への該当性が問題となりえます。また、投資助言業務への該当性にも注意する必要があります。

■ 投資助言

　一般に、企業価値やM&A（企業の合併・買収）のスキーム、実務上の取扱いなどについてアドバイスすること自体は、金融商品取引業に該当しません。このことは、有価証券に関する情報提供や合併等に関する相談が、金融商品取引業（本業）ではなく、第一種金融商品取引業者や投資運用業者の付随業務とされていることからも明らかです（35条1項8号・11号・12号）。

　公開買付けなどの事案において、1株当たりの公正な価値についての価格算定書やフェアネス・オピニオンを出す業務も、投資助言・代理業の登録なしに行われています。契約を締結して、報酬を得て、1株当たりの価値評価をしているのですが、株式への投資によって将来得られる利益や投資判断について助言を行うわけではないので、投資助言業務には該当しないと整理されてきたものと思われます。

　また、株式への投資によって将来得られる利益や投資判断に立ち入るとしても、無償で行われるのであれば、投資助言業務に該当しません（**Q85**参照）。

■ 有価証券の売買の媒介、募集・私募の取扱い

　株式売買などではなく、合併等の方法によるM&Aの仲介を行うことは、金融商品取引業には該当しません。

　他方、株式売買などの方法によるM&Aの仲介は、有価証券の売買の媒介として第一種金融商品取引業に該当する可能性があります。ただ、本質的には、**仲介の対象が株式**という有価証券なのか、**事業**なのかが問題であり、事業譲渡の手法が最終的に例えば発行済み株式総数の売買であったとしても、

金融商品取引業に該当するということはないと思われます。

　私募・募集の取扱いについても同じです。M&Aの交渉の結果、第三者割当てを行ったとしても、アドバイザーなどが、私募などの取扱い業務を行っていなければ問題はないはずです。これらの点については、実際に提供する業務に留意するとともに、締結する契約書の規定も、業法に抵触しない内容にし、誤解を招かないようにする必要があります。

■ 業務性の解釈

　有価証券の売買の媒介、募集・私募の取扱いに該当するとしても、それが「業」に当たらないのであれば、金融商品取引業の登録は求められません。「業」とは、対公衆性と反復継続性のある行為と解されています（**Q79**参照）。報酬の有無は、継続反復する意思の有無の認定には影響すると思われますので、判断の1つのファクターにはなりえますが、無償であっても「業」に該当する可能性はあります。

（第一種金融商品取引業又は投資運用業を行う者の業務の範囲）

第35条　金融商品取引業者（第一種金融商品取引業又は投資運用業を行う者に限る。以下この条において同じ。）は、金融商品取引業のほか、次に掲げる行為を業として行うことその他の金融商品取引業に付随する業務を行うことができる。

　一～七　（略）

　八　有価証券に関連する情報の提供又は助言（第2条第8項第11号に掲げる行為に該当するものを除く。）

　九・十　（略）

　十一　他の事業者の事業の譲渡、合併、会社の分割、株式交換若しくは株式移転に関する相談に応じ、又はこれらに関し仲介を行うこと。

　十二　他の事業者の経営に関する相談に応じること。

　十三～十七　（略）

2～7　（略）

引受業務について説明してください。

A 有価証券の募集・売出し・私募・特定投資家向け売付け勧誘等に際し、①取得させることを目的として当該有価証券を取得すること（買取引受け）、または②他にこれを取得する者がない場合にその残部を取得することを内容とする契約を締結すること（残額引受け）を業として行うことを指します。③新株予約権の募集等に際して、新株予約権者の取得者が全部または一部を行使しない場合には行使しない新株予約権を取得して自己または第三者が行使することを内容とする契約を締結することを業として行う場合も、引受業務に該当します。

■ 引受業務に厳格な規制を課す理由

引受業務を行うためには、登録要件が厳格な第一種金融商品取引業として登録が必要となります（Q102参照）。引受業務として、損失の危険の管理の必要性の高い元引受け、それ以外の元引受け、元引受け以外の引受けのいずれを行うかにより登録に必要な最低資本金や最低純資産の金額が異なります。

このように、引受業務には厳格な規制が課されていますが、「引受け」の定義は一見広範であり、例えば、買取引受けについては、形式的には、個人投資家やバイアウト・ファンドなどがキャピタルゲインを得る目的で株式の募集に応じる行為や、不動産ファンドのスポンサーなどがファンドに取得させる目的で不動産信託受益権などを一時的に取得する行為（ウェアハウジング）まで含まれるようにも読めます。仮に、これらの行為が買取引受けであるとすれば登録が必要ですが、実際は登録なくして行っていることから、それらがいかなる理由で適法となるのかが問題となります。

そもそも、引受業について**厳格な規制**を課しているのは、（イ）万が一**募残**が生じた場合、引受業者が大きな危険を負担することになることから、かかる負担に耐えられない者がかかる業務を行うと、募残が生じた場合、引受けの約束を履行できずに発行会社や有価証券保有者（売出人）が被害を被り、さらに証券市場に悪影響が生じる可能性があります。一方、（ロ）単なる募集の取扱いや私募の取扱い業者と異なり、引受業者は、募残が生じると、募集取扱手数料などが得られないのみならず、有価証券を買い取らなければな

らないという**リスク**を負っており、通常の有価証券を売却する以上に、有価証券の**売却に際して投資者に圧力**をかける可能性があります。かかる観点から投資者の保護を図る必要があることに起因するものと考えられます。例えば、証券会社が1,000億円の引受けを行う場合、1,000億円までの募残をかかえるリスクを認識しています。しかし、適正に投資家に販売できるか否かについて引受審査を行うので、通常は募残が生じることはなく、また募残が生じることを望んでもいません。

■ キャピタルゲインを狙う投資家とウェアハウジング

この点、**キャピタルゲイン**を上げることを目的とした投資家は異なります。払込みができない投資家は有価証券の買取りを行わないことから、上記（イ）のリスクはなく、また特定の申込期間があるわけではなく、投資家に圧力がかかることも一般的には想定できないので、（ロ）のリスクも通常ないと考えられます。したがって、実質的に考察し、有価証券の引受けの概念を限定的に解釈し、自己の資金負担で投資する行為を有価証券の引受けの概念から除外して考えることも不合理ではないと考えます。不動産信託受益権などのウェアハウジングについても、投資行為としての属性が認められるのであれば、引受けから除外してもよいと思われます。

また、「業」に該当しないのであれば登録不要です。「業」は対公衆性と反復継続性のある行為と解されています（**Q79**参照）。引受業務は、元来公衆を相手として行っている行為ではないとの疑問はあるものの、かかる投資家の行為は対公衆性を欠いた行為なので、金融商品取引業に該当しないとの見解もあります。また、行為類型によっては、法令上、一定の引受けについて「業」からの適用除外が定められていることもあります。

第28条　この章において「第一種金融商品取引業」とは、金融商品取引業のうち、次に掲げる行為のいずれかを業として行うことをいう。

一～二　（略）

三　次のイからハまでのいずれかに該当する行為

イ　有価証券の元引受けであつて、損失の危険の管理の必要性の高いものとして政令で定めるもの

ロ　有価証券の元引受けであつて、イに掲げるもの以外のもの

ハ　第2条第8項第6号に掲げる行為であつて、有価証券の元引受け以外のもの

四・五　（略）

2～6　（略）

7　この章において「有価証券の元引受け」とは、第2条第8項第6号に規定する有価証券の引受けであつて、次の各号のいずれかに該当するものをいう。

一　当該有価証券を取得させることを目的として当該有価証券の（……）を発行者又は所有者（……）から取得すること。

二　当該有価証券の全部又は一部につき他にこれを取得する者がない場合にその残部を発行者又は所有者から取得することを内容とする契約をすること。

三　当該有価証券が新株予約権証券（……）である場合において、当該新株予約権証券を取得した者が当該新株予約権証券の全部又は一部につき新株予約権（……）を行使しないときに当該行使しない新株予約権に係る新株予約権証券を発行者又は所有者から取得して自己又は第三者が当該新株予約権を行使することを内容とする契約をすること。

8　（略）

（定義）

第2条　（略）

2～5　（略）

6　この法律（第5章を除く。）において「引受人」とは、有価証券の募集若しくは売出し又は私募若しくは特定投資家向け売付け勧誘等（……）に際し、次の各号のいずれかを行う者をいう。

一　当該有価証券を取得させることを目的として当該有価証券の全部又は一部を取得すること。

二　当該有価証券の全部又は一部につき他にこれを取得する者がない場合にその残部を取得することを内容とする契約をすること。

三　当該有価証券が新株予約権証券（……）である場合において、当該新株予約権証券を取得した者が当該新株予約権証券の全部又は一部につき新株予約権（……）を行使しないときに当該行使しない新株予約権に係る新株予約権証券を取得して自己又は第三者が当該新株予約権を行使することを内容とする契約をすること。

7　（略）

8　この法律において「金融商品取引業」とは、次に掲げる行為（……）のいずれかを業として行うことをいう。

一～五　（略）

六　有価証券の引受け（有価証券の募集若しくは売出し又は私募若しくは特定投資家向け売付け勧誘等に際し、第6項各号に掲げるもののいずれかを行うことをいう。）

七～十八　（略）

9～42　（略）

Q095

私募投資ファンドの規制について説明してください。

A 私募ファンドには、組合形式のもの、信託形式のもの、法人形式のものなど様々あります。最も多く用いられる組合形式の私募ファンドについては、開示規制について私募要件を満たすことは容易ですが、業者規制である自己募集および自己運用についての規制について注意する必要があります。

■ 開示規制

組合持分は概ね第二項有価証券に該当します（2条2項5号、6号。**Q8の条文参照**）が、**発行開示**および**継続開示の規制対象**となるのは出資額の過半を「有価証券」に運用する組合の出資持分に限られます（3条3号イ（1）（2）、施行令2条の9第1項、施行令2条の10第1項5号）。この投資対象となる「有価証券」には信託受益権や他の組合持分といった第二項有価証券も含まれますので、実務上多くの投資ファンドは開示規制の対象になります。

発行開示規制については、勧誘の相手の人数ではなく、勧誘の結果所有することになる投資家の人数が500名以上にならない限り、募集にはならず、有価証券届出書・目論見書の規制の適用を受けません。他方、募集に該当しなくても、私募（少人数向け勧誘）の告知義務、告知書交付義務は課されます（23条の13第4項、5項）。

■ 業者規制

まず、投資事業有限責任組合や匿名組合、海外のリミテッド・パートナーシップの無限責任組合員や営業者が直接有限責任組合員などの投資家の勧誘を業として行う行為（いわゆる**自己募集**であり、私募も含まれます）は、金融商品取引業に該当し（2条8項7号ヘ）、原則として第二種金融商品取引業（28条2項1号）の金融商品取引業者の登録が必要になります（**Q84参照**）。株式会社が自社の新株を勧誘する行為は金融商品取引業にならないのに対し、ファンド持分の勧誘については、このように業者規制の対象になってい

ることには留意が必要です。

　これに加えて、主として、つまり資産の**過半を有価証券またはデリバティ
ブ取引**に係る権利に**投資**するファンドの無限責任組合員等となり運用するこ
とは、原則として、**自己運用**（2条8項15号）として金融商品取引業に該当
し、投資運用の金融商品取引業者（28条4項3号）の登録が必要になります。

　ところで、私募投資ファンドは、通常、投資判断について高度な能力を有
する者を投資家として迎える一方で、政府の規制を受けないことにより、**管
理運用のコスト**を低く抑え、リターンを最大限にして、投資家のニーズに応
えようとするファンドです。そこで、かかる規制、特に規制の厳しい投資運
用業の規制を受けることにより、人件費を含めた体制整備などのコストが増
大することは、私募ファンドの投資家や運営者にとって、一般に望ましいこ
とではありません。そのような希望やニーズを踏まえ、他方、投資者保護の
必要性に欠けることがないようにする要請を踏まえて、登録を免除する規定
が設けられています。

■ 適用除外

　その1つに**適格機関投資家等特例業務**があり、頻繁に用いられています。
これについては別項で解説します（**Q111**参照）。

　また、ファンドの運営者が、①投資運用業登録業者と投資一任契約を締結
し、**運用権限の全部をその業者に委託し**、②ファンドの出資者との出資契約
等に、当該登録業者に運用権限の全部を委託すること、その業者の名称、投
資一任契約の概要、当該登録業者に支払う報酬の額またはその計算方法の定
めを行い、③出資契約等および投資一任契約に当該登録業者がファンドの出
資者に善管注意義務・忠実義務を負うことを規定し、さらに、原則として、
全出資者の同意を得なければ、一定の自己取引などを行えないことなどを規
定し、④運営者が財産の分別管理を行い、それを登録業者が監督し、かつ登
録業者がファンドの運営者についての一定の事項を当局に届出していれば、
ファンドの運営者の運営行為については、投資運用業の登録は必要ありませ
ん（定義府令16条1項10号）。かかる場合には、金融商品取引業の定義から
除外されるので、当該運営者自身は届出なども要求されていません。

　また、自己募集についても、明文の規定はないものの、他の登録業者に**勧**

金融商品取引業の内容　第5章　**273**

誘行為を全部委託した場合には、登録は必要ないと考えられています。

さらに、外国のファンドについては、別の特例も設けられています（**Q98**参照）。

■ トークン化された場合

GK-TKスキーム（**Q96**参照）においてTKをトークン化するなど、組合持分が**トークン化**されることがありますが、電子記録移転権利に該当する場合、上記とは開示規制・業規制が異なることになります（**Q100**参照）。

（定 義）
第2条 （略）
2〜7 （略）
8 この法律において「金融商品取引業」とは、次に掲げる行為（その内容等を勘案し、投資者の保護のため支障を生ずることがないと認められるものとして政令で定めるもの及び銀行、優先出資法第2条第1項に規定する協同組織金融機関（以下「協同組織金融機関」という。）その他政令で定める金融機関が行う第12号、第14号、第15号又は第28条第8項各号に掲げるものを除く。）のいずれかを業として行うことをいう。
一〜六 （略）
七 有価証券（次に掲げるものに限る。）の募集又は私募
  イ〜ホ （略）
  ヘ 第2項の規定により有価証券とみなされる同項第5号又は第6号に掲げる権利
  ト （略）
八〜十四 （略）
十五 金融商品の価値等の分析に基づく投資判断に基づいて主として有価証券又はデリバティブ取引に係る権利に対する投資として、次に掲げる権利その他政令で定める権利を有する者から出資又は拠出を受けた金銭その他の財産の運用を行うこと（第12号及び前号に掲げる行為に該当するものを除く。）。
  イ （略）
  ロ 第2項第1号又は第2号に掲げる権利
  ハ 第2項第5号又は第6号に掲げる権利
十六〜十八 （略）
9〜42 （略）

Q096

不動産流動化・不動産ファンドは、金商法上、どのように扱われていますか。

A 不動産流動化・不動産ファンドの投資商品も原則として第一項有価証券または第二項有価証券として扱われ、業者規制や行為規制、開示規制などの適用が問題になります。

■ TMKストラクチャー

典型的な不動産流動化のスキームに資産流動化法上の**特定目的会社**（いわゆる**TMK**）を利用するものがあります。TMKの業務等については、資産流動化法による規制を受けますが、TMKが資金を調達する手段である**特定社債券**や**優先出資証券**は金商法上の第一項有価証券に該当し、開示規制の適用があります。発行開示や継続開示の規制を免れるためには原則として私募要件を満たす必要があります。また、第三者がその発行の募集・私募の取扱いをするには、原則として第一種金融商品取引業者または登録金融機関の登録を得ていなければなりません（**Q102**、**Q105**参照）。

■ J-REITのストラクチャー

また、不動産ファンドのスキームの典型例に投信法上の**投資法人**を利用するものがあります（J-REIT）。投資法人は資産運用を資産運用会社に委託する義務が定められており（投信法198条1項）、資産運用会社の業務は投資運用業務であることから（金商法2条8項12号イ）、資産運用会社は金商法上の投資運用業の登録を得ている必要があります。投資法人が資金調達のために発行する**投資証券（投資口）**や投資法人債券は、第一項有価証券となっており、TMKの場合と同様に開示規制と取扱業者の規制がかかります。

■ GK-TKスキーム

以上は、第一項有価証券を発行する手法です。その他にも不動産の私募ファンド・流動化には様々な形式があります。その1つにオリジネーターが不動産を信託に入れ、その信託受益権を合同会社形態のビークルに保有させ、

金融商品取引業の内容｜第5章｜275

そこに匿名組合出資する形態（いわゆる**GK-TKスキーム**）があります。この場合、不動産特定共同事業法の適用はありませんが、以下のとおり金商法の適用はあります。

　まず、信託受益権は有価証券とみなされ、オリジネーターが不動産を信託して得た信託受益権を合同会社に処分するための勧誘行為は取得勧誘類似行為となることから（定義府令9条6号）、新規発行証券の**開示規制**がかかり、実務上、私募要件を満たす必要があります（なお、第二項有価証券の私募要件であり、容易に満たすことができます。**Q25**参照）。この信託受益権には自己募集についての業者規制はかかりませんが、オリジネーターとは別の第三者が介在する場合、原則として当該第三者が私募の取扱いを行うための**第二種金融商品取引業の登録**を得ておく必要があります。

　次に、合同会社が匿名組合持分の勧誘をする行為は**自己募集**の業者規制の適用があります。この点、実務上は**適格機関投資家等特例業務届出**を行って合同会社が勧誘するか、第二種金融商品取引業者に勧誘行為の全部を委託して行うことになります。

　さらに、合同会社が匿名組合出資を受けて資金調達して、信託受益権に投資し、その後、ファンド終了時に信託受益権を処分し、分配する等の私募ファンドの運営は、**投資運用業**に該当し、規制の対象になります。この運用業についても、合同会社が登録を取得するのは実務的ではないので、適格機関投資家等特例業務として行うなどの対応をとる必要があります。

　なお、不動産の流動化の場合、株式などへの投資と異なり、投資資産の入替えは通常行われません。そうすると、当該運営者は業として**運用行為**をしていないのではないかとの疑問も生じます。しかし、投下資本の回収のために信託受益権の売却を行うことはあり、その判断は運用業務に含まれます。また、場合により、信託財産たる不動産の大規模修繕を行う必要が生じますが、これも投資対象資産の改善を通じて実質的に有価証券たる信託受益権を運用するものとして、運用業務に該当する可能性があります。

■ 不動産特定共同事業法

　他方、営業者等が不動産自体の売買、交換、賃貸借を行い、その営業者等に投資家が匿名組合等の契約により出資する取引については、原則として**不**

動産特定共同事業法の適用があります（不動産特定共同事業法について**Q16**参照）。同法上の事業については、原則として許可制になっていますが、同法上の適格特例投資家のみを相手方等にする場合には適格特例投資家限定事業として事前届出制に、不動産取引に係る業務を不動産特定共同事業者に全部委託する場合には特例事業として事前届出制に、また出資額が少額であって一定の要件を満たす小規模不動産特定共同事業については登録制に緩和されています。このような不動産特定共同事業法の適用がある場合には、上記特例事業の場合を除き、原則として、金商法上の集団投資スキームの規制の適用はありません（2条2項5号ハ参照。Q8の条文参照）。不動産取引に係る業務を不動産特定共同事業者に全部委託する場合には特例事業については、金商法の集団投資スキームの規制の適用があります（2条2項5号ハの不動産特定共同事業契約からの除外文言参照）。

■ 不動産ファンドについての留意点

　投資家に対して**不動産の説明**のみをしている限り、有価証券の勧誘ではないので、私募の取扱いにはならないように思えますが、匿名組合などの仕組みを想定し、それへの出資を前提に説明・勧誘している場合には、営業者SPCを設立する前であっても、私募の取扱いに該当するおそれがあると解されています。**助言**については、信託受益権ではなく、不動産自体についての助言などに限られているのであれば、金融商品取引業には該当しません。つまり、賃料水準の設定や建物の保守・管理、軽微修繕などについての助言は金融商品取引業には該当しません。他方、建替えや大規模修繕については、問題になる可能性がある点については、前述のとおりです。

（定　義）
第2条　（略）
2〜7　（略）
8　この法律において「金融商品取引業」とは、次に掲げる行為（……）のいずれかを
　業として行うことをいう。
　　一〜六　（略）
　　七　有価証券（次に掲げるものに限る。）の募集又は私募
　　　イ〜ホ　（略）

金融商品取引業の内容｜第5章　277

ヘ　第2項の規定により有価証券とみなされる同項第5号又は第6号に掲げる権利
　　ト　（略）
　八～十四　（略）
　十五　金融商品の価値等の分析に基づく投資判断に基づいて主として有価証券又はデリバティブ取引に係る権利に対する投資として、次に掲げる権利その他政令で定める権利を有する者から出資又は拠出を受けた金銭その他の財産の運用を行うこと（第12号及び前号に掲げる行為に該当するものを除く。）。
　　イ　（略）
　　ロ　第2項第1号又は第2号に掲げる権利
　　ハ　第2項第5号又は第6号に掲げる権利
　十六～十八　（略）
　9～42　（略）

二層型私募ファンドの取扱いについて説明してください。

A 二層型の私募ファンドの場合、原則として、双方の運営者が規制の対象になりますが、例外も定められています。

■ 適格機関投資家等特例業務

適格機関投資家等特例業務の登録免除規定は、1名以上の適格機関投資家と49名以下の他の一定の要件を満たした投資家を顧客とする場合に適用され、その他定められた要件を満たしていれば、届出をすることにより金融商品取引業（自己募集・自己運用）の登録は不要となります（63条1項）。しかし、適格機関投資家以外の者を出資者とする匿名組合の営業者が顧客に含まれていると適格機関投資家等特例業務の登録免除規定の適用を受けることはできません（63条1項1号ロ）（**Q111**参照）。

■ ダブルTKスキーム

不動産の流動化取引においては、金商法の規制が導入される前から匿名組合を2つ重ねる仕組みが採用されていました（**ダブルTKスキーム**）。かかる場合、親ファンドの匿名組合員が適格機関投資家でない限り、適格機関投資家等特例業務には該当しなくなりました。しかし、従来存在している不動産の私募ファンドのニーズに鑑みて、実質的な適用除外規定を設けられています。不動産に係る信託受益権に対する投資であって、そのファンド（不動産に係る信託受益権に投資する子ファンド）も（子ファンドに投資する）親ファンドも匿名組合であり、子ファンドの出資者は親ファンド1名であり、親ファンドの営業者が投資運用業者か、適格機関投資家等特例業務の届出をしている場合で、定義府令で定める一定の要件を満たした場合には、投資運用業に該当しません（定義府令16条1項11号）。

■ 投資事業有限責任組合など

親ファンドが匿名組合ではなく、投資事業有限責任組合の場合にも、適格

機関投資家等特例業務の適用に制限があります。ただ、匿名組合の場合とは異なり、親ファンドがあっても、自動的に要件を欠くわけではなく、一定の要件を満たせば、特例の適用が受けられます。すなわち、親ファンドが、投資事業有限責任組合か有限責任事業組合であり、**親ファンドと子ファンドの出資者を合わせて適格機関投資家以外の投資家が49名以下**であれば、子ファンドの運営者は適格機関投資家等特例業務の制度を利用でき、届出をすれば登録は不要となります（業府令235条2号イ）。親ファンドの運営者が投資運用業登録業者である場合には子ファンドへの出資者の人数は計算に入れません。間に規制を受ける業者が介在しているからです。また、親子ファンドの運営者が共通である場合にも人数を合算して、適格機関投資家以外の者が49名以下であれば特例の適用を受けられます（同号ロ）。

また、適格機関投資家等特例業務のうちの1名以上必要な適格機関投資家が投資事業有限責任組合のみの場合には一定の場合を除き、要件を満たすことができません（業府令234条の2第1項1号）。

■ 業になった場合の規制

かかる例外に該当しないと、厳しい規制を受けます。行為規制については、特定投資家についての一定の除外があります（**Q115**参照）。

金融商品取引法第二条に規定する定義に関する内閣府令
（金融商品取引業から除かれるもの）
第16条 令第1条の8の6第1項第4号に規定する内閣府令で定める行為は、次に掲げる行為とする。

　一～十 （略）

　十一 法第2条第8項第15号に掲げる行為（法第63条第1項第2号に掲げる行為を除く。）のうち、不動産に係る法第2条第2項第1号に掲げる権利に対する投資として一の相手方と締結した匿名組合契約に基づき出資を受けた金銭その他の財産の運用を行うものであって、次に掲げる要件の全てに該当するもの

　　イ 当該匿名組合契約の相手方になろうとする者が他の匿名組合契約の営業者であって、かつ、金融商品取引業者等（投資運用業を行う者に限る。）、法第63条第2項若しくは第63条の3第1項の規定による届出を行った者（法第63条第1項第2号に掲げる行為を業として行う者に限る。）、法第63条の9第1項若しくは第63条の11第1項の規定による届出（……）を行った者又は証券取引法等の一部を改正する法律（……）附則第48条第1項に規定する特例投資運用業務を行う者である

こと。

ロ　当該匿名組合契約の相手方になろうとする者が、当該匿名組合契約の締結前に、当該行為を行う者に関する前号ホ(1)から(6)までに掲げる事項を、次に掲げる当該相手方になろうとする者の区分に応じ、それぞれ次に定める者に届け出ること。

(1)　金融商品取引業者等　所管金融庁長官等

(2)　金融商品取引業者等以外の者　当該者の主たる営業所又は事務所（外国法人又は外国に住所を有する個人にあっては、国内における主たる営業所又は事務所）の所在地を管轄する財務局長（当該所在地が福岡財務支局の管轄区域内にある場合にあっては福岡財務支局長、当該者が国内に営業所又は事務所を有しない場合にあっては関東財務局長）

ハ　当該行為を行う者に関する前号ホ(1)から(6)までに掲げる事項に変更があったときは、当該匿名組合契約の相手方又は相手方になろうとする者が、遅滞なく、その旨をロ(1)又は(2)に掲げる当該相手方又は相手方になろうとする者の区分に応じ、それぞれロ(1)又は(2)に定める者に届け出ること。

十二～十七　（略）

2～11　（略）

Q098

外国の私募投資ファンドの
日本における規制について説明してください。

A 集団投資スキームについては、原則として、日本に投資家がいる限り、日本のファンドと同様の規制を受けます。もっとも、外国投信の形式であれば、外国の法令に準拠し、外国で運用する限り、投資運用業の規制は受けません。

■ 集団投資スキーム規制

外国の法令に基づく権利であって、日本の集団投資スキームの権利に類するものは有価証券とみなされます（2条2項6号。「**海外集団投資スキーム**」）。例えば海外のリミテッド・パートナーシップのリミテッド・パートナー（LP）の権利は一般にこれに該当します。

この海外集団投資スキームの**自己募集**は、金融商品取引業となります（2条8項7号ヘ）。例えばリミテッド・パートナーシップの**ジェネラル・パートナー（GP）**がLPの権利を私募要件を満たしながら勧誘したとしても、それを業として行う場合には、原則として、第二種金融商品取引業の登録をしなければなりません。

さらに、海外集団投資スキームの自己運用も金融商品取引業となっています（2条8項15号ハ）。例えば、リミテッド・パートナーシップのGPがLPから出資を受けた金銭を金融商品の価値等の分析に基づく投資判断に基づいて主として（つまり過半を）有価証券またはデリバティブ取引に係る権利に投資することを業として行うには**投資運用業**の登録が必要になります。

■ 日本の投資家が限定されている場合

もっとも、日本の投資家を勧誘の対象から外し、かつ日本において全く勧誘行為をしないのであれば、金商法上、第二種金融商品取引業の登録は必要ありません。また日本の投資家が全く存在していない海外集団投資スキームの自己運用も規制対象にはなりません。その他、適格機関投資家等特例業務などの国内の集団投資スキームに関連する登録免除規定は、海外集団投資ス

キームであっても、同様に適用を受けます。新たに日本の投資家からも出資を募って海外集団投資スキームの組成をする場合には、これらの日本の規制を十分考慮して対応策を考える必要があります。

しかし、当初日本に全く投資家が存在しない集団投資スキームであっても、後日、日本の投資家が出現した場合、例えば米国の投資家が日本の投資家に対してLPの権利を譲渡した場合、投資運用業の登録が突如必要になる可能性があるので注意が必要です。この点、日本の居住者の出資者が**10名未満**の**適格機関投資家**に限られ、**日本の居住者の出資額が総出資額の3分の1以下**である場合の運用行為は、投資運用業の定義から除外されています（後記条文参照。定義府令16条1項13号）。したがって、この要件を満たす限り投資運用業の登録は必要ありません。

通常、集団投資スキームの権利譲渡にはGPなどの同意が要件になっていますので、GPが同意するかの判断をする際には、この点に十分注意する必要があります。ただ、LPの権利については、海外で上場されているものもありますので、そのような場合には、このコントロールをすることは困難かもしれません。なお、海外の取引所では、LPの権利自体ではなく、それの預託を受けた権利で、証券・証書を発行していないものが取引されているケースもあります。このような券面のない**預託証券**は、「内閣府令で定めるもの」でなければ「有価証券」とはみなされないことになっており（2条2項柱書き）、現在、この内閣府令はありません。もっとも、全く規制されないと考えてよいか慎重に検討すべきだと思われます。

なお、金融商品取引業となり登録をした場合、日本の投資家ではなく、海外の投資家に対しても金商法の業規制がかかる可能性があります。外国法人は原則として特定投資家になりますが（定義府令23条10号）、一般投資家へ移行できる特定投資家なので、所定の告知義務など規定は適用される可能性があります。

■ 外国投資信託についての規制緩和

外国投資信託について、外国の法令に準拠し、外国において運用する行為は、金商業から除外されています（定義府令16条1項9号の2。Q80参照）。外国投資信託については、私募などに該当しても投信法上の届出をする必要

があり、本文は翻訳の負担が大きいのですが、添付書類は英語や英訳でもよく（投資信託及び投資法人に関する法律施行規則2条）、集団投資スキームよりも外国投信の仕組みを利用した方が関係者の負担が小さい場合もあります。

金融商品取引法第二条に規定する定義に関する内閣府令
（金融商品取引業から除かれるもの）

第16条　令第1条の8の6第1項第4号に規定する内閣府令で定める行為は、次に掲げる行為とする。

　一～九　（略）

　九の二　法第2条第8項第14号に掲げる行為のうち、外国の法令に準拠し、外国において投資運用業（同号に掲げる行為を行う業務に限る。）を行う者が、外国投資信託の受益証券に表示される権利を有する者から拠出を受けた金銭その他の財産の運用を行うもの

　十～十二　（略）

　十三　法第2条第8項第15号に掲げる行為のうち、同条第2項第6号に掲げる権利を有する者から出資又は拠出を受けた金銭その他の財産の運用を行うものであって、次に掲げる要件の全てに該当するもの

　　イ　直接出資者（当該権利を有する居住者（……）をいう。ハ及びニにおいて同じ。）が適格機関投資家、法第63条第2項若しくは第63条の3第1項の規定による届出を行った者（法第63条第1項第2号に掲げる行為を業として行う者に限る。）又は法第63条の9第1項若しくは第6条の10第1項の規定による届出を行った者であること。

　　ロ　間接出資者（当該権利に対する投資事業に係る契約その他の法律行為に基づく権利（法第2条第2項第5号に掲げる権利に該当するものに限る。）を有する居住者をいう。ハにおいて同じ。）が適格機関投資家であること。

　　ハ　直接出資者の数（間接出資者から出資又は拠出を受けた金銭その他の財産を充てて当該権利に対する投資事業を行い、又は行おうとする者を除く。）及び間接出資者の数の合計数が10未満であること。

　　ニ　直接出資者から出資又は拠出を受けた金銭その他の財産の総額が、当該権利を有する全ての者から出資又は拠出を受けた金銭その他の財産の総額の3分の1に相当する額を超えないこと。

　十四～十七　（略）

2～11　（略）

Q099

インターネットを利用した資金調達の仕組み（投資型クラウドファンディング）はどのように規制されていますか。

A 投資型クラウドファンディング（投資型CF）の仕組みにより、企業の発行する有価証券への投資を勧誘する業者は、金融商品取引業者として登録する必要があり、インターネットの特性を踏まえた規制が課されます。小規模な資金調達のみを取り扱う場合には、登録要件が緩和されます。

■ 投資型クラウドファンディング

インターネットを利用した資金調達の仕組みには様々なものがありますが、新規・成長企業等と資金提供者をインターネット経由で結び付け、多数の資金提供者から少額ずつ資金を集める仕組みは、**投資型クラウドファンディング**（**投資型CF**）と呼ばれています。

投資型CFには、株式形態とファンド形態がありますが、前者について説明しますと、インターネットを利用して企業の発行する株式への投資を勧誘する業者は、業として第一項有価証券の募集の取扱い等を行うことになるため、第一種金融商品取引業者としての登録を要します。第一種金融商品取引業者には、他の金融商品取引業者と比べて厳格な規制がかかり、自己資本比率規制や兼業規制に服することになるほか、高額な資本金や純資産（原則5,000万円）も求められ、投資者保護基金への加入が義務付けられることが原則です（**Q102**参照）。

■ 登録要件の緩和と追加的な行為規制

2014年の金商法改正によって投資型CFの制度整備が行われ、2015年から施行されていますが、同制度では新規・成長企業へのリスクマネーの供給促進を目的として、仲介者の参入を容易にする観点から、小規模な投資型CFのみを取り扱うことを条件に、登録要件を緩和しています。具体的には、非上場株式について、募集総額1億円未満、投資者1人当たり投資額50万円以

金融商品取引業の内容 | 第5章 | 285

下の小規模な投資型CFのみを取り扱うのであれば、「**第一種少額電子募集取扱業者**」として、最低資本金・最低純資産が1,000万円まで引き下げられることに加えて、兼業規制や自己資本比率規制もかからないことになります。投資者保護基金への加入も義務付けられません。この場合、勧誘方法はインターネットや電子メールに限られることになります（29条の4の2）。

　他方、投資型CFにはインターネットを通じて手軽にアクセスできるため、詐欺的行為への悪用や投資家の安易な意思決定の懸念があり、そのような懸念の対策として、投資型CFを取り扱う金融商品取引業者には、インターネットの特性を踏まえた規制が課されています。すなわち、金商法では、インターネットを通じた有価証券の募集の取扱い等は「**電子募集取扱業務**」と定義されており、これを新たに行う場合には、その旨を明らかにして、登録する必要があります（既存の金商業者については変更登録を行う必要があります（29条の2第1項6号、31条1項））。また、有価証券の発行者の事業計画や資金使途の開示、システムに関する体制整備も求められます。

　さらに、インターネットで勧誘するだけでなく、インターネットで申込みの受付けまで行う場合は、「電子申込型電子募集取扱業務」として、有価証券の発行者や事業計画の審査の体制の整備、投資型CF特有のリスク等の開示が必要となります（以上について43条の5、業府令70条の2第2項・第3項、83条1項3～6号）。

■ 法改正について

　2020年の規則改正により、「第一種少額電子募集取扱業者」となるための条件である、募集総額1億円未満、投資者1人当たり投資額50万円以下の算定方法が緩和され、2023年の金商法改正により、投資型CF業者として規制される範囲が拡大され、また、2024年の金商法改正により、ソーシャルレンディング等のファンドをインターネットで自己募集する場合の規制（電子募集業務の規制）が導入されるなど、近時も法改正が相次いでいます。

　さらに、2023年12月の金融審議会「市場制度ワーキング・グループ」・「資産運用に関するタスクフォース」報告書では、第一種少額電子募集取扱業者の条件の更なる緩和が、また、2024年7月の金融審議会「市場制度ワーキング・グループ」報告書においては勧誘方法の緩和が、提言されています。

トークン化された有価証券は
どのように扱われていますか。

A トークン化された有価証券については、開示規制や業規制において、通常の有価証券とは、異なる取扱いがなされます。

■ 電子記録移転有価証券表示権利等

有価証券をトークン化した場合、「電子記録移転有価証券表示権利等」(業府令6条の3)に該当し、付加的なルールが適用されます。すなわち、当該有価証券を取り扱うことができる金融商品取引業者や登録金融機関であっても、それがトークン化された場合には、電子記録移転有価証券表示権利等を取り扱う旨の**変更登録等の手続**をとる必要があります(29条の2第1項8号、31条3項等)。顧客に対する情報提供における追加事項や禁止行為への対応(業府令78条12号、業府令83条7号)、有価証券等管理業務を営む場合における追加的な体制整備(業府令70条の2第5項)も要します。監督指針上も、電子記録移転有価証券表示権利等を取り扱う場合における留意事項が定められており、また、自主規制機関のルールにも留意が必要です。

■ 2条2項各号の有価証券のトークン化

2条2項各号の有価証券をトークン化した場合、原則として、「電子記録移転権利」に該当し、基本的に、**第一項有価証券として取り扱われる**ことになります(2条3項)。その結果、まず、発行者は、厳格な開示規制に服することになります。通常の2条2項各号有価証券であれば、開示規制の対象とならない場合もあり、また、開示規制の対象になるとしても、(勧誘先ではなく)実際の取得者の数を499名以下とすれば私募になりますが(**Q25**参照)、トークン化されて第一項有価証券として取り扱われる結果、常に開示規制の対象となり(3条3号ロ)、私募にするためには、勧誘先の人数や属性を限定する等の対応が必要となります(**Q20**から**Q23**参照)。また、第一項有価証券として扱われますので、発行者以外の者が勧誘する場合や、売買の媒介等を行うためには、その者が第一種金融商品取引業者である必要があり、第二

金融商品取引業の内容 | 第5章 287

種金融商品取引業者よりも、厳格な規制に服することになります（**Q83**、**Q84**参照）。なお、発行者の勧誘（自己募集）に必要なライセンスの種類は変わりません（**Q90**参照）。

■ **電子記録移転権利からの除外**

トークン化された2条2項各号の有価証券であっても、**一定の投資家のみが投資可能である等の要件**を満たすものは、「電子記録移転権利」から除外されています（定義府令9条の2第1項1号）。その範囲は、適格投資家等特例業務（**Q111**参照）への投資が認められる範囲の投資家と基本的に同様です（資産要件充足性の判断に暗号資産を考慮できる点等は異なります）。除外されるためには、そのような投資家以外の者に取得させたり移転することを防止し、かつ、移転に投資家の申出と発行者の承諾を要するための技術的措置がとられていることが必要となります。

また、2024年改正により、合同会社等の社員権は、一定の業務執行社員以外の者への取得や移転を防止する技術的措置がとられているか、あるいは、出資額超の収益が分配されないのであれば、トークン化されていても、「電子記録移転権利」から除外されることになりました（同項2号）。

（定　義）
第2条　（略）

2　（略）

3　この法律において、「有価証券の募集」とは、新たに発行される有価証券の取得の申込みの勧誘（（……）以下「取得勧誘」という。）のうち、当該取得勧誘が第一項各号に掲げる有価証券又は前項の規定により有価証券とみなされる有価証券表示権利、特定電子記録債権若しくは同項各号に掲げる権利（電子情報処理組織を用いて移転することができる財産的価値（電子機器その他の物に電子的方法により記録されるものに限る。）に表示される場合（流通性その他の事情を勘案して内閣府令で定める場合を除く。）に限る。以下「電子記録移転権利」という。）（……「第一項有価証券」という。）に係るものである場合にあつては第1号及び第2号に掲げる場合、当該取得勧誘が前項の規定により有価証券とみなされる同項各号に掲げる権利（電子記録移転権利を除く。……「第二項有価証券」という。）に係るものである場合にあつては第3号に掲げる場合に該当するものをいい、「有価証券の私募」とは、取得勧誘であつて有価証券の募集に該当しないものをいう。

　一～三　（略）

4～42　（略）

Q101

クロスボーダー取引への金融商品取引法の適用関係について概説してください。

A 日本に投資家・顧客がいるか、または日本で行為を行っていれば、原則として、金商法が適用されます。

　ある法令がクロスボーダー取引に適用されるかどうかは法令の様々な側面について問題となり、金商法についても刑事・行政・民事法規の各側面から議論されていますが、特に行政法規としての金商法の域外適用について議論の蓄積があります。

■ 開示規制の場所的適用範囲

　金商法には、国境を越える取引などについての一般的な規定は定められていません。そこで、法令の規定の趣旨に則って、具体的な事案ごとに判断していかなければなりません。

　まず、**開示規制**については、**国内の投資家を対象にしているのか否か**が問題となります。例えば、日本の上場会社が新たに発行する普通株式の勧誘をする場合、私募要件には該当しえないので、原則として、届出が必要になります（4条）。しかし、金商法の開示規制は国内の投資家を保護するための規制であり、海外の投資家については、それぞれが存在している国の規制に任せればよいと考えられています。したがって、**海外募集のみ**を行う場合には金商法上の有価証券届出書の提出は必要なく、上場会社が株式などを発行する場合には、別途国内の投資家に対する継続開示の一環として、**臨時報告書**を提出することになります（開示府令19条2項1号、2号）。他方、海外の発行体であっても、**国内の投資家を対象**に勧誘をする場合、海外からの勧誘行為に限られていたとしても、日本の投資家に向けて勧誘するのであれば、開示規制の対象になります。新たに発行する有価証券（第一項有価証券または有価証券投資事業権利等）であれば、原則として、私募要件を満たさない限り、届出が必要になります。もっとも、国内の投資者保護という趣旨から私募要件に関する人数制限や転売制限については、原則として国内の投資家を

金融商品取引業の内容 | 第5章 | 289

念頭に設定すれば足りると思われます。

■ 業規制の場所的適用範囲

　業規制については、海外の顧客のみを相手にしていても、**国内に拠点を有**していれば（厳密には、一時的ではあっても、国内で業務をしていれば）、規制対象になります。例えば海外の親会社のみに対して日本株式についての投資助言業務を有償で行っている国内の業者であっても金商法の登録は必要です。また、海外からであっても、**国内の顧客を相手に業務をしていれば**、顧客保護の観点から規制対象になります。例えば米国から米国の株式投資についての助言を日本国内の顧客に対して有償で行う場合、登録が必要となります。なお、投資助言業務については、有償であることが要件になっていますが、その他の金融商品取引業については無償であっても「業」に該当し、また、国内に拠点がないと登録できません（29条の4第1項4号ロ）。

　日本国内の投資家と国外の投資家の双方を相手方として私募ファンドの自己募集などを行う場合、外国の投資家に対する行為にも行為規制がかかるのかが問題となります。難しい問題ですが、少なくとも、業者が海外に存在し、海外の投資家に海外で勧誘している限り、広告や書面交付などの日本の業規制は適用されるべきでないと考えます。

　一般論としては、以上のとおりですが、一定の場合、**国内の業者が介在**していれば業規制の対象から外れることもあります。例えば、海外発行会社の株式が世界的な規模で募集される場合、海外の証券業者が日本募集分も含めて発行体から一括して業務を引き受けていても、その業者が、日本募集分について、国内の第一種金融商品取引業者に募集の取扱い業務をさせていれば、業規制の対象にはならないと考えます。

■ 外国法人と特定投資家制度

　外国法人については、一般投資家に移行できる**特定投資家**になります（定義府令23条10号）。外国の個人については、このような一般的な規定は設けられていません。外国法人は一般投資家に移行できる特定投資家なので、金融商品取引業者等は告知義務など一定の義務を負います（**Q115**参照）。

■ 監督官庁間の国際的協力

金融商品などの取引については、障害がない限り、国境とは無関係に行われる傾向にあります。国内の資本市場を育成するためにも、過度な規制は避けるべきです。他方、国境を越えた取引をすることにより、規制上または事実上、投資者に不利益を与えるような不当な取引が野放しになることは許容されてはいけません。この点、**規制当局の間**では近時緊密な協力が行われています（189条参照）。国境をまたいだインサイダー取引についても、関係当局の協力により摘発された事例が出てきています。

企業内容等の開示に関する内閣府令

第19条 （略）

2　法第24条の5第4項の規定により臨時報告書を提出すべき会社（指定法人を含む。）は、（……）臨時報告書3通を作成し、財務局長等に提出しなければならない。

　一　提出会社が発行者である有価証券（……）の募集（……）又は売出し（……）のうち発行価額又は売出価額の総額が1億円以上であるものが本邦以外の地域において開始された場合（……）　次に掲げる事項

　　イ〜ワ　（略）

　二　（……）本邦以外の地域において行われる50名未満の者を相手方とする募集により取得される提出会社が発行者である有価証券で、当該取得に係る発行価額の総額が1億円以上であるものの発行につき取締役会の決議等若しくは株主総会の決議若しくはこれらに類する決定又は行政庁の認可があつた場合（当該取得が主として本邦以外の地域で行われる場合には、当該発行が行われた場合）　次に掲げる事項

　　イ〜ヘ　（略）

　二の二〜二十一　（略）

3〜11　（略）

金融商品取引法

（外国金融商品取引規制当局に対する調査協力）

第189条　内閣総理大臣は、この法律に相当する外国の法令を執行する当局（以下この条において「外国金融商品取引規制当局」という。）から、その所掌に属する当該この法律に相当する外国の法令を執行するために行う行政上の調査に関し、協力の要請があつた場合において、当該要請に応ずることが相当と認めるときは、当該要請に応ずるために必要かつ適切であると認められる範囲内において、当該外国にある者を相手方として有価証券の売買その他の取引若しくはデリバティブ取引を行う者その他関係人又は参考人に対して、参考となるべき報告又は資料の提出を命ずることができる。

2　内閣総理大臣は、次の各号のいずれかに該当する場合には、前項の規定による処分をすることができない。

金融商品取引業の内容 | 第5章　291

一 我が国が行う同種の要請に応ずる旨の当該外国金融商品取引規制当局の保証がないとき。

二 当該外国金融商品取引規制当局の要請に基づき当該処分をすることが我が国の資本市場に重大な悪影響を及ぼし、その他我が国の利益を害するおそれがあると認められるとき。

三 当該外国金融商品取引規制当局において、前項の規定による処分により提出された報告又は資料の内容が、その職務の遂行に資する目的以外の目的で使用されるおそれがあると認められるとき。

3 第1項の協力の要請が外国金融商品取引規制当局による当該この法律に相当する外国の法令に基づく行政処分（当該処分を受ける者の権利を制限し、又はこれに義務を課すものに限る。）を目的とする場合には、当該要請に応ずるに当たつて、内閣総理大臣は、外務大臣に協議するものとする。

4 第1項の規定による処分により提出された報告又は資料については、その内容が外国における裁判所又は裁判官の行う刑事手続に使用されないよう適切な措置がとられなければならない。

5 前各項の規定の適用に関し必要な事項は、政令で定める。

第 **6** 章

金融商品取引業者の規制・自主規制機関等

Q102～Q132

Q102

金融商品取引業の登録について概説してください。

A 金融商品取引業を行うためには、原則として登録をしなければなりません。しかし、適格機関投資家等のみを相手方とする業務については、届出で足りることもあります。

■ 原則は登録が必要

　金融商品取引業を行うためには登録を受けなければなりません（29条、33条の2）。金融商品取引業については、**Q79**以降参照。金融商品取引業は、第一種金融商品取引業、第二種金融商品取引業、投資助言・代理業、投資運用業の4種類に分けられますが、いずれの業務を行うにも**登録**が必要です。ただし、第一種金融商品取引業の1つであるPTSについては、登録に加えて、認可が必要です（30条。**Q131**参照）。

　登録の要件や規制の内容の主な違いは、以下のとおりです。

	一種業	投資運用業	二種業	投資助言・代理業
法人・個人	法人のみ（原則として、取締役会設置会社等であることが必要）		法人・個人	
最低資本金	原則5,000万円		原則1,000万円（法人）	―
最低純資産			―	
営業保証金	―		1,000万円（個人）	500万円
主要株主規制	あり		―	
国内拠点	必要（個人の二種業者を除く）			―

294

協会加入	協会非加入の場合、協会規則に準ずる内容の社内規則の整備を要する（個人の二種業者を除く）		—
兼業規制	原則あり	あり	—
自己資本比率規制	原則あり	なし	

＊一種業＝第一種金融商品取引業、二種業＝第二種金融商品取引業

■ 業務内容等による差異

　同じ種類の中でも、業務内容・顧客層等により、登録の要件や規制の内容は異なります。

　第一種金融商品取引業については、業務の内容により、最低資本金が異なっており、例えば、損失の危険を管理する必要性の高い**元引受け**を行おうとする場合は30億円、その他の元引受けを行おうとする場合は5億円、元引受け以外の引受けを行おうとする場合は5,000万円となります。**第一種少額電子募集取扱業者**（小規模な投資型クラウドファンディングのみ行う者）の場合は、最低資本金・最低純資産要件が緩和され、自己資本比率規制・兼業規制は課されないことになります（29条の4の2。**Q99**参照）。

　投資運用業についても、**適格投資家向け投資運用業者**（プロ向け投資運用業者）の場合、機関要件・最低資本金・最低純資産の要件が緩和されます（29条の5。**Q110**参照）。

　また、**第二種金融商品取引業**についても、**第二種少額電子募集取扱業者**（小規模な投資型クラウドファンディングのみ行う者）の場合、最低資本金の要件が緩和されます（29条の4の3）。

■ 2024年改正による第一種金融商品取引業の登録要件の緩和について

　2024年改正（施行日については**Q3**参照）により、第一種金融商品取引業の登録要件が緩和されます。

　非上場有価証券の仲介業務への新規参入を促進し、その流通を活性化させるため、第一種金融商品取引業であっても、「**非上場有価証券特例仲介等業務**」のみを行う場合には、機関要件・最低資本金要件・最低純資産要件が緩和され、自己資本比率規制・金融商品取引責任準備金・兼業規制は課されな

金融商品取引業者の規制・自主規制機関等 ｜ 第6章　**295**

いことになります（改正法29条の4の4）。緩和された登録要件について、詳細は政府令に委ねられますが、法案提出に際して金融庁が公表した資料においては、最低資本金は1,000万円とすることが例示されています。

上記のように登録要件が緩和される「非上場有価証券特例仲介等業務」とは、非上場有価証券について、原則としてプロ投資家（特定投資家）のみを対象とし、金銭の預託を受けない場合（取引の決済を目的とする短期間の預託は認められます）を意味します。この業務に該当するための条件の詳細も、政府令に委ねられる部分があります。

■ 2024年改正による投資運用業の登録要件の緩和について

2024年改正により、投資運用業の登録要件も緩和されます。

投資運用業者の新規参入を促進するために、「**投資運用関係業務受託業者**」に対してミドル・バックオフィス業務（法令遵守、計理等）を委託する投資運用業者の登録要件も緩和されます。すなわち、投資運用業者は、原則として、業務執行について必要となる十分な知識および経験を有する役員または使用人を確保していることが求められますが、上記の委託を行っている場合には、委託先の監督を適切に行う能力を有する役員または使用人を確保していれば足りるとされています（同法29条の4第1項1号の2）。登録要件の緩和を受けるためには、登録申請書において、委託するミドル・バックオフィス業務等について記載することが必要となります（同法29条の2第1項12号）。

委託先となる「投資運用関係業務受託業者」は、改正により新たに創設される任意の登録制度に基づき登録した業者を意味するものであり、当該業者には行為規制が適用され、金融当局の監督に服することになります（同法2条3項から45項、66条の71以下）。

さらに、金銭や有価証券の預託を受けない投資運用業者についても登録要件が緩和されることになります。具体的な内容は政府令に委ねられますが、法案提出に際して金融庁が公表した資料においては、資本金要件を1,000万円とすることが例示されています。登録要件の緩和を受けるためには、登録申請書において、金銭や有価証券の預託を受けない旨について記載することが必要となります（同法29条の2第1項12号）。

■ 仲介業について

　金融商品仲介業や金融サービス仲介業についても登録が必要です。金融商品仲介業や金融サービス仲介業のうち有価証券等仲介業務は、定義上、金融商品取引業に含まれますが、登録要件が緩和されています（**Q113・Q114**参照）。

■ 適格機関投資家等特例業務など

　適格機関投資家等特例業務については、例外的に登録は不要となり（63条1項）、事前に届け出ることで行うことができます（同条2項、63条の3）（**Q111**参照）。また、外国において投資助言業務または投資運用業務を行う者についても、一定の例外が設けられています（61条以下）（**Q109**参照）。

　さらに、そもそも金融商品取引業自体について幅広い例外が認められており、当該行為が本当に金融商品取引業に該当するのかについての確認も必要です（**Q80**参照）。

（登　録）
第29条　金融商品取引業は、内閣総理大臣の登録を受けた者でなければ、行うことができない。

《2024年改正》
（定　義）
2条　（略）
2〜42　（略）
43　この法律において「投資運用関係業務」とは、投資運用業等（投資運用業（……）、適格機関投資家等特例業務（……）又は海外投資家等特例業務（……）をいう。（……）に関して行う次に掲げる業務をいう。
　　一　運用対象財産（……）を構成する有価証券その他の資産及び当該資産から生ずる利息又は配当金並びに当該運用対象財産の運用に係る報酬その他の手数料を基礎とする当該運用対象財産の評価額の計算に関する業務
　　二　法令等（……）を遵守させるための指導に関する業務
44　この法律において「投資運用関係業務受託業」とは、この法律の規定により投資運用業等を行うことができる者の委託を受けて、当該委託をした者のために前項各号に掲げる業務のいずれかを業として行うことをいう。
45　この法律において「投資運用関係業務受託業者」とは、第66条の71の規定により内閣総理大臣の登録を受けた者をいう。

金融商品取引業者の規制・自主規制機関等｜第6章　297

（非上場有価証券特例仲介等業者についての登録等の特例）

29条の4の4 （略）

2〜7 （略）

8　第1項、第2項及び前2項の「非上場有価証券特例仲介等業務」とは、第一種金融商品取引業のうち、次に掲げる行為のいずれかを業として行うことをいう。

　一　有価証券（金融商品取引所に上場されていないものに限り、政令で定めるものを除く。）に係る次に掲げる行為

　　イ　売付けの媒介又は第二条第八項第九号に掲げる行為（一般投資家（……）を相手方として行うもの及び一般投資家に対する勧誘に基づき当該一般投資家のために行うものを除く。）

　　ロ　買付けの媒介（一般投資家のために行うもの及び一般投資家に対する勧誘に基づき当該一般投資家を相手方として行うものを除く。）

　二　前号に掲げる行為に関して顧客から金銭の預託を受けること（同号に掲げる行為による取引の決済のために必要なものであつて、当該預託の期間が政令で定める期間を超えないものに限る。）。

（登録）

第66条の71　投資運用関係業務受託業を行う者は、内閣総理大臣の登録を受けることができる。

Q103

金融商品取引業者は
どのようなルールを守る必要がありますか。

A 金融商品取引業者は、一般の個人や法人にも適用される有価証券やデリバティブ取引に係る不公正な行為の規制に加えて、業者として厳しいルールを遵守する必要があります。そのようなルールは多岐にわたりますが、全ての金融商品取引業者の共通ルールと、取り扱う金融商品や業務の区分・種別等により適用されるルール、そして、他の業務やグループ会社の関与により適用されるルールがあります。これらには、個別的な行為が求められたりまたは禁止されたりするものもあれば、体制の整備を要するものがあります。

■ 共通のルール

　金融商品取引業者として遵守すべきルールは金融商品取引業の内容等に応じて多岐にわたります。共通ルールは、主に金商法第3章第1款の「通則」にありますが、同款ではまず顧客に対する**誠実公正義務**が定められています。これは、行為規制における一般規定であり、具体的な行為規制を解釈する際の指針となると同時に、具体的な行為規制の対象にならない行為の規制根拠と考えられています。

　誠実公正義務の後には、誠実公正義務を具体化した**行為規制**が定められていますが、例えば、販売勧誘（金融商品取引契約の締結）に関する一連のルール（広告等規制、適合性原則、契約締結前・契約締結時等の情報提供・説明義務、不適切な勧誘の禁止）、損失補塡や特別の利益の提供禁止、名義貸しの禁止などがあります。また、別途、業務管理体制の整備（業務を的確に遂行するための社内規則の整備や従業員に対する研修等の措置）も求められています。

　なお、誠実公正義務は、2023年改正により、金商法から金融サービスの提供及び利用環境の整備等に関する法律（以下「金サ法」）に移行され、顧客等の最善の利益を勘案することをつけ加えた上で、広く金融サービスの提供等に係る業務を行う者の義務として規定し直されていますが、金融商品取引業者の行為規制の基礎をなす位置付けが変わるわけではないと考えられます。

金融商品取引業者の規制・自主規制機関等｜第6章 299

■ 金融商品取引業の種類や内容により適用されるルール

　金融商品取引業の内容により適用されるルールとしては、例えば、有価証券取引等における法人関係情報を提供した勧誘禁止や最良執行義務、一定のデリバティブ取引に関する証拠金規制などが挙げられます。

　また、金商法第3章第2款以降には、業務の区分や種別による「**特則**」が設けられています。第2款の投資助言業務・第3款の投資運用業の特則では、一般的規定として顧客に対する善管注意義務や忠実義務が定められ、その後に、利益相反の懸念等に対処するための具体的な禁止行為が定められています。投資運用業者は、外部委託先が限定されており（43条の2第1項）、また、運用権限の一部を委託することは許されても、全てを委託することは禁止されています（同条2項。なお、2024年改正（施行日については**Q3**参照）により、かかる禁止は撤廃されますが、委託した運用業務の適正な実施を確保する義務が課されます）。第4款の有価証券等管理業務の特則においても、一般的規定として善管注意義務が定められ、分別管理を中心として業務内容を踏まえた義務が規定されています。

　第5款では電子募集取扱業務（**Q99**参照。なお、2023年改正により電子募集業務に関する特則が追加されます）に関する特則が、また、第6款では暗号等資産関連業務に関する特則が、それぞれ規定されています。

■ 弊害防止措置・利益相反管理体制整備

　金商法第3章第7款では、金融商品取引業者が、2種類以上の種別の業務を行う場合や、金融商品取引業以外の業務を行う場合において、**他の業務による弊害を防止するための規制**が定められています。また、金融商品取引業者のグループ会社が関与する場合の弊害を防止するための規制もあります。

　さらに、有価証券関連業を行う第一種金融商品取引業および登録金融機関は、**利益相反管理体制**を整備する必要があります（**Q127**参照）。

■ プロとアマの区分

　金商法には、特定投資家と一般投資家とを分けて、業者の行為規制のうち、一定の事項は、特定投資家には適用しないことにして、取引のコストや時間を省く制度があります（**Q115**参照）。

■ 金融商品取引法以外のルール

金融商品取引業者は、金商法以外にも、犯罪による収益の移転防止に関する法律（いわゆる犯収法）や個人情報の保護に関する法律（いわゆる個人情報保護法）など、自らの業務に適用される様々な法令を遵守する必要があります。

また、金融当局が示している方針・指針・ガイドライン・Q&Aにも留意が必要となります。例えば、金融商品取引業者等向けの総合的な監督指針は、金融当局が金融商品取引業者等を監督する際の指針としての位置付けですが、金融商品取引業者が整備すべき体制が具体化されるなどしており、金融商品取引業者においても参照する必要性が高いと思われます。

さらに、金融商品取引業者が参加する自主規制機関（日本証券業協会など）や金融商品取引市場のルールは、法令とは異なる着眼点や法令よりも厳格なルールとなっていることもあるため、これらも遵守することが必要です。

42条の3　（略）
2　金融商品取引業者等は、前項の規定にかかわらず、すべての運用財産につき、その運用に係る権限の全部を同項に規定する政令で定める者に委託してはならない。
3　（略）

《2024年改正》
42条の3　（略）
2　金融商品取引業者等は、前項の規定により委託をする場合においては、当該委託を受ける者に対し、運用の対象及び方針を示し、かつ、内閣府令で定めるところにより、運用状況の管理その他の当該委託に係る業務の適正な実施を確保するための措置を講じなければならない。
3　（略）

金サ法《2023年改正後》
第2条　金融サービスの提供等に係る業務を行う者は、次項各号に掲げる業務又はこれに付随し、若しくは関連する業務であって顧客（次項第十四号から第十八号までに掲げる業務又はこれに付随し、若しくは関連する業務を行う場合にあっては加入者、その他政令で定める場合にあっては政令で定める者。以下この項において「顧客等」という。）の保護を確保することが必要と認められるものとして政令で定めるものを行うときは、顧客等の最善の利益を勘案しつつ、顧客等に対して誠実かつ公正に、その業務を遂行しなければならない。
2　（略）

金融商品取引業者の規制・自主規制機関等　第6章　**301**

Q104

金融商品取引業者がルールに違反した場合はどのような対応がとられますか。

A 金融商品取引業者は、業者としての厳しいルールに服しており、ルールに違反した場合、金融当局の行政処分を受ける可能性があります。

■ 登録取消・業務停止命令

　金融商品取引業者が金融商品取引業や付随業務に関する法令違反や行政官庁の決定、命令などに違反した場合、**登録取消・業務停止命令**の対象となりえます（52条1項7号）。主に金商法上の各種行為規制（**Q103**参照）への違反が問題となります。

　また、投資助言・代理業または投資運用業の運営に関して投資者の利益を害する事実があるときや、金融商品取引業に関して不正または著しく不当な行為を行い、その情状が特に重いときも同様です（同項9号、10号）。例えば、金融商品取引業に関して、法令等の違反がなくても、著しく不注意・怠慢な業務執行により顧客に重大な損害を与えた場合などがこれに当たりえます。また、業務の内容自体が投資家を害したり不当なものとまではいえないとしても、財務の健全性に問題がある場合（業務や財産の状況に照らして支払不能に陥るおそれがある場合）には、やはり投資家被害の可能性が高いことから、登録取消・業務停止命令が可能となっています（同項8号）。

　その他にも、金融商品取引業者としての登録を不正な手段により行ったこと（例えば、登録拒否事由が存在するのに隠していたこと）が判明した場合、また、登録時点で問題がなくとも事後的に一定の登録拒否事由に当たることになった場合、登録取消・業務停止命令の対象となる可能性があります（同項1号から6号）。

　金融商品取引業者は、登録取消となった場合、顧客との取引を結了し、顧客に財産を返還する必要があります。そのために必要な限られた範囲内で行う場合を除き、金融商品取引業を行うことはできないこととなります。また、登録取消となると、改めて登録申請しても、一定期間は登録が認められませ

ん。業務停止命令は、業務の全部または一部を行うことを一定期間（最長6カ月）禁止するものです。

■ 業務改善命令

　登録取消・業務停止命令の事由に該当しない場合でも、金融当局が、金融商品取引業者の業務の運営または財産の状況に関して公益または投資者保護のため必要かつ適当であると認める場合、**業務改善命令**の対象となることがあります（51条）。登録取消・業務停止命令と比べて、命令が出される場合の定め方は抽象的ですが、あくまで「必要の限度において」行われるものです。

　命令の内容も、「業務の方法の変更その他業務の運営または財産の状況の改善に必要な措置」と抽象的ですが、対象となる金融商品取引業者が自ら改善に取り組み、将来にわたって持続的に効果が発揮されることを促すものと考えられています。

（金融商品取引業者に対する業務改善命令）

第51条　内閣総理大臣は、金融商品取引業者の業務の運営又は財産の状況に関し、公益又は投資者保護のため必要かつ適当であると認めるときは、その必要の限度において、当該金融商品取引業者に対し、業務の方法の変更その他業務の運営又は財産の状況の改善に必要な措置をとるべきことを命ずることができる。

（金融商品取引業者に対する監督上の処分）

第52条　内閣総理大臣は、金融商品取引業者が次の各号のいずれかに該当する場合においては、当該金融商品取引業者の第29条の登録を取り消し、第30条第1項の認可を取り消し、又は6月以内の期間を定めて業務の全部若しくは一部の停止を命ずることができる。

一　第29条の4第1項第1号、第2号又は第3号に該当することとなつたとき。

二　第一種金融商品取引業、第二種金融商品取引業又は投資運用業を行う金融商品取引業者が、第29条の4第1項第4号に該当することとなつたとき。

三　第一種金融商品取引業又は投資運用業を行う金融商品取引業者が、第29条の4第1項第5号イ又はロに該当することとなつたとき。

四　第一種金融商品取引業を行う金融商品取引業者が、第29条の4第1項第6号ロに該当することとなつたとき。

五　第二種金融商品取引業として高速取引行為を行う金融商品取引業者が、第29条の4第1項第7号に該当することとなつたとき。

金融商品取引業者の規制・自主規制機関等｜第6章　**303**

六　不正の手段により第29条の登録を受けたとき。

七　金融商品取引業又はこれに付随する業務に関し法令（第46条の6第2項を除く。）又は法令に基づいてする行政官庁の処分に違反したとき。

八　業務又は財産の状況に照らし支払不能に陥るおそれがあるとき。

九　投資助言・代理業又は投資運用業の運営に関し、投資者の利益を害する事実があるとき。

十　金融商品取引業に関し、不正又は著しく不当な行為をした場合において、その情状が特に重いとき。

十一　第30条第1項の認可に付した条件に違反したとき。

十二　第30条第1項の認可を受けた金融商品取引業者が第30条の4第1号から第3号まで又は第5号に掲げる基準に適合しないこととなつたとき。

2〜5　略

銀行などの金融機関は金融商品取引に関する業務を行うことはできますか。

 一定の業務については、登録することにより行うことができます。

■ 銀証分離

　銀証分離規制は、証取法時代に、預金者保護、利益相反行為の防止、金融機関による企業金融の支配の排除・資本市場の育成を目的として導入された規制ですが、同規制の導入後、有価証券の概念が広がり、グループ会社による参入も認められ、変容してきています。金商法になってからも、利益相反や優越的地位の濫用の可能性を踏まえて、同規制の基本的な考え方は維持されていますが、以下で説明するとおり、金融機関であっても、登録金融機関として登録することにより、広い範囲の業務が可能であり、業務範囲規制としての銀証分離規制の意義は限定的です。現在は、グループ内の銀・証間の弊害防止措置が中心的な課題となっていますが、これについても金商法の改正などにより規制緩和が進んでいます。

■ 有価証券関連業について

　原則として、銀行、協同組織金融機関その他政令で定める金融機関は、有価証券関連業（**Q88**参照）を行ってはなりません（33条1項本文）。ただし、金融機関が他の法律の定めるところにより、投資の目的をもって、または信託契約に基づいて信託をする者の計算において有価証券の売買もしくは有価証券関連デリバティブ取引を行う場合は、この限りではありません（同項ただし書）。すなわち、金融機関は、投資目的をもって行うのであれば、有価証券関連業を行うことができます。また、基本的に信託兼営金融機関（いわゆる信託銀行）である必要がありますが、信託契約に基づき受託者として行うことも、可能です。

　また、これらの場合に当たらないとしても、金融機関は、**登録金融機関**として登録すれば（33条の2）、広い範囲の業務を行うことが認められます。例

えば、書面取次行為や国債・政府保証債・短期社債・地方債・集団投資スキーム持分などについては幅広い業務、国内・外国投資信託の受益証券または投資証券・投資法人債券・外国投資証券についても売買、売買の媒介・取次ぎ・代理、取引所金融市場・外国金融商品市場における売買の委託の媒介・取次ぎ・代理、募集・私募の取扱いなど、外国債についての一定の行為、その他の一定の有価証券についての私募の取扱い・仲介業務、国債などに関する有価証券デリバティブ取引は、登録金融機関として登録すれば行うことができます。他方、株式や社債の引受け、売買の取次ぎなどのブローカレッジ業務は、登録しても認められません。

■ 投資運用業について

　投資運用業については、その性質上、証券取引行為を随伴することを踏まえて、金融機関がこれを行うことが**原則禁止**されています（33条1項本文）。例外的に、投資運用業を行うことができる場合はありますが、信託兼営金融機関（いわゆる信託銀行）が信託契約に基づき受託者として信託財産を運用する場合（同条1項ただし書）、登録金融機関として登録した上で、信託以外で投資一任業務を行う場合（33条の8）などに限られます。

■ 投資助言・代理業や有価証券等管理業務、デリバティブ取引について

　金融商品取引業には、有価証券に関係のない業務など、銀行などが取り扱うことに支障がないものも含まれていますので、この点では別の取扱いをしています。

　例えば、投資助言・代理、有価証券等管理業務については禁止する必要がないので、銀行法などの業法で認められる範囲内で、金商法上の登録金融機関としての登録をすることで行えます（33条の2）。

　また、デリバティブ取引については、有価証券関連デリバティブ取引であれば有価証券関連業に含まれますが、これに該当しないデリバティブ取引は、銀証分離規制の対象とはなりません。金商法上の登録金融機関としての登録をすることで行えます（33条の2）。

（金融機関の有価証券関連業の禁止等）

第33条 銀行、協同組織金融機関その他政令で定める金融機関（以下この条、次条及び第201条において「金融機関」という。）は、有価証券関連業又は投資運用業を行つてはならない。ただし、有価証券関連業については、金融機関が他の法律の定めるところにより投資の目的をもつて、又は信託契約に基づいて信託をする者の計算において有価証券の売買若しくは有価証券関連デリバティブ取引を行う場合は、この限りでない。

2　前項本文の規定は、金融機関が、書面取次ぎ行為（顧客の書面による注文を受けてその計算において有価証券の売買又は有価証券関連デリバティブ取引を行うことをいい、当該注文に関する顧客に対する勧誘に基づき行われるもの及び当該金融機関が行う投資助言業務に関しその顧客から注文を受けて行われるものを除く。次条第1号において同じ。）又は次の各号に掲げる有価証券若しくは取引について、当該各号に定める行為を行う場合には、適用しない。

　一～六　（略）

3　第29条の規定は、金融機関が、次に掲げる行為（以下「デリバティブ取引等」という。）のうち第28条第8項第3号から第6号までに掲げるもの（以下「有価証券関連デリバティブ取引等」という。）以外のものを業として行う場合、第2条第8項第5号に掲げる行為のうち第28条第8項第7号に掲げるもの以外のものを業として行う場合、第2条第8項第7号に掲げる行為を業として行う場合又は投資助言・代理業若しくは有価証券等管理業務を行う場合には、適用しない。

　一　市場デリバティブ取引等（市場デリバティブ取引又はこれに係る第2条第8項第2号若しくは第3号に掲げる行為をいう。）

　二　店頭デリバティブ取引等

　三　外国市場デリバティブ取引等（外国市場デリバティブ取引又はこれに係る第2条第8項第2号若しくは第3号に掲げる行為をいう。）

（金融機関の登録）

第33条の2 金融機関は、次に掲げる行為のいずれかを業として行おうとするとき、又は投資助言・代理業若しくは有価証券等管理業務を行おうとするときは、内閣総理大臣の登録を受けなければならない。

　一　書面取次ぎ行為

　二　前条第2項各号に掲げる有価証券又は取引についての当該各号に定める行為（同条第1項ただし書に該当するものを除く。）

　三　デリバティブ取引等のうち有価証券関連デリバティブ取引等以外のもの（他の法律の定めるところにより投資の目的をもつて、又は信託契約に基づいて信託をする者の計算において行うもの及び商品関連市場デリバティブ取引を除く。）又は第2条第8項第5号に掲げる行為のうち第28条第8項第7号に掲げるもの以外のもの

　四　第2条第8項第7号に掲げる行為

（信託業務を営む場合等の特例等）

第33条の8 銀行、協同組織金融機関その他政令で定める金融機関が金融機関の信託

業務の兼営等に関する法律第1条第1項の認可を受けた金融機関である場合における第33条第1項及び第2項、第33条の2並びに第52条の2第1項第4号の規定の適用については、第33条第1項中「有価証券関連業又は投資運用業」とあるのは「有価証券関連業」と、同条第2項中「行われるもの及び当該金融機関が行う投資助言業務に関しその顧客から注文を受けて行われるもの」とあるのは「行われるもの」と、第33条の2中「投資助言・代理業若しくは有価証券等管理業務」とあるのは「投資助言・代理業、投資運用業（第2条第8項第14号又は第15号に掲げる行為（これらの規定の金銭その他の財産を信託財産として所有して行うものに限る。）を行う業務を除く。以下この章において同じ。）若しくは有価証券等管理業務」と、同号中「投資助言・代理業」とあるのは「投資助言・代理業又は投資運用業」とする。

2〜3　（略）

兼業の範囲について説明してください。

A 第一種金融商品取引業者・投資運用業者は、金融商品取引業とそれに付随する業務（付随業務）を営むことができます。それ以外の業務については、業務の内容に応じて、届出または承認が必要です。これに対して、第二種金融商品取引業者や投資助言・代理業のみを行う業者には、兼業規制はありません。なお、いずれの金融商品取引業者も適用のある他の業法は遵守しなければなりません。

■ 兼業規制の対象者

　第一種金融商品取引業者と投資運用業者は、金商法の**兼業規制**の対象となり、本業（金融商品取引業）以外を営むことにつき一定の制約を受けます（35条）。これは、兼業業務（他業）の失敗がその経営の基礎を危うくし、その結果、投資家の利益が侵害される危険を回避するためです。

　ただし、小規模な投資型クラウドファンディングのみを行う第一種金融商品取引業者（第一種少額電子募集取扱業者）については、その業務の性質上、顧客を相手方としてポジションを持つことは想定されず、金銭の預託を受けるとしてもその金額が高額に及ばないことから、兼業規制は課されません（29条の4の2第3項および第4項。**Q99**参照）。

■ 金融商品取引法が定める業務

　第一種金融商品取引業・投資運用業を行う者は、金融商品取引業のほか、次に掲げる行為を業として行うこと、その他の金融商品取引業に付随する業務を行うことができます（**付随業務**。35条1項）。①有価証券の貸借またはその媒介・代理、②信用取引に付随する金銭の貸付け、③顧客から保護預りをしている有価証券を担保とする金銭の貸付け（業府令65条で定めるものに限る）、④有価証券に関する顧客の代理、⑤投資信託委託会社の投資信託受益証券に係る収益金、償還金・解約金の支払いに係る業務の代理、⑥投資法人の投資証券・投資法人債券に係る金銭の分配、払戻金・残余財産の分配または利息・償還金の支払いに係る業務の代理、⑦累積投資契約の締結（業府令

66条で定めるものに限る）、⑧有価証券に関連する情報の提供・助言（投資助言行為を除く）、⑨他の金融商品取引業者等の業務の代理（金融商品取引業および金融商品取引業に付随する業務のうち代理する金融商品取引業者が行うことができる業務に係るものに限る）、⑩登録投資法人の資産の保管、⑪他の事業者の事業の譲渡、合併、会社の分割、株式交換もしくは株式移転に関する相談に応じ、またはこれらに関し仲介を行うこと、⑫他の事業者の経営に関する相談に応じること、⑬通貨その他デリバティブ取引（有価証券関連デリバティブ取引を除く）に関連する資産として政令で定めるものの売買またはその媒介、取次ぎもしくは代理、⑭譲渡性預金その他金銭債権（有価証券に該当するものを除く）の売買またはその媒介、取次ぎもしくは代理、⑮投信法に規定する特定資産（宅地・建物を除く）その他政令で定める資産に対する投資として、運用財産（投資運用業を行う金融商品取引業者等が42条1項に規定する権利者のため運用を行う金銭その他の財産をいう）の運用を行うこと。

　さらに、近時の法改正により、⑯保有する情報の第三者への提供業務（金融商品取引業の高度化や利用者の利便の向上に資するもの）、⑰地域活性化等支援業務（金融商品取引業に係る経営資源を主として活用して行うもの）も、付随業務に含まれるようになりました。

　①〜⑰に当たらない業務であっても、本業や①〜⑰への付随性や近接性・リスクの同質性などを考慮して、「その他付随業務」として認められる余地があります。

　また、以上のような付随業務に含まれない業務であっても、一定の業務については、遅滞なく届け出を行うことにより、営むことが認められています（35条2項・3項。**届出業務**）。届出業務も多岐にわたりますが、①商品市場における取引などに係る業務、②商品の価格その他の指標に係る変動、市場間の格差などを利用して行う一定の取引業務、③貸金業その他金銭の貸付け・金銭の貸借の媒介に係る業務、④宅地建物取引業／宅地・建物の賃貸に係る業務、⑤不動産特定共同事業、⑥一定の商品投資、⑦有価証券・デリバティブ取引以外の権利への投資などです。

　付随業務、届出業務のいずれも含まれない業務については、承認を受ける必要があります（同条4項。**承認業務**）。法令上は、公益に反したり、損失の

危険の管理が困難であり投資者保護に支障を生じるということでない限り、承認されます（同条5項）。

■ 第二種金融商品取引業または投資助言・代理業のみを行う金融商品取引業者

　第二種金融商品取引業または投資助言・代理業のみを行う金融商品取引業者は、金融商品取引業（第二種金融商品取引業または投資助言・代理業に限る）のほか、他の業務を兼業することができます（35条の2第1項）。

■ 登録申請書の記載

　他の事業を行っているときは、金融商品取引業の登録を受ける際の登録申請書に、その事業の種類を記載しなければなりません（29条の2第1項7号）。また、新たに他の事業を始めるなど、登録後にこの点について変更があった場合にはその日から2週間以内に届け出なければなりません（31条1項）。

　これらの事項は、登録簿に記載され（29条の3第1項1号、31条2項）、公衆の縦覧に供されます（29条の3第2項、31条5項）。

■ その他の法規制

　金商法上、他業を営むことが認められるとしても、適用のある金商法上の規律や他の業法は遵守しなければなりません。

　金商法の規律としては、例えば、金商業や付随業務に当たらない業務（以下「金融商品取引業者その他業務」）については、弊害防止の観点から、投資者保護や取引の公正、金商業の信用失墜を来す行為が禁止されています（44条の2）。また、金融商品取引業と関連する限りで、当局の監督の対象となる可能性もあると思われます。他の業法に関しては、例えば、貸金業については、貸金業法上の登録や行為規制の遵守が必要となります。

（第一種金融商品取引業又は投資運用業を行う者の業務の範囲）
第35条　金融商品取引業者（第一種金融商品取引業又は投資運用業を行う者に限る。以下この条において同じ。）は、金融商品取引業のほか、次に掲げる行為を業として行うことその他の金融商品取引業に付随する業務を行うことができる。

金融商品取引業者の規制・自主規制機関等　第6章　311

一〜十七　（略）

2　金融商品取引業者は、金融商品取引業及び前項の規定により行う業務のほか、次に掲げる業務を行うことができる。

一〜七　（略）

3　金融商品取引業者は、前項各号に掲げる業務を行うこととなつたときは、内閣府令で定めるところにより、遅滞なく、その旨を内閣総理大臣に届け出なければならない。

4　金融商品取引業者は、金融商品取引業並びに第1項及び第2項の規定により行う業務のほか、内閣総理大臣の承認を受けた業務を行うことができる。

5　内閣総理大臣は、前項の承認の申請があつた場合には、当該申請に係る業務を行うことが公益に反すると認められるとき、又は当該業務に係る損失の危険の管理が困難であるために投資者の保護に支障を生ずると認められるときに限り、承認しないことができる。

6　金融商品取引業者は、第3項の規定により届け出た業務又は第4項の規定により承認を受けた業務を廃止したときは、遅滞なく、その旨を内閣総理大臣に届け出なければならない。

7　第1項、第2項及び第4項の規定は、金融商品取引業者が第1項各号若しくは第2項各号に掲げる業務又は第4項の承認を受けた業務を行う場合において、これらの業務に関する法律の適用を排除するものと解してはならない。

（第二種金融商品取引業又は投資助言・代理業のみを行う者の兼業の範囲）

第35条の2　金融商品取引業者（第二種金融商品取引業又は投資助言・代理業のみを行う者に限る。次項において同じ。）は、金融商品取引業（第二種金融商品取引業又は投資助言・代理業に限る。）のほか、他の業務を兼業することができる。

2　前項の規定は、金融商品取引業者が同項に規定する他の業務を兼業する場合において、当該業務に関する法律の適用を排除するものと解してはならない。

Q107

第一種金融商品取引業者・投資運用業者の主要株主規制について説明してください。

A 第一種金融商品取引業者と投資運用業者は、主要株主が不適格である場合には登録が認められず、登録後において主要株主が不適格となった場合には、主要株主が株式の売却を命じられることもあります。

■ 金融商品取引業者の主要株主規制

　第一種金融商品取引業者および投資運用業者については、健全性を確保する必要性が高く、その経営に実質的な影響力を有する主要株主も、規制の対象とされています。これは、金融商品取引所の主要株主規制（Q130参照）や上場会社の主要株主（Q136〜Q138参照）に対する規制とは全く違うものです。第一種金融商品取引業者または投資運用業者の「主要株主」とは、会社の総株主などの議決権の20％（役員派遣など会社の財務および業務の方針の決定に対して重要な影響を与えることが推測される事実として内閣府令で定める事実（業府令15条）がある場合には、15％）以上の数の議決権を保有している者をいいます（29条の4第2項）。第一種金融商品取引業者または投資運用業者の登録をする場合、一定の刑罰が科された主要株主がいる場合など、主要株主（外国会社が登録する場合、主要株主に準ずる者）についての登録拒否事由が定められています（29条の4第1項5号ニ〜ヘ）。

　金融商品取引業者（外国法人を除く）の主要株主となった者は、対象議決権保有届出書を遅滞なく提出しなければなりません（32条）。金融当局は、第一種金融商品取引業者または投資運用業者の主要株主が**不適格である場合**（登録拒否事由の一部に該当する場合）には、当該主要株主に対し3カ月以内の期間を定めて当該金融商品取引業者の主要株主でなくなるための措置その他必要な措置をとることを命ずることができます（**株式売却命令等**。32条の2第1項）。主要株主は、主要株主でなくなったときは、遅滞なく届出をしなければなりません（32条の3第1項）。

　さらに、金融当局は、公益・投資者保護のため必要かつ適当であると認めるときは、金融商品取引業者（第一種金融商品取引業または投資運用業を行

う者に限り、外国法人を除く）の主要株主およびかかる金融商品取引業者を
子会社とする持株会社の主要株主に対し参考となるべき報告・資料の提出を
命じ、または当該職員に当該主要株主の書類その他の物件の検査をさせるこ
とができます（56条の2第2項）。

　なお、主要株主の該当性判断においては、議決権の保有者と一定の関係に
ある者も議決権を保有しているとみなされるのであり、例えば、直接の株主
のみならず、その親会社なども主要株主に該当します（29条の4第5項）。ま
た、第一種金融商品取引業者または投資運用業者を子会社とする持株会社の
主要株主に対しても同様の規制が適用されます（32条の4）。

■ 特定主要株主に対する規制

　主要株主の中でも、議決権割合が50％超になると、株主総会の意思を左右
することができ、第一種金融商品取引業者または投資運用業者に対してさら
に大きな影響力を有することになるため、そのような者は「特定主要株主」
（32条4項）として、追加的な規制が課されます。

　主要株主が、特定主要株主に該当することになり、または、特定株主でな
くなった場合は、遅滞なく届出が必要です（32条3項、32条の3第2項）。ま
た、金融当局は、特定主要株主の業務や特定主要株主・子法人等の財産の状
況に照らして公益または投資者保護のため特に必要があると認められる場
合、その必要の限度において、金融商品取引業者の業務の運営または財産の
状況の改善に必要な措置をとるよう、特定主要株主に命じることができ、さ
らにその命令違反の場合は、3カ月以内の期間を定めて当該金融商品取引業
者の主要株主でなくなるための措置その他必要な措置をとることを命ずるこ
とができます（32条の2第2項・3項）。

　なお、特別主要株主の該当性の判断においても、議決権の保有者と一定の
関係にある者も議決権を保有しているとみなされます（32条5項、29条の4
第5項）。

■ 連結規制・監督

　大規模な第一種金融商品取引業者（外国法人を除く）は、「特別金融商品
取引業者」となり、当該業者とその子法人等について、グループベースでの

314

規制・監督が及びます（川下連結。57条の2以下）。さらに、特別金融商品取引業者のうち、グループ一体で金融業務を行っていると認められ、その経営管理等を行う親会社が金融当局から「指定親会社」として指定された場合、当該指定親会社を含むグループベースでの規制・監督が及ぶことになります（川上連結。57条の12以下）。

（登録の拒否）

第29条の4 内閣総理大臣は、登録申請者が次の各号のいずれかに該当するとき（……）は、その登録を拒否しなければならない。

　一～四　（略）

　五　第一種金融商品取引業または投資運用業を行おうとする場合にあつては、次のいずれかに該当する者

　　イ～ハ　（略）

　　ニ　個人である主要株主（登録申請者が持株会社の子会社であるときは、当該持株会社の主要株主を含む。ホ及びへにおいて同じ。）のうちに次のいずれかに該当する者のある法人（外国法人を除く。）

　　　⑴　心身の故障により株主の権利を適切に行使することができない者として内閣府令で定める者（……）

　　　⑵　第2号ロからリまでのいずれかに該当する者

　　ホ　法人である主要株主のうちに次のいずれかに該当する者のある法人（外国法人を除く。）

　　　⑴　第1号イ又はロに該当する者

　　　⑵　第1号ハに規定する法律の規定又はこれらに相当する外国の法令の規定に違反し、罰金の刑（これに相当する外国の法令による刑を含む。）に処せられ、その刑の執行を終わり、又はその刑の執行を受けることがなくなつた日から5年を経過しない者

　　　⑶　法人を代表する役員のうちに次のいずれかに該当する者のある者

　　　　（イ）　心身の故障により株主の権利を適切に行使することができない者として内閣府令で定める者

　　　　（ロ）　第2号ロからリまでのいずれかに該当する者

　　ヘ　主要株主に準ずる者が金融商品取引業の健全かつ適切な運営に支障を及ぼすおそれがない者であることについて、外国の当局（第189条第1項に規定する外国金融商品取引規制当局その他政令で定める外国の法令を執行する当局をいう。）による確認が行われていない外国法人

　六～七　（略）

2～6　（略）

（対象議決権保有届出書の提出等）

第32条 金融商品取引業者（第一種金融商品取引業又は投資運用業を行う者に限り、

外国法人を除く。以下この款において同じ。）の主要株主（……）となつた者は、内閣府令で定めるところにより、対象議決権保有割合（……）、保有の目的その他内閣府令で定める事項を記載した対象議決権保有届出書を、遅滞なく、内閣総理大臣に提出しなければならない。

2　前項の対象議決権保有届出書には、第29条の4第1項第5号ニ（1）及び（2）並びにホ（1）から（3）までに該当しないことを誓約する書面その他内閣府令で定める書類を添付しなければならない。

3　金融商品取引業者の特定主要株主以外の主要株主は、当該金融商品取引業者の特定主要株主となつたときは、内閣府令で定めるところにより、遅滞なく、その旨を内閣総理大臣に届け出なければならない。

4　前項の「特定主要株主」とは、会社の総株主等の議決権の100分の50を超える対象議決権を保有している者をいう。

5　第29条の4第5項の規定は、前項の規定を適用する場合について準用する。

（主要株主に対する措置命令等）
第32条の2　内閣総理大臣は、金融商品取引業者の主要株主が第29条の4第1項第5号ニ（1）若しくは（2）又はホ（1）から（3）までのいずれかに該当する場合には、当該主要株主に対し3月以内の期間を定めて当該金融商品取引業者の主要株主でなくなるための措置その他必要な措置をとることを命ずることができる。

2　内閣総理大臣は、金融商品取引業者の特定主要株主（……）の業務又は財産の状況（当該特定主要株主が法人である場合にあつては、当該特定主要株主の子法人等（……）の財産の状況を含む。）に照らして公益又は投資者保護のため特に必要があると認めるときは、その必要の限度において、当該特定主要株主に対し、当該金融商品取引業者の業務の運営又は財産の状況の改善に必要な措置をとることを命ずることができる。

3　内閣総理大臣は、金融商品取引業者の特定主要株主が前項の規定による命令に違反した場合には、当該特定主要株主に対し3月以内の期間を定めて当該金融商品取引業者の主要株主でなくなるための措置その他必要な措置をとることを命ずることができる。

（主要株主でなくなつた旨の届出等）
第32条の3　金融商品取引業者の主要株主は、当該金融商品取引業者の主要株主でなくなつたときは、遅滞なく、その旨を内閣総理大臣に届け出なければならない。

2　金融商品取引業者の特定主要株主は、当該金融商品取引業者の特定主要株主以外の主要株主となつたときは、内閣府令で定めるところにより、遅滞なく、その旨を内閣総理大臣に届け出なければならない。

（主要株主に関する規定の準用）
第32条の4　第32条第1項及び第2項、第32条の2第1項並びに前条第1項の規定は、金融商品取引業者を子会社（……）とする持株会社（……）の株主又は出資者について準用する。

Q108

外国証券業者に対する規制について説明してください。

A 原則として、外国証券業者は、有価証券関連業に該当しうる行為を行ってはいけません。業として行わない場合でも禁止されます。例外的に、投資家の属性や行為の態様によっては、有価証券関連業に該当する行為を行うことができる場合があります。

■ 金融商品取引法の国際的適用範囲

　日本において法規制の対象となっている行為を外国から直接日本にいる相手方との間で行う場合の取扱いについては、必ずしも明確ではありませんが、通常、日本の投資者・顧客保護の観点から日本の規制に服すると考えられています（**Q101**参照）。

■ 外国証券業者とは

　外国証券業者とは、金融商品取引業者、銀行、協同組織金融機関その他政令で定める金融機関以外の者で、外国の法令に準拠し、外国において**有価証券関連業**を行う者を指します（58条、施行令1条の9）。有価証券関連業については**Q88**参照。「外国の法令に準拠し」とは、外国で認可を受けたり、登録を受けたりしていることまで意味するわけではなく、外国で「適法に」有価証券関連業を行っていることを意味します。有価証券関連業を行う場所は、設立準拠法国に限られません。金融商品取引業者等は、外国証券業者から除外されます。

　外国証券業者に該当すると、以下のとおり、原則として、業としてではない単発の行為であっても、国内の相手方に対して行うことが禁止される一方、特別な例外があり、投資家の属性や行為の態様によっては登録なく有価証券関連業を行うことが許容されます。

　なお、外国証券業者に該当しない場合は、この特別な例外の適用はないため、国内の相手方に対して有価証券関連業を行う以上、基本的に登録を要することになります。

金融商品取引業者の規制・自主規制機関等｜第6章

■ 登録を行っていない場合

外国証券業者は、有価証券関連業について登録を受けて、金融商品取引業者となれば、当然、この業務を行うことができます。しかし、このような登録を行っていない場合には、原則として、有価証券関連業に該当する行為をすることができないので注意が必要です（58条の2）。すなわち、58条の2は、28条8項各号に掲げる行為を行ってはならないと定めており、28条8項柱書きに記載の「業として行うこと」を指してはいないのです。

したがって、海外の証券業者が国内の者を相手方として、このような行為を行う場合には、1回で終了する行為であっても、例外に該当するか否かを検討しなければなりません。例外については、59条以下で定められる引受業務の許可、取引所取引業務の許可を受けた場合、**有価証券関連業を行う者を相手方とする場合**のほか、施行令17条の3、業府令209条以下に定められています。

なお、この例外との関係で、国内の証券会社が介在して、外国証券業者と国内の発行者・投資者などとの間で業務が行われることがありますが、規制される金融商品取引業者が介在している場合には、この外国証券業者についての規制には抵触しないことが多いと思われます。

■ 金融商品取引行為を行わない者の届出義務

外国証券業者が、有価証券および有価証券に係る金融指標の市場に関する情報の収集・提供その他金融商品取引等に関連のある業務で内閣府令で定めるもの（業府令233条1項）を行うため、国内において**駐在員事務所**その他の施設を設置しようとする場合（他の目的をもって設置している施設において当該業務を行おうとする場合を含む）には、あらかじめ届け出なければなりません（62条1項）。またこのような業務については、金融当局の報告・資料提出命令の対象になります（62条2項）。

（定　義）
第58条　この節において「外国証券業者」とは、金融商品取引業者及び銀行、協同組織
　金融機関その他政令で定める金融機関以外の者で、外国の法令に準拠し、外国におい
　て有価証券関連業を行う者をいう。

（外国証券業者が行うことのできる業務）

第58条の2 外国証券業者は、国内にある者を相手方として第28条第8項各号に掲げる
行為を行つてはならない。ただし、金融商品取引業者のうち、有価証券関連業を行う
者を相手方とする場合（当該外国証券業者がその店頭デリバティブ取引等の業務の用
に供する電子情報処理組織を使用して特定店頭デリバティブ取引又はその媒介、取次
ぎ（有価証券等清算取次ぎを除く。）若しくは代理を行う場合を除く。）その他政令で
定める場合は、この限りでない。

Q109

外国においてファンドマネジャーの業務を行う者も規制されますか。

A 海外において設立された法人・海外に居住する個人であっても、日本にいる者を相手方として金融商品取引業を行う場合には、日本の規制を受けます。しかし、相手方が金融商品取引業者のうち投資運用業を行う者など一定の場合には、登録なしに行うことができます。

■ 日本の規制の対象に

　従来、日本において法規制の対象となっている行為を外国から直接日本にいる相手方との間で行う場合の取扱いについては、必ずしも明確ではありませんが、通常、日本の投資者・顧客保護の観点から日本の規制に服すると考えられています（**Q101**参照）。

■ 金融商品取引法の規定

　金商法においても日本の投資家から運用を任される場合には、原則として、金商法の適用を受けると解されます。

　もっとも、金商法においては、外国の法令に準拠して設立された法人で外国において投資運用業（ファンドの業務執行組合員など**Q79**の「■　金融商品取引業の全体像」の⑮の業務に限る）を行う者は、29条の登録を受けずに、金融商品取引業者のうち⑮の投資運用業を行う者および登録金融機関のうち投資運用業を行う者のみを相手方として投資運用業を行うことができます（61条1項、施行令17条の11第1項）。ただし、⑮の業務を行う者はその業務に限ります。この場合において、相手方が適格機関投資家等に限られる適格機関投資家等特例業務に該当した場合でも、事前届出は不要です（61条3項）（**Q111**参照）。なお、外国の私募ファンドについて**Q98**参照。

　このほか、類似の業務について、次のような登録免除が認められています。まず、外国の法令に準拠して設立された法人・外国に住所を有する個人で外国において投資助言業務を行う者は、29条の登録を受けずに、金融商品取引業者のうち投資運用業を行う者および登録金融機関（信託銀行）のうち投資

320

運用業を行う者のみを相手方として投資助言業務を行うことができます（61条2項、施行令17条の11第2項）。

　また、外国の法令に準拠して設立された法人で外国において投資運用業（Q79の「■　金融商品取引業の全体像」の⑫に掲げる行為を投資一任契約に基づき行う業務に限る）を行う者は29条の登録を受けずに、金融商品取引業者のうち投資運用業を行う者および登録金融機関のうち投資運用業を行う者のみを相手方として投資運用業を行うことができます（61条1項、施行令17条の11第1項）。

　なお、日本で金融商品取引業者として登録すると、上記の外国自己運用業者、外国投資助言業者、外国投資運用業者の特例は、利用できないことになります（ただし、外国自己運用業者、外国投資運用業者については、投資助言・代理業の登録のみであれば、問題ありません）。

第5款　外国において投資助言業務又は投資運用業を行う者

第61条　外国の法令に準拠して設立された法人又は外国に住所を有する個人で外国において投資助言業務を行う者（第29条の登録を受けた者を除く。）は、同条の規定にかかわらず、金融商品取引業者のうち投資運用業を行う者その他政令で定める者のみを相手方として投資助言業務を行うことができる。

2　外国の法令に準拠して設立された法人で外国において投資運用業（第2条第8項第12号に掲げる行為を投資一任契約に基づき行う業務に限る。以下この項において同じ。）を行う者（第29条の2第1項第5号に規定する業務の種別のうち、投資助言・代理業以外のものについて第29条の登録を受けた者を除く。）は、同条の規定にかかわらず、金融商品取引業者のうち投資運用業を行う者その他政令で定める者のみを相手方として投資運用業を行うことができる。

3　外国の法令に準拠して設立された法人で外国において投資運用業（第2条第8項第15号に掲げる行為を行う業務に限る。）を行う者（第29条の2第1項第5号に規定する業務の種別のうち、投資助言・代理業以外のものについて第29条の登録を受けた者を除く。）は、同条の規定にかかわらず、金融商品取引業者のうち投資運用業を行う者その他政令で定める者のみを相手方として投資運用業（第2条第8項第15号に掲げる行為を行う業務に限る。）を行うことができる。この場合において、第63条第2項並びに第63条の3第1項及び第3項の規定は、適用しない。

4　前2項の規定の適用を受ける者であつて第29条の2第1項第5号に規定する業務の種別のうち投資助言・代理業のみについて第29条の登録を受けた者が前2項の規定により行うことができるとされる業務を行う場合においては、この章第2節第1款及び第3款の規定は、適用しない。

金融商品取引業者の規制・自主規制機関等　第6章　321

Q110

プロ向け投資運用業者の規制について説明してください。

A プロ投資家のみのために比較的小規模な投資運用業を行う場合、登録要件が緩和されます。

■ 登録要件の緩和

　投資運用業は、顧客の財産に直接関与する特殊な業務であることから、登録のために満たすべき要件が厳格です。登録できるのは、原則として、取締役会および監査役または委員会（監査等委員会もしくは指名委員会等）を置く株式会社や、取締役会設置会社と同種類の外国会社に限られており、資本金・純資産が5,000万円以上であることも必要となります。（**Q102**参照）。

　このような厳格な登録要件が新規参入の障壁となっているという指摘もあり、新規参入促進のために2011年に法改正が行われ、**プロ投資家**向けの投資運用業については、**運用財産総額が一定額以下**であれば、登録要件が緩和されています（29条の5第1項）。

■ 投資家の属性

　プロ向けの投資運用業者の登録要件が緩和される理由は、投資家がプロであれば、投資判断の能力が高く、投資運用業者における高度な財産的基礎の確保などにより、投資家を保護する必要性が相対的に低下するためです。

　この制度におけるプロは「適格投資家」と呼ばれており、その範囲は、金商法の他の規制におけるプロよりも幅広く、適格機関投資家（**Q21**参照）や特定投資家（**Q22**参照）に加えて、特定投資家に準ずる者や金融商品取引業者と密接な関係を有する者も含まれます（29条の5第3項）。

　なお、形式的にプロ投資家であっても、その背後にプロでない投資家が存在するファンドは、実質的な投資者保護に欠けることから、基本的にプロとは扱われません（29条の5第4項）。また、行為規制との関係では、顧客の申し出により、特定投資家が一般投資家として、あるいは反対に、一般投資家が特定投資家として、取り扱われることがありますが（**Q115**参照）、登録要

322

件緩和に関しては、そのような顧客の申出による取扱いは考慮せず、プロ該当性が判断されます（34条の2第5項・8項、34条の3第4項・6項）。

■ 運用財産総額の上限

登録要件緩和が認められるのは、運用財産総額が200億円以下である場合に限られています（施行令15条の10の5）。これは、資本金・純資産要件が緩和されると、投資運用業者が投資者保護のために確保できる資力や信用にも限度があることを踏まえたものです。また、規模が大きい場合には、取引の公正や信用の失墜を回避するため、通常どおり厳格な登録拒否要件を課す必要性が高い点も考慮されました。

運用財産総額は、個々の投資家のために運用する財産の評価額の合計を基準に判断されます。有価証券やデリバティブ以外の財産も、投資運用業に係る投資家のために運用するのであれば、基本的には合計されます。他方、金商法の適用を受けない、または金商業から除外される運用に係る財産は含まれないと考えられますが、個別事例ごとに実態に即して実質的に判断する必要があります。

■ 登録要件の緩和等

上記の投資家属性と運用資産総額上限の両方を満たすことにより、適格投資家向け投資運用業者として、緩和された要件の下で登録できます。

すなわち、国内法人が適格投資家向け投資運用業を営む場合、株式会社であることは必要ですが、通常の投資運用業と異なり、**取締役会の設置は不要**であり、監査役または委員会が設置されていれば足りることになります（29条の5第1項）。外国法人については、監査役設置会社や委員会設置会社と同種類の法人であることが求められるものの、監査役や委員会と呼ばれる機関が設置されないとしても、同程度のガバナンスが働くのであれば、適格投資家向け投資運用業として認められる余地があります。

また、適格投資家向け投資運用業の資本金・純資産については、**1,000万円**で要件を満たすことができます（施行令15条の7第7号）。人的構成要件についても、監督指針において、明確化や緩和が図られています。

金融商品取引業者の規制・自主規制機関等 | 第6章 | 323

■ 継続的な要件の充足

上記の要件は継続的に満たす必要があり、途中で要件を満たさなくなった場合には、登録義務違反のおそれがあります。そのため、適格投資家向け投資運用業は、プロ以外の投資家のためにサービスを提供したり、運用資産総額が上限を超えたりしないよう、投資家属性や転売制限の確認その他の必要かつ適切な管理体制を整備することが求められます。また、もしもプロ以外が権利者となり、あるいは上限を超えた場合には、速やかに、プロへの譲渡を促したり、小規模な運用にとどめるための措置を講じること、または、一般の投資運用業への変更登録を行うことを要します。

■ 販売勧誘に関する規制緩和

適格投資家向け投資運用業者が行うファンドの有価証券の勧誘についても、規制緩和がなされています。

すなわち、投資信託や外国投資信託の受益証券など一定のファンドの有価証券の販売勧誘については、当該ファンドの投資信託委託会社が行う場合には第二種金融商品取引業ですが、当該ファンドについて投資一任契約により運用権限の委託を受けた投資運用業者が行う場合、第一種金融商品取引業に該当し、厳格な登録要件を満たす必要があります（**Q102**参照）。

しかしながら、適格投資家向け投資運用業者が、運用権限の全部の委託を受け、私募の取扱いのみを行う場合には、転売制限など一定の条件を満たせば、第二種金融商品取引業とみなされ、第一種金融商品取引業より緩和された要件の下で、販売勧誘を行うことができます（29条の5第2項）。

■ その他の新規参入の促進

以上の適格投資家向け投資運用業は、プロ向けの比較的小規模な投資運用業に登録要件の緩和を認めるものですが、プロ向け以外についても、2024年改正（施行日については**Q3**参照）により登録要件が緩和されうる新たな制度が設けられています（**Q102**参照）。新たな制度の詳細は政府令に委ねられており、その内容が注目されます。

（適格投資家に関する業務についての登録等の特例）
第29条の5　第29条の登録又は第31条第4項の変更登録を受けようとする者が投資運
　用業のうち次に掲げる全ての要件を満たすもの（以下この条において「適格投資家向
　け投資運用業」という。）を行おうとする場合における適格投資家向け投資運用業につ
　いての……規定の適用については、第29条の2第1項第5号中「投資運用業の種別」
　とあるのは「投資運用業の種別（第29条の5第1項に規定する適格投資家向け投資運
　用業にあつては、これに該当する旨を含む。）」と、第29条の4第1項第5号イ中「取締
　役会及び監査役」とあるのは「監査役」と、「取締役会設置会社」とあるのは「監査役
　設置会社、監査等委員会設置会社若しくは指名委員会等設置会社」とする。
　　一　全ての運用財産（……）に係る権利者（……）が適格投資家のみであること。
　　二　全ての運用財産の総額が投資運用業の実態及び我が国の資本市場に与える影響そ
　　　の他の事情を勘案して政令で定める金額を超えないものであること。
2　適格投資家向け投資運用業を行うことにつき第29条の登録又は第31条第4項の変更
　登録を受けた金融商品取引業者が第2条第8項第12号ロに掲げる契約に基づき次に掲
　げる有価証券に表示される権利を有する者から出資又は拠出を受けた金銭その他の財
　産の運用を行う権限の全部の委託を受けた者である場合におけるこの法律その他の法
　令の規定の適用については、当該金融商品取引業者が適格投資家を相手方として行う
　当該有価証券の私募の取扱い（……）を行う業務は、第二種金融商品取引業とみなす。
　　一　第2条第1項第10号に掲げる有価証券
　　二　第2条第1項第11号に掲げる有価証券
　　三　第2条第1項第14号に掲げる有価証券又は同項第17号に掲げる有価証券（同項第
　　　14号に掲げる有価証券の性質を有するものに限る。）
　　四　第2条第1項第21号に掲げる有価証券のうち、同条第8項第14号又は第15号に規
　　　定する政令で定める権利を表示するもの
　　五　前各号に掲げる有価証券に表示されるべき権利であつて、第2条第2項の規定に
　　　より有価証券とみなされるもの
3　第1項第1号及び前項の「適格投資家」とは、特定投資家その他その知識、経験及
　び財産の状況に照らして特定投資家に準ずる者として内閣府令で定める者又は金融商
　品取引業者（……）と密接な関係を有する者として政令で定める者をいう。
4　第1項及び第2項の規定の適用については、次に掲げる者は、前項に規定する適格
　投資家に該当しないものとみなす。
　　一　その発行する資産対応証券（……）を適格投資家（……）以外の者が取得してい
　　　る特定目的会社（……）
　　二　有価証券に対する投資事業に係る契約その他の法律行為（当該契約その他の法律
　　　行為に基づく権利が第2条第2項第5号又は第6号に掲げる権利に該当するものに限
　　　る。）で適格投資家以外の者を相手方とするものに基づき当該相手方から出資又は
　　　拠出を受けた金銭その他の財産を充てて当該投資事業を行い、又は行おうとする者
　　　（当該投資事業に係る財産の運用が第34条に規定する金融商品取引業者等（投資運
　　　用業を行う者に限る。）その他の政令で定める者により行われる場合を除く。）
　　三　前2号に掲げる者に準ずる者として内閣府令で定める者
5　（略）

Q111

プロ向けファンドの規制について
説明してください。

A 適格機関投資家等を相手方とするファンドの資産運用業務や私募については、登録せずに行うことができます。この場合には当該組合においてかかる業務を行う無限責任組合員、ジェネラル・パートナーなど（以下「GP等」）による事前の届出が必要です。

登録なしで可能なこと

金商法においてそれぞれ自己募集および自己運用として登録が必要な業務については、一定の要件を満たした場合、GP等により事前届出をすることにより行うことができます（63条、施行令17条の12）。この届出者であるGP等は報告・資料提出命令の対象となり、また検査の対象になります（63条の6）。欠格事由がある場合には届出できません（63条7項）。

分かりにくい規定になっていますが、**適格機関投資家は最低1名**必要で、それ以外の**一定の要件を満たした適格機関投資家以外の投資家が49名**までであれば概ね認められます。ただし、1名でも不適格投資家が含まれると認められません。

自己募集

金商法は、政令で定める一定の要件を満たした適格機関投資家以外の者（以下「一般投資家」。その数が49以下の場合に限る）および適格機関投資家を「**適格機関投資家等**」と定めています。この適格機関投資家等で不適格投資家である次のイ〜ハのいずれにも該当しない者を相手方として行う集団投資スキーム持分に係る私募である必要があります。

　イ　その発行する資産対応証券（資産流動化法2条11項に規定する資産対応証券をいう）を適格機関投資家以外の者が取得している特定目的会社（同条3項に規定する特定目的会社をいう）

　ロ　2条2項5号または6号に掲げる権利に対する投資事業に係る匿名組合契約（商法535条に規定する匿名組合契約をいう）で、適格機関投資家

以外の者を匿名組合員とするものの営業者または営業者になろうとする
者

ハ　イまたはロに掲げる者に準ずる者として内閣府令に定める者（業府令
235条）。

政令で定める一定の要件を満たした一般投資家としては、上場会社やその
子会社などの投資判断能力を有する者、対象ファンドと密接な関係を有する
者その他が規定されています（施行令17条の12、業府令233条の2以下）。当
該ファンドがベンチャー・ファンドなどのファンドで一定の要件（施行令17
条の12第2項、業府令233条の4）を満たす場合、投資できる一般投資家の
範囲が広がります（いわゆるベンチャー・ファンド特例。業府令233条の3）。

もっとも、対象となる適格機関投資家の全てが投資事業有限責任組合（借
入金を除く運用資産の総額が5億円以上であると見込まれるものを除く）で
ある場合や投資額の2分の1以上がGP等の一定の関係者である場合なども特
例は認められません（業府令234条の2第1項）。さらに、一定の**転売制限**を
付す必要があります。すなわち、適格機関投資家については一般投資家への
譲渡禁止が付され、一般投資家については一括転売以外の転売禁止が付され
ることが条件となります。

届出のタイミングについては、本来、勧誘行為をする前に必要なようにも
思えますが、実務上、投資家と契約を締結する以前に届出をすれば足りま
す。届出書に適格機関投資家の名前を記載しなければならないことになって
おり、投資する適格機関投資家が事実上判明した段階で届出することが多い
です。

届出した後に届出事項に変更が生じた場合には変更届出を行います。投資
対象が主として有価証券やデリバティブでない場合など、以下の自己運用を
届出業務として行わず、投資家との契約が締結終了し、以後自己募集を行わ
ない場合には、速やかに廃止届出を提出することになります。

■ 自己運用

当該ファンドが主として有価証券やデリバティブに運用している場合には
原則として、業者登録が必要ですが、自己募集と同様の要件を満たしている
場合、事前に届出をすれば登録は不要です。

■ 登録している業者の取扱い

　登録している金融商品取引業者等は、これらの業務についての登録をしていなかったとしても、届出をして行うことができます（63条の3第1項）。これらについては、金融商品取引業者等が行う場合であっても、特定投資家を相手方とする場合と同じように行為規制について幅広い例外が認められています（63条の3第3項）。

■ 業者規制

　適格機関投資家等特例業務を行う者には、事業報告書の提出義務や登録業者と同様の一定の業者規制が課されています。この観点から、投資家が特定投資家に限定されているか否かによって、GP等の負担には差がでます。

　上記の廃止届出を提出すると、それ以後業者規制には服さなくてよいことになります。

（適格機関投資家等特例業務）
第63条　次の各号に掲げる行為については、第29条及び第33条の2の規定は、適用しない。
一　適格機関投資家等（適格機関投資家以外の者で政令で定めるもの（その数が政令で定める数以下の場合に限る。）及び適格機関投資家をいう。以下この条において同じ。）で次のいずれにも該当しない者を相手方として行う第2条第2項第5号又は第6号に掲げる権利に係る私募（適格機関投資家等（次のいずれにも該当しないものに限る。）以外の者が当該権利を取得するおそれが少ないものとして政令で定めるものに限り、投資者の保護に支障を生ずるおそれがあるものとして内閣府令で定めるものを除く。）
　イ　その発行する資産対応証券（資産の流動化に関する法律第2条第11項に規定する資産対応証券をいう。）を適格機関投資家以外の者が取得している特定目的会社（同条第3項に規定する特定目的会社をいう。）
　ロ　第2条第2項第5号又は第6号に掲げる権利に対する投資事業に係る匿名組合契約（商法第535条に規定する匿名組合契約をいう。）で、適格機関投資家以外の者を匿名組合員とするものの営業者又は営業者になろうとする者
　ハ　イ又はロに掲げる者に準ずる者として内閣府令で定める者
二　第2条第2項第5号又は第6号に掲げる権利（同一の出資対象事業（同項第5号に規定する出資対象事業をいう。）に係る当該権利を有する者が適格機関投資家等（前号イからハまでのいずれにも該当しないものに限る。）のみであるものに限る。）を有する適格機関投資家等から出資され、又は拠出された金銭（これに類するもの

として政令で定めるものを含む。）の運用を行う同条第8項第15号に掲げる行為（投資者の保護に支障を生ずるおそれがあるものとして内閣府令で定めるものを除く。）

2　適格機関投資家等特例業務（前項各号に掲げる行為のいずれかを業として行うことをいう。以下同じ。）を行う者（金融商品取引業者等を除く。）は、あらかじめ、内閣府令で定めるところにより、次に掲げる事項を内閣総理大臣に届け出なければならない。

一～九　（略）

3～13　（略）

Q112

外務員について説明してください。

A 金融商品取引業者等の役員または使用人のうち、その金融商品取引業者等のために一定の行為を行う者は外務員登録をしなければならず、登録を受けた外務員しかその職務を行ってはいけません。店舗内で勤務している人も外務員に当たる可能性があります。

■ 外務員の職務

外務員とは、勧誘員、販売員、外交員その他いかなる名称を有する者であるかを問わず、金融商品取引業者等の役員または使用人のうち、その金融商品取引業者等のために次のⅠ～Ⅲに掲げる行為を行う者をいいます。

Ⅰ　有価証券（集団投資スキーム持分のように2条2項の規定により有価証券とみなされる同項各号に掲げる権利を除く）に係る次の（イ）および（ロ）の行為

（イ）　①売買、②売買の媒介・取次ぎ・代理、③取引所金融市場・外国金融商品市場における売買の委託の媒介・取次ぎ・代理、⑤有価証券等清算取次ぎ、⑧売出し、⑨募集・売出し・私募の取扱い

（ロ）　①売買またはその媒介、取次ぎ（有価証券等清算取次ぎを除く）・代理の申込みの勧誘、②国内・外国市場デリバティブ取引またはその媒介、取次ぎ（有価証券等清算取次ぎを除く）・代理の申込みの勧誘、③国内・外国市場デリバティブ取引の委託の勧誘

Ⅱ　次の（イ）および（ロ）に掲げる行為

（イ）　④店頭デリバティブ取引、店頭デリバティブ取引の媒介・取次ぎ・代理、⑥有価証券の引受け、⑩PTS（私設取引システム）

（ロ）　店頭デリバティブ取引等の申込みの勧誘

Ⅲ　Ⅰ、Ⅱに掲げるもののほか、政令で定める行為（施行令17条の14）

この行為を行う者はあらかじめ内閣府令で定める場所に備える外務員登録原簿に登録を受けなければなりません。店舗内でこれらの行為を行う場合も含まれます（金融商品取引業者等向けの総合的な監督指針Ⅳ-4-3など参照）。登録事項や拒否要件については法令に定められています。

■ 金融商品取引業者等の義務など

金融商品取引業者等は、登録を受けた者以外の者に外務員の職務を行わせてはいけません。外務員は、その所属する金融商品取引業者等に代わって、右に記載の行為に関し、一切の裁判外の行為を行う権限を有するものとみなされます（ただし、相手方が悪意であった場合を除きます）。

■ 外務員に対する規制

外務員は監督上の処分の対象になり、法令違反などをした場合、登録が取り消されることもあります（64条の5）。日本証券業協会のような金融商品取引業協会の規則に従って処分されることもありえます（日本証券業協会「協会員の外務員の資格、登録等に関する規則」参照）。

（外務員の登録）

第64条 金融商品取引業者等は、勧誘員、販売員、外交員その他いかなる名称を有する者であるかを問わず、その役員又は使用人のうち、その金融商品取引業者等のために次に掲げる行為を行う者（以下「外務員」という。）の氏名、生年月日その他内閣府令で定める事項につき、内閣府令で定める場所に備える外務員登録原簿（以下「登録原簿」という。）に登録を受けなければならない。

　　一～三　（略）

2　金融商品取引業者等は、前項の規定により当該金融商品取引業者等が登録を受けた者以外の者に外務員の職務（同項各号に掲げる行為をいう。以下同じ。）を行わせてはならない。

3　第1項の規定により登録を受けようとする金融商品取引業者等は、次に掲げる事項を記載した登録申請書を内閣総理大臣に提出しなければならない。

　　一～四　（略）

4～6　（略）

金融商品取引業者の規制・自主規制機関等 ｜ 第6章 ｜ **331**

Q113

金融商品仲介業者の登録・業務規制について説明してください。

A 金融商品仲介業者の登録要件は、一般の金融商品取引業と比べて緩和されています。直接顧客と接することを踏まえて、一定の行為規制の適用も受けます。

■ 登録手続

金融商品仲介業の定義や概論については**Q81**参照。

前述のとおり、金融商品仲介業を行う場合にも、金融商品取引業と同様に登録をしなければなりません（66条）。しかし、その登録の要件は**一般の金融商品取引業と比べて緩和**されています。登録申請書には、①商号、名称、氏名（個人でもよい）、②法人であるときは、その役員の氏名・名称、③金融商品仲介業を行う営業所・事務所の名称および所在地、④委託を受ける金融商品取引業者（第一種金融商品取引業・投資運用業を行う者に限る）または登録金融機関の商号・名称、⑤他に事業を行っているときは、その事業の種類、⑥その他内閣府令で定める事項を記載し、業務方法書や定款などの書類を添付します（66条の2、業府令257条以下）。登録拒否事由に該当しなければ、金融商品仲介業者登録簿に登録されます（66条の3、66条の4）。

■ 業務の規制

金融商品仲介業者は、**所属金融商品取引業者等**の委託を受けて行う金融商品仲介行為以外の金融商品取引行為を行うことはできません（66条の12）。この禁止されている行為には業として行わない場合も含まれるので、注意が必要です。また、金融商品仲介業者は、金融商品仲介業に関して、顧客から金銭・有価証券の預託を受け、また密接な関係のある者に預託を受けさせることはできません（66条の13）。その他、金融商品仲介業者も直接顧客と接することから、金融商品取引業者と同様の規制がかかっています。顧客に対する誠実義務（66条の7）、標識の掲示（66条の8）、名義貸しの禁止（66条の9）、広告等の規制（66条の10）、商号等の明示（66条の11）などです。

損失補塡等の禁止（66条の15）や虚偽告知など禁止行為の規定（66条の14）、特定投資家向け有価証券の売買の媒介等の制限（66条の14の2）についても適用があります。

金融当局からの直接の監督も受けます（66条の19以下）。登録取消などの監督上の処分を受けたり、報告命令などの対象にもなります。外務員についても適用があり、金融商品仲介業務の外務員であっても登録が必要です（66条の25）。

自主規制に関しては、金融商品仲介業者は、金融商品取引業協会の協会員・会員にはならず、直接その規制の対象にはなりませんが、間接的な規制に服します（68条、77条など）。所属金融商品取引業者等のいずれかは、金融商品取引業協会に加入していなければ登録拒否されることになっています（66条の4第5号）。

（登　録）
第66条　銀行、協同組織金融機関その他政令で定める金融機関以外の者（第一種金融商品取引業（第28条第1項に規定する第一種金融商品取引業をいう。以下この章において同じ。）を行う者および登録金融機関の役員および使用人を除く。）は、第29条の規定にかかわらず、内閣総理大臣の登録を受けて、金融商品仲介業を行うことができる。

金融商品取引業者の規制・自主規制機関等　第6章　333

Q114

金融サービス仲介業者の登録・業務規制について説明してください。

A 金融サービス仲介業者の登録要件は、一般の金融商品取引業と比べて緩和されています。直接顧客と接することを踏まえて、一定の行為規制の適用も受けます。金融商品仲介業と異なり所属制が採用されないため、保証金の供託等の義務も課されています。

■ 登録手続

金融サービス仲介業の定義や概論についてはQ82参照。

前述のとおり、金融サービス仲介業を行う場合にも、金融商品取引業と同様に登録をしなければなりません（金サ法12条）。しかし、その登録の要件は**一般の金融商品取引業と比べて緩和**されています。登録申請書には、①商号、名称、氏名（個人でもよい）、②法人であるときは、その役員の氏名・名称、③営業所・事務所の名称および所在地、④業務の種別、⑤貸金業貸付媒介業務を行う場合における一定の事項、⑥電子金融サービス仲介業務を行う場合における一定の事項、⑦他に事業を行っているときは、その事業の種類、⑧内閣府令で定める事項を記載し、業務方法書や定款などの書類を添付します（金サ法13条、金融サービス仲介業者等に関する内閣府令10条以下）。登録拒否事由に該当しなければ、金融サービス仲介業者登録簿に登録されます（14条、15条）。

金融商品仲介業と異なり、**特定の金融商品取引業者等に所属するわけではない**ため、所属先の記載が不要となっています。また、金融商品仲介業と異なり、金商業だけでなく、銀行・保険等、他の業態の仲介も行い得る登録形態であるため、業務の種別などの記載が必要です。

業務の種別には、預金等媒介業務、保険媒介業務、有価証券等仲介業務および貸金業貸付媒介業務の4つがありますが、このうち金商業に関連するのは「有価証券等仲介業務」です。

第一種金融商品取引業者や金融商品仲介業者の行う仲介は、定義上、「有価証券等仲介業務」に該当しないため（金サ法11条4項）、これらの者は、

334

「有価証券等仲介業務」について金融サービス仲介業の登録を行うことができません。また、「有価証券等仲介業務」を行う金融サービス仲介業者が、第一種金融商品取引業者や金融商品仲介業者となった場合、金融サービス仲介業の登録の失効等を来すことになります（金サ法16条4項、6項）。

■ 業務の規制

金融サービス仲介業者については、所属制が採用されないため、所属先ではなく、金融サービス仲介業者自らが賠償責任を負うことになります。賠償資力を確保できるようにするため、**保証金の供託**が義務付けられています。供託の全部または一部に代えて、賠償責任保険に加入することも可能です（金サ法22条、23条）。また、仲介行為が限定されていることなどを踏まえて、顧客資産の預託を受ける必要性が高くないことから、金融サービス仲介業に関して、顧客から金銭その他の財産の預託を受け、また密接な関係のある者に預託を受けさせることはできません（金サ法27条）。

金融サービス仲介業者には、標識の掲示（金サ法20条）、名義貸しの禁止（金サ法21条）の義務があります。また、誠実公正義務を負い（金サ法24条。なお、2023年改正の施行後は2条1項）、顧客に対して、商号・名称・氏名・住所、業務の種類、権限、金銭等の預託の禁止の趣旨、損害賠償に関する事項、手数料等、保証金や賠償責任保険に関する事項の開示義務を負うほか（金サ法25条）、顧客への説明・顧客情報の適正な取扱いその他の健全かつ適切な運営を確保するための措置（金サ法26条）なども求められます。

金融サービス仲介業者も直接顧客と接することから、業務の種別に応じた行為規制が求められることになります。「有価証券等仲介業務」を行う場合、金融商品取引業者と同様の規制がかかっています（金サ法31条、内閣府令66条以下）。

金融当局からの直接の監督も受けます（金サ法35条以下）。登録取消などの監督上の処分を受けたり、報告命令などの対象にもなります。

自主規制に関して、金融商品仲介業者は、認定金融サービス仲介業協会等に加入しない場合、協会等の定款その他の規則に準ずる内容の社内規則を作成しない限り、登録拒否されることになっています（金サ法15条1号ソ）。

金融商品取引業者の規制・自主規制機関等｜第6章｜335

Q115

特定投資家（プロ）の制度について説明してください。

A 特定投資家と一般投資家とを分けて、業者の行為規制のうち、一定の事項は、特定投資家には適用しないことにして、取引のコストや時間を省く制度です。特定投資家は、開示規制における適格機関投資家を含みますが、もう少し広くかつ柔軟な概念です。

■ 特定投資家の範囲

　金商法では、**特定投資家**に対する業務については、一定の行為規制の適用を除外しています。ここで「特定投資家」とは、①適格機関投資家、②国、③日本銀行、④①～③に掲げるもののほか、投資者保護基金、上場会社、資本金5億円以上と見込まれる株式会社、金融商品取引業者、特例業務届出者、外国法人などをいいます（2条31項、定義府令23条）。もっとも、④の特定投資家は、特定投資家以外の顧客として取り扱うこと（**アマ成り**）を申し出ることができます（34条の2）。また、特定投資家以外の法人は、業府令53条に定める契約の種類ごとに自己を特定投資家として取り扱うこと（**プロ成り**）を申し出ることができます（34条の3）。さらに、その知識、経験および財産の状況に照らして特定投資家に相当する者として内閣府令で定める要件に該当する個人などは、契約の種類ごとに自己を特定投資家として取り扱うこと（プロ成り）を申し出ることができます（34条の4、業府令61条、62条など）。なお、2022年の改正により、プロ成りが可能な個人の範囲が拡大されています。

■ 適用されなくなる規制

　金融商品取引法においては、一定の行為規制について特定投資家には適用しないことが定められています（45条）。主として情報格差の是正を目的にする行為規制が対象となりますが、具体的には、広告などの規制（37条）、取引態様の事前明示義務（37条の2）、契約締結前の情報提供（37条の3）、契約締結時などの情報提供（37条の4）、保証金の受領に係る書面の交付（37

条の5)、クーリング・オフ（37条の6）、不招請勧誘の禁止（38条4号）、勧誘受諾確認義務違反勧誘の禁止（38条5号）、再勧誘の禁止（38条6号）、適合性の原則（40条）、最良執行方針等記載書面の交付（40条の2第4項）、投資助言業務に関する金銭・有価証券の預託の受入れなどの禁止（41条の4）、投資助言業務に関する金銭・有価証券の貸付けなどの禁止（41条の5）、投資運用業に関し、金銭・有価証券の預託の受入れなどの禁止（42条の5）、投資運用業に関し、金銭・有価証券の貸付けなどの禁止（42条の6）、運用報告書の交付（42条の7）、顧客の有価証券を担保に供する行為などの制限（43条の4）については、特定投資家に対しては適用されません。なお、以上のうち、一部の行為規制（契約締結時などの情報提供、保証金の受領に係る書面の交付、投資助言業務に関する金銭・有価証券の預託の受入れなどの禁止、投資助言業務に関する金銭・有価証券の貸付けなどの禁止、運用報告書の交付）については、特定投資家に対して不適用とするためには、一定の体制整備が必要です（業府令156条）。

■ 特定投資家に関する手続

　金融商品取引業者等は、一般投資家に移行（アマ成り）可能な特定投資家に対して、契約の種類（業府令53条）ごとに判断して、初めて取引する場合、その投資家が一般投資家に移行することを申し出ることができる旨を**告知**しなければなりません（34条）。かかる申出があった場合の手続、更新など細かい規則が法令に定められています（34条の2）。また特定投資家に移行（プロ成り）可能な一般投資家についても、当該投資家が特定投資家に移行することを希望した場合の書面交付義務、有効期限、更新などの規定が設けられています（34条の3、34条の4）。

　これらの手続を適時・適切に行うことは、金融商品取引業者等にとって、大きな負担となります。どの投資家に関して、どのタイミングで、どのような告知や説明を行わなければならないかについて、あらかじめ十分に準備しておくことが肝要です。

（定　義）

第2条　（略）

2～30　（略）

31　この法律において「特定投資家」とは、次に掲げる者をいう。

　　一　適格機関投資家

　　二　国

　　三　日本銀行

　　四　前3号に掲げるもののほか、第79条の21に規定する投資者保護基金その他の内閣府令で定める法人

32～42　（略）

第45条　次の各号に掲げる規定は、当該各号に定める者が特定投資家である場合には、適用しない。ただし、公益又は特定投資家の保護のため支障を生ずるおそれがあるものとして内閣府令で定める場合は、この限りでない。

　　一　第37条、第38条第3号から第5号まで及び第40条第1号　金融商品取引業者等が行う金融商品取引契約の締結の勧誘の相手方

　　二　第37条の2から第37条の6まで、第40条の2第4項及び第43条の4　金融商品取引業者等が申込みを受け、又は締結した金融商品取引契約の相手方

　　三　第41条の4及び第41条の5　金融商品取引業者等が締結した投資顧問契約の相手方

　　四　第42条の5から第42条の7まで　金融商品取引業者等が締結した投資一任契約の相手方

Q116

広告規制について説明してください。

A 広告や広告類似行為を行う場合、原則として、法令に規定された事項を表示しなければなりません。

■ 広告規制の対象

　金融商品取引業者等が広告または広告類似行為をする場合、表示事項などに規制があります。そこで、ここにいう「広告」「広告類似行為」とは何かが問題となります。

　まず、**広告**には、勧誘資料やインターネットのホームページが含まれます（金融商品取引業者等向けの総合的な監督指針Ⅲ-2-3-3の注）。次に、**広告類似行為**には、郵便、信書便、ファクシミリ、電子メール、ビラ、パンフレット配布などにより多数の者に対して同様の内容で行う情報の提供をいいます。

■ 広告規制の例外

　もっとも、上記の要件に該当すれば、全てについて広告規制がかかるわけではありません。広告規制にかからない例外として、以下のようなものが定められています。①法令または法令に基づく行政庁の処分に基づき作成された書類を配布する方法、②アナリストリポートであって、勧誘に使用しないものを配布する方法、③一定の景品（ノベルティグッズ）その他の物品で一定の要件を満たしたものを提供する方法（業府令72条各号）。

　さらに、かかる例外に該当しなかったとしても、当然のことながら、例えば全ての電子メールが広告になるわけではありません。実際に広告や広告類似行為に該当するか否かの判断は、投資者との電子メール等のやり取り、イメージCMやロゴ等を記載した粗品の提供などは、その外形ではなく、実態を見て個別具体的に判断する必要があると考えられています（金融商品取引業者等向けの総合的な監督指針Ⅲ-2-3-3の注）。

■ 表示すべき事項

　金融商品取引業者等は、金融商品取引業の内容について、広告または広告類似行為をするときは、次の事項を表示しなければならないことになっています（37条1項、施行令16条、業府令74条〜76条）。すなわち、①業者の商号など、②金融商品取引業者等である旨、登録番号、③有価証券価格などを除く顧客が支払うべき対価について種類ごとの金額・上限額・計算方法およびその合計額など、④委託証拠金などの情報、⑤取引額が④の額を上回る可能性がある場合には一定の情報、⑥金利などの指標の変動を直接の原因として損失が生じるおそれがある場合には一定の情報、⑦当該損失額が委託証拠金などの額を上回るリスクがある場合には一定の情報、⑧その他重要な事項について顧客の不利益になる事実、金融商品取引業協会に加入している場合にはその協会の名称、また、⑨暗号等資産やレバレッジ指標等に関する行為に関する広告の場合においては一定の留意事項を表示しなければなりません。

■ 表示方法

　上記の事項については、明瞭かつ正確に表示しなければなりません（業府令73条1項）。またリスク情報については、それ以外の事項の文字または数字のうち最も大きな文字または数字と著しく異ならない大きさで表示しなければなりません（同条2項）。

　テレビやラジオでの広告や看板などによる表示については、例外が定められています（同条3項など）。これらの媒体による表示については、先に述べた要件全てを満たすのは困難なので、リスク情報と契約締結前交付書面、目論見書などを十分に読むべき旨の表示をしなければならないことになっています（施行令16条2項、業府令77条2項）。

■ 誇大広告の禁止

　さらに、利益の見込みや契約解除など一定の事項について、著しく事実に相違する表示をし、または著しく人を誤認させるような表示をしてはなりません（37条2項、業府令78条）。

（広告等の規制）

第37条　金融商品取引業者等は、その行う金融商品取引業の内容について広告その他これに類似するものとして内閣府令で定める行為（注：業府令72条）をするときは、内閣府令で定めるところ（注：業府令73条）により、次に掲げる事項を表示しなければならない。

　一　当該金融商品取引業者等の商号、名称又は氏名

　二　金融商品取引業者等である旨及び当該金融商品取引業者等の登録番号

　三　当該金融商品取引業者等の行う金融商品取引業の内容に関する事項であつて、顧客の判断に影響を及ぼすこととなる重要なものとして政令で定めるもの（注：施行令16条、業府令74条〜77条）

2　金融商品取引業者等は、その行う金融商品取引業に関して広告その他これに類似するものとして内閣府令で定める行為をするときは、金融商品取引行為を行うことによる利益の見込みその他内閣府令で定める事項（注：業府令78条）について、著しく事実に相違する表示をし、又は著しく人を誤認させるような表示をしてはならない。

金融商品取引業等に関する内閣府令

（広告類似行為）

第72条　法第37条各項に規定する内閣府令で定める行為は、郵便、信書便（……）、ファクシミリ装置を用いて送信する方法、電子メール（……）を送信する方法、ビラ又はパンフレットを配布する方法その他の方法（……）により多数の者に対して同様の内容で行う情報の提供とする。

　一〜三　（略）

金融商品取引業者の規制・自主規制機関等 | 第6章 | 341

Q117

金融商品取引業者の説明義務について教えてください。

A 金融商品取引業者は、顧客の知識、経験、財産の状況および金融商品取引契約を締結する目的に照らして、顧客の理解に必要な方法および程度の説明を行うことが求められています。

■ 金融商品取引法上の説明義務

金商法上、顧客の知識、経験、財産の状況および金融商品取引契約を締結する目的に照らして必要な方法および程度の説明をすることなく金融商品取引契約を締結することは禁止行為の対象とされています（業府令117条1項1号）。

2023年の金商法改正により、説明義務が、上記のような業府令上の禁止行為から、金商法上の義務として定められることになります。同改正の施行時期は、公布の日（2023年11月29日）から起算して1年6カ月を超えない範囲内において政令で定める日となります。

金商法上の説明義務は、特定投資家には適用されません。

■ 金融サービスの提供及び利用環境の整備等に関する法律（「金サ法」）上の説明義務

上記のような金商法上の義務に加えて、金サ法上の義務にも留意が必要です。

金サ法は、民法の特別法として、「金融商品の販売等」を業として行う者の説明義務や断定的判断の提供等の禁止規定を定めており、これらに抵触すると、無過失責任を負うことになり（同法6条）、さらに、元本欠損額が損害額であると推定（立証責任の転換）されます（同法7条）。「金融商品の販売」としては様々な行為が定められていますが、有価証券を取得させる行為やデリバティブ取引が含まれています。金融商品の販売「等」には、金融商品の販売に加えて代理や媒介が含まれており、金融商品取引業は基本的に金融商品の販売等に該当します。金商法上、適用除外規定などにより金融商品取引

業を行っていないとされる者でも、この義務を負う可能性はあるので、注意が必要です。

金サ法上、金融商品販売業者等は、金融商品の販売について金利、通貨の価格、金融商品市場における相場その他の指標に係る変動を直接の原因として元本欠損が生ずるおそれがあるときは、①元本欠損が生ずるおそれがある旨と②当該指標、さらに③この指標に係る変動を直接の原因として元本欠損が生ずるおそれを生じさせる当該金融商品の販売に係る取引の仕組みのうちの重要な部分についても説明する必要があります（金サ法4条1項1号、同条5項）。

また、厳密に元本欠損が生じるわけではありませんが、リスクの大きな取引、例えば、証拠金を入れる取引において、その証拠金以上のリスクが生じるおそれがある取引については、「当初元本を上回る損失が生じるおそれ」があるとして、取引の仕組みを含めて同様に説明義務が定められています（同条1項2号）。当該金融商品の販売を行う者やその他の者の業務または財産の状況の変化を直接の原因として「元本欠損が生ずるおそれ」や「当初元本を上回る損失が生ずるおそれ」があるときは、①その旨と②その者に加えて、③その者の業務または財産の状況の変化を直接の原因として「元本欠損が生ずるおそれ」や「当初元本を上回る損失が生ずるおそれ」を生じさせる当該金融商品の販売に係る取引の仕組みのうちの重要な部分の説明義務を課しています（同項3号、4号）。

その他にも説明義務が生じるケースについて、政令で定めることができるような改正も行われています（同項5号、6号。もっとも、現在かかる定めはありません）。

説明義務を尽くしたかどうかを判断する解釈基準としては、適合性の原則が採用されています（同条2項）（**Q118**参照）。

金サ法の説明義務は、特定投資家や、説明不要の意思表示をした顧客（商品関連市場デリバティブ取引やその取次の場合を除く）については、適用されません（同条7項）。

■ 断定的判断の提供等

また、金融商品販売業者等は、顧客に対し、金融商品の販売に係る事項に

金融商品取引業者の規制・自主規制機関等 | 第6章 | 343

ついて、不確実な事項について断定的判断を提供し、または確実であると誤認させるおそれのあることを告げる行為を行ってはならず（同法5条）、これに違反した場合も損害賠償額の推定規定が働きます（同法6条、7条）。

■ 勧誘方針

　また、金融商品の販売等を業として行うと、勧誘方針の策定義務が生じます（同法10条）。

Q118

適合性の原則について説明してください。

A 顧客の知識、経験、財産の状況および金融商品取引契約を締結する目的に照らして不適当と認められる勧誘を行ってはならないとする原則を意味します。

■ 適合性の原則の概要

金融商品取引業者等は、業務の運営の状況が、金融商品取引行為について、顧客の**知識、経験、財産の状況**および金融商品取引契約を締結する**目的**に照らして不適当と認められる勧誘を行って投資者の保護に欠けることとならないように、または欠けることとなるおそれがないように、その業務を行わなければならない（40条1号）と定められています。

有価証券やデリバティブ取引の販売・勧誘において、説明を尽くす必要がありますが、顧客属性によっては、そもそも当該顧客にその商品が不向きであることがありえます。適合性の原則は、このように、説明を尽くしたとしてもある商品をある顧客に販売してはならないというルールです。考慮すべき顧客属性には、顧客の知識・経験・財産のみならず、投資目的も勘案する必要がありますので、例えば、知識や経験、財産はあっても、安全運用を目的としている顧客に対して、ハイリスク・ハイリターンの契約の締結を勧誘することは、適合性の原則に違反します。

■ 実際の運用

実務上、適切な業務を行うためには、顧客の金融商品取引に関する知識、経験の程度、財産の状況、投資目的を把握し、顧客カードなどに整理して保存しておく必要があるでしょう。また、リスクの高い信用取引、オプション取引などについては、取引開始基準を設け、それに従って判断していく必要があると思われます。

なお、この適合性の原則は、特定投資家との取引には適用しないことになっています（45条2号）。そうはいっても、実際に理解能力のない顧客との間で契約した場合には、説明義務を尽くしていないなどを理由に損害賠償債務

金融商品取引業者の規制・自主規制機関等 ｜ 第6章 345

を負う可能性があるので、注意が必要です。

　違反すると業務改善命令や監督上の処分を受ける可能性があります（51条、52条）。外務員についても同様の処分がありえます（64条の5）。さらに、金融商品取引業協会のメンバーであるときには、そこからの処分などの可能性もあります。

■ 金融サービスの提供及び利用環境の整備等に関する法律（「金サ法」）

　金サ法では、説明義務を尽くしたか否かの判断において、適合性の原則が適用されています（**Q117**参照）。

（適合性の原則等）

第40条　金融商品取引業者等は、業務の運営の状況が次の各号のいずれかに該当することのないように、その業務を行わなければならない。

　一　金融商品取引行為について、顧客の知識、経験、財産の状況及び金融商品取引契約を締結する目的に照らして不適当と認められる勧誘を行つて投資者の保護に欠けることとなつており、又は欠けることとなるおそれがあること。

　二　（略）

金融商品取引業等に関する内閣府令
（禁止行為）

第117条　法第38条第9号に規定する内閣府令で定める行為は、次に掲げる行為とする。

　一　次に掲げる書面の交付に関し、あらかじめ、顧客（特定投資家（……）に対して、法第37条の3第1項第3号から第7号までに掲げる事項（ニに掲げる書面を交付する場合にあっては、当該書面に記載されている事項であって同項第3号から第7号までに掲げる事項に係るもの）について顧客の知識、経験、財産の状況及び金融商品取引契約を締結する目的に照らして当該顧客に理解されるために必要な方法及び程度による説明をすることなく、金融商品取引契約を締結する行為

　　イ　契約締結前交付書面

　　ロ　上場有価証券等書面

　　ハ　第80条第1項第3号に掲げる場合にあっては、同号に規定する目論見書（同号の規定により当該目論見書と一体のものとして交付される書面がある場合には、当該目論見書及び当該書面）

　　ニ　契約変更書面

　二～五十　（略）

2～56　（略）

契約締結前の情報提供義務について説明してください。

A 金融商品取引業者等は、原則として、金融商品取引契約を締結する前に、一定の情報を顧客に提供しなければなりません。

■ 契約締結前交付書面交付義務の意義

　金融商品取引業者等は、金融商品取引契約を締結する場合、原則として、あらかじめ、後述の事項を記載した書面（契約締結前交付書面）を交付しなければなりません。顧客の承諾等一定の条件を満たせば、書面に代えて、電磁的記録によることも可能です。一定の場合には、かかる書面または電磁的記録の内容は、あらかじめ当局に届け出なければなりません。

　自己募集が金融商品取引業であると規定されている集団投資スキームについては、有価証券投資事業権利等に該当しない持分、つまり、発行開示規制の対象にならないみなし有価証券（第二項有価証券）の募集・私募などを行う場合にも、原則として、この書面交付により開示が行われることになります。所定の重要事項については、12ポイント以上で最初に平易に記載すべきこと、リスク情報等は枠内にやはり12ポイント以上で明瞭かつ平易に記載すべきこと、その他の事項についても8ポイント以上で明瞭かつ平易に記載すべきと定められています（業府令79条）。

■ 適用除外

　しかし、業府令80条に規定される場合には、書面交付義務が免除されます。例えば、上場株式の売買など上場有価証券の取引にあたっては、過去1年以内に上場有価証券等書面を交付していれば、個別の契約時には交付義務はありません（業府令80条1号）。また、過去1年以内に同種の内容の契約について書面を交付している場合にも適用除外があります（同条2号）。その他一定の要件を満たした目論見書を交付している場合にも適用されません。この要件を満たすためには、単に開示府令などの要件を満たした目論見書を交付するだけでは足りず、目論見書に契約締結前交付書面の記載事項を記載す

るか、またはそれを補った書面を合わせて交付する必要があります（同条3号）。また、2020年に施行された業府令の改正により、上場有価証券や国債などについては、一定の条件を満たす場合、ウェブで前書面情報を顧客の閲覧に供することで、契約締結前交付書面交付義務が免除されることとなり（同条5号・6号）、また、2021年に施行された業府令の改正により、重要情報シート等による簡潔な情報提供を行い、前書面情報を顧客属性に応じて説明する場合、ウェブで前書面情報を顧客の閲覧に供することで、契約締結前交付書面交付義務が免除されることとなりました（同条7号）。

　また、特定投資家に対しては交付する必要はありません（**Q115**参照）。

■ 記載事項

　記載すべき事項は、取引の種類ごとに定められています。概略以下のような事項を記載しなければなりません。

　①当該金融商品取引業者等の商号、名称または氏名および住所、②金融商品取引業者等である旨および当該金融商品取引業者等の登録番号、③当該金融商品取引契約の概要、④手数料、報酬その他の当該金融商品取引契約に関して顧客が支払うべき対価に関する事項であつて内閣府令で定めるもの、⑤顧客が行う金融商品取引行為について金利、通貨の価格、金融商品市場における相場その他の指標に係る変動により損失が生ずることとなるおそれがあるときは、その旨、⑥⑤の損失の額が顧客が預託すべき委託証拠金その他の保証金その他内閣府令で定めるものの額を上回るおそれがあるときは、その旨、⑦①〜⑥に掲げるもののほか、金融商品取引業の内容に関する事項であって、顧客の判断に影響を及ぼすこととなる重要なものとして内閣府令で定める事項です。業府令81条以下に非常に細かい規定が設けられているので、実際に作成する際には参照する必要があります。

■ 情報提供義務へ

　2023年の金商法改正により、書面交付義務から、**記載事項に係る情報提供義務**に変更されており、これにより、顧客に適した媒体で、充実した情報が分かりやすく提供されることが期待されます。同改正の施行時期は、公布の日（2023年11月29日）から起算して1年6カ月を超えない範囲内において政

令で定める日となります。

（契約締結前の書面の交付）

第37条の3 金融商品取引業者等は、金融商品取引契約を締結しようとするときは、内閣府令で定めるところにより、あらかじめ、顧客に対し、次に掲げる事項を記載した書面を交付しなければならない。ただし、投資者の保護に支障を生ずることがない場合として内閣府令で定める場合は、この限りでない。

一　当該金融商品取引業者等の商号、名称又は氏名及び住所

二　金融商品取引業者等である旨及び当該金融商品取引業者等の登録番号

三　当該金融商品取引契約の概要

四　手数料、報酬その他の当該金融商品取引契約に関して顧客が支払うべき対価に関する事項であつて内閣府令で定めるもの

五　顧客が行う金融商品取引行為について金利、通貨の価格、金融商品市場における相場その他の指標に係る変動により損失が生ずることとなるおそれがあるときは、その旨

六　前号の損失の額が顧客が預託すべき委託証拠金その他の保証金その他内閣府令で定めるものの額を上回るおそれがあるときは、その旨

七　前各号に掲げるもののほか、金融商品取引業の内容に関する事項であつて、顧客の判断に影響を及ぼすこととなる重要なものとして内閣府令で定める事項

2　第34条の2第4項の規定は、前項の規定による書面の交付について準用する。

3　金融商品取引業者等は、第2条第2項の規定により有価証券とみなされる同項各号に掲げる権利に係る金融商品取引契約の締結の勧誘（募集若しくは売出し又は募集若しくは売出しの取扱いであつて、政令で定めるものに限る。）を行う場合には、あらかじめ、当該金融商品取引契約に係る第一項の書面の内容を内閣総理大臣に届け出なければならない。ただし、投資者の保護に支障を生ずることがない場合として内閣府令で定める場合は、この限りでない。

《2023年改正》

（契約締結前の情報の提供等）

第37条の3 金融商品取引業者等は、金融商品取引契約を締結しようとするときは、内閣府令で定めるところにより、あらかじめ、顧客に対し、次に掲げる事項に係る情報を提供しなければならない。ただし、投資者の保護に支障を生ずることがない場合として内閣府令で定める場合は、この限りでない。

一～七　（略）

2　金融商品取引業者等は、前項の規定による情報の提供を行うときは、顧客に対し、同項各号に掲げる事項（同項第5号及び第6号に掲げる事項その他内閣府令で定める事項を除く。）について、顧客の知識、経験、財産の状況及び当該金融商品取引契約を締結しようとする目的（以下この項において「顧客属性」という。）に照らして、当該顧客に理解されるために必要な方法及び程度により、説明をしなければならない。ただし、顧客属性に照らして、当該情報の提供のみで当該顧客が当該事項の内容を理

解したことを適切な方法により確認した場合その他の内閣府令で定める場合は、この限りでない。

3　金融商品取引業者等は、第2条第2項の規定により有価証券とみなされる同項各号に掲げる権利に係る金融商品取引契約の締結の勧誘（募集若しくは売出し又は募集若しくは売出しの取扱いであつて、政令で定めるものに限る。）を行う場合には、内閣府令で定めるところにより、あらかじめ、当該金融商品取引契約に係る第1項の規定により提供する情報の内容を内閣総理大臣に届け出なければならない。ただし、投資者の保護に支障を生ずることがない場合として内閣府令で定める場合は、この限りでない。

契約締結時等の情報提供義務について説明してください。

A 金融商品取引業者等は、原則として、契約を締結したときや投信の解約時、有価証券の売買の受渡時などに、一定の情報を顧客に提供しなければなりません。

■ 契約締結時等に書面を交付しなければならない場合

金融商品取引業者等は、原則として、以下の場合に所定の書面を交付しなければなりません（契約締結時交付書面。37条の4第1項、業府令98条以下）。すなわち、①金融商品取引契約が成立したとき、②投資信託契約または外国投資信託契約の全部または一部の解約があったとき、③投資法人の投資口の払戻しがあったとき、④有価証券の売買その他の取引またはデリバティブ取引などを行い、または金銭・有価証券の受渡しを行う場合は、顧客から請求があったとき、または原則として四半期ごと（取引残高報告書）、⑤商品ファンド関連取引に係る契約を締結している場合は、商品ファンドの運用に係る計算期間の末日（商品ファンド運用状況説明書）に交付しなければなりません。

また、投資運用業を行っている場合、定期的に運用報告書を交付しなければなりません（42条の7、業府令134条）。保証金を受領した場合にも直ちに書面を交付しなければなりません（37条の5、業府令114条）。

■ 適用除外

この交付義務についても、一定の適用除外規定が設けられています。累積投資契約などによる場合で、所定の体制整備がなされているとき、店頭デリバティブ取引などで、コンファメーションの書類を交付している場合、事故処理による場合などです。詳しくは、業府令110条～112条、135条を参照。

また、特定投資家については、適用除外になっていますが、一定の体制が整っていない場合には適用されます（業府令156条）。

■ 記載事項

書面ごとに細かく記載事項が定められています。詳しくは業府令99条以下を参照。

■ 情報提供義務へ

2023年の金商法改正により、書面交付義務から、**記載事項に係る情報提供義務**に変更されており、これにより、顧客に適した媒体で、充実した情報が分かりやすく提供されることが期待されます。同改正の施行時期は、公布の日（2023年11月29日）から起算して1年6カ月を超えない範囲内において政令で定める日となります。

（契約締結時等の書面の交付）
第37条の4　金融商品取引業者等は、金融商品取引契約が成立したときその他内閣府令で定めるとき（注：業府令98条）は、遅滞なく、内閣府令で定めるところ（注：業府令99～109条）により、書面を作成し、これを顧客に交付しなければならない。ただし、その金融商品取引契約の内容その他の事情を勘案し、当該書面を顧客に交付しなくても公益又は投資者保護のため支障を生ずることがないと認められるものとして内閣府令で定める場合（注：業府令110～112条）は、この限りでない。
2　第34条の2第4項の規定は、前項の規定による書面の交付について準用する。

（保証金の受領に係る書面の交付）
第37条の5　金融商品取引業者等は、その行う金融商品取引業に関して顧客が預託すべき保証金（内閣府令で定めるもの（注：業府令113条）に限る。）を受領したときは、顧客に対し、直ちに、内閣府令で定めるところにより、その旨を記載した書面を交付しなければならない。
2　第34条の2第4項の規定は、前項の規定による書面の交付について準用する。

（運用報告書の交付）
第42条の7　金融商品取引業者等は、運用財産について、内閣府令で定めるところ（注：業府令134条）により、定期に運用報告書を作成し、当該運用財産に係る知れている権利者に交付しなければならない。ただし、運用報告書を権利者に交付しなくても権利者の保護に支障を生ずることがない場合として内閣府令で定める場合（注：業府令134条4項）は、この限りでない。
2　第34条の2第4項の規定は、前項の規定による運用報告書の交付について準用する。
3　（略）

《2023年改正》
(契約締結時等の情報の提供)
第37条の4 金融商品取引業者等は、金融商品取引契約が成立したときその他内閣府令で定めるときは、内閣府令で定めるところにより、遅滞なく、顧客に対し、当該金融商品取引契約に関する事項その他の内閣府令で定める事項に係る情報を提供しなければならない。ただし、その金融商品取引契約の内容その他の事情を勘案し、当該情報を顧客に提供しなくても公益又は投資者保護のため支障を生ずることがないと認められるものとして内閣府令で定める場合は、この限りでない。

(運用状況に係る情報の提供)
第42条の7 金融商品取引業者等は、運用財産について、内閣府令で定めるところにより、定期に、当該運用財産に係る知れている権利者に対し、当該運用財産に関する運用の状況その他の内閣府令で定める事項に係る情報を提供しなければならない。ただし、当該情報を権利者に提供しなくても権利者の保護に支障を生ずることがない場合として内閣府令で定める場合は、この限りでない。
2 （略）

金融商品取引業者の規制・自主規制機関等 ｜ 第6章 ｜ 353

Q121

クーリング・オフはできますか。

A 投資顧問契約については、クーリング・オフが可能です。

■ 金融商品取引法によるクーリング・オフの適用範囲

　金融商品取引業（投資助言・代理業）者等と**投資顧問契約**を締結した顧客は、内閣府令で定める場合（現在かかる定めはありません）を除き、契約締結時の書面を受領した日から起算して10日を経過するまでの間、書面により**当該金融商品取引契約の解除**を行うことができると定められています（37条の6第1項、施行令16条の3）。

　当該金融商品取引契約の内容その他の事情を勘案して政令で定めるものに限り適用されると規定されており、結局、従来クーリング・オフの対象であった投資顧問契約のみがこの政令でカバーされました。

■ クーリング・オフ規定の内容

　クーリング・オフの規定による金融商品取引契約の解除は、当該金融商品取引契約の解除を行う旨の書面を発した時に、その効力を生じます（同条2項）。金融商品取引業者等は、同規定による金融商品取引契約の解除があった場合、当該金融商品取引契約の解除までの期間に相当する手数料、報酬その他の当該金融商品取引契約に関して顧客が支払うべき対価の額として内閣府令で定める金額（業府令115条）を超えて当該金融商品取引契約の解除に伴う損害賠償・違約金の支払いを請求することはできません（同条3項）。金融商品取引業者等は、同規定による金融商品取引契約の解除があった場合、当該金融商品取引契約に係る対価の前払いを受けているときは、これを顧客に返還しなければなりません（同条4項）。これらの規定に反する特約で顧客に不利なものは、無効となります（同条5項）。

■ 投資型クラウドファンディングへの申込み

　投資型クラウドファンディングのうち、インターネットで勧誘するだけで

なく、インターネットで申込みの受付けまで行う場合は、「電子申込型電子募集取扱業務」として、追加的な行為規制が課されています（**Q99**参照）。このような投資型クラウドファンディングに応じてインターネット上で申込みを行った場合、申込みをした日から起算して8日を下らない期間が経過するまでの間、申込みの撤回または当該申込みに係る発行者との間の契約の解除を行うことが可能です（業府令70条の2第2項6号）。

（書面等による解除）

第37条の6　金融商品取引業者等と金融商品取引契約（当該金融商品取引契約の内容その他の事情を勘案して政令で定めるものに限る。）を締結した顧客は、内閣府令で定める場合を除き、第37条の4第1項の書面を受領した日から起算して政令で定める日数を経過するまでの間、書面又は電磁的記録により当該金融商品取引契約の解除を行うことができる。

2　次の各号に掲げるものにより行う前項の規定による金融商品取引契約の解除は、当該各号に定める時に、その効力を生ずる。

　一　書面　当該書面を発した時

　二　記録媒体に記録された電磁的記録　当該記録媒体を発送した時

3　金融商品取引業者等は、第1項の規定による金融商品取引契約の解除があつた場合には、当該金融商品取引契約の解除までの期間に相当する手数料、報酬その他の当該金融商品取引契約に関して顧客が支払うべき対価（次項において「対価」という。）の額として内閣府令で定める金額を超えて当該金融商品取引契約の解除に伴う損害賠償又は違約金の支払を請求することができない。

4　金融商品取引業者等は、第1項の規定による金融商品取引契約の解除があつた場合において、当該金融商品取引契約に係る対価の前払を受けているときは、これを顧客に返還しなければならない。ただし、前項の内閣府令で定める金額については、この限りでない。

5　前各項の規定に反する特約で顧客に不利なものは、無効とする。

《2023年改正》

（書面等による解除）

第37条の6　金融商品取引業者等と金融商品取引契約（当該金融商品取引契約の内容その他の事情を勘案して政令で定めるものに限る。）を締結した顧客は、内閣府令で定める場合を除き、当該金融商品取引契約の成立に係る第37条の4の規定による情報の提供を受けた日として政令で定める日から起算して政令で定める日数を経過するまでの間、書面又は電磁的記録により当該金融商品取引契約の解除を行うことができる。

2～5　（略）

金融商品取引業者の規制・自主規制機関等　第6章　355

不招請勧誘の禁止について説明してください。

A 不招請勧誘の禁止は、顧客からの勧誘の要請がない場合に勧誘をしてはならない規制です。しかし適用される取引は限定されています。

■ 金融商品取引法による禁止規定

金融商品取引業者等またはその役員・使用人は、金融商品取引契約（当該金融商品取引契約の内容その他の事情を勘案し、投資者の保護を図ることが特に必要なものとして政令で定めるものに限る）の締結の**勧誘の要請をしていない顧客**に対し、訪問しまたは電話をかけて、金融商品取引契約の締結の勧誘をする行為をしてはいけません。ただし、投資者の保護に欠け、取引の公正を害し、または金融商品取引業の信用を失墜させるおそれのないものとして内閣府令で定めるものを除きます（38条4号）。

この規定を受けて、施行令16条の4第1項で対象が定められ、業府令116条に例外が定められています。

すなわち、この不招請勧誘の禁止規定の適用があるのは、法人顧客の場合、店頭金融先物取引と暗号等資産関連店頭デリバティブ取引ですが（施行令16条の4第1項1号）、個人顧客を相手方とする場合は、店頭デリバティブ取引全般に対象が拡大されます（同項2号）。再勧誘の禁止規定（**Q123**参照）と異なり、不招請勧誘の禁止は「訪問し、または電話をかける」場合に限定されます。

また、不招請勧誘の禁止対象となる契約の締結を勧誘する目的があることを顧客にあらかじめ明示しないで、顧客を集めて、勧誘する行為も禁止されます（業府令117条1項8号）。

なお、本規制は、特定投資家には適用されません（45条1号）。

■ 違反した場合

違反すると業務改善命令や監督上の処分を受ける可能性があります（51条、52条）。外務員についても同様の処分がありえます（64条の5）。さらに、

金融商品取引業協会のメンバーであるときには、同協会からの処分などの可能性もあります。

（禁止行為）

第38条 金融商品取引業者等又はその役員若しくは使用人は、次に掲げる行為をしてはならない。ただし、第4号から第6号までに掲げる行為にあつては、投資者の保護に欠け、取引の公正を害し、又は金融商品取引業の信用を失墜させるおそれのないものとして内閣府令で定めるものを除く。

　一～三　（略）

　四　金融商品取引契約（当該金融商品取引契約の内容その他の事情を勘案し、投資者の保護を図ることが特に必要なものとして政令で定めるものに限る。）の締結の勧誘の要請をしていない顧客に対し、訪問し又は電話をかけて、金融商品取引契約の締結の勧誘をする行為

　五～九　（略）

金融商品取引業者の規制・自主規制機関等｜第6章

Q123

再勧誘の禁止について説明してください。

A 契約の締結の勧誘を受けた顧客が当該契約を締結しない旨の意思または勧誘を引き続き受けることを希望しない旨の意思を表示したにもかかわらず、勧誘を継続する行為の禁止をいいます。

■ 再勧誘の禁止

　Q122の不招請勧誘の禁止は業者にとっては非常に厳しい規制であり、業者の営業の自由や投資者の情報収集の機会を奪うとの批判もあります。取引の内容や相手方によっては、このような規制も必要ですが、そこまでリスクが大きくないなどの理由から、不招請勧誘の禁止の適用はできませんが、それでも制約を課すべき取引については、もう少し緩い規制の必要性もあり、そのような場合には、不招請勧誘を禁止することまではせず、**再勧誘の禁止**にとどめることがあります。

　具体的には、金融商品取引業者等またはその役員・使用人は、①金融商品取引契約（当該金融商品取引契約の内容その他の事情を勘案し、投資者の保護を図ることが必要なものとして政令で定めるものに限る）の締結につき、その勧誘に先立って、顧客に対し、その勧誘を受ける意思の有無を確認することをしないで勧誘をする行為、または②金融商品取引契約（当該金融商品取引契約の内容その他の事情を勘案し、投資者の保護を図ることが必要なものとして政令で定めるものに限る）の締結の勧誘を受けた顧客から当該金融商品取引契約を締結しない旨の意思（当該勧誘を引き続き受けることを希望しない旨の意思を含む）の表示を受け、当該勧誘を継続する行為をしてはいけません（38条5号、6号）。ただし、投資者の保護に欠け、取引の公正を害し、または金融商品取引業の信用を失墜させるおそれのないものとして内閣府令で定めるもの（現在かかる定めはありません）を除きます。①は、勧誘受諾確認義務違反の勧誘の禁止であり、②が狭義の再勧誘の禁止です。

　また、勧誘を受ける前に、顧客があらかじめ当該契約を締結しない旨の意思（契約締結の勧誘を受けることを希望しない旨の意思を含む）を表示したにもかかわらず、当該契約の締結の勧誘をする行為も禁止されます（業府令

358

117条1項9号）。また、商品関連市場デリバティブ取引について、勧誘受諾意思を確認する方法として、一定の取引関係にない個人顧客に対しては、訪問・電話によることが禁止されています（同項8号の2）。

■ 対象となる契約

これらについては、政令で定められた契約に限り適用されます。さらに、政令で定められた契約であったとしても、一定の態様のものは内閣府令で除外されます。国内・外国市場での金融先物取引が再勧誘禁止の対象に指定されました（施行令16条の4第2項）。

■ 違反した場合

違反すると業務改善命令や監督上の処分を受ける可能性があります（51条、52条）。外務員についても同様の処分がありえます（64条の5）。さらに、金融商品取引業協会のメンバーであるときには、そこからの処分などの可能性もあります。

（禁止行為）

第38条 金融商品取引業者等又はその役員若しくは使用人は、次に掲げる行為をしてはならない。ただし、第4号から第6号までに掲げる行為にあつては、投資者の保護に欠け、取引の公正を害し、又は金融商品取引業の信用を失墜させるおそれのないものとして内閣府令で定めるものを除く。

一～四 （略）

　五 金融商品取引契約（当該金融商品取引契約の内容その他の事情を勘案し、投資者の保護を図ることが必要なものとして政令で定めるものに限る。）の締結につき、その勧誘に先立つて、顧客に対し、その勧誘を受ける意思の有無を確認することをしないで勧誘をする行為

　六 金融商品取引契約（当該金融商品取引契約の内容その他の事情を勘案し、投資者の保護を図ることが必要なものとして政令で定めるものに限る。）の締結の勧誘を受けた顧客が当該金融商品取引契約を締結しない旨の意思（当該勧誘を引き続き受けることを希望しない旨の意思を含む。）を表示したにもかかわらず、当該勧誘を継続する行為

七～九 （略）

金融商品取引業者の規制・自主規制機関等 | 第6章 | 359

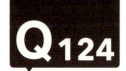

金融商品取引業者の禁止行為について説明してください。

A 法律で明記されている禁止行為の潜脱防止のための規定が設けられるとともに個人顧客などに対する迷惑時間における勧誘行為の禁止などの規制も設けられています。

■ 禁止行為規定の解釈

　金融商品取引業者の禁止規制については、内閣府令に定められた規定も非常に重要です。また、実務上、禁止行為については、金融商品取引業協会などによる規制（当該協会員の従業員に対する規制など）も重要です。

　行為規制の違反に対するサンクションとしては、**行政処分**が中心となります。部分的に、刑罰の定めもありますが、実際に刑罰が科される場合は限定的であり、行政処分が裁判で争われる場合も限定的であるため、裁判所により解釈されることは少なく、実務上、行政当局などによる解釈が重要となります。

　行政処分は、刑罰を科す場合に比べると、主観的要素が不要であると解されうるほか厳格な文言解釈ではなく、規定の目的などに照らして、比較的緩やかに、場合により、拡大適用とも解されるような運用が行われることもあります。行為規制について各業者が解釈をする場合には、そのような実務を踏まえて慎重に判断する必要があります。

■ 金融商品取引法上の禁止行為

　金融商品の販売勧誘に関する一般的なルールとして、虚偽告知、断定的判断の提供、確実であると誤解させるおそれのあることを告げる行為が禁止されています（38条1号・2号）。また、対象範囲は限定的ですが、不招請勧誘や再勧誘が禁止される場合もあります（**Q122**、**Q123**参照）。

■ 不招請勧誘の禁止などを補完する禁止行為

　金融商品の販売勧誘ルールとしては、虚偽の表示をしたり、重要な事項に

つき誤解を生ぜしめるべき表示をする行為が禁止されています（業府令117条1項2号）。また、不招請勧誘の禁止の対象契約の締結を勧誘することを顧客にあらかじめ明示しないで当該顧客を集めて、その上で勧誘する行為は禁止されています（**Q122**参照）。また、再勧誘の禁止の対象契約について、顧客があらかじめ当該契約を締結しない旨の意思や勧誘を受けることを望まない旨の意思を表示したにもかかわらず勧誘する行為も禁止されています（**Q123**参照）。これらは、金商法自体に定められた禁止行為を補完するものです。

■ 迷惑時間における勧誘行為

契約締結について、個人顧客（抵当証券、商品ファンドなど一定の取引については法人顧客を含む）に迷惑を覚えさせるような時間に電話や訪問により勧誘する行為は禁止されました（業府令117条1項7号）。深夜に電話で勧誘する行為は一般的にこの禁止規定に抵触しますが、顧客から事前に了解を得ている場合には、迷惑ではないので、許容されると思われます。また、電話、訪問が禁止行為の対象なので、電子メールを深夜に送る行為は、この規制の対象にはなりません。

■ 適切な説明をせずに金融商品取引契約を締結する行為

金融商品取引業者等は、契約締結前交付書面や目論見書、上場有価証券等書面などの交付に関し、顧客に対して、あらかじめ適合性の原則に照らして適切な方法・程度の説明をすることなく、金融商品取引契約を締結することも禁止されていました（業府令117条1項1号）。このように、業府令上の禁止行為の形で、実質的に説明義務が規定されていましたが、2023年の金商法改正により、金商法上、顧客属性に照らして顧客に理解されるために必要な方法および程度による説明義務が課されることになります。同改正の施行時期は、公布の日（2023年11月29日）から起算して1年6カ月を超えない範囲内において政令で定める日となります。

■ 業府令上の禁止行為

以上のような販売勧誘に関する禁止行為のほか、特別の利益の提供、作為

的相場形成、フロントランニング、大量推奨販売、法人関係情報を提供する
行為なども規制されています（業府令117条）。

■ 特別な業務についての禁止行為

　金商法は通則的な禁止行為に加え、①投資助言業務を行う場合（41条の2
〜41条の5）、②投資運用業を行う場合（42条の2、42条の5、42条の6）、③
2以上の種別の金融商品取引業を行う場合（44条）、④その他業務を行う場
合（44条の2）についての禁止行為を定めています。①と②については、38
条の2が定められ、顧客との契約締結や解約に際して偽計を用いる行為や、
顧客の勧誘に際して損失補填を約束する行為が禁止されています。業府令で
は、①につき、126条で、②につき130条で、③につき147条で、④につき
149条で、それぞれ禁止行為を追加しています。

　また、無登録業者の信用格付を提供して行う勧誘、特定金融指標（TIBOR
や東京ターム物リスク・フリー・レート（TORF））の算出に関する基礎情報
の提供、無登録業者の高速取引の受託に関する禁止行為も定められています
（38条3号および7号・8号）。

■ 業務運営状況

　上記のような禁止行為に加えて、該当してはならない業務運営状況の規定
も重要となります。業務運営状況については、業府令123条を参照してくだ
さい。

（禁止行為）
第38条　金融商品取引業者等又はその役員若しくは使用人は、次に掲げる行為をして
　はならない。ただし、第4号から第6号までに掲げる行為にあつては、投資者の保護に
　欠け、取引の公正を害し、又は金融商品取引業の信用を失墜させるおそれのないもの
　として内閣府令で定めるものを除く。
　一　金融商品取引契約の締結又はその勧誘に関して、顧客に対し虚偽のことを告げる
　　行為
　二　顧客に対し、不確実な事項について断定的判断を提供し、又は確実であると誤解
　　させるおそれのあることを告げて金融商品取引契約の締結の勧誘をする行為
　三　顧客に対し、信用格付業者以外の信用格付業を行う者の付与した信用格付（投資
　　者の保護に欠けるおそれが少ないと認められるものとして内閣府令で定めるものを

362

除く。）について、当該信用格付を付与した者が第66条の27の登録を受けていない者である旨及び当該登録の意義その他の事項として内閣府令で定める事項を告げることなく提供して、金融商品取引契約の締結の勧誘をする行為

四～六　（略）

七　自己又は第三者の利益を図る目的をもつて、特定金融指標算出者（……）に対し、特定金融指標の算出に関し、正当な根拠を有しない算出基礎情報（特定金融指標の算出の基礎として特定金融指標算出者に対して提供される価格、指標、数値その他の情報をいう。）を提供する行為

八　高速取引行為者（金融商品取引業者等及び取引所取引許可業者（金融商品取引業若しくは登録金融機関業務又は取引所取引業務として高速取引行為を行う者として政令で定める者に限る。）を含む。）以外の者が行う高速取引行為に係る有価証券の売買又は市場デリバティブ取引の委託を受ける行為その他これに準ずるものとして内閣府令で定める行為

九　前各号に掲げるもののほか、投資者の保護に欠け、若しくは取引の公正を害し、又は金融商品取引業の信用を失墜させるものとして内閣府令で定める行為（注：業府令117条）

（適合性の原則等）
第40条　金融商品取引業者等は、業務の運営の状況が次の各号のいずれかに該当することのないように、その業務を行わなければならない。

一　（略）

二　前号に掲げるもののほか、業務に関して取得した顧客に関する情報の適正な取扱いを確保するための措置を講じていないと認められる状況、その他業務の運営の状況が公益に反し、又は投資者の保護に支障を生ずるおそれがあるものとして内閣府令で定める状況（注：業府令123条）にあること。

金融商品取引業者の規制・自主規制機関等 ｜ 第6章　363

Q125

損失補塡について説明してください。

A 金融商品取引業者等が、有価証券やデリバティブの取引につき、損失の補塡等として利益を提供することやその約束をすることは禁止されています。顧客もそのような利益の受領や約束が禁止されています。特定投資家との取引においても適用は除外されません。

■ 損失補塡の禁止規定

特定の顧客に対する**損失補塡**は、市場をゆがめ、業者の市場仲介者としての公正性を害し、市場への信頼感を失わせる行為であり、また、業者の財務の健全性が脅かされるおそれもあるため、禁止されています。この規制は、業者だけではなく、顧客に対する禁止規定でもあります。単なる業法上の行為規制にとどまらず、犯罪として定められています。

金融商品取引業者等は、以下の行為をしてはなりません。①有価証券の売買その他の取引（買戻価格があらかじめ定められている買戻条件付売買その他の政令で定める取引（施行令16条の5）を除く）またはデリバティブ取引（以下「有価証券売買取引等」）につき、当該有価証券またはデリバティブ取引（以下「有価証券等」）について顧客に損失が生ずることとなり、またはあらかじめ定めた額の利益が生じないこととなった場合に、自己・第三者がその全部または一部を補塡し、または補足するため当該顧客・第三者に財産上の利益を提供する旨を、当該顧客またはその指定した者に対し申し込み・約束し、または第三者に申し込ませ・約束させる行為、②有価証券売買取引等につき、自己・第三者が当該有価証券等について生じた顧客の損失の全部もしくは一部を補塡し、またはこれらについて生じた顧客の利益に追加するため当該顧客・第三者に財産上の利益を提供する旨を、当該顧客・その指定した者に対し、申し込み・約束し、または第三者に申し込ませ・約束させる行為、③有価証券売買取引等につき、当該有価証券等について生じた顧客の損失の全部もしくは一部を補塡し、またはこれらについて生じた顧客の利益に追加するため、当該顧客・第三者に対し、財産上の利益を提供し、または第三者に提供させる行為（39条1項）。このように、①顧客の投資判断の前に行

われる申込みや約束だけでなく、②顧客の投資判断の後に行われる申込み・約束が禁止され、さらに、③実行行為のみが行われる場合であっても、禁止されています。

顧客に対する規定

金融商品取引業者等の顧客は、次に掲げる行為をしてはなりません。①有価証券売買取引等につき、金融商品取引業者等・第三者との間で、前記①の約束をし、または第三者に当該約束をさせる行為、②有価証券売買取引等につき、金融商品取引業者等・第三者との間で、前記②の約束をし、または第三者に当該約束をさせる行為、③有価証券売買取引等につき、金融商品取引業者等・第三者から、前記③の提供に係る財産上の利益を受け、または第三者に当該財産上の利益を受けさせる行為（39条2項）。

財産上の利益について

財産上の利益とは、経済上の価値を有する全てのものを意味します。現金や物品の贈与やサービスの無償提供だけでなく、これらを通常の価格より安値で行うこと、取引を通じて利益を得させることも含みます。

なお、そのような利益を、「有価証券売買取引等」について損失の補塡や利益追加のために提供する場合は上記の禁止の対象ですが、単に利益を提供する行為は、上記の禁止の対象ではありません。ただし、金融商品取引業者等が顧客やその指定する者に対して、自らまたは第三者を通じて、「特別の利益」を提供することやその約束をすることは、別途禁止されているため、単なる利益の提供であっても、この禁止規定には抵触するおそれがあります（業府令117条1項3号）。

禁止の例外

金融商品取引業者等に問題がある**事故**により発生した場合には、一定の手続をすることで、その損失の補塡は可能です（同条3項・5項・7項）。損失補塡禁止規定は金融商品取引業など全体に適用されることになりますが、当然のことながら、業者側の違法行為の場合には、手続をとることにより、賠償しなければなりません。

金融商品取引業者の規制・自主規制機関等｜第6章

また、MRF（マネー・リザーブ・ファンド）を利用して証券決済を行っている金融商品取引業者等については、市場の急変等により、MRFの基準価格が、元本である1口1円を割り込んだ場合でも、即時換金性が失われないようにするため、そのような元本に生じた損失を補塡することも、禁止の対象外とされています（同条4項・6項）。

■ 投資助言、投資運用業務

　投資助言、投資運用業務については別途規制があります（38条の2第2号、41条の2第5号、42条の2第6号）。

（損失補塡等の禁止）

第39条　金融商品取引業者等は、次に掲げる行為をしてはならない。

一　有価証券の売買その他の取引（……）又はデリバティブ取引（以下この条において「有価証券売買取引等」という。）につき、当該有価証券又はデリバティブ取引（以下この条において「有価証券等」という。）について顧客（信託会社等（……）が、信託契約に基づいて信託をする者の計算において、有価証券の売買又はデリバティブ取引を行う場合にあつては、当該信託をする者を含む。以下この条において同じ。）に損失が生ずることとなり、又はあらかじめ定めた額の利益が生じないこととなつた場合には自己又は第三者がその全部又は一部を補塡し、又は補足するため当該顧客又は第三者に財産上の利益を提供する旨を、当該顧客又はその指定した者に対し、申し込み、若しくは約束し、又は第三者に申し込ませ、若しくは約束させる行為

二　有価証券売買取引等につき、自己又は第三者が当該有価証券等について生じた顧客の損失の全部若しくは一部を補塡し、又はこれらについて生じた顧客の利益に追加するため当該顧客又は第三者に財産上の利益を提供する旨を、当該顧客又はその指定した者に対し、申し込み、若しくは約束し、又は第三者に申し込ませ、若しくは約束させる行為

三　有価証券売買取引等につき、当該有価証券等について生じた顧客の損失の全部若しくは一部を補塡し、又はこれらについて生じた顧客の利益に追加するため、当該顧客又は第三者に対し、財産上の利益を提供し、又は第三者に提供させる行為

2　金融商品取引業者等の顧客は、次に掲げる行為をしてはならない。

一　有価証券売買取引等につき、金融商品取引業者等又は第三者との間で、前項第1号の約束をし、又は第三者に当該約束をさせる行為（……）

二　有価証券売買取引等につき、金融商品取引業者等又は第三者との間で、前項第2号の約束をし、又は第三者に当該約束をさせる行為（……）

三　有価証券売買取引等につき、金融商品取引業者等又は第三者から、前項第3号の提供に係る財産上の利益を受け、又は第三者に当該財産上の利益を受けさせる行為

（……）

3 　第1項の規定は、同項各号の申込み、約束又は提供が事故（金融商品取引業者等又
はその役員若しくは使用人の違法又は不当な行為であつて当該金融商品取引業者等と
その顧客との間において争いの原因となるものとして内閣府令で定めるものをいう。
（……））による損失の全部又は一部を補塡するために行うものである場合には、適用
しない。ただし、同項第2号の申込み又は約束及び同項第3号の提供にあつては、そ
の補塡に係る損失が事故に起因するものであることにつき、当該金融商品取引業者等
があらかじめ内閣総理大臣の確認を受けている場合その他内閣府令で定める場合に限
る。

4 　第1項（第3号に係る部分に限る。）の規定は、同号の財産上の利益が、顧客と金融
商品取引業者等との間で行われる有価証券の売買その他の取引に係る金銭の授受の用
に供することを目的としてその受益権が取得され、又は保有されるものとして内閣府
令で定める投資信託（……）の元本に生じた損失の全部又は一部を補塡するため金融
商品取引業者等（……）により提供されたものである場合には、適用しない。

5 　第2項の規定は、同項第1号又は第2号の約束が事故による損失の全部又は一部を
補塡する旨のものである場合及び同項第3号の財産上の利益が事故による損失の全部
又は一部を補塡するため提供されたものである場合には、適用しない。

6 　第2項（第3号に係る部分に限る。）の規定は、同号の財産上の利益が、第4項の投
資信託の元本に生じた損失の全部又は一部を補塡するため金融商品取引業者等により
提供されたものである場合には、適用しない。

7 　第3項ただし書の確認を受けようとする者は、内閣府令で定めるところにより、そ
の確認を受けようとする事実その他の内閣府令で定める事項を記載した申請書に当該
事実を証するために必要な書類として内閣府令で定めるものを添えて内閣総理大臣に
提出しなければならない。

金融商品取引業者との紛争の処理について説明してください。

A 裁判による解決のほか、複数の裁判外の紛争解決制度がありますが、金商法上は、金融ADR制度における紛争の処理が可能です。具体的な手続は、業種により異なりますが、紛争解決機関が指定されている業種については同機関において、そのような指定がない業種については金融商品取引業協会や認定投資者保護団体において、裁判外での紛争解決を試みることが考えられます。

■ 裁判外の紛争解決制度

　金融商品取引業者との紛争については、裁判による解決も考えられますが、裁判外で解決する方法が用意されており、近時その重要性が増しています。

　裁判外の紛争解決制度も多様であり、その中で、金商法その他の金融規制法において用意された枠組みとして金融ADR制度があります。金商法上の金融ADR制度において、金融商品取引業者が行うべき対応は、その行う金商業に関して、金融当局が紛争解決機関を指定しているかどうか（**指定紛争解決機関**が存在するか否か）により異なります。

■ 指定紛争解決機関が存在する場合（第一種金融商品取引業）

　指定紛争解決機関が存在する場合、金融商品取引業者は、同機関との間で苦情処理手続および紛争解決手続に係る業務ならびにこれに付随する業務の実施に関する契約（手続実施基本契約）を締結することが求められます。第一種金融商品取引業については、特定非営利活動法人 証券・金融商品あっせん相談センター（略称：FINMAC）が指定されていますので、第一種金融商品取引業を営む金融商品取引業者は、FIMACと**手続基本契約**を締結することになり、そのような業者の顧客は、FIMACに対して、第一種金融商品取引業や付随業務等について、**苦情の解決**の申立てや、**紛争の解決**の申立てを行うことが可能です（37条の7第1項第1号イ、156条の49、156条の50）。

金融商品取引業者は、手続基本契約に基づき、FIMACが実施する手続に応諾し、報告および物件を提出するほか、紛争解決手続について特別調停案が出された場合はこれに受諾することを要します。なお、金融商品取引業者は、別途、**顧客の相談・苦情・紛争等に対処する体制を整備**する必要があり、指定紛争解決機関と手続基本契約を締結したとしても、かかる体制の整備を免れるわけではありません。

■ 指定紛争解決機関が存在しない場合（その他の業務の種別）

　指定紛争解決機関が存在しない場合には、**代替措置**として、法令に定める方法により苦情処理措置および紛争解決措置をとる必要があります。苦情処理措置については、自社で業務運営体制・社内規則を整備して公表等する方法のほかに、認定投資者保護団体を利用する方法などがあり、紛争解決措置については、金融商品取引業協会または認定投資者保護団体のあっせんを利用する方法、弁護士会の仲裁センターによるあっせんまたは仲裁手続を利用する方法などがあります（37条の7第1項2号ロ、3号ロ、4号ロ）。例えば、第二種金融商品取引業については、指定紛争解決機関の指定がなく、第二種金融商品取引業を営む金融商品取引業者は、協定事業者または特定事業者として、FINMACを利用することにより、上記措置をとることが考えられます。

（指定紛争解決機関との契約締結義務等）
第37条の7　金融商品取引業者等は、次の各号に掲げる場合の区分に応じ、当該各号に定める措置を講じなければならない。
　一　当該金融商品取引業者等（登録金融機関を除く。次号から第4号までにおいて同じ。）が第一種金融商品取引業を行う者である場合　次のイ又はロに掲げる場合の区分に応じ、当該イ又はロに定める措置
　　イ　指定第一種紛争解決機関（指定紛争解決機関（……）であってその紛争解決等業務の種別（……）が特定第一種金融商品取引業務（……）であるものをいう。以下この号及び第3項第2号において同じ。）が存在する場合　一の指定第一種紛争解決機関との間で特定第一種金融商品取引業務に係る手続実施基本契約（……）を締結する措置
　　ロ　（略）
　二　当該金融商品取引業者等が第二種金融商品取引業を行う者である場合　次のイ又

はロに掲げる場合の区分に応じ、当該イ又はロに定める措置

イ　（略）

ロ　指定第二種紛争解決機関が存在しない場合　特定第二種金融商品取引業務に関する苦情処理措置及び紛争解決措置

三　当該金融商品取引業者等が投資助言・代理業を行う者である場合　次のイ又はロに掲げる場合の区分に応じ、当該イ又はロに定める措置

イ　（略）

ロ　指定投資助言・代理紛争解決機関が存在しない場合　特定投資助言・代理業務に関する苦情処理措置及び紛争解決措置

四　当該金融商品取引業者等が投資運用業を行う者である場合　次のイ又はロに掲げる場合の区分に応じ、当該イ又はロに定める措置

イ　（略）

ロ　指定投資運用紛争解決機関が存在しない場合　特定投資運用業務に関する苦情処理措置及び紛争解決措置

五　（略）

2〜3（略）

利益相反管理について教えてください。

A 有価証券関連業を行う第一種金融商品取引業者および登録金融機関は、グループレベルの利益相反管理体制を整備する義務を負います。他の金融商品取引業者も、利益相反の管理を求められる場合があります。

■ 体制整備の概要

　以下で説明する「**特定金融商品取引業者等**」は、顧客の利益が不当に害されることのないよう、グループの一定の業務について、情報を適正に管理し、実施状況を適切に監視するための体制の整備その他必要な措置を講じる義務を負っています（36条2項）。求められる体制の外縁は明らかではありませんが、一般的には、**利益相反管理体制**が必要と理解されています。

　利益相反管理体制については、法令や監督指針が、保護すべき顧客や対象とする取引、保護の方法に関する枠組みを定めていますが、いかなる場合に利益相反のおそれがあり、それをどのように管理すべきかについて、事細かな決まりまではなく、一律の対応が求められているわけではありません。保護すべき顧客がどのような者であるのか、その顧客の利益が他の利益とどのように対立しうるかを踏まえて、顧客の利益が不当に害されないためにどのようにすればよいか、それぞれが業務の内容・特性・規模等を踏まえて検討した上で、体制整備を行うことが求められます。金商法はルール・ベースの規制が相対的に多いですが、利益相反管理体制整備義務は主として**プリンシプル・ベース**の規制であるといえます。

　なお、ここでは36条2項に基づく体制整備を中心に説明していますが、利益相反の観点から求められる対応はそのような体制整備に限られるものではありません。例えば、自らが2以上の種別の業務を行ったり、グループ会社が関与する業務を行ったりする場合に適用のある金商法の規定や自主規制機関のルールには、利益相反による弊害防止を念頭に置いたものが複数ありますし、金商法上の一般的な義務や監督指針の観点からも利益相反への対応を求められることがあります。さらに、レピュテーションリスクの観点や、顧

金融商品取引業者の規制・自主規制機関等｜第6章｜371

客本位原則（**Q128**参照）でも利益相反の適切な管理が求められていることも踏まえる必要があります。

　また、利益相反管理体制は、金商法のみならず、銀行法や保険業法といった他の金融規制法においても求められています。サービスの多様化や業態を跨ぐグループ化・国際化などを背景として、金融機関内や金融グループ内における競合・対立する複数の利益が存在しやすい状況において、重要性が増しています。

■ 体制整備の主体

　体制整備の主体となる「特定金融商品取引業者等」は、有価証券関連業を行う**第一種金融商品取引業者**（証券会社）および**登録金融機関**（金商業を営む銀行等）に限られています。このように限定されている理由は、利益相反管理体制整備義務が、銀証分離規制（**Q105**参照）の緩和に際して、規制緩和による弊害を防止するために設けられたという沿革があるため、また、業務内容に照らして特に利益相反の問題が生じやすいためと説明されています。

　有価証券関連業を行わない第一種金融商品取引業者（FX業者など）ならびに第二種金融商品取引業者、投資助言・代理業者および投資運用業者は、直接上記のような体制整備を義務付けられませんが、例えば、その親会社が「特定金融商品取引業者等」であったり、銀行法で類似の体制整備（ただし、金商法とは、保護すべき顧客の範囲などが異なります）を求められる銀行や銀行持株会社であったりすれば、そのような親会社によるグループレベルの体制整備の一環として、親会社の方針に従った利益相反の管理が求められます。また、既述のとおり、利益相反に関する他のルールや枠組みにも、留意する必要があります。

■ 保護すべき顧客

　利益相反管理体制により保護すべき顧客は、金融商品取引業や付随業務など一定の業務に係る顧客に限られますが、体制整備の主体となる「特定金融商品取引業者等」自身の顧客に限らず、**グループ会社の顧客**も含まれます。具体的には、グループ内の子会社や関連会社の中に、金融商品取引業者、銀

行、保険会社などがあれば、それらの顧客が含まれることになります。

■ 対象となる取引

体制整備は、保護すべき顧客の利益を不当に害するおそれのある取引がどのようなものかを念頭に置いて行う必要があります。このような取引は「対象取引」と呼ばれており、体制整備の主体となる「特定金融商品取引業者等」自身の取引だけでなく、**グループ会社の取引**も含まれます。グループの範囲は、保護すべき顧客の関係では、上記のとおり子会社や関連会社であり、業種も限られていましたが、対象取引の関係では、親会社やその子会社・関連会社を含む広い範囲のグループを見る必要がありますし、グループ会社の業種やいかなる業務の取引かも問われません。

■ 体制整備の内容

どのような主体が、どのような取引を対象として、どのような顧客を保護する必要があるかという基本的な部分は以上のとおりですが、体制の枠組みも一定程度示されています。主として、①対象取引を適切な方法により**特定**するための体制、そして、②顧客**保護**を適正に確保するための体制が定められています。①に関しては、実際に取引が行われる前に、特定取引に該当するかを判断できるように、あらかじめ対象取引を類型化しておくことも求められており、監督指針においてそのような取引の例が示されています。②としては、チャイニーズウォールの構築、情報共有のモニタリング、顧客への開示や顧客からの同意取得、取引の変更や中止といった方法が定められていますが、あくまで例示であり、これらを選択したり組み合わせることや、これら以外の方法をとることも考えられます。

さらに、上記①および②の実施の方針（**利益相反管理方針**）の策定や当該方針の概要の適切な公表、①および②に係る記録の作成と保存も必要です。また、監督指針では、手続の明確化、利益相反管理部署・利益相反管理統括者等の設置、定期的な検証等、実効性を持たせる仕組みについても記載されており、これらも含めた対応を要します。

金融商品取引業者の規制・自主規制機関等　第6章　373

(顧客に対する誠実義務)

第36条 金融商品取引業者等並びにその役員及び使用人は、顧客に対して誠実かつ公正に、その業務を遂行しなければならない。

2 特定金融商品取引業者等は、当該特定金融商品取引業者等又はその親金融機関等若しくは子金融機関等が行う取引に伴い、当該特定金融商品取引業者等又はその子金融機関等が行う金融商品関連業務(金融商品取引行為に係る業務その他の内閣府令で定める業務をいう。)に係る顧客の利益が不当に害されることのないよう、内閣府令で定めるところにより、当該金融商品関連業務に関する情報を適正に管理し、かつ、当該金融商品関連業務の実施状況を適切に監視するための体制の整備その他必要な措置を講じなければならない。

3 この条において「特定金融商品取引業者等」とは、金融商品取引業者等のうち、有価証券関連業を行う金融商品取引業者(第一種金融商品取引業を行うことにつき第29条の登録を受けた者に限る。)その他の政令で定める者をいう。

4 第2項の「親金融機関等」とは、特定金融商品取引業者等の総株主等の議決権の過半数を保有している者その他の当該特定金融商品取引業者等と密接な関係を有する者として政令で定める者のうち、金融商品取引業者、銀行、協同組織金融機関その他政令で定める金融業を行う者をいう。

5 第2項の「子金融機関等」とは、特定金融商品取引業者等が総株主等の議決権の過半数を保有している者その他の当該特定金融商品取引業者等と密接な関係を有する者として政令で定める者のうち、金融商品取引業者、銀行、協同組織金融機関その他政令で定める金融業を行う者をいう。

顧客本位の業務運営に関する原則について説明してください。

A 金融商品の販売、助言、商品開発、資産管理、運用等を行う全ての金融機関等が顧客本位の業務運営に努め、顧客から選択されていくメカニズムの実現を目指して、金融庁が策定した原則をいいます。法令上の義務ではなく、ソフトローとして位置付けられますが、近時、同原則の一部に関する改正が行われており、改正後の法令に基づく対応が注目されています。

■ 顧客本位原則の概要と法改正

　国民の安定的な資産形成を図るためには、金融商品の販売、助言、商品開発、資産管理、運用等を行う全ての金融機関等（以下「金融事業者」）がインベストメント・チェーンにおけるそれぞれの役割を認識し、顧客本位の業務運営に努めることが重要となります。顧客本位の業務運営に関する原則（以下「**顧客本位原則**」）とは、そのような金融事業者が自ら主体的に創意工夫を発揮して、良質な金融商品・サービスの提供を競い合うことで、より良い取組みを行う金融事業者が顧客から選択されていくメカニズムの実現を目指して、金融庁が策定した原則をいいます。

　顧客本位原則については、2017年の策定後、2021年に改訂がなされ、運用面でも「金融事業者リスト」の定期公表、一定の商品に関する比較可能な共通KPIの公表促進、重要情報シートによる簡潔な情報提供の促進、リスク性金融商品に関するモニタリングや調査などの施策が金融庁により行われてきましたが、同原則の採択が強制されていたわけではなく、また、同原則を採択する場合も、ルールベース・アプローチではなく、プリンシプルベース・アプローチをとるものであり、その対応状況に問題があることを理由として直ちに行政処分が行われるわけではありませんでした。

　しかしながら、金融審議会のタスクフォースの中間報告書における提言を踏まえて、2023年の改正により、顧客本位原則の一部に関連する法令上の義務が規定されており、今後の動向が注目されています。

■ 顧客本位原則の概要

顧客本位原則は、以下の7つから成り立ちます。

原則1：顧客本位の業務運営に関する方針の策定・公表等

原則2：顧客の最善の利益の追求

原則3：利益相反の適切な管理

原則4：手数料等の明確化

原則5：重要な情報の分かりやすい提供

原則6：顧客にふさわしいサービスの提供

原則7：従業員に対する適切な動機づけの枠組み等

顧客本位原則を採択した事業者は、顧客本位の業務運営を実現するための明確な方針を策定・公表した上で、当該方針に係る取組状況を定期的に公表するとともに、その方針を定期的に見直すことが求められます。方針には、原則2から7およびこれらに付された注の内容ごとに、実施する場合にはその対応方針を、実施しない場合にはその理由や代替策を、分かりやすい表現で盛り込むとともに、これに対応した形で取組状況を明確に示すことが求められています。

■ リストへの掲載

顧客本位原則を採択し、一定の掲載要件を満たした金融事業者は、金融庁に報告した場合、金融庁のウェブサイトにおける「**金融事業者リスト**」に掲載されます。同リストには、金融庁が共通KPIを公表している金融商品に関する報告事項が含まれています。

掲載要件は順次見直されていますが、取組方針等の「見える化」を通じた顧客による比較可能性の向上の観点から、金融庁所定の対応関係表を金融事業者のウェブサイトに掲載することにより、取組方針等について、本原則2から7およびこれらに付された注との対応関係を原則ごとに明確に示していること、そして、不実施等の場合には、その理由や代替策を取組方針等に分かりやすい表現で記載するほか、その掲載箇所を対応関係表に示していることなどが必要とされています。

■ 法改正

2023年の改正により、顧客本位原則の原則2の顧客の最善の利益の追求、および、原則5の重要な情報の分かりやすい提供に関する改正が行われています。

すなわち、「金融サービスの提供等に係る業務を行う者」について、顧客等の最善の利益を勘案しつつ、顧客等に対して誠実かつ公正に、その業務を執行するとの義務を定める条項が新設されることになりました（金サ法2条）。「金融サービスの提供等に係る業務を行う者」に広い範囲の金融事業者が含まれており、同条は業態横断的な義務を定める規定ですが、金融商品取引業者等や金融仲介業者、金融サービス仲介業者も含まれています。

同改正により、金商法における説明義務が業府令上の義務から法令上の義務となりました（37条の3第2項）。また、契約締結前交付書面の交付義務から、記載事項に係る情報提供義務に変更されており（同条1項）、これにより、顧客に適した媒体で、充実した情報が分かりやすく提供されることが期待されます（37条。**Q117・Q119**参照）。

これらの改正の施行時期は、公布の日（2023年11月29日）から起算して1年6カ月を超えない範囲内において政令で定める日となります。

また、2024年7月の金融審議会「市場制度ワーキング・グループ」報告書における、資産運用会社による顧客の最善の利益に適った商品提供等を確保するためのガバナンス（プロダクトガバナンス）に関する提言を踏まえて、顧客本位原則に追加される「プロダクトガバナンスに関する補充原則」として、「金融商品の組成に関する金融事業者」を名宛人とする以下の項目に関する案が公表されています。

補充原則1：基本理念

補充原則2：体制整備

補充原則3：金融商品の組成時の対応

補充原則4：金融商品の組成後の対応

補充原則5：顧客に対する分かりやすい情報提供

さらに、原則6の改正案も示されており、同案では金融商品の販売に関する金融事業者も、「金融商品の組成に関する金融事業者」との連携やプロダクトガバナンスに関する取組みの把握に務める旨が記載されています。

《2023年改正》
（契約締結前の情報の提供等）
第37条の3　金融商品取引業者等は、金融商品取引契約を締結しようとするときは、内閣府令で定めるところにより、あらかじめ、顧客に対し、次に掲げる事項に係る情報を提供しなければならない。ただし、投資者の保護に支障を生ずることがない場合として内閣府令で定める場合は、この限りでない。

　　一～七　（略）

2　金融商品取引業者等は、前項の規定による情報の提供を行うときは、顧客に対し、同項各号に掲げる事項（同項第5号および第6号に掲げる事項その他内閣府令で定める事項を除く。）について、顧客の知識、経験、財産の状況および当該金融商品取引契約を締結しようとする目的（以下この項において「顧客属性」という。）に照らして、当該顧客に理解されるために必要な方法および程度により、説明をしなければならない。ただし、顧客属性に照らして、当該情報の提供のみで当該顧客が当該事項の内容を理解したことを適切な方法により確認した場合その他の内閣府令で定める場合は、この限りでない。

3　（略）

金融サービスの提供及び利用環境の整備等に関する法律
第2条　金融サービスの提供等に係る業務を行う者は、次項各号に掲げる業務又はこれに付随し、若しくは関連する業務であって顧客（次項第14号から第18号までに掲げる業務又はこれに付随し、若しくは関連する業務を行う場合にあっては加入者、その他政令で定める場合にあっては政令で定める者。以下この項において「顧客等」という。）の保護を確保することが必要と認められるものとして政令で定めるものを行うときは、顧客等の最善の利益を勘案しつつ、顧客等に対して誠実かつ公正に、その業務を遂行しなければならない。

2　前項の「金融サービスの提供等に係る業務を行う者」とは、次の各号に掲げる業務の区分に応じ、当該各号に定める者をいう。

　　一　第11条第1項に規定する金融サービス仲介業に係る業務当該業務を行う者並びにその役員及び使用人

　　二　金融商品取引法第2条第8項に規定する金融商品取引業に係る業務（第9号に掲げる行為に該当する業務を除く。）当該業務を行う者並びにその役員及び使用人

　　三～十九　（略）

金融商品取引業協会について説明してください。

A 金融商品取引業協会は、①有価証券の売買その他の取引およびデリバティブ取引を公正かつ円滑にすること、ならびに②金融商品取引業の健全な発展および投資者保護に資することを目的としています。

■ 金融商品取引法における協会

　金商法における協会には、金融商品取引業者等が認可を受けて設立する「認可金融商品取引業協会」（**認可協会**）と、金融商品取引業者等が設立した一般社団法人が認定を受けた「認定金融商品取引業協会」（**認定協会**）とがありますが、いずれも①有価証券の売買その他の取引およびデリバティブ取引を公正かつ円滑にすること、ならびに②金融商品取引業の健全な発展および投資者保護に資することを目的としています（67条、78条）。

　認可協会としては日本証券業協会が、認定協会としては投資信託協会、日本投資顧問業協会、金融先物取引業協会、第二種金融商品取引業協会、日本暗号資産取引業協会および日本STO協会があり、これら合計7つの協会は、それぞれ、目的や事業の内容、協会員・会員の範囲などが異なっています。

■ 協会への加入

　これらの金融商品取引業協会への加入は義務付けられてはいないものの、第一種金融商品取引業、第二種金融商品取引業または投資運用業を行う金融商品取引業者等（ただし、第二種金融商品取引業のみを行う個人を除く）は、金融商品取引業協会に加入しない場合、自ら、協会規則に準ずる内容の社内規則の整備を要することになります（第二種金融商品取引業は法人の場合）（29条の4第1項4号ニ、33条の5第1項4号）（**Q103**参照）。このような規制により、実務上、協会への加入が促されています。

　協会の定款その他の規則に違反した場合は、過怠金や会員権の停止・制限、除名といった処分の対象となりえます。金商法とは異なるルールが定められており、協会規則の遵守にも留意が必要です。

金融商品取引業者の規制・自主規制機関等 | 第6章

■ 店頭売買有価証券市場

　店頭売買有価証券市場を開設できるのは、認可協会に限られます（67条2項）。しかし、かつて存在していた店頭売買有価証券市場（店頭登録制度）は、現在は存在していません。

（認可協会の目的）
第67条　認可金融商品取引業協会（以下この章において「認可協会」という。）は、有価証券の売買その他の取引及びデリバティブ取引等を公正かつ円滑にし、並びに金融商品取引業の健全な発展及び投資者の保護に資することを目的とする。
2〜4　（略）

（認定金融商品取引業協会の認定）
第78条　内閣総理大臣は、政令で定めるところにより、金融商品取引業者が設立した一般社団法人であつて、次に掲げる要件に該当すると認められるものを、その申請により、次項に規定する業務を行う者として認定することができる。
　　一　有価証券の売買その他の取引及びデリバティブ取引等を公正かつ円滑にし、並びに金融商品取引業の健全な発展及び投資者の保護に資することを目的とすること。
　　二〜四　（略）
2　前項の規定により認定された一般社団法人（以下この項及び次条において「認定金融商品取引業協会」という。）は、次に掲げる業務を行うものとする。
　　一〜九　（略）

金融商品取引所について説明してください。

A 金融商品取引所とは、免許を受けて、有価証券または市場デリバティブ取引を扱う市場を開設する者のことをいいます。

■ 金融商品取引所とは

　金融商品取引所とは、80条1項の規定により内閣総理大臣（金融庁長官に委任）の免許を受けて有価証券の売買および市場デリバティブを扱う「金融商品市場」を開設する金融商品会員制法人または株式会社をいいます（2条16項）。「金融商品市場」とは、有価証券の売買または市場デリバティブ取引を行う市場（商品関連市場デリバティブ取引のみを行うものを除く）と定義されています（2条14項）。

　国内には、**会員制法人形態**の取引所（札幌証券取引所、福岡証券取引所）と**株式会社形態**の取引所（東京証券取引所、大阪取引所、名古屋証券取引所、東京金融取引所）の両方があります。

■ 自主規制業務の在り方

　金商法では、取引所は**自主規制業務**を適正に行わなければならないことが明記されています（84条1項）。自主規制業務とは、①金融商品などの上場および上場廃止に関する業務、②会員などの法令、法令に基づく行政官庁の処分・定款その他の規則または取引の信義則の遵守の状況の調査、③その他を指します（84条2項）。

　取引所は、自主規制業務を、自主規制法人（理事の過半は外部理事）に委託することが可能です（85条）。株式会社形態の取引所は、そのような委託を行っていない場合、社内に自主規制委員会（委員の過半は社外取締役）を設置することも可能です（105条の4）。

　例えば、日本取引所グループ傘下の東京証券取引所と大阪取引所は、日本取引所自主規制法人に対して、自主規制業務を委託しています。

■ その他の規制

　また、金融商品取引所が一定の株主に支配されると弊害が生じる可能性があるため、主要株主や持株会社の規制が置かれています。株式会社金融商品取引所を子会社としようとする者または株式会社金融商品取引所を子会社とする会社の設立をしようとする者は、あらかじめ、内閣総理大臣の認可（金融庁長官に委任）を受けなければならないとされています（106条の10）。

　例えば、日本取引所グループは、東京証券取引所と大阪取引所を傘下に持つ金融商品取引所持株会社として、認可を受けています。

（定　義）

第2条　（略）

2～15　（略）

16　この法律において「金融商品取引所」とは、第80条第1項の規定により内閣総理大臣の免許を受けて金融商品市場を開設する金融商品会員制法人または株式会社をいう。

17～42　（略）

（自主規制業務）

第84条　金融商品取引所は、この法律及び定款その他の規則に従い、取引所金融商品市場における有価証券の売買及び市場デリバティブ取引を公正にし、並びに投資者を保護するため、自主規制業務を適切に行わなければならない。

2　前項の「自主規制業務」とは、金融商品取引所について行う次に掲げる業務をいう。

　　一　金融商品、金融指標又はオプション（以下この章において「金融商品等」という。）の上場及び上場廃止に関する業務（内閣府令で定めるものを除く。）

　　二　会員等の法令、法令に基づく行政官庁の処分若しくは定款その他の規則又は取引の信義則の遵守の状況の調査

　　三　その他取引所金融商品市場における取引の公正を確保するために必要な業務として内閣府令で定めるもの

Q131

私設取引システム (PTS) について説明してください。

A PTSとは、電子取引システム上で同時に多数の者の有価証券取引を可能にする業務を意味します。第一種金融商品取引業としての登録に加えて、認可を得る必要があります。

■ PTS

PTS(私設取引システム)で行われる有価証券の売買・取次ぎ・代理は、本来は、有価証券の種類に応じて、第一種金融商品取引業や第二種金融商品取引業者の登録を要するのみですが、PTSは電子取引システム上で同時に多数の者の有価証券取引を可能にし、取引所類似の機能を有することから、第一種金融商品取引業の登録に加えて、PTSの**認可**を得る必要があります(28条1項4号、30条)。PTSは、金融商品市場に該当するものの、金融商品取引所としての免許は不要とされています(80条2項)。

PTSの認可を得るためには、リスク管理、追加的な資本金要件(3億円)、売買価格の決定方法や決済方法、内部管理、システム等に関する審査基準を充足する必要があります(30条の4)。現在、合計11社がPTSの認可を受けており、うち3社が株式を、8社が債券を取り扱っています。

■ 売買価格の決定方法

PTSに該当する売買価格の決定方法には、主として、①競売買の方法(オークション)、②上場有価証券に係る市場相場売買方法、③顧客間交渉売買方法、④顧客注文対当方法および⑤売買気配提示方法があります(2条8項10号、定義府令17条)。

PTSの定義上、①の競売買の方法からは、売買高が一定基準を超える場合が、⑤の売買気配提示方法からは、いわゆるマーケット・メイク売買方法(複数の金融商品取引業者等が恒常的に気配を提示して当該気配に基づいて売買を行う義務を負う場合)が除外されています(施行令1条の10、定義府令17条1項)。このようにPTSから除外される行為を行う場合、PTSの認可

ではなく、金融商品取引所としての免許を要することになります。また、②から④の方法を用いるPTSについては、認可の条件として、取引高シェアに応じて一定の措置をとること、取引高シェアが大きい場合には金融商品取引所としての免許を取得することが、求められます（30条の2、金商業等監督指針Ⅳ-4-2-1③ロa）。

なお、取引所金融商品市場における有価証券の売買の取次ぎや、他の単一の金融商品取引業者への有価証券の売買の取次ぎを行うシステムは、システム内で注文の集約や相殺等を行わない限り、PTSの認可や金融商品取引所の免許は不要となります。

■ 非上場株式について

PTSの定義上、取り扱う有価証券の種類等に照らして金融商品市場以外において行うことが投資者保護のため適当でないと認められるものとして政令で定めるものは除かれるところ、従前は、政令によりプロ向け銘柄（特定投資家向け有価証券）について定められており、プロ向け銘柄をPTSで取り扱うことは認められていませんでした。しかしながら、非上場株式のセカンダリー取引の円滑化を図るため、2023年7月1日より、プロ向け銘柄の取扱いが可能とされており（施行令1条の9の3の削除、1条の7の3第3号ロの追加）、実際の取扱いも開始されています。

さらに、2024年改正（施行日は公布の日から起算して6カ月を超えない範囲内において政令で定める日）（施行日についてＱ3参照）により、非上場有価証券の流通活性化のための制度の見直しが行われますが、その一環として、PTSについても一定の変更が予定されています。すなわち、非上場有価証券を取り扱う場合、取引規模が限定的であればPTSの認可を不要とし、第一種金融商品取引業の登録で足りるとすること、取引規模からPTSの認可が必要な場合であっても、追加的な資本金要件（3億円）を課さず、システム要件も緩和することが予定されています。

■ 店頭デリバティブ取引

PTSは、有価証券の取引に関するものが対象であり、店頭デリバティブ取引は対象とされていません。店頭デリバティブ取引について同様の業務を行

ったとしても、PTSの認可は不要であり、第一種金融商品取引業の登録のみ
を要することになります。

（定　義）
第2条　（略）

2〜7　（略）

8　この法律において「金融商品取引業」とは、次に掲げる行為（その内容等を勘案し、
投資者の保護のため支障を生ずることがないと認められるものとして政令で定めるも
の及び銀行、優先出資法第2条第1項に規定する協同組織金融機関（以下「協同組織
金融機関」という。）その他政令で定める金融機関が行う第12号、第14号、第15号又
は第28条第8項各号に掲げるものを除く。）のいずれかを業として行うことをいう。

一〜九　（略）

十　有価証券の売買又はその媒介、取次ぎ若しくは代理であつて、電子情報処理組織
を使用して、同時に多数の者を一方の当事者又は各当事者として次に掲げる売買価
格の決定方法又はこれに類似する方法により行うもの（取り扱う有価証券の種類等に
照らして取引所金融商品市場又は店頭売買有価証券市場（……）以外において行うこ
とが投資者保護のため適当でないと認められるものとして政令で定めるものを除く。）

イ　競売買の方法（有価証券の売買高が政令で定める基準を超えない場合に限る。）

ロ　金融商品取引所に上場されている有価証券について、当該金融商品取引所が開
設する取引所金融商品市場における当該有価証券の売買価格を用いる方法

ハ　第67条の11第1項の規定により登録を受けた有価証券（以下「店頭売買有価証
券」という。）について、当該登録を行う認可金融商品取引業協会が公表する当
該有価証券の売買価格を用いる方法

ニ　顧客の間の交渉に基づく価格を用いる方法

ホ　イからニまでに掲げるもののほか、内閣府令で定める方法

十一〜十八　（略）

9〜42　（略）

（認　可）

第30条　金融商品取引業者は、第2条第8項第10号に掲げる行為を業として行おうと
するときは、内閣総理大臣の認可を受けなければならない。

2　内閣総理大臣は、金融商品取引業者に対し、前項の認可をしたときは、その旨を当該
金融商品取引業者の登録に付記しなければならない。

（認可の基準）

第30条の4　内閣総理大臣は、第30条第1項の認可をしようとするときは、次に掲げる
基準に適合するかどうかを審査しなければならない。

一　損失の危険の管理に関し、適切な体制及び規則の整備を行つていること。

二　資本金の額が、公益又は投資者保護のため必要かつ適当なものとして政令で定め

る金額以上であること。

三　純財産額が前号に規定する金額以上であること。

四　第46条の6第2項の規定に違反していないこと。

五　認可申請者の売買価格の決定方法、受渡しその他の決済の方法その他内閣府令で定める業務の内容及び方法が、公益又は投資者保護のため必要かつ適当なものであること。

（免　許）

第80条　金融商品市場は、認可金融商品取引業協会を除き、内閣総理大臣の免許を受けた者でなければ、開設してはならない。

2　前項の規定は、金融商品取引業者等若しくは金融商品仲介業者又は金融サービス仲介業者が、この法律又は金融サービスの提供及び利用環境の整備等に関する法律の定めるところに従つて有価証券の売買若しくは市場デリバティブ取引（取引所金融商品市場によらないで行われるものを除く。）又はこれらの取引の媒介、取次ぎ若しくは代理を行う場合には、適用しない。

施行令

（競売買の方法による場合の基準）

第1条の10　法第2条第8項第10号イに規定する政令で定める基準は、次に掲げるものとする。

一　毎月末日から起算して過去6月間に行われた上場有価証券等（……）の売買（デリバティブ取引に該当するものを除く。以下この条において同じ。）であつて法第2条第8項第10号イに掲げる売買価格の決定方法により行うものに係る総取引高の1営業日当たりの平均額の、当該6月間に行われた上場有価証券等の全ての取引所金融商品市場及び店頭売買有価証券市場における売買に係る総取引高の1営業日当たりの平均額に対する比率が100分の1であること。

二　毎月末日から起算して過去6月間に行われた上場有価証券等の売買であつて法第2条第8項第10号イに掲げる売買価格の決定方法により行うものに係る銘柄ごとの総取引高の1営業日当たりの平均額の、当該6月間に行われた当該銘柄の全ての取引所金融商品市場及び店頭売買有価証券市場における売買に係る総取引高の1営業日当たりの平均額に対する比率が100分の10であること。

金融商品取引法第二条に規定する定義に関する内閣府令

（私設取引システム運営業務の売買価格の決定方法）

第17条　法第2条第8項第10号ホに規定する内閣府令で定める方法は、次に掲げる方法とする。

一　顧客の提示した指値が、取引の相手方となる他の顧客の提示した指値と一致する場合に、当該顧客の提示した指値を用いる方法

二　金融商品取引業者が、同一の銘柄に対し自己又は他の金融商品取引業者等の複数の売付け及び買付けの気配を提示し、当該複数の売付け及び買付けの気配に基づく価格を用いる方法（複数の金融商品取引業者等が恒常的に売付け及び買付けの気配を提示し、かつ当該売付け及び買付けの気配に基づき売買を行う義務を負うものを除く。）

《2024年改正》

（定　義）

第2条

8　（略）

　　一～九　（略）

　　十　有価証券の売買又はその媒介、取次ぎ若しくは代理であつて、電子情報処理組織
　　　を使用して、同時に多数の者を一方の当事者又は各当事者として次に掲げる売買価
　　　格の決定方法又はこれに類似する方法により行うもの（取り扱う有価証券の種類等に
　　　照らして取引所金融商品市場又は店頭売買有価証券市場（……）以外において行うこ
　　　とが投資者保護のため適当でないと認められるものとして政令で定めるものを除く。）

　　　イ　競売買の方法（有価証券の売買高が政令で定める基準を満たす場合に限る。）

　　　ロ　金融商品取引所に上場されている有価証券について、当該金融商品取引所が開
　　　　設する取引所金融商品市場における当該有価証券の売買価格を用いる方法

　　　ハ　第67条の11第1項の規定により登録を受けた有価証券（以下「店頭売買有価証
　　　　券」という。）について、当該登録を行う認可金融商品取引業協会が公表する当
　　　　該有価証券の売買価格を用いる方法

　　　ニ　顧客の間の交渉に基づく価格を用いる方法

　　　ホ　イからニまでに掲げるもののほか、内閣府令で定める方法

　　十一～十八　（略）

（認　可）

第30条　金融商品取引業者は、第2条第8項第10号に掲げる行為を業として行おうと
するときは、内閣総理大臣の認可を受けなければならない。ただし、当該行為を次に
掲げる有価証券のみについて行う場合であつて、当該行為に係る有価証券の売買高の
合計額が、当該行為を安定的に行うことが困難となつた場合であつても多数の者に影
響を及ぼすおそれが少ないと認められる基準として政令で定める基準以下のときは、
この限りでない。

　　一　第2条第1項第9号に掲げる有価証券（金融商品取引所に上場されている有価証
　　　券、店頭売買有価証券その他政令で定める有価証券を除く。）

　　二　第2条第1項第14号に掲げる有価証券（金融商品取引所に上場されている有価証
　　　券、店頭売買有価証券及び前号に規定する政令で定める有価証券を除く。）

　　三　前2号に掲げる有価証券に表示されるべき権利であつて、第2条第2項の規定によ
　　　り有価証券とみなされるもの

　　四　前3号に掲げるもののほか、当該行為を安定的に行うことが困難となつた場合で
　　　あつても多数の者に影響を及ぼすおそれが少ないと認められる有価証券として政令
　　　で定めるもの

2　内閣総理大臣は、金融商品取引業者に対し前項の認可をしたときは、その旨を当該
金融商品取引業者の登録に付記しなければならない。

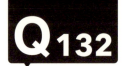

高速取引行為の規制について説明してください。

A 有価証券の売買や市場デリバティブ取引について、注文の判断を自動化し、取引に必要な情報の伝達時間を特別な方法により短縮する場合には、あらかじめ登録が必要であり、必要な管理態勢の整備などを要することになります。

■ 高速取引行為

　情報技術の進展等により、日本の証券市場においても高速取引の影響力が増大したことを踏まえて、2017年の法改正により、高速取引行為を行う者の登録制度が設けられました。

　高速取引行為とは、①有価証券の売買または市場デリバティブ取引やその委託であって、②取引注文の判断が電子情報処理組織により**自動的**に行われ、かつ、③取引に必要な情報の伝達に要する**時間を短縮する方法**がとられているものを意味します（2条41項）。

　①には、自己の計算で行われる取引（自己に経済的効果が帰属するもの）だけでなく、他人の計算で行われる取引を含みますので、例えば、市場の取引参加者である金融商品取引業者が、顧客から委託を受けて行う場合も含まれます。また、委託する顧客の行為も含まれます。

　②は、注文する銘柄・価格・数量・時期等の判断がプログラムにより自動的に行われる場合（人間の関与が限定的な場合を含みます）、また、③は、取引に必要な情報が、マッチング・エンジンにいち早く伝達されることが可能な方法により行われる場合（レイテンシーを短縮するために、行為者のコンピュータシステムが取引所と隣接・近接した場所に所在しており、かつ、他の伝達と競合を防ぐ仕組みが講じられている場合。定義府令26条2項）を意味しています。

　①のような取引について、②と③の要件が両方満たされる場合のみ、高速取引行為に当たるのであり、規制の対象は限定されています。例えば、注文の判断が自動的に行われない場合は該当しませんし、自動取引を行っていてもレイテンシーを短縮するための方法がとられていなければやはり該当しま

せん。

■ 登録制

　金融商品取引業者等や取引所取引許可業者が、その業務として高速取引を行う場合、高速取引行為者としての登録を行う必要はありませんが、届出等の手続や高速取引を行うための体制整備等が必要となります。

　上記以外の者が高速取引を行おうとする場合には、高速取引行為者としての登録が必要となります（66条の50）。

　登録のためには、適切な人員、社内規則や取引システム、最低資本金（1,000万円）等の要件を充足する必要があります（66条の53、施行令18条の4の9）。登録後も、取引システムの異常動作や不公正取引等を防止するための管理態勢を備え、帳簿書類の作成・保存、定期的な報告、登録内容に変更が生じた場合等の届出も要します。金融当局の監督に服し、問題がある場合には行政処分の対象となる可能性もあります（66条の54以下）。

（定　義）

第2条　（略）

2〜40　（略）

41　この法律において「高速取引行為」とは、次に掲げる行為であつて、当該行為を行うことについての判断が電子情報処理組織により自動的に行われ、かつ、当該判断に基づく当該有価証券の売買又は市場デリバティブ取引を行うために必要な情報の金融商品取引所その他の内閣府令で定める者に対する伝達が、情報通信の技術を利用する方法であつて、当該伝達に通常要する時間を短縮するための方法として内閣府令で定める方法を用いて行われるもの（……）をいう。

　一　有価証券の売買又は市場デリバティブ取引

　二　前号に掲げる行為の委託

　三　前号に掲げるもののほか、第1号に掲げる行為に係る行為であつて、前2号に掲げる行為に準ずるものとして政令で定めるもの

42　（略）

（登　録）

第66条の50　金融商品取引業者等及び取引所取引許可業者（金融商品取引業若しくは登録金融機関業務又は取引所取引業務として高速取引行為を行い、又は行おうとする者に限る。）以外の者は、高速取引行為を行おうとするときは、内閣総理大臣の登録を受けなければならない。

金融商品取引業者の規制・自主規制機関等｜第6章　**389**

第 **7** 章

有価証券の取引等の規制・課徴金・監視委員会

Q133〜Q150

Q133

風説の流布の禁止について説明してください。

A 風説の流布とは、①有価証券の募集・売出し・売買その他の取引・デリバティブ取引等のため、または②相場の変動を図る目的をもって風説を流布する行為であり、刑事罰と課徴金の対象となります。

■ 禁止行為

　①有価証券の募集、売出し、売買その他の取引、デリバティブ取引などのため**風説を流布する行為**または、②有価証券、オプションまたはデリバティブ取引に係る金融商品・金融指標の**相場の変動を図る目的をもって風説を流布する行為**が禁止行為です（158条）。同様に**偽計を用いる行為**、**暴行、脅迫**も禁止されています。

　令和元年（2019年）金商法改正により、暗号等資産の売買その他の取引および**暗号等資産**または暗号等資産のデリバティブ取引に係る風説の流布・偽計を用いる行為、暴行、脅迫も禁止されています（185条の23）。

　ここで、「風説」とは、虚偽である必要はありませんが、**合理的な根拠のない噂**である必要はあります。「**流布**」とは、**不特定多数の者に伝達すること**を意味します。株価を有利に変動させることを目的に、インターネットの掲示板やSNSに合理的な根拠のない噂を書き込む行為はこの犯罪に該当します。10年以下の懲役・1,000万円以下の罰金、これらの併科（197条1項5号）、法人併科としては7億円以下（207条1項1号）の罰金の**刑事罰**が科せられます。

■ 課徴金の対象行為

　課徴金の対象となるのは、158条の規定に違反して、風説を流布し、または偽計を用いて、その違反行為により、有価証券・オプションまたはデリバティブ取引に係る金融商品・金融指標の相場を変動させ、その変動させた相場により自己の計算で募集により有価証券を取得させる行為や売買、デリバティブ取引をする行為のほか、他人の計算において行う売買も対象となります（173条）。他人の計算において行う行為の課徴金額は、運用対象財産のう

392

ち運用の対価の額や、売買に係る手数料、報酬その他の対価の額をもとに算定されます。違反の行為のうち、暴行・脅迫は対象になっていません。暴行・脅迫と相場の変動とは、定型的に因果関係があるとはいえず、また相場の変動がない、相場の釘付け行為の場合には、利得の算定が困難だという理由から、課徴金の対象から除外されています。課徴金一般について**Q148**参照。暗号等資産の売買その他の取引および暗号等資産または暗号等資産のデリバティブ取引に係る風説の流布・偽計については課徴金の対象となっていません。

（風説の流布、偽計、暴行又は脅迫の禁止）

第158条 何人も、有価証券の募集、売出し若しくは売買その他の取引若しくはデリバティブ取引等のため、又は有価証券等（有価証券若しくはオプション又はデリバティブ取引に係る金融商品（有価証券を除く。）若しくは金融指標をいう。（……））の相場の変動を図る目的をもつて、風説を流布し、偽計を用い、又は暴行若しくは脅迫をしてはならない。

有価証券の取引等の規制・課徴金・監視委員会　第7章　393

Q134

相場操縦行為について説明してください。

A 相場操縦取引には、概ね仮装取引、なれ合い取引、取引誘因目的の現実売買など、同目的での相場が操作により変動する旨の表示、同目的での虚偽などの表示があります。

■ 相場操縦の範囲

相場操縦取引には、概ね**仮装取引、なれ合い取引、取引誘因目的の現実売買**など、同目的での相場が操作により変動する旨の表示、同目的での虚偽などの表示があり、有価証券デリバティブに限らず、デリバティブ取引が広く含まれます（159条）。また、取引を成立させる意思がないにもかかわらず、相場を操縦する目的で、売買取引の申込みのみを行う**「見せ玉」**も規制対象になります。これらの行為は、取引が繁盛に行われていると他人に誤解させる目的その他のこれらの取引の状況に関し他人に誤解を生じさせる目的をもって行う行為が禁止の対象となります。

令和元年（2019年）金商法改正により、**暗号等資産**の売買その他の取引および暗号等資産または暗号等資産のデリバティブ取引に係る相場操縦も禁止されています（185条の24）。相場操縦の禁止は、金商業者に限らず誰にでも適用されます。これに対して、金商業者については、別途、作為的相場形成の禁止も課されています（業府令117条1項20号）。

■ 違反した者の責任

相場操縦については、**民事責任**の規定が設けられています（160条）。相場操縦を行った者は、その操縦された相場によって損害を被った被害者に対して、損害を賠償しなければなりません。しかし、損害と相場操縦との**因果関係**についての推定規定がなく、容易に損害を立証できないことから、制度に不備があるとの批判があります。相場操縦の規定に違反すると**刑事罰**が科せられます。10年以下の懲役・1,000万円以下の罰金、これらの併科（197条1項5号）、法人併科としては7億円以下（207条1項1号）が科せられます。

課徴金を課す必要性・合理的な課徴金額の算定可能性などの観点から159

条で禁止している行為のうち一部が課徴金の対象になると定められています（174条）。**課徴金**の対象となるのは、159条の規定に違反して、取引の状況に関し他人に誤解を生じさせる目的をもって、自己の計算で募集により有価証券を取得させる行為や売買、デリバティブ取引をする行為のほか、他人の計算において行う売買も対象となります（174条）。他人の計算において行う行為の課徴金額は、運用対象財産のうち運用の対価の額や、売買に係る手数料、報酬その他の対価の額をもとに算定されます。暗号等資産の売買その他の取引および暗号等資産または暗号等資産のデリバティブ取引に係る相場操縦については課徴金の対象となっていません。

（相場操縦行為等の禁止）

第159条　何人も、有価証券の売買（金融商品取引所が上場する有価証券、店頭売買有価証券又は取扱有価証券の売買に限る。以下この条において同じ。）、市場デリバティブ取引又は店頭デリバティブ取引（金融商品取引所が上場する金融商品、店頭売買有価証券、取扱有価証券（これらの価格又は利率等に基づき算出される金融指標を含む。）又は金融商品取引所が上場する金融指標に係るものに限る。以下この条において同じ。）のうちいずれかの取引が繁盛に行われていると他人に誤解させる目的その他のこれらの取引の状況に関し他人に誤解を生じさせる目的をもって、次に掲げる行為をしてはならない。

　一～九　（略）

2　何人も、有価証券の売買、市場デリバティブ取引又は店頭デリバティブ取引（以下この条において「有価証券売買等」という。）のうちいずれかの取引を誘引する目的をもって、次に掲げる行為をしてはならない。

　　一　有価証券売買等が繁盛であると誤解させ、又は取引所金融商品市場における上場金融商品等（金融商品取引所が上場する金融商品、金融指標又はオプションをいう。以下この条において同じ。）若しくは店頭売買有価証券市場における店頭売買有価証券の相場を変動させるべき一連の有価証券売買等又はその申込み、委託等若しくは受託等をすること。

　　二　取引所金融商品市場における上場金融商品等又は店頭売買有価証券市場における店頭売買有価証券の相場が自己又は他人の操作によつて変動するべき旨を流布すること。

　　三　有価証券売買等を行うにつき、重要な事項について虚偽であり、又は誤解を生じさせるべき表示を故意にすること。

3　何人も、政令で定めるところに違反して、取引所金融商品市場における上場金融商品等又は店頭売買有価証券市場における店頭売買有価証券の相場をくぎ付けし、固定し、又は安定させる目的をもつて、一連の有価証券売買等又はその申込み、委託等若しくは受託等をしてはならない。

Q135

空売り規制について説明してください。

A 有価証券を所有していない者が株を借りるなどして、売却し、株価が下がったところで、買い戻し返却することを自由に許すと株価が下がってしまいます。かかる相場操縦的な行為を規制するところに本規制の目的があります。

■ 規制の内容

　何人も、政令で定めるところ（施行令26条の3、26条の4）に違反して、有価証券を有しないでもしくは有価証券を借り入れて（その有している有価証券の売付け後遅滞なく当該有価証券を提供できることが明らかでない場合を含む）その売付けをすること、または当該売付けの委託・受託などをしてはなりません（162条1項1号、施行令26条の2）。具体的には、施行令で規制内容が定められています。**金融商品取引業者**は、市場で行う自己の計算による有価証券の売付け・売付けの受託をした有価証券の売付けなどについて、当該金融商品取引所に対し、これらの有価証券の売付けなどが**空売りであるか否かの別を明らか**にしなければなりません。金融商品取引業者は、市場においてする有価証券の売付けの受託について、**顧客**に対し、当該有価証券の売付けが空売りであるか否かの別を**確認**しなければなりません。市場においてする有価証券の売付けの委託の取次ぎを引き受けた者は、当該委託の取次ぎの申込者に対し、当該有価証券の売付けが空売りであるか否かの別を確認しなければなりません。市場においてする有価証券の売付けの委託などをする顧客は、その委託などの相手方に対し、当該有価証券の売付けが空売りであるか否かの別を明らかにしなければなりません。これらの規定は、有価証券先物取引その他の内閣府令で定める取引については適用しません（取引規制府令11条）。以上が明示・確認義務です（施行令26条の3）。

■ 改正の経緯

　金融商品取引業者は、市場において自己の計算による空売りまたは受託をした空売りを行おうとするときは、原則として、当該空売りに係る有価証券

につき当該金融商品取引所が当該空売りの直近に公表した当該取引所有価証券市場における価格以下（その前に比べて価格が上昇していた場合は、直近公表価格未満）の価格において、当該空売りを行ってはならず、取引所有価証券市場においてする空売りの委託または委託の取次ぎの申込みをする者は、原則として、当該空売りの委託または委託の取次ぎの申込みの相手方に対し、原則として当該空売りに係る有価証券につき直近公表価格以下の価格において当該空売りを行うよう指示をしてはなりません。ただし、平成25年（2013年）の金商法施行令および取引規制府令の改正により、空売りに係る有価証券の価格が一定の水準（前日終値比10％以上低い価格）に達した段階で、原則としてその時点から翌日の取引終了時点まで、直近に公表した当該取引所有価証券市場における価格以下での空売りが禁止される枠組み（**トリガー方式**）が採用されています（取引規制府令12条）。これらについても、有価証券先物取引その他の内閣府令で定める取引については適用しません（取引規制府令15条）。以上が**価格規制**です（施行令26条の4）。例外の範囲は明示・確認義務とは異なります。

　その他、平成20年（2008年）10月30日以降の時限措置として、**売付けの際に株の手当てのなされていない空売り**（Naked Short Selling）の禁止が導入されていたところ、平成25年（2013年）の取引規制府令の改正により、当該規制が恒久化されています（施行令26条の2の2）。また、一定規模の空売りポジションの保有・変更に関する取引所への報告、公表の仕組みが導入されています（取引規制府令15条の2〜15条の4）。

　加えて、平成23年（2011年）12月1日に施行された公募増資時の空売り規制に関する金商法施行令等の改正により、何人も、有価証券の募集または売出しが行われる旨の公表がされてから当該有価証券の発行価格または売出価格が決定されるまでの期間として内閣府令で定める期間（価格未決定期間）において当該有価証券と同一の銘柄につき取引所金融商品市場における空売りまたはその委託または委託の取次ぎの申込みを行った場合には、当該募集または売出しに応じて取得した有価証券により当該空売りに係る有価証券の借入れ（これに準ずるものとして内閣府令で定めるものを含む。）の決済を行ってはならないこととされました（施行令26条の6、取引規制府令15条の5〜15条の7）。この規制は公募増資により取得する新規発行株式で借株の決

済を行う空売りは、市場で売付けを行う一方で、借株の返済のための買付け
は市場で行わず、市場価格よりさらにディスカウントされた価格で発行会社
から直接に株式を調達することとなるため、公募増資のオファリング期間中
に、市場に価格下落圧力が働くことから、公正な価格形成を損なう可能性が
あるため、規制されるようになったものです。以上の規制は、報告・公表の
仕組みを除き、平成25年（2013年）の金商法改正により、PTS（私設取引シ
ステム）にも適用されています。

（空売り及び逆指値注文の禁止）

第162条　何人も、政令で定めるところに違反して、次に掲げる行為をしてはならない。

- 一　有価証券を有しないで若しくは有価証券を借り入れて（これらに準ずる場合とし
  て政令で定める場合を含む。）その売付けをすること又は当該売付けの委託等若し
  くは受託等をすること。
- 二　有価証券の相場が委託当時の相場より騰貴して自己の指値以上となつたときには
  直ちにその買付けをし、又は有価証券の相場が委託当時の相場より下落して自己の
  指値以下となつたときには直ちにその売付けをすべき旨の委託等をすること。

2　（略）

金融商品取引法施行令

（空売りを行う場合の価格）

第26条の4　金融商品取引所の会員等は、当該金融商品取引所の開設する取引所金融
商品市場において自己の計算による空売り又は受託をした空売りを行おうとする場合
において、次の各号のいずれかに該当するときは、当該空売りに係る有価証券につき
当該金融商品取引所が当該空売り前の直近に公表した当該取引所金融商品市場におけ
る価格（売買価格の決定方法が競売買の方法以外の方法であつて内閣府令で定めるも
のである場合については、内閣府令で定める価格。以下この条において「直近公表価
格」という。）以下の価格において当該空売りを行つてはならない。ただし、当該金融
商品取引所が当該直近公表価格の公表前の直近に公表した当該取引所金融商品市場に
おける当該直近公表価格と異なる価格（売買価格の決定方法が競売買の方法以外の方
法であつて内閣府令で定めるものである場合については、内閣府令で定める価格。次
項において同じ。）を当該直近公表価格が上回る場合に当該直近公表価格において行
う当該空売りについては、この限りでない。

- 一　当該取引所金融商品市場における当該空売りの時の属する取引時間（当該空売り
  に係る有価証券について取引が行われる時間帯として内閣府令で定める時間帯をい
  う。次号において同じ。）の開始の時から当該空売りの直前までの間において当該
  金融商品取引所が公表した当該取引所金融商品市場における当該空売りに係る有価
  証券の売買価格のうちに、当該空売りに係る有価証券につき当該金融商品取引所が
  当該売買価格の公表前の直近に公表した当該取引所金融商品市場における基準価格

（法第130条に規定する最終の価格又はこれに準ずる価格を基礎として内閣府令で定めるところにより算出される価格をいう。以下この項において同じ。）から当該基準価格に内閣府令で定める割合を乗じて得た価格を控除した価格以下のものがあるとき。

二　当該取引所金融商品市場における当該空売りの時の属する取引時間の開始前の直近に終了した当該空売りに係る有価証券の主たる市場（当該有価証券について売買高その他の状況を勘案して内閣府令で定める一の取引所金融商品市場をいう。）における取引時間において当該主たる市場を開設する金融商品取引所が公表した当該主たる市場における当該空売りに係る有価証券の売買価格のうちに、当該空売りに係る有価証券につき当該金融商品取引所が当該売買価格の公表前の直近に公表した当該主たる市場における基準価格から当該基準価格に前号に規定する割合を乗じて得た価格を控除した価格以下のものがあるとき。

2　取引所金融商品市場においてする空売りの委託又は委託の取次ぎの申込みをする者は、前項各号のいずれかに該当するときは、当該空売りの委託又は委託の取次ぎの申込みの相手方に対し、当該空売りに係る有価証券につき直近公表価格以下の価格において当該空売りを行うよう指示をしてはならない。ただし、当該金融商品取引所が当該直近公表価格の公表前の直近に公表した当該取引所金融商品市場における当該直近公表価格と異なる価格を当該直近公表価格が上回る場合に当該直近公表価格において行う当該空売りの指示については、この限りでない。

3　前2項の場合において、空売りが当該空売りに係る有価証券の配当落ち又は権利落ち後に行われる場合で、当該空売りに係る有価証券につき直近公表価格が配当落ち又は権利落ち前であるときは、前2項に規定する価格は、当該空売りに係る有価証券につき直近公表価格から配当又は権利の価格を控除して計算する。

4〜6　（略）

Q136

役員・主要株主売買報告、短期売買利益（ショート・スウィング）の提供制度について説明してください。

A 上場会社の役員・10％以上の主要株主（一定の組合を含む）がその上場会社の株式などの売買をしたときに、財務局に報告書を提出しなければならないという規制です。原則として、この報告書は公開されません。役員・主要株主が6カ月の間に当該会社株式の買付け・売却の2つの取引を行うことなどにより利益が出た場合に、会社に提供する、短期売買利益（ショート・スウィング）の提供制度が設けられています。

■ 役員・主要株主に対する規制

　まず、主要株主とは、自己または他人（仮設人を含む）の名義をもって総株主の議決権の10％以上の議決権を保有している株主をいいます。組合などで保有している場合についてQ137参照。

　上場会社等の役員および主要株主は、自己の計算において当該上場会社等の株式、新株予約権など（以下「特定有価証券」）または当該上場会社等の特定有価証券に係るカバードワラントその他の政令で定める有価証券（以下「関連有価証券」。特定有価証券と併せて、以下「特定有価証券等」）に係る買付け等または売付け等をした場合においては、内閣府令で定めるところにより、その売買その他の取引に関する「役員又は主要株主の売買報告書」（取引規制府令別紙様式3号）を、売買等があった日の属する月の翌月15日までに、財務局長に提出しなければなりません（163条、施行令27条～27条の6、取引規制府令24条以下）。

　かかる役員または主要株主が、当該上場会社等の特定有価証券等に係る買付け等または売付け等を金融商品取引業者等または取引所取引許可業者に委託等をして行った場合においては、同項に規定する報告書は、当該金融商品取引業者等または取引所取引許可業者を経由して提出するものとします。この報告をもとに短期売買の利益の有無が算出されます。

■ 空売りの禁止

なお、金商法では、役員・主要株主は、この売買報告・短期売買の利益の返還以外に**空売りの禁止**があります（165条）。これは**Q135**で説明した空売りとは規制態様が異なっており、認められる例外も限られているので注意を要します。

■ 短期売買利益（ショート・スウィング）の提供制度について

役員・主要株主が6カ月の間に当該会社株式の買付け・売却の2つの取引を行うことなどにより利益が出た場合に、会社に提供する制度です。

■ 規制の目的

役員または主要株主が短期間で売買を行い、利益が生じること（ショート・スウィング）自体は別に悪いことではありません。しかし、これらの者は会社からインサイダー情報を取得しやすい状況にあるため、インサイダー情報を利用して利益を得る売買を類型的に排除する目的で設けられた規制です。このような目的で設けられた規制ではありますが、実際にインサイダー情報が全くないところで生じた利益であっても会社に提供しなければなりません。

■ 利益の計算方法

この利益については、詳細な内閣府令（取引規制府令）の規定があり、その規定に従って計算されることになります。会計上または取引実態として利益が出ていなくても、この計算により利益が生じていれば提供する義務があります。

例えば、当初1株平均1,000円で12％保有していたところ、株価が下落し、500円になったとします。その段階で1％分買付けし、5カ月後600円に値上がりしたので、1％売却したとします。全体としては、この大株主は大きな損失を被っていますが、6カ月間で売却と購入を行い、この間の取引だけに着目すると1株当たり100円の利益を得ているので、これを会社に提供しなければならなくなります。

具体的には、会社が役員・主要株主に利益の提供を請求できると定められ

有価証券の取引等の規制・課徴金・監視委員会 ｜ 第7章 **401**

（164条1項）、会社が請求しない場合には、株主が代位して請求することができます（同条2項）。

■ 売買報告書の重要性

　もっとも、会社はこのような利益が出ていることについて、容易に知ることはできません。そこで重要なのが、前述の売買報告書です。財務局がこの報告書をもとに利益が出ていると判断した場合には、役員・主要株主にその旨を知らせます。速やかに利益を会社に提供しない場合、関連する売買報告書の写しは会社に送付されます。この段階で会社は、役員または株主に利益が出ていることを知り、利益提供の請求ができることになります。もし、会社が請求しないとすると、当該報告書が30日後に公表されるので、株主も知ることができ、代位により請求することが可能となります。

（上場会社等の役員等による特定有価証券等の売買等の報告の提出）

第163条　第2条第1項第5号、第7号、第9号又は第11号に掲げる有価証券（政令で定めるものを除く。）で金融商品取引所に上場されているもの、店頭売買有価証券又は取扱有価証券に該当するものその他の政令で定める有価証券の発行者（以下この条（……）において「上場会社等」という。）の役員（……）及び主要株主（自己又は他人（仮設人を含む。）の名義をもつて総株主等の議決権の100分の1以上の議決権（取得又は保有の態様その他の事情を勘案して内閣府令で定めるものを除く。）を保有している株主をいう。（……））は、自己の計算において当該上場会社等の第2条第1項第5号、第7号、第9号若しくは第11号に掲げる有価証券（政令で定めるものを除く。）その他の政令で定める有価証券（以下この条から第166条までにおいて「特定有価証券」という。）又は当該上場会社等の特定有価証券に係るオプションを表示する同項第19号に掲げる有価証券その他の政令で定める有価証券（以下この項において「関連有価証券」という。）に係る買付け等（特定有価証券又は関連有価証券（以下この条（……）において「特定有価証券等」という。）の買付けその他の取引で政令で定めるものをいう。以下この条（……）おいて同じ。）又は売付け等（特定有価証券等の売付けその他の取引で政令で定めるものをいう。以下（……）同じ。）をした場合（当該役員又は主要株主が委託者又は受益者である信託の受託者が当該上場会社等の特定有価証券等に係る買付け等又は売付け等をする場合であつて内閣府令で定める場合を含む。以下この条（……）において同じ。）には、内閣府令で定めるところにより、その売買その他の取引（以下この項（……）において「売買等」という。）に関する報告書を売買等があつた日の属する月の翌月15日までに、内閣総理大臣に提出しなければならない。ただし、買付け等又は売付け等の態様その他の事情を勘案して内閣府令で定める場合は、この限りでない。

2　前項に規定する役員又は主要株主が、当該上場会社等の特定有価証券等に係る買付け等又は売付け等を金融商品取引業者等又は取引所取引許可業者に委託等をして行つた場合においては、同項に規定する報告書は、当該金融商品取引業者等又は取引所取引許可業者を経由して提出するものとする。当該買付け等又は売付け等の相手方が金融商品取引業者等又は取引所取引許可業者であるときも、同様とする。

（上場会社等の役員等の短期売買利益の返還）
第164条　上場会社等の役員又は主要株主がその職務又は地位により取得した秘密を不当に利用することを防止するため、その者が当該上場会社等の特定有価証券等について、自己の計算においてそれに係る買付け等をした後6月以内に売付け等をし、又は売付け等をした後6月以内に買付け等をして利益を得た場合においては、当該上場会社等は、その利益を上場会社等に提供すべきことを請求することができる。
2　当該上場会社等の株主（……）が上場会社等に対し前項の規定による請求を行うべき旨を要求した日の後60日以内に上場会社等が同項の規定による請求を行わない場合においては、当該株主は、上場会社等に代位して、その請求を行うことができる。
3　前2項の規定により上場会社等の役員又は主要株主に対して請求する権利は、利益の取得があつた日から2年間行わないときは、消滅する。
4　内閣総理大臣は、前条の報告書の記載に基づき、上場会社等の役員又は主要株主が第1項の利益を得ていると認める場合において、報告書のうち当該利益に係る部分（以下この条において「利益関係書類」という。）の写しを当該役員又は主要株主に送付し、当該役員又は主要株主から、当該利益関係書類に関し次項に定める期間内に同項の申立てがないときは、当該利益関係書類の写しを当該上場会社等に送付するものとする。ただし、内閣総理大臣が、当該利益関係書類の写しを当該役員若しくは主要株主又は当該上場会社等に送付する前において、第1項の利益が当該上場会社等に提供されたことを知つた場合は、この限りでない。
5　前項本文の規定により上場会社等の役員又は主要株主に利益関係書類の写しが送付された場合において、当該役員又は主要株主は、当該利益関係書類の写しに記載された内容の売買等を行つていないと認めるときは、当該利益関係書類の写しを受領した日から起算して20日以内に、内閣総理大臣に、その旨の申立てをすることができる。
6　前項の規定により、当該役員又は主要株主から当該利益関係書類の写しに記載された内容の売買等を行つていない旨の申立てがあつた場合には、第4項本文の規定の適用については、当該申立てに係る部分は、内閣総理大臣に対する前条第1項の規定による報告書に記載がなかつたものとみなす。
7　内閣総理大臣は、第4項の規定に基づき上場会社等に利益関係書類の写しを送付した場合には、当該利益関係書類の写しを当該送付の日より起算して30日を経過した日から第3項に規定する請求権が消滅する日まで（請求権が消滅する日前において内閣総理大臣が第1項の利益が当該上場会社等に提供されたことを知つた場合には、当該知つた日まで）公衆の縦覧に供するものとする。ただし、内閣総理大臣が、当該利益関係書類の写しを公衆の縦覧に供する前において、第1項の利益が当該上場会社等に提供されたことを知つた場合は、この限りでない。
8　前各項の規定は、主要株主が買付け等をし、又は売付け等をしたいずれかの時期に

有価証券の取引等の規制・課徴金・監視委員会｜第7章　**403**

おいて主要株主でない場合及び役員又は主要株主の行う買付け等又は売付け等の態様その他の事情を勘案して内閣府令で定める場合においては、適用しない。

9　第4項において、内閣総理大臣が上場会社等の役員又は主要株主が第1項の利益を得ていると認める場合における当該利益の算定の方法については、内閣府令で定める。

Q137

組合などにより上場会社の10％以上の議決権を保有している場合の規制について説明してください。

A 組合で10％以上の議決権を保有する場合であっても、主要株主と同様の短期売買の返還、売買報告書の提出、空売り規制の適用などがあります。

■ ファンドは主要株主か

　金商法の施行前は、**組合型のファンド**で保有している場合、その保有資産は共有となっているので、個々の組合員が主要株主になることはあっても、ファンドそのものは主要株主とは取り扱わない旨のノー・アクション・レターが金融庁から公表されていました。主要株主とは、自己または他人（仮設人を含む）の名義をもって総株主の議決権の10％以上の議決権を保有している株主をいうところ、現行の金商法においてもこうした位置付けは変わらず、基本的には、組合自体は主要株主に該当しません。しかし、組合は一体的に行動し、組合財産として議決権を保有している場合は、当該議決権も一体として行使されると考えられることから、短期売買規制の徹底を図り、また法人との取扱いの公平性を確保するため、主要株主には該当しないものの、組合に対しても同様の売買報告書制度、短期売買利益の提供制度や空売り規制などが設けられています。

■ 具体的な規制

　まず、民法上の組合、投資事業有限責任組合、有限責任事業組合またはこれらの組合に類似する団体で政令で定めるもの（施行令27条の8）のうち、当該組合などの財産に属する株式に係る議決権が上場会社等の総株主等の議決権に占める割合が10％以上であるものは「**特定組合等**」と定義されています（165条の2第1項）。

　特定組合等の組合員などが当該特定組合等の財産に関して特定有価証券等に係る売買等をした場合には、原則として、主要株主が売買したときと同じ

有価証券の取引等の規制・課徴金・監視委員会　第7章　405

ように**売買報告書**（取引規制府令別紙様式4号）を提出し（同項）、利益を生じた場合、上場会社等からその利益を請求されます（同条3項）。当該特定組合等の財産をもってその債務を完済することができないときは、当該上場会社等は、その利益を生じた時における当該特定組合等の各組合員（有限責任組合員などを除く）に対し、当該特定組合等の債務について当該各組合員が負う責任に応じて、差額を請求することができます（同条4項～6項）。

その他、利益の提供の手続や報告書の写しの送付などについては、基本的に、**Q136**に記載したものと同じです。

ここでいう空売り規制は、**Q135**で説明した規制とは異なり、**Q136**で説明したものと同様の規制です（同条15項）。

なお、特定組合等の組合員として保有する議決権を議決権の10%以上を保有することとなる主要株主については、主要株主に適用される売買報告書の提出義務および短期売買利益の提供義務は適用されないこととなっており、これらと組合に関する規制とが重複しないようになっています。

（特定組合等の財産に属する特定有価証券等の取扱い）
第165条の2 組合等（（……）組合契約によつて成立する組合、（……）投資事業有限責任組合（……）若しくは（……）有限責任事業組合（……）又はこれらの組合に類似する団体で政令で定めるものをいう。以下この条において同じ。）のうち当該組合等の財産に属する株式に係る議決権が上場会社等の総株主等の議決権に占める割合が100分の10以上であるもの（以下この条において「特定組合等」という。）については、当該特定組合等の組合員（これに類するものとして内閣府令で定める者を含む。以下この条において同じ。）が当該特定組合等の財産に関して当該上場会社等の特定有価証券等に係る買付け等又は売付け等をした場合（当該特定組合等の組合員の全員が委託者又は受益者である信託の受託者が、当該上場会社等の特定有価証券等に係る買付け等又は売付け等をする場合であつて内閣府令で定める場合を含む。以下この条において同じ。）には、当該買付け等又は売付け等を執行した組合員（これに準ずるものとして内閣府令で定める組合員を含む。以下この条において同じ。）は、内閣府令で定めるところにより、その売買等に関する報告書を売買等があつた日の属する月の翌月15日までに、内閣総理大臣に提出しなければならない。ただし、買付け等又は売付け等の態様その他の事情を勘案して内閣府令で定める場合は、この限りでない。
2～16 （略）

Q138 会社関係者のインサイダー取引規制について説明してください。

A インサイダー情報が公表される前にインサイダーである会社関係者や第一次情報受領者が上場会社の株式などの売買などの取引を行うことを規制するものです。インサイダー情報を知って、取引を推奨したり、情報を伝達する行為も規制の対象になります。

■ 規制の対象

　一般的にインサイダー取引規制といわれているのは166条の規制です。発行会社について重要な事実が決定され、または発生しており、その事実が公表される前に会社関係者などが取引する行為をいいます。上場されている株式、社債のほか、不動産投資法人（**いわゆるREIT**）の投資証券、新投資口予約権、投資法人債にも適用されるようになっています。規制対象になる情報伝達・取引推奨については**Q140**参照。

■ 会社関係者

　まず、インサイダーである**会社関係者**の範囲が問題になります。法人が関与するとその従業員などは広く含まれると定められています。また、そのインサイダー（会社関係者）から直接情報を受領した人（第一次情報受領者）も対象となります。この第一次情報受領者も法人の役職員が情報を受領すると同じ法人の他の役職員にも範囲が拡大されるので注意が必要です。

■ 重要事実

　インサイダー情報は、金商法上、「**重要事実**」と定義されています。重要事実には、大きく分けて、**決定事実、発生事実、財務情報に関する事実、バスケット条項に該当する事実**があります。決定事実や発生事実については、**軽微基準**が取引規制府令に定められており、一定の軽微な事由は除外されています。この軽微基準に該当すれば、通常、重要事実はないことになるのですが、別に重要な側面が含まれている場合には、バスケット条項で重要事実が

有価証券の取引等の規制・課徴金・監視委員会 | 第7章

認定されることがありうるので、注意が必要です。また、当該上場会社などの子会社の一定の決定や発生事実、バスケット条項の事実も重要事実に含められています。決定事実の認定について**Q139**参照。

■ 適時開示規則との関係

決定事実については、会社法などの定める決定機関（取締役会など）で正式に決定する前から、決定があったと認定されることがあります。合併などの場合、正式決定の相当前から両社で準備することが一般的です。正式に決定した場合には、金融商品取引所において、適時開示を行うとともに、臨時報告書の提出が必要になることがあります。適時開示規則とインサイダー取引の規定を比べると、対象としている事由は適時開示規則の方が広いのですが、タイミングとしては、正式決定する前に適時開示することは通常困難なので、適時開示する相当前からインサイダー情報であるとの前提で取り扱うべきでしょう（**Q139**参照）。

決定事実や発生事実については、適時開示規則にも軽微基準が定められています。適時開示規則の軽微基準とインサイダー取引規制の軽微基準とは完全に一致しているわけではありませんので、注意を要します。

（会社関係者の禁止行為）
第166条　次の各号に掲げる者（以下この条において「会社関係者」という。）であつて、上場会社等に係る業務等に関する重要事実（当該上場会社等の子会社に係る会社関係者（当該上場会社等に係る会社関係者に該当する者を除く。）については、当該子会社の業務等に関する重要事実であつて、次項第5号から第8号までに規定するものに限る。以下同じ。）を当該各号に定めるところにより知つたものは、当該業務等に関する重要事実の公表がされた後でなければ、当該上場会社等の特定有価証券等に係る売買その他の有償の譲渡若しくは譲受け、合併若しくは分割による承継（合併又は分割により承継させ、又は承継することをいう。）又はデリバティブ取引（以下この条（……）において「売買等」という。）をしてはならない。当該上場会社等に係る業務等に関する重要事実を次の各号に定めるところにより知つた会社関係者であつて、当該各号に掲げる会社関係者でなくなつた後1年以内のものについても、同様とする。
　一～五　（略）
　2～6　（略）

決定事実はどのような段階になって決定されたと認定されますか。

A 正式な決定の前であっても、実質的に最終的に判断できる者が会社の業務として準備作業を行う旨決定すれば認定されます。

■ 法律の規定

　金商法上、上場会社等またはその子会社の「業務執行を決定する機関」が所定の事項を行うことについての「決定」をしたこと、行わないことを「決定」したことは重要事実とされています（166条2項1号、5号）。また、公開買付け等の実施に関する事実についても、業務執行を決定する機関の決定が問題となります（167条2項）。（**Q143**参照）。

　例えば、新株を引き受ける者の募集、つまり新株発行についての決定は、重要事実と規定されていますが（166条2項1号イ）、通常、会社法および定款上、取締役会がかかる決定をすることができるので、取締役会の正式な決議があるまでは、一見、重要事実がないようにも思えます。

■ 判例および実務

　しかし、最高裁判所は、「業務執行を決定する機関」は会社法上の決定権限のある機関には限られず、**実質的に会社の意思決定と同視されるような意思決定を行うことができる機関であれば足りる**と判断し、またこの「決定」とは、このような機関において、株式の発行自体や発行に向けた作業等を**会社の業務として行う旨を決定したことをいう**と判断しています。また、**株式の発行の実現を意図したことを要するが、確実に実行されるとの予測が成り立つことを要しない**としています（平成13年（2001年）6月10日第一小法廷・判決）。この判断基準は、公開買付け等の実施に関するインサイダー取引規制違反においても基本的に踏襲されています（平成13年（2001年）6月6日第一小法廷・決定）。

　したがって、実務上、例えば、上場会社の社長等の承認の下、株式の募集に向けたキックオフ・ミーティングを関係者で行うと、遅くともその時点で

は決定があったと認定される可能性があるとして、取り扱っています。

　そこで、遅くともかかるキックオフ・ミーティングがあった後は、自己株式の買付け等は控えるべきです（**Q141**参照）。また、かかる情報の管理を徹底し、知っている者は、自ら当該会社の株式等の売買を控えるとともに、その情報を漏洩することを厳に慎まなければなりません。情報を直接関係者から聞いて売買する行為も禁止されています。

■ 適時開示との関係

　金融商品取引所の適時開示規則とインサイダー取引規制の規定は同じような体裁になっています。適時開示規則上、決定がなされたら速やかに開示しなければならないことになっているものの、実務上は、ここでの決定は正式な決定を指すと取り扱われており、上記のキックオフ・ミーティング直後ではなく、実際の発行決議があってから開示を行っています（**Q138**参照）。

（会社関係者の禁止行為）

第166条 （略）

2　前項に規定する業務等に関する重要事実とは、次に掲げる事実（第1号、第2号、第5号、第6号、第9号、第10号、第12号及び第13号に掲げる事実にあつては、投資者の投資判断に及ぼす影響が軽微なものとして内閣府令で定める基準に該当するものを除く。）をいう。

　一　当該上場会社等（上場投資法人等を除く。以下この号から第8号までにおいて同じ。）の業務執行を決定する機関が次に掲げる事項を行うことについての決定をしたこと又は当該機関が当該決定（公表がされたものに限る。）に係る事項を行わないことを決定したこと。

　　イ～タ　（略）

　二～四　（略）

　五　当該上場会社等の子会社の業務執行を決定する機関が当該子会社について次に掲げる事項を行うことについての決定をしたこと又は当該機関が当該決定（公表がされたものに限る。）に係る事項を行わないことを決定したこと。

　　イ～リ　（略）

　六～十四　（略）

3～6　（略）

（公開買付者等関係者の禁止行為）

第167条 （略）

2　前項に規定する公開買付け等の実施に関する事実又は公開買付け等の中止に関する事実とは、公開買付者等（当該公開買付者等が法人であるときは、その業務執行を決定する機関をいう。以下この項において同じ。）が、それぞれ公開買付け等を行うことについての決定をしたこと又は公開買付者等が当該決定（公表がされたものに限る。）に係る公開買付け等を行わないことを決定したことをいう。ただし、投資者の投資判断に及ぼす影響が軽微なものとして内閣府令で定める基準に該当するものを除く。

3〜5　（略）

Q140

情報伝達・取引推奨行為の規制について説明してください。

A 平成25年（2013年）金商法改正により新たに導入された規制です。上場会社等の会社関係者（元会社関係者を含む）が、未公表の重要事実を、他人に対し、その公表前に当該上場会社等の有価証券の売買等をさせることにより当該他人に利得を得させ、または損失の発生を回避させる目的をもって、当該重要事実を伝達し、または当該売買等をすることを勧める行為が禁止されています（167条の2第1項）。公開買付者等関係者（Q143参照）についても同様に規制されています。

■ 規制導入の背景

この規制が導入された背景には、近年におけるインサイダー取引事案では、会社関係者による内部者取引よりも、情報伝達を受けた情報受領者による内部者取引が増加していることと、リーマン・ショック後に続いた複数の日本企業による公募増資案件に関連して、引受証券会社の営業職員による情報伝達に基づいてその顧客が内部者取引を行った事案が発生したことがあります。公開買付けなどに関するインサイダー取引（Q143参照）に関しても同じ問題があり、同様の規制が追加されました。

■ 規制の対象

会社関係者および**元会社関係者**（167条の2第1項）が規制の対象で、情報受領者は規制の対象者となっていません。未公表の重要事実を知った上場会社等の会社関係者が、他人に対し、当該重要事実の公表前に当該上場会社等の特定有価証券の売買等をさせることにより当該他人に利得を得させ、または損失の発生を回避させる目的をもって、**当該重要事実を伝達し**、または**当該売買等をすることを勧める行為**が禁止されます（167条の2第1項）。未公表の公開買付け等の実施に関する事実、未公表の公開買付け等の中止に関する事実についても同様に規制されています。また、**公開買付者等関係者**についても同様に規制されています（同条2項）。

売買等を「勧める」行為が規制の対象行為ですが、これは、重要事実の内

容は伝達せずに、単に仄（ほの）めかしたり、または、自らが会社関係者であること
を示して取引を推奨するなど、情報伝達でなくとも、取引推奨をする行為も
規制対象とされています。

　この規制は、他人に対し、重要事実の公表前に売買等をさせることにより
当該他人に利得を得させ、または損失の発生を回避させる目的が必要です。

■ 罰則・課徴金

　情報伝達・取引推奨行為に対する**刑事責任**として、166条および167条違
反の場合と同じく、懲役5年以下、罰金500万円以下、またはこれらの併科、
また、法人の代表者や代理人、使用人その他の従業員が、法人の業務または
財産に関して、情報伝達・取引推奨行為を行った場合も、当該法人に対して
も5億円以下の罰金が科せられます（207条1項2号）。ただし、167条の2に
違反して情報伝達・取引推奨行為を行っただけでは、刑事責任の対象となる
ものではなく、当該行為により情報伝達や取引推奨を受けた者が、上記のと
おり、特定有価証券等の売買等の取引を行った場合に限って、刑事責任の対
象となります。ただし、取引要件を充足しない場合であっても、167条の2に
違反する情報伝達・取引推奨行為は違法であり、後述の氏名公表措置の対象
となりうるほか、かかる行為を行った金融商品取引業者等については行政処
分などの対象となりえます。また、**課徴金**については、情報伝達や取引推奨
を受けた者が166条または167条違反の内部者取引を行った場合に限って、
課徴金の対象とされます（175条の2第1項・2項）。

■ 氏名公表措置

　情報伝達・取引推奨行為に係る規制に違反した証券会社の役職員や、機関
投資家の運用担当者などが取引上の立場を利用して未公表重要事実を要求す
るなどにより内部者取引を行った場合などについて、将来の取引相手となる
証券会社や投資家に対して注意喚起し、違反抑止を図る観点から、平成25
年（2013年）金商法改正により、それらの者の**氏名**その他法令違反行為によ
る被害の発生もしくは拡大を防止し、または取引の公正を確保するために必
要な事項を**一般に公表**することができることとされています（192条の2）。

有価証券の取引等の規制・課徴金・監視委員会｜第7章｜413

Q141

上場会社が自己株式を買う場合、インサイダー取引規制に関してどのような点に注意すべきですか。

A 自己株式を実際に買う前に自社内にインサイダー情報がないことを確認する必要があります。また、具体的に買う決定をした場合、それを知っている者は、公表までは当該会社の株式売買などはできません。

■ インサイダー取引規制上の重要事実の管理

　上場会社が自己株式を買う場合、原則として、公開買付けを行うか、市場から買うことになります。市場から買う場合には、通常、信託銀行または証券会社を通じて立会市場から買うか、当該取引について事前に公表した上で立会外市場で買っています。いずれの取引においても、インサイダー取引規制の適用があるので、その時に他に重要事実がある場合、必ず公表しなければなりません。相対取引の場合、売買の両当事者が未公表の重要事実を知っていれば、取引は禁止されません。しかし、立会外市場（例えば、ToSTNeT取引）を含む市場取引には、この除外規定の適用はなく、また公開買付けの場合には、応募株主がかかる情報を知らない可能性があるので、この除外規定に依拠して自己株式の買付けをすることはできません。

　このように、インサイダー情報の有無を確認し、かかる情報が存在している場合には、公表するか、公表できないのであれば、自己株式の買付けを中止する必要があります。もっとも、信託銀行に委託するか、証券会社に委託し、契約締結後には、会社が買付けについての具体的な指示ができない仕組みを採用している場合、契約締結より後にインサイダー情報が発生したときは、契約を解除する必要はなく、そのまま履行することが可能であり、金融庁のインサイダー取引規制に関するQ&Aでもその旨が明確にされています。

■ 自己株式の買付けの決定についての情報管理

　会社の自己株式の買付けの決定自体も重要事実になります（166条2項1号ニ）。ここでいう決定は、例えば、株主総会決議に基づく買付けの場合、株主総会の決定のみならず、その後の取締役会の決定やその決定を受けた具体的な買付けの決定も重要事実となります。もっとも、会社自身が自己株式を買う際には、株主総会の決議の公表またはその前に議案についての公表がなされていれば、その後の具体的な決定については未公表でも買うことはできると定められています（166条6項4号の2）。しかし、例えば、譲渡制限付株式報酬の付与のために会社が自己株式を処分する場合や役員個人が売買をする場合には、この適用除外規定の恩恵を受けることはできず、具体的な買付けの決定を事前に公表していない場合には、買付け結果の公表までは原則として自己株式の処分や売買はできないことになります。もっとも、上場会社が、役職員等に対して、譲渡制限付株式を自己株式の処分の方法により付与する場合、当該付与時点で上場会社側に未公表の「重要事実」があったとしても、当該付与が当該「重要事実」と無関係に行われたことが明らかであれば、インサイダー取引規制違反にはならないものと考えられる旨の見解を金融庁が示しており（インサイダー取引規制に関するQ&A（応用編）（問8））、実務上はこの見解に従って行うことができる事例が多いと思われます。

（会社関係者の禁止行為）
第166条　（略）
2〜5　（略）
6　第1項及び第3項の規定は、次に掲げる場合には、適用しない。
　　一〜四　（略）
　　四の二　会社法第156条第1項（同法第163条及び第165条第3項の規定により読み替えて適用する場合を含む。以下この号において同じ。）の規定若しくは投資信託及び投資法人に関する法律第80条の2第1項（同法第80条の5第2項の規定により読み替えて適用する場合を含む。以下この号において同じ。）の規定又はこれらに相当する外国の法令の規定による自己の株式等（株式又は投資口をいう。以下この号において同じ。）の取得についての当該上場会社等の会社法第156条第1項の規定による株主総会若しくは取締役会の決議（監査等委員会設置会社にあつては同法第399条の13第5項の規定による取締役会の決議による委任又は同条第6項の規定による定款の定めに基づく取締役会の決議による委任に基づく取締役の決定を含み、指名委員会等設置会社にあつては同法第416条第4項の規定による取締役会の決議

による委任に基づく執行役の決定を含む。）（同法第156条第1項各号に掲げる事項に係るものに限る。）若しくは投資信託及び投資法人に関する法律第80条の2第3項の規定による役員会の決議（同条第1項各号に掲げる事項に係るものに限る。）又はこれらに相当する外国の法令の規定に基づいて行う決議等（以下この号において「株主総会決議等」という。）について第1項に規定する公表（当該株主総会決議等の内容が当該上場会社等の業務執行を決定する機関の決定と同一の内容であり、かつ、当該株主総会決議等の前に当該決定について同項に規定する公表がされている場合の当該公表を含む。）がされた後、当該株主総会決議等に基づいて当該自己の株式等に係る株券若しくは株券に係る権利を表示する第2条第1項第20号に掲げる有価証券その他の政令で定める有価証券（以下この号において「株券等」という。）又は株券等の売買に係るオプション（当該オプションの行使により当該行使をした者が当該オプションに係る株券等の売買において買主としての地位を取得するものに限る。以下この号において同じ。）の買付けをする場合（当該自己の株式等の取得についての当該上場会社等の業務執行を決定する機関の決定以外の第1項に規定する業務等に関する重要事実について、同項に規定する公表がされていない場合（当該自己の株式等の取得以外の会社法第156条第4項の規定若しくは投資信託及び投資法人に関する法律第80条の2第1項の規定又はこれらに相当する外国の法令の規定による自己の株式等の取得について、この号の規定に基づいて当該自己の株式等に係る株券等又は株券等の売買に係るオプションの買付けをする場合を除く。）を除く。）

五～十二　（略）

Q142

役職員による自社株の取引、持株会を通じた取引について、インサイダー取引規制に関してどのような点に注意すべきですか。

A 役員・従業員持株会による買付けには、一定の要件の下で、インサイダー取引規制の適用除外が認められています。

■ 持株会に関する適用除外

上場会社等の役員・従業員が他の役員・従業員と共同して当該上場会社等の株券の買付けを行う場合で、金融商品取引業者（証券会社）に委託などをする場合に限り、当該買付けが**一定の計画**に従い、**個別の投資判断に基づかず**、**継続的**に行われるときには、各役員・従業員の**1回当たりの拠出金額が100万円未満**の場合に限り、適用除外が認められています（いわゆる証券会社方式の役員・従業員持株会による買付け）（取引規制府令59条1項4号）。

なお、この適用除外の対象となるのは、上場会社等の役員・従業員持株会による自社の株券の買付けのみであり、株券以外の特定有価証券等の売買等や株券の売付けは含まれません。さらに、重要事実を知りながら持株会に**新規入会**したり、**拠出金を増額**することは、適用除外の対象とならない点に留意が必要です。未公表の重要事実を知った上で、拠出金額の減額や後日再入会可能な前提での退会を行うことは、上記の一定の計画に従い、継続的に行っていないと判断される可能性があります。

また、役員・従業員が株券を持株会から引き出す行為自体は売買等に該当しないと解されていますが、引き出した後に売り付ける行為（1単元未満の株式を換金するための売付けなど）はこの適用除外の対象とならない点に留意が必要です。

■ 信託銀行方式の適用除外

同様の適用除外はいわゆる信託銀行方式の役員・従業員持株会による買付けにも認められていますが、この場合、各役員・従業員の1回当たりの拠出金額が100万円未満の場合に限るとの要件がない一方、役員・従業員の信託

財産全てが合同運用される場合に限ることとされています（取引規制府令59
条1項5号）。

■ 公開買付者等関係者のインサイダー取引規制からも適用除外

　これらの適用除外は、166条のインサイダー取引規制に加えて、後述する
167条の公開買付者等関係者のインサイダー取引規制も同様とされています
（取引規制府令63条1項4号・5号）（**Q143**参照）。

（会社関係者の禁止行為）
第166条　（略）
2〜5　（略）
6　第1項及び第3項の規定は、次に掲げる場合には、適用しない。
　一〜十一　（略）
　十二　上場会社等に係る第一項に規定する業務等に関する重要事実を知る前に締結さ
　　れた当該上場会社等の特定有価証券等に係る売買等に関する契約の履行又は上場会
　　社等に係る同項に規定する業務等に関する重要事実を知る前に決定された当該上場
　　会社等の特定有価証券等に係る売買等の計画の実行として売買等をする場合その他
　　これに準ずる特別の事情に基づく売買等であることが明らかな売買等をする場合
　　（内閣府令で定める場合に限る。）

有価証券の取引等の規制に関する内閣府令
（重要事実に係る規制の適用除外）
第59条　法第166条第6項第12号に規定する上場会社等に係る同条第1項に規定する業
　　務等に関する重要事実を知る前に締結された当該上場会社等の特定有価証券等に係る
　　売買等に関する契約の履行又は上場会社等に係る同項に規定する業務等に関する重要
　　事実を知る前に決定された当該上場会社等の特定有価証券等に係る売買等の計画の実
　　行として売買等をする場合のうち内閣府令で定める場合は、次に掲げる場合とする。
　一〜三　（略）
　四　上場会社等の役員又は従業員（当該上場会社等が他の会社を直接又は間接に支配
　　している場合における当該他の会社の役員又は従業員を含む。以下この号及び次号
　　において同じ。）が当該上場会社等の他の役員又は従業員と共同して当該上場会社
　　等の株券又は投資証券の買付けを行う場合（当該上場会社等が会社法第百五十六条
　　第一項（……）の規定に基づき買い付けた株券以外のものを買い付けるときは、金
　　融商品取引業者に委託等をして行う場合に限る。）であって、当該買付けが一定の
　　計画に従い、個別の投資判断に基づかず、継続的に行われる場合（各役員又は従業
　　員の1回当たりの拠出金額が100万円に満たない場合に限る。次号において同じ。）
　五　上場会社等の役員又は従業員が信託業を営む者と信託財産を当該上場会社等の株
　　券又は投資証券に対する投資として運用することを目的として締結した信託契約に

基づき、当該役員又は従業員が当該信託業を営む者に当該上場会社等の株券又は投資証券の買付けの指図を行う場合であって、当該買付けの指図が一定の計画に従い、個別の投資判断に基づかず、継続的に行われる場合（当該役員又は従業員を委託者とする信託財産と当該上場会社等の他の役員又は従業員を委託者とする信託財産とが合同して運用される場合に限る。）

　六～十四　（略）

2～4　（略）

Q143

公開買付者等関係者のインサイダー取引規制について説明してください。

A 公開買付者等関係者は、公開買付けや買集め行為の決定またはそれらの中止を知って、売買をすることが禁止されます。

■ 実務上違反事例が多いこと

公開買付けはプレミアムを付して買い付けられることが多く、公表後即座に株価が上昇することが多いことから、未公表情報を知って株価が上昇する前に上場株式を市場で買い、公表後に市場で売却するか公開買付けに応募することにより容易に利益を得ることができます。このような公表直前の疑わしい取引については、公表後に金融商品取引所や証券取引等監視委員会により調査されることが多く、公開買付者等関係者のインサイダー取引規制として実際に課徴金が課される事例も非常に多いです。

■ 会社関係者のインサイダー取引規制と異なる点

公開買付者等関係者のインサイダー取引規制は、会社関係者のインサイダー取引規制とは異なる点も多いので、注意が必要です。

まず、通常のインサイダー取引規制については、どのような未公表の重要事実を知っていても会社関係者は株式を売ることも、買うこともできません。例えば、会社に対して大きな訴額の訴訟が提起されたことは株価を押し下げることでしょうから、公表される前に株を売却することは当然許されませんが、逆に買うこともできません。これに対して、公開買付けが開始されることを知って、市場などから対象者の株式を買うことは許されませんが、**売ることは許容**されています。

正式な公開買付けに限らず、公開買付けに準ずる事実についても規制がかけられています。すなわち、5％以上の株式の買集めについて、これを決定していることを知って、買い付けることはできません。決定の意味については**Q139**参照。ただし、買付者自身（買付者が法人の場合、その法人のために行為する役員などを含む）には規制がかけられていません。会社関係者のイ

ンサイダー取引規制上の未公表の重要事実が存在している場合に、役員など
により会社自身が自己株式を買い付ける行為も禁止されていることとは対照
的です（**Q141**参照）。

■ 対象となる有価証券

　公開買付者等関係者のインサイダー取引規制の対象となる有価証券は、他
社株の公開買付けに関する事実の場合、**上場**または店頭売買・取扱されてい
る**株券等**であり、この「株券等」には、株式会社が発行する株券、新株予約
権証券および新株予約権付社債に加え、投資法人（いわゆるREITを含む）
の投資証券と新投資口予約権証券が含まれます。これは、公開買付規制の適
用対象が有価証券報告書の提出対象となっている株券等とされているのと範
囲が異なります。なお、上場会社による自己株式の公開買付けの場合や、前
述の公開買付けに準ずる事実（5%以上の株式の買集め）においては、それ
ぞれ対象となる有価証券の範囲が異なるので留意が必要です。

■ 公開買付け等事実の公表

　公開買付者等関係者のインサイダー取引規制については、公開買付け等事
実を知った公開買付者等関係者が、当該公開買付け等事実の公表がなされる
前に、当該公開買付け等に係る株券等の買付け等または売付け等をすること
が禁止されます。以前は、公開買付けなどについては、自己株式の公開買付
けを除き、TDnetを含めたプレス発表をしてから12時間経過する必要がある
こととされていましたが、平成23年（2011年）12月の金融審議会インサイダ
ー取引規制に関するワーキング・グループでの議論を受けた平成25年（2013
年）9月施行の金商法施行令改正および取引規制府令改正により、公表の類
型が拡大されました。すなわち、金融商品取引所の規則に従った適時開示
が、上場会社等による自社株の公開買付けの場合だけでなく、上場会社等に
よる他社株の公開買付けや買集め行為についても適用されることとなり、か
かる適時開示によって直ちに公開買付け等事実の公表が認められるようにな
りました。また、他社株の公開買付けまたは買集め行為を行う者が上場会社
等でない場合の公表の手段も設けられ、対象会社に対して、当該対象会社が
上場する金融商品取引所の規則に従った開示を要請し、当該対象会社がかか

る開示を行った場合も、公表措置として認められています。

　なお、公開買付けや買集め行為に関する事実が**大量保有報告書**に記載されていても形式的には公表とは扱われていません。例えば、ある人から自らがある上場会社の5％超の株式の買集めを決定した（例えば、4％保有している株主が6％買い増して10％にすることを決めた場合）と聞いたとします。この場合、聞いた人は第一次情報受領者になるので、当該会社の株式は買えません。この後、この人が発言どおり買い集めて、大量保有報告書を出したとします。この場合でも、公表の定義には該当せず、その他の公表を行う義務はないので、自発的にそのような公表をしてくれない限り、理屈上、永遠に買えなくなってしまいます。しかし、大量保有報告で開示し、買い付けた事実が公になっている場合には、違法性が阻却されると解する余地はあります（**Q144**参照）。

■ 情報伝達・取引推奨

　公開買付者等関係者のインサイダー取引規制についても同様に情報伝達・取引推奨の規制があります（**Q140**参照）。

（公開買付者等関係者の禁止行為）
第167条　次の各号に掲げる者（以下この条において「公開買付者等関係者」という。）であつて、第27条の2第1項に規定する株券等で金融商品取引所に上場されているもの、店頭売買有価証券若しくは取扱有価証券に該当するもの（以下この条において「上場等株券等」という。）の同項に規定する公開買付け（同項本文の規定の適用を受ける場合に限る。）若しくはこれに準ずる行為として政令で定めるもの又は上場株券等の第27条の22の2第1項に規定する公開買付け（以下この条において「公開買付け等」という。）をする者（以下この条及び次条第2項において「公開買付者等」という。）の公開買付け等の実施に関する事実又は公開買付け等の中止に関する事実を当該各号に定めるところにより知つたものは、当該公開買付け等の実施に関する事実又は公開買付け等の中止に関する事実の公表がされた後でなければ、公開買付け等の実施に関する事実に係る場合にあつては当該公開買付け等に係る上場等株券等又は上場株券等の発行者である会社の発行する株券若しくは新株予約権付社債券その他の政令で定める有価証券（以下この条において「特定株券等」という。）又は当該特定株券等に係るオプションを表示する第2条第1項第19号に掲げる有価証券その他の政令で定める有価証券（以下この項において「関連株券等」という。）に係る買付け等（特定株券等又は関連株券等（以下この条（……）において「株券等」という。）の買付けその

他の取引で政令で定めるものをいう。以下この条（……）において同じ。）をしてはならず、公開買付け等の中止に関する事実に係る場合にあつては当該公開買付け等に係る株券等に係る売付け等（株券等の売付けその他の取引で政令で定めるものをいう。以下この条（……）において同じ。）をしてはならない。当該公開買付け等の実施に関する事実又は公開買付け等の中止に関する事実を次の各号に定めるところにより知つた公開買付者等関係者であつて、当該各号に掲げる公開買付者等関係者でなくなつた後6月以内のものについても、同様とする。

一～六　（略）

2～5　（略）

Q144

他の会社の株式を大量に買う場合、あらかじめまたは事後に公表しなければなりませんか。

A 事後に大量保有報告書を提出しなければならない可能性はありますが、それ以外に公表義務はありません。しかし、他者が取引できるようにするために、公表すべき場合もあります。

■ 事前の開示

　5％以上の上場株券等の買集めを決定した場合、167条の公開買付け等の実施に関する事実（公開買付けに準ずる事実）となります（施行令31条）。したがって、この事実を知った一定の者はこの事実が**公表されるまで**は当該株券等を買うことはできません。上場会社が、他社の株式や自己株式の公開買付け自体を決定した場合には、適時開示規則上、公表しなければなりませんが、公開買付けに準ずる事実を決定した場合に適時開示をしなければならないとの規定はありません。

　前述のとおり、167条の規制は買付者自身の取引は規制されていません。行為主体である公開買付者等関係者に公開買付者が含まれていないからです。この点、166条のインサイダー取引規制上、発行会社自体は会社関係者に含まれていないにもかかわらず、自己株式の買付けに関して会社のために行為する役員などの行為は規制され、また、発行会社自体は課徴金の対象になります。そうだとすると、買付者が法人の場合、167条の規制についても同様に事前に公表しないと、当該法人のためであっても、その法人の役員などが買い付けることができないのではないかとの疑問も生じます。しかし、166条の規制については、元々インサイダー取引規制が導入された時には金庫株も解禁されておらず、会社自身の取引を特段除外する意図はなかったところ、167条の規制については、買付者が個人の場合を含めて、公表前に取引することがありうることを前提に、そのような取引は規制する必要がないとの理由に基づいて、規制の対象になっていないことから、法人の場合にも規制対象にはならないと考えられています。

■ 事後の開示

　以上のとおり、買付者自身は事前に公表せずに買えるものの、買付者を除き、公開買付者等関係者やその第一次情報受領者はその決定が公表されるまでは買い付けられないことになります。この公表は、買付者自身または買付者から当該事実の公開を委任された者が行う必要があり、また、**大量保有報告書**は公表の手段に含まれていません。対象者が主要株主の異動などの公表をしても、買付者ではないので、167条の規制上の公表には該当しません。そこで、買付け後には、これらの者の取引を可能にするために公表した方がよい場合があります（対象会社に対する要請に基づく公表について**Q143**参照）。

　なお、大量保有報告書などで開示され、当該買集めの事実が公知になるなど一定の場合には、買付者またはその要請による上場会社による「公表」が行われていない状況下で買い付けたとしても、違法性がないと判断される可能性はあります。

金融商品取引法施行令
（公開買付けに準ずる行為）
第31条　法第166条第6項第4号及び第167条第1項に規定する公開買付けに準ずる行為として政令で定めるものは、金融商品取引所に上場されており、又は店頭売買有価証券若しくは取扱有価証券に該当する株券（外国の者の発行する証券又は証書で株券の性質を有するものを含む。）又は投資証券等の発行者の発行する株券（外国の者の発行する証券又は証書で株券の性質を有するものを含むものとし、内閣府令で定めるものを除く。）、新株予約権証券（外国の者の発行する証券又は証書で新株予約権証券の性質を有するものを含むものとし、内閣府令で定めるものを除く。）、新株予約権付社債券（外国の者の発行する証券又は証書で新株予約権付社債券の性質を有するものを含むものとし、内閣府令で定めるものを除く。）、投資証券等（内閣府令で定めるものを除く。）、新投資口予約権証券等（内閣府令で定めるものを除く。）その他内閣府令で定める有価証券（以下この条において「株券等」という。）を買い集める者（その者と共同して買い集める者がいる場合には、当該共同して買い集める者を含む。以下この条において同じ。）が自己又は他人（仮設人を含む。以下この条において同じ。）の名義をもって買い集める当該株券等に係る議決権の数（株券（外国の者の発行する証券又は証書で株券の性質を有するものを含む。）については株式に係る議決権（……）の数を、投資証券等については投資口に係る議決権（……）の数を、その他のものについては内閣府令で定めるところにより換算した株式又は投資口に係る議決権の数をいう。以下この条において同じ。）の合計が当該株券等の発行者の総株主等の議決権

の数の100分の5以上である場合における当該株券等を買い集める行為（株式等売渡請求により当該株券等を買い集める行為を除く。以下この条において「買集め行為」という。）とする。ただし、当該株券等を買い集める者の当該買集め行為を開始する直前における株券等所有割合（自己又は他人の名義をもつて所有する当該株券等に係る議決権の数の合計を当該発行者の総株主等の議決権の数で除して得た割合をいう。以下この条において同じ。）が100分の5未満である場合には、当該買集め行為のうち株券等所有割合が100分の5を超える部分に係るものに限る。

Q145

フェアディスクロージャー・ルールについて説明してください。

A フェアディスクロージャー・ルール（以下「FDルール」）とは、上場会社による公平な情報開示に関する規定で、企業が、未公表の決算情報などの重要な情報を証券アナリストなどに提供した場合、速やかに他の投資家にも公平に情報提供することを求めるものです。

■ 沿革

FDルールは、上場会社の内部情報を顧客に提供して勧誘を行った証券会社に対する行政処分事例において、上場会社が証券会社のアナリストにのみ未公表の業績に関する情報を提供するなどの問題が発生したなどを受けて、平成29年（2017年）の金商法改正により導入されたもので、発行者が未公表の決算情報などの重要な情報を、**取引関係者**（**FDルール**の対象となる情報受領者）に伝達する場合、意図的な伝達の場合には同時に、意図的でない伝達の場合は速やかに、当該**情報を公表**することを求めるものです。取引関係者が守秘義務および投資判断に利用しない義務を負う場合には、当該情報の公表が不要となる例外があります（**Q146**参照）。

■ 対象となる上場会社等の範囲

FDルールの対象となる上場会社等の範囲は、上場会社等には、①社債券、②優先出資法上の優先出資証券、③株券・新株予約権証券、④投資証券・新投資口予約権証券・投資法人債券・外国投資証券といった有価証券であって金融商品取引所に上場されているものまたは店頭売買有価証券に該当するもの、また、これらと同様の性質を有する、外国の者の発行する証券または証書の発行者が該当します（施行令14条の15、14条の16）。

■ 対象となる情報の範囲

FDルールの対象となる情報（**重要情報**）は、「当該上場会社等の運営、業務又は財産に関する公表されていない重要な情報であつて、投資者の投資判

有価証券の取引等の規制・課徴金・監視委員会 ｜ 第7章 **427**

断に重要な影響を及ぼすもの」と規定されています（27条の36第1項）。その範囲について、金融庁の**ガイドライン**では、未公表の確定的な情報であって、公表されれば有価証券の価額に重要な影響を及ぼす蓋然性のある情報を対象とするものとされています（ガイドライン問1）。これは、「上場会社等の運営、業務又は財産に関する重要な事実であつて投資者の投資判断に著しい影響を及ぼすもの」（166条2項14号参照）を対象とするインサイダー取引規制における「**重要事実**」よりも広い概念とされています。また、**法人関係情報**（**Q147**参照）との関係については、上場会社等や金融商品取引業者等によって管理する情報の範囲が異なりうることなどから、一概に判断することは困難であるもの、金融商品取引業者等の管理する法人関係情報の範囲に、FDルールにおける重要情報が含まれる例が多いものと考えられるとされています（平成30年（2018年）2月6日金融庁パブリックコメント回答項番8）。

中長期的な企業戦略・計画等に関する経営者と投資家との議論の中で交わされる情報等の取扱いについて、例えば、①中長期的な企業戦略・計画等に関する経営者との議論の中で交わされる情報、②既に公表した情報の詳細な内訳や補足説明、公表済みの業績予想の前提となった経済の動向の見込み、③他の情報と組み合わさることによって投資判断に影響を及ぼしうるものの、その情報のみでは直ちに投資判断に影響を及ぼすとはいえない情報は、それ自体では重要情報に該当しないと考えられるとされています（ガイドライン問4）。

一方、**四半期の決算情報**はインサイダー取引規制における重要事実としては規定されていませんが（166条2項3号参照）、FDルールにおける重要情報には、年度または四半期の決算に係る確定的な財務情報であって、有価証券の価額に重要な影響を与える情報を含むとされており（ガイドライン問2）、公表前の四半期決算情報も重要情報として管理する必要があります。

■ 対象となる情報受領者

FDルールの対象となる情報受領者は「**取引関係者**」と定義されており、有価証券の売買に関与する蓋然性が高いと想定される者として、①金融商品取引業者、登録金融機関、信用格付業者または投資法人その他の内閣府令で

定める者またはこれらの役員等、②当該上場会社等の投資者に対する広報に
係る業務に関して重要情報の伝達を受け、当該重要情報に基づく投資判断に
基づいて当該上場会社等の上場有価証券等に係る売買等を行う蓋然性の高い
者として内閣府令で定める者が含まれます（27条の36第1項）。

（重要情報の公表）

第27条の36　第2条第1項第5号、第7号、第9号若しくは第11号に掲げる有価証券
（政令で定めるものを除く。）で金融商品取引所に上場されているもの若しくは店頭売
買有価証券に該当するものその他の政令で定める有価証券の発行者（以下この条にお
いて「上場会社等」という。）若しくは投資法人（……）である上場会社等の資産運用
会社（……）（以下この項及び次項において「上場投資法人等の資産運用会社」とい
う。）又はこれらの役員（会計参与が法人であるときは、その社員）、代理人若しくは
使用人その他の従業者（第1号及び次項において「役員等」という。）が、その業務に
関して、次に掲げる者（以下この条において「取引関係者」という。）に、当該上場会
社等の運営、業務又は財産に関する公表されていない重要な情報であつて、投資者の
投資判断に重要な影響を及ぼすもの（以下この章において「重要情報」という。）の伝
達（重要情報の伝達を行う者が上場会社等又は上場投資法人等の資産運用会社の代理
人又は使用人その他の従業者である場合にあつては、当該上場会社等又は当該上場投
資法人等の資産運用会社において取引関係者に情報を伝達する職務を行うこととされ
ている者が行う伝達。以下この条において同じ。）を行う場合には、当該上場会社等
は、当該伝達と同時に、当該重要情報を公表しなければならない。ただし、取引関係
者が、法令又は契約により、当該重要情報が公表される前に、当該重要情報に関する
秘密を他に漏らし、かつ、当該上場会社等の第2条第1項第5号、第7号、第9号又は
第11号に掲げる有価証券（政令で定めるものを除く。）、これらの有価証券に係るオプ
ションを表示する同項第19号に掲げる有価証券その他の政令で定める有価証券（以下
この項及び第3項において「上場有価証券等」という。）に係る売買その他の有償の譲
渡若しくは譲受け、合併若しくは分割による承継（合併又は分割により承継させ、又
は承継することをいう。）又はデリバティブ取引（……）（第2号及び第3項において
「売買等」という。）をしてはならない義務を負うときは、この限りでない。

一　金融商品取引業者、登録金融機関、信用格付業者若しくは投資法人その他の内閣
　　府令で定める者又はこれらの役員等（重要情報の適切な管理のために必要な措置と
　　して内閣府令で定める措置を講じている者において、金融商品取引業に係る業務に
　　従事していない者として内閣府令で定める者を除く。）

二　当該上場会社等の投資者に対する広報に係る業務に関して重要情報の伝達を受
　　け、当該重要情報に基づく投資判断に基づいて当該上場会社等の上場有価証券等に
　　係る売買等を行う蓋然性の高い者として内閣府令で定める者

2〜4　（略）

Q146

フェアディスクロージャー・ルールの下で、
公表義務を免れる場合、公表が必要となる場合の
公表方法を説明してください。

A FDルールでは、取引関係者と守秘義務契約を締結することで公表義務を免れることができます。公表は、EDINET、TDnetのほか、自社ホームページでの開示も認められます。

■ 公表義務とその例外

FDルールでは、上場会社等から重要情報の伝達を受けた取引関係者が、法令または契約により、当該重要情報が公表される前に、当該重要情報に関する秘密を他に漏らしてはならない義務、および上場有価証券等に係る売買等をしてはならない義務（以下「**守秘義務等**」）を負う場合には、当該重要情報の公表は求められません。ここでは、秘密保持のみならず、上場有価証券等に係る**売買等をしてはならない**ことも約することが必要です。

このほか、証券会社の投資銀行業務を行う部門や信用格付業者への情報伝達について、重要情報の伝達を受ける証券会社等において、金商法令上求められる情報の管理体制が適切に整備されている場合には、伝達された重要情報の公表が行われなかったとしても、市場の信頼が害されるおそれは少ないと考えられるとされています（ガイドライン問7）。

上場会社等が**意図的でない情報伝達**を行った場合に、速やかに重要情報を公表しなければなりません（27条の36第2項）。具体的には、①取引関係者に重要情報の伝達を行った時において伝達した情報が重要情報に該当することを知らなかった場合、②重要情報の伝達と同時にこれを公表することが困難な場合として内閣府令で定める場合がこれに当たります。②に該当するのは、（ア）取引関係者に意図せず重要情報を伝達した場合、（イ）伝達の相手方が取引関係者であることを知らなかった場合です（金融商品取引法第2章の6の規定による重要情報の公表に関する内閣府令（以下「重要情報公表府令」）8条）。

取引関係者が前述の守秘義務等を負った上で重要情報の伝達を受けた後、

当該守秘義務等に違反して、他の取引関係者に重要情報を伝達したことを上場会社等が知ったときは、速やかに当該重要情報を公表しなければなりません（27条の36第3項本文）。ただし、「やむを得ない理由により当該重要情報を公表することができない場合その他の内閣府令で定める場合」には、当該重要情報を公表する必要はありません（27条の36第3項ただし書）。その具体的な内容については、取引関係者が守秘義務等を負った上で伝達を受けた情報が、合併や事業譲渡、株式発行による資金調達等に関する情報である場合であって、当該情報を公表することにより、その行為の遂行に重大な支障を生ずるおそれがあるときなどです（重要情報公表府令9条）。

■ 公表の方法

公表が必要となる場合の方法として、①法定開示（EDINET）、②適時開示（TDnet）、③インサイダー取引規制におけるその他の公表の方法（2以上の報道機関への公開から12時間の経過）のほか、④上場会社等による**自社ホームページ**（当該ホームページに重要情報が集約されており、掲載時から少なくとも**1年以上**投資者が無償でかつ容易に重要情報を閲覧することができるようにされているときに限られます）への掲載のいずれかの方法が認められます（27条の36第4項、重要情報公表府令10条）。④の自社ホームページへの掲載はインサイダー取引規制における「公表」には含まれませんが、FDルールにおける「公表」に当たります。

（重要情報の公表）
第27条の36　（略）
2　前項本文の規定は、上場会社等若しくは上場投資法人等の資産運用会社又はこれらの役員等が、その業務に関して、取引関係者に重要情報の伝達を行つた時において伝達した情報が重要情報に該当することを知らなかつた場合又は重要情報の伝達と同時にこれを公表することが困難な場合として内閣府令で定める場合には、適用しない。この場合においては、当該上場会社等は、取引関係者に当該伝達が行われたことを知つた後、速やかに、当該重要情報を公表しなければならない。
3　第1項ただし書の場合において、当該上場会社等は、当該重要情報の伝達を受けた取引関係者が、法令又は契約に違反して、当該重要情報が公表される前に、当該重要情報に関する秘密を他の取引関係者に漏らし、又は当該上場会社等の上場有価証券等に係る売買等を行つたことを知つたときは、速やかに、当該重要情報を公表しなけれ

ばならない。ただし、やむを得ない理由により当該重要情報を公表することができな
い場合その他の内閣府令で定める場合は、この限りでない。
4　前3項の規定により重要情報を公表しようとする上場会社等は、当該重要情報を、
内閣府令で定めるところにより、インターネットの利用その他の方法により公表しな
ければならない。

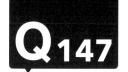

法人関係情報に関する規制について説明してください。

A 法人関係情報とは、①上場会社等の運営、業務または財産に関する公表されていない重要な情報であって顧客の投資判断に影響を及ぼすと認められるもの、②公開買付け等の実施・中止の決定に係る公表されていない情報をいいます。金融商品取引業者等またはその役職員は、法人関係情報を利用して一定の行為を行うことが禁止されています。法人関係情報については、インサイダー取引規制における重要事実の範囲よりも広く、同規制において適用が除外される取引であっても除外規定はありません。

■ 法人関係情報制度の概要

　法人関係情報制度は金融商品取引業者等に対する規制です。法人関係情報とは、①上場会社等の運営、業務または財産に関する公表されていない重要な情報であって顧客の投資判断に影響を及ぼすと認められるもの、②公開買付け等の実施・中止の決定に係る公表されていない情報をいいます（業府令1条4項14号）。インサイダー取引における重要事実の範囲よりも広いと考えられています。なお、平成23年（2011年）金商法改正によって、ブロックトレードの円滑化のための措置として、法人関係情報の範囲から公開買付け等事実に関する軽微基準に該当するものが除かれています。

　金融商品取引業者等は、その取り扱う法人関係情報に関する管理や顧客の有価証券の売買等に関する管理について、法人関係情報に係る不公正な取引の防止を図るために必要かつ適切な措置を講じるよう求められています（40条2項、業府令123条1項5号）。

■ 法人関係情報と禁止行為

　また、金融商品取引業者等またはその役職員は、法人関係情報を利用して行う以下の行為が禁止されています。

　①有価証券の売買等やその媒介・取次ぎ・代理について、顧客に対して当該有価証券の発行者の法人関係情報を提供して勧誘する行為（38条9

号、業府令117条1項14号）

②有価証券の売買等またはこれらの媒介、取次ぎまたは代理につき、当該有価証券の発行者の法人関係情報について公表がされたこととなる前に当該売買等をさせることにより顧客に利益を得させ、または当該顧客の損失の発生を回避させる目的をもって、当該顧客に対して当該売買等をすることを勧めて勧誘する行為（同項14号の2）

③株式発行等の引受者の募集について、その募集する有価証券に対する投資者の需要の見込みに関する調査を行う場合において、必要な措置を講ずることなく、調査対象者等に対し、当該募集に係る法人関係情報を提供する行為（同項15号）

④法人関係情報に基づいて、自己の計算において当該法人関係情報に係る有価証券の売買等をする行為（同項16号）を行うことなど

　法人関係情報に関する禁止行為については、インサイダー取引規制において適用が除外される取引であっても除外規定はありません。

■ 法人関係情報と「公表」

　法人関係情報について、いかなる状態に置かれれば「公表されていない」情報でなくなるかについては、法令上の定義はありませんが、FDルールにおける公表措置（例えば、自社ウェブサイトへの掲載）がとられれば、法人関係情報との関係でも公表されたものとして取り扱ってよいと考えられます。

（禁止行為）

第38条　金融商品取引業者等又はその役員若しくは使用人は、次に掲げる行為をしてはならない。ただし、第4号から第6号までに掲げる行為にあつては、投資者の保護に欠け、取引の公正を害し、又は金融商品取引業の信用を失墜させるおそれのないものとして内閣府令で定めるものを除く。

　一～八（略）

　九　前各号に掲げるもののほか、投資者の保護に欠け、若しくは取引の公正を害し、又は金融商品取引業の信用を失墜させるものとして内閣府令で定める行為

第40条　金融商品取引業者等は、業務の運営の状況が次の各号のいずれかに該当することのないように、その業務を行わなければならない。

一　（略）

二　前号に掲げるもののほか、業務に関して取得した顧客に関する情報の適正な取扱いを確保するための措置を講じていないと認められる状況、その他業務の運営の状況が公益に反し、又は投資者の保護に支障を生ずるおそれがあるものとして内閣府令で定める状況にあること。

金融商品取引業等に関する内閣府令

（定義）

第1条　（略）

2〜3　（略）

4　この府令において、次の各号に掲げる用語の意義は、当該各号に定めるところによる。

一〜十三　（略）

十四　法人関係情報　法第163条第1項に規定する上場会社等の運営、業務又は財産に関する公表されていない重要な情報であって顧客の投資判断に影響を及ぼすと認められるもの並びに法第27条の2第1項に規定する公開買付け（同項本文の規定の適用を受ける場合に限る。）、これに準ずる株券等（同項に規定する株券等をいう。）の買集め及び法第27条の22の2第1項に規定する公開買付け（同項本文の規定の適用を受ける場合に限る。）の実施又は中止の決定（法第167条第2項ただし書に規定する基準に該当するものを除く。）に係る公表されていない情報をいう。

十五〜二十　（略）

（禁止行為）

第117条　法第38条第9号に規定する内閣府令で定める行為は、次に掲げる行為とする。

一〜十三　（略）

十四　有価証券の売買その他の取引若しくは有価証券に係るデリバティブ取引又はこれらの媒介、取次ぎ若しくは代理につき、顧客に対して当該有価証券の発行者の法人関係情報を提供して勧誘する行為

十四の二　有価証券の売買その他の取引若しくは有価証券に係るデリバティブ取引（以下この号において「売買等」という。）又はこれらの媒介、取次ぎ若しくは代理につき、当該有価証券の発行者の法人関係情報について公表がされたこととなる前に当該売買等をさせることにより顧客に利益を得させ、又は当該顧客の損失の発生を回避させる目的をもって、当該顧客に対して当該売買等をすることを勧めて勧誘する行為（前号に掲げる行為を除く。）

十五　法第166条第2項第1号イ又は第9号ロに規定する募集（法第163条第1項に規定する上場会社等の発行する有価証券に係るものに限る。）について、当該募集に係る有価証券に対する投資者の需要の見込みに関する調査を行う場合において、次のイ又はロに掲げる場合の区分に応じ、それぞれ当該イ又はロに定める措置を講ずることなく、当該調査の対象者（以下この号において「調査対象者」という。）又は第三者が委託若しくは当該募集に係る法人関係情報の提供を受けて当該調査を行う場合における当該第三者に対し、当該募集に係る法人関係情報を提供する行為

イ～ロ　（略）

十六　法人関係情報に基づいて、自己の計算において当該法人関係情報に係る有価証券の売買その他の取引等（当該有価証券の売買その他の取引等が有価証券の売買である場合にあっては、オプション（……）が行使された場合に成立する有価証券の売買を除く。）をする行為（有価証券関連業を行う金融商品取引業者（第一種金融商品取引業を行う者に限る。）若しくは登録金融機関（銀行に限る。）又はこれらの役員若しくは使用人が行うものに限り、取引一任契約に基づくこれらの取引をする行為を含む。）

十七～五十　（略）

2～56　（略）

（業務の運営の状況が公益に反し又は投資者の保護に支障を生ずるおそれがあるもの）

第123条　法第40条第2号に規定する内閣府令で定める状況は、次に掲げる状況とする。

一～四　（略）

五　その取り扱う法人関係情報に関する管理又は顧客の有価証券の売買その他の取引等に関する管理について法人関係情報に係る不公正な取引の防止を図るために必要かつ適切な措置を講じていないと認められる状況

六～三十六　（略）

2～16　（略）

Q148

課徴金について説明してください。

A 金融商品取引法上の課徴金制度は、有価証券届出書などの虚偽記載やインサイダー取引などの違反行為を抑止するために、これらの一定の規制に違反した者に対して金銭を支払わせる行政上の措置です。

■ 導入の経緯

課徴金制度は平成16年（2004年）証取法改正で導入された制度です。当初は、発行開示書類の虚偽記載と一定の不公正取引（インサイダー取引、相場操縦、風説の流布・偽計取引）のみが対象でした。有価証券報告書などの継続開示書類の虚偽記載については、立法論として導入すべきか否かが議論されていましたが、平成17年（2005年）に証取法が改正され、導入されました。実際にもこれらの規定に従い、課徴金が課せられる例が増えてきています。同様の制度として、自主規制機関の過怠金の制度があります（68条の2、87条）。

■ 制度の対象と手続

金融商品取引法上の課徴金制度は、以下の**行為**が**対象**となります。

(1)不公正取引（インサイダー取引、相場操縦（仮装・なれ合い売買、違法な安定操作取引等）、風説の流布または偽計）

(2)有価証券届出書等の不提出・虚偽記載等（発行開示義務違反）

(3)有価証券報告書等の不提出・虚偽記載等（継続開示義務違反）

(4)公開買付開始公告の不実施、公開買付届出書等の不提出・虚偽記載等

(5)大量保有報告書等の不提出・虚偽記載等

(6)プロ向け市場等における特定証券等情報の不提供等、虚偽等および発行者等情報の虚偽等

(7)虚偽開示書類等の提出等を容易にすべき行為等

(8)情報伝達・取引推奨行為

対象となる者は、例えば、重要な事項について虚偽の記載のある発行開示書類を提出した発行者（この発行者が自ら発行するまたは保有している有価

有価証券の取引等の規制・課徴金・監視委員会｜第7章｜437

証券を取得させた場合に限ります。172条1項）、重要な事項について虚偽の記載のある発行開示書類を提出した発行者の役員などであって、その虚偽を知って開示書類作成に関与し、自分の所有している有価証券を売り出した者（同条2項）が挙げられます。目論見書についても同様に取り扱われています（同条3項）。重要な事項について虚偽の記載のある有価証券報告書・半期報告書・臨時報告書などを提出した発行者も同様です（172条の2）。風説の流布・偽計により相場を変動させた者（173条）、相場を変動させるべき一連の有価証券売買などをした者（174条）、会社関係者・公開買付者等関係者のインサイダー取引（175条）も対象となります。課徴金の額については、それぞれ算出方法の規定があります。

　手続は、原則として以下のような流れになります。

①証券取引等監視委員会による調査（26条、177条）

②同委員会から金融庁に対して勧告（金融庁設置法20条）（**Q150**参照）

③金融庁長官の審判手続開始決定（178条）

④同決定書の送達（179条）

⑤被審人による答弁書の提出（183条）

⑥原則として公開される（182条）審判手続を経た上で（184条〜185条の5）

⑦審判官が審判事件についての決定案を作成、金融庁長官に提出（185条の6）

⑧決定案に基づく金融庁長官による課徴金の納付を命ずる決定（課徴金納付命令。185条の7）

　利害関係人は事件記録・課徴金納付命令の決定書の閲覧・謄写ができます（185条の13）。事件の被害者は利害関係人に該当すると解されており、民事の損害賠償請求による被害者救済に役立つ手段です。

（審判手続開始の決定）

第178条　内閣総理大臣は、次に掲げる事実のいずれかがあると認めるときは、当該事実に係る事件について審判手続開始の決定をしなければならない。

　一　第172条第1項、第2項（同条第4項において準用する場合を含む。）又は第3項に該当する事実

　二　第172条の2第1項（同条第4項において準用する場合を含む。）、第2項（同条第5項において準用する場合を含む。）又は第6項に該当する事実

三　第172条の3各項に該当する事実

四　第172条の4第1項又は第2項（同条第3項において準用する場合を含む。）に該当する事実

五　第172条の5に該当する事実

六　第172条の6第1項（同条第2項において準用する場合を含む。）に該当する事実

七　第172条の7に該当する事実

八　第172条の8に該当する事実

九　第172条の9に該当する事実

十　第172条の10各項に該当する事実

十一　第172条の11第1項に該当する事実

十一の二　第172条の12第1項に該当する事実

十二　第173条第1項に該当する事実

十三　第174条第1項に該当する事実

十四　第174条の2第1項に該当する事実

十五　第174条の3第1項に該当する事実

十六　第175条第7項（同条第9項において準用する場合を含む。）又は第2項に該当する事実

十七　第175条の2第1項（同条第13項において準用する場合を含む。）又は第2項（同条第14項において準用する場合を含む。）に該当する事実

2〜29　（略）

Q149

金融庁について説明してください。

A 金融庁は、我が国の金融機能の安定を確保し、預金者、保険契約者、有価証券の投資者などの保護を図るとともに、金融の円滑を図ることを任務としています。

■ 金融庁の所掌事務

　平成10年（1998年）6月に民間金融機関等に対する検査・監督および証券取引等の監視を担う行政機関として金融監督庁が設立（総理府の外局）され、同年12月に金融再生委員会が設立されたことに伴い、同委員会の下に置かれる組織となりました。その後、平成12年（2000年）7月に金融再生委員会の下に、金融監督庁を改組して**金融庁**が設置されました。これに伴い、これまで大蔵省が担ってきた金融制度の企画立案に関する事務も併せて担うこととなりました。平成13年（2001年）1月には、中央省庁の再編により、内閣府の外局となり、また、金融再生委員会の廃止に伴い、金融機関の破綻処理等の事務を引き継いでいます。

　金融庁は、我が国の金融機能の安定を確保し、預金者、保険契約者、**有価証券の投資者**その他これらに準ずる者の**保護**を図るとともに、**金融の円滑を図る**ことを任務としています（金融庁設置法3条1項）。

■ 金融庁の所掌事務

　金融庁の所掌事務は、①金融制度の**企画立案**、②銀行、保険会社、金融商品取引業者などの民間金融機関や金融商品取引所などの市場関係者などに対する**検査・監督**、③金融商品市場における**取引ルールの設定**、④企業会計基準の設定その他企業の財務に関すること、⑤**公認会計士、監査法人等の監督**、⑥国際的に調和のとれた金融行政の確立に向けた国際機関における作業や二国間・多国間金融協議への参加、⑦**金融商品市場のルール遵守状況**等の**監視**等があります。

■ 金融庁の部局

　金融庁内の**各部局**の役割として、例えば、企画市場局が、主に金融関連の法令や制度に関する企画・立案業務を担当します。具体的には、銀行法や金融商品取引法といった金融関連の法令の制定・改廃を通して、金融機関等が守るべきルールを定めるとともに、国民の資産運用、企業の資金調達に関するルール整備を担っています。また、同局はコーポレート・ガバナンス改革や公認会計士・監査法人等の監督業務、有価証券報告書等の開示書類の審査・処分に関する業務、金融商品取引所の監督業務等も担っています。このほかに、金融行政の戦略的な立案、庁内の各部局間の連絡調整等の総合調整機能を担う総合政策局、金融検査・監督を担う監督局などの部局があります。

金融庁設置法

（目的）

第1条　この法律は、金融庁の設置並びに任務及びこれを達成するため必要となる明確な範囲の所掌事務を定めるとともに、その所掌する行政事務を能率的に遂行するため必要な組織を定めることを目的とする。

（任務）

第3条　金融庁は、我が国の金融の機能の安定を確保し、預金者、保険契約者、有価証券の投資者その他これらに準ずる者の保護を図るとともに、金融の円滑を図ることを任務とする。

2　前項に定めるもののほか、金融庁は、同項の任務に関連する特定の内閣の重要政策に関する内閣の事務を助けることを任務とする。

3　金融庁は、前項の任務を遂行するに当たり、内閣官房を助けるものとする。

Q150

証券取引等監視委員会について
説明してください。

A 証券取引等監視委員会は、犯則事件の調査・告発や課徴金調査、有価証券報告書等の検査、金融商品取引業者等の検査、日常の市場監視を行い、検査などの結果に基づき勧告・建議を行う合議制の機関です。

■ 沿革

　証券取引等監視委員会は、平成4年（1992年）に証券取引と金融先物取引の公正を図り、マーケットに対する投資者の信頼を保持する目的で組織されました。委員長1名とその他の委員2名からなり、衆参両議院の同意を得て内閣総理大臣により任命されます。合議制の機関であり、金融庁などから指揮・命令を受けることはありません。委員会の下に事務局が置かれ、近時人員が増強されています。

■ 事務の概要

　証券取引等監視委員会は、①市場分析審査、②証券検査、③取引調査、④開示検査および⑤犯則調査の5つの監視事務を担っています。

　まず、①**市場分析審査**として、一般投資家等からの情報受付のほか、金融・資本市場から幅広く情報を収集・分析します。そして、②**証券検査**として、金融商品取引業者などの業務や財産の状況の検査を行い、証券検査の結果、問題点が認められた金融商品取引業者等に対して指導・改善を求めるほか、重大な法令違反行為等が認められた場合、金融庁長官等に対して行政処分等を求める勧告を行います。また、③**取引調査**としては、インサイダー取引や相場操縦、風説の流布・偽計等の不公正取引について、金商法に基づく調査を行い、違反行為が認められた場合、金融庁長官等に対して課徴金納付命令を発出するよう勧告を行います。さらに、④**開示検査**として、有価証券報告書等の開示書類の提出者等に対し、報告の徴取および検査を行います。開示書類の重要な虚偽記載等が認められた場合、金融庁長官等に対して課徴

金納付命令を発出するよう勧告を行います。最後に、⑤として金融商品取引
等の公正を害する悪質な行為の実態を把握し、告発により刑事訴追等を求め
るための**犯則事件の調査**を行います。

■ 勧告・告発

　証券取引等監視委員会は、証券検査、取引調査、開示検査または犯則事件
の調査を行った場合で、必要と認めるときは、行政処分等を求める勧告や課
徴金納付命令、開示書類の訂正報告書等の提出命令の発出を行うよう、内閣
総理大臣および**金融庁長官に勧告**します。また、証券取引等監視委員会は、
犯則事件の調査により犯則の心証を得たときは、**検察官に告発**を行います。

金融庁設置法
（証券取引等監視委員会）
第8条　証券取引等監視委員会（以下「委員会」という。）は、金融商品取引法、投資信
　　託及び投資法人に関する法律（……）、不当景品類及び不当表示防止法（……）、預金
　　保険法、資産の流動化に関する法律、金融サービスの提供及び利用環境の整備等に関
　　する法律、社債、株式等の振替に関する法律（……）、個人情報の保護に関する法律
　　（……）及び犯罪による収益の移転防止に関する法律（……）の規定によりその権限に
　　属させられた事項を処理する。

索　引

〈数字・アルファベット順〉

3分の1ルール　166, **169**

EDINET　**74**, 212

FDルール

　　→　フェアディクロージャー・ルール

ISSB

　　→　国際サステナビリティ基準審議会

M&Aアドバイザリー　251, **267**

MBO　203

Naked Short Selling　397

PTS（私設取引システム）　383

RS

　　→　譲渡制限付株式

TCFD

　　→　気候関連財務情報開示タスク
　　　フォース

TOKYO PRO-BOND Market　63

ToSTNeT取引　166

〈五十音順〉

［あ行］

アセットオーナー　146

意見表明報告書　154, 166, 188, **198**, 200

意思確認総会　191

　体的開示　113

委任状勧誘　10

インサイダー取引規制　407

売出し　**77**, 83

売出しから除外される取引　68

英文開示　140

エンゲージメント　146

応募契約　206

親会社等状況報告書　101, **118**

親会社による公開買付け　203

［か行］

買集め　424

海外集団投資スキーム　282

外形基準　101, **115**

外国為替証拠金取引　37

外国証券売出し　79

外国証券業者　317

外国証券情報　80

外国投資運用業者　321

外国ファンド　20, **282**, 320

開示責任　103

会社関係者　407

会社法　9

外務員　330

価格規制　397

確認書　120

仮装取引　394

課徴金　132, **437**

合併　93

株券等保有割合　212, **215**

株券等所有割合　**162**, 215

株式の無償割当て　86

株式報酬（RS）

　　→　譲渡制限付株式

株主総会参考書類　10

空売り　396

勧誘　262

緩和された上場維持基準　143

既開示証券　84

期間延長請求公告　189

企業・株主間のガバナンスに関する合

意 107

企業・株主間の株主保有株式の処分・
　買増し等に関する合意 107-108

企業行動規範 13

企業買収における行動指針 204

偽計 392

気候関連財務情報開示タスクフォース
　105

記述情報 103

急速な買付け 173

業 **231**, 235, 251, 268

強制公開買付け 151

強制公開買付規制 162

強制公開買付けの適用除外 179

協働エンゲージメント 147

共同保有者 8, 147, **218**

業務改善命令 303

虚偽記載 **131**, 137

虚偽記載責任 106

金融ADR 368

金融サービス仲介業 238, 334

金融指標 16, 33

金融商品 16, 33

金融商品仲介業 236

金融商品取引業 230

金融商品取引業協会 379

金融商品取引所 12, **381**

金融商品取引法 2

金融庁 440

金融リテラシー 5

クラウドファンディング
　→ 投資型クラウドファンディング

クーリング・オフ 354

組込方式 97

グロース市場 143

クロスボーダー 289

刑事罰 133

継続開示 53

継続開示義務の消滅・免除 115

継続開示制度 100

軽微基準 407

契約締結時交付書面（情報提供） 351

契約締結前交付書面（情報提供） 347

決定事実 407, **409**

原則主義
　→ プリンシプルベース・アプローチ

公開買付け 150

公開買付開始公告 **154**, 160

公開買付期間 154, 160, **186**

公開買付説明書 160

公開買付届出書 153

公開買付けに準ずる事実 424

公開買付けの撤回 155

公開買付者等関係者 420

広告 339

公正なM&Aの在り方に関する指針
　204

コーポレート・ガバナンス 110

コーポレートガバナンス・コード 144

顧客本位の業務運営 5

顧客本位の業務運営に関する原則
　375

国際サステナビリティ基準審議会
　105

告知義務 55

告知書 65

コンプライ・オア・エクスプレイ 145

［さ行］

再勧誘の禁止 358

財務情報 138

財務情報に関する事実 407

サステナビリティ 105

参照方式 97

私売出し（しうりだし）　67

事業等のリスク　103

自己運用　24, **273**, 279, 326

自己株券買付状況報告書　101

自己株式　414

自己募集　24, 82, **259**, 279, 282, 326

資産運用の高度化・多様化　7

市場買付け　166

市場区分　142

私設取引システム

　→　PTS

事前警告型買収防衛策　190

実効性確保措置　**12**, 126

実質的な共同保有者　218

質問権　200

指定紛争解決機関　368

自発的な訂正　131, **137**

四半期開示　125

四半期決算短信　125

私募　54

集団投資スキーム　**23**, 26, 31, 43, 48, 82,
　　259, 277, 282, 326

重要事実　407

重要情報　427

重要提案行為等　227

重要な契約　107

取得勧誘類似行為　82

取得条項付新株予約権　191

主要株主　313, **400**

紹介（顧客の――）　262, 265

証券会社方式　417

証券取引等監視委員会　442

条件変更（公開買付けの――）　196

譲渡制限付株式（RS）　91

譲渡制限付株式報酬　128

少人数向け私売出し　68

少人数向け私募　65

商品デリバティブ取引　46

商品ファンド　48

情報提供　262

情報伝達・取引推奨行為　412

ショート・スィング

　→　短期売買利益

助言・代理業　231

資料提出命令　132

新株予約権の無償割当て（ライツ・オ
　ファリング）　86

信託銀行方式　417

信託受益権　**28**, 272

人的資本　105

スクイーズアウト　206

スタンダード市場　142

スチュワードシップ・コード　146

ストック・オプション　**89**, 128

政策保有株式　111

誠実公正義務　299

「責任ある機関投資家」の諸原則

　→　スチュワードシップ・コード

責任限度額　135

セキュリティートークン　30

説明義務　342

全部買付義務　183

全部勧誘義務　183

総会前提出　114

相場操縦行為　394

組織再編成　93

損失補塡　364

[た行]

第一項有価証券　19

第一種金融商品取引業　231, **241**, 295,
　　309, 313, 372

対質問回答報告書　156, **200**

第二項有価証券　**19**, 71

索引　447

第二種金融商品取引業 231, **243**, 282, 295

大量保有報告書 211

立会市場外 166

短期大量譲渡 224

短期売買利益（ショート・スィング）400

訂正義務 137

訂正命令 132

適格機関投資家 54, **57**

適格機関投資家等特例業務 57, 282, **328**

適格機関投資家向け私売出し 68

適格機関投資家向け私募（プロ私募）55

適格投資家向け投資運用業 295, **323**

適合性の原則 345

適時開示 **13**, 408

敵対的公開買付け **155**, 188, 200

適用除外（金融商品取引業からの――）234

撤回（公開買付けの――）193

デリバティブ取引 **33**, 211

電子記録移転権利 30, **287**

電子記録移転有価証券表示権利等 30, **287**

電子募集取扱業務 286

店頭デリバティブ取引 37

同意ある買収
　→　友好的公開買付け

同意なき買収
　→　敵対的公開買付け

投資運用関係業務受託業者 296

投資運用業 231, **249**, 282, 295, 309

投資型クラウドファンディング 285, 295, 354

投資事業有限責任組合 23, 272

投資助言（・代理業） 231, 245, 263

登録金融機関 **305**, 372

登録取消・業務停止命令 302

トークン 30, 287

特定組合等 405

特定証券情報 62

特定組織再編成交付手続 94

特定組織再編成発行手続 94

特定投資家 62, **336**

特定投資家向け私売出し 68

特定投資家向け私募 62

特定保険契約 40

特定預金等契約 38

特別関係者 179, **218**

匿名組合 23, 272

独立委員会 191

特例報告 **222**, 226

取引関係者 427

取引誘因目的の現実売買 394

［な行］

内部統制報告書 122

なれ合い取引 394

［は行］

買収防衛策 198

売買報告書 406

バスケット条項 407

発行者による公開買付け 159

発行登録 53

発行登録書 97

発行登録制度 97

発行登録追補書類 97

発生事実 407

非財務情報 138

非上場有価証券特例仲介等業 295

ファンド 250, 259, **272**, 279, 326, 405

448

風説の流布　126, **392**

フェアディクロージャー・ルール
　　427

不招請勧誘の禁止　356

付随業務　309

不動産ファンド　**43**, 277

プライム市場　142

プリンシプルベース・アプローチ（原
　　則主義）　145

プロ
　　→　特定投資家

プロ私募
　　→　適格機関投資家向け私募

ブロック取引　69

米国株主　209

別途買付け　177

変更報告書　222

報告命令　132

法人関係情報　428, **433**

保険　40

募集　52

[ま行]

見せ玉　394

みなし共同保有者　218

みなし有価証券　52

民事責任　133

民法上の組合　23

明示・確認義務　396

目論見書　53, **75**, 94, 98

持株会　417

[や行]

役員・主要株主売買報告　400

役員報酬　110

有価証券　19

有価証券関連業　254, 305, 317

有価証券上場規程　**12**, 144

有価証券通知書　77

有価証券等管理業務　256

有価証券投資事業権利等　71

有価証券届出書　**52**, 74

有価証券表示権利　82

有価証券報告書　100

友好的公開買付け　**153**, 200

預金　38

[ら行]

ライツ・オファリング
　　→　新株予約権の無償割当て

利益相反管理体制　371

臨時報告書　128

ローン契約と社債に付される財務上の
　　特約　108

石塚洋之（いしづか・ひろゆき）

長島・大野・常松法律事務所パートナー。
1989年中央大学法学部卒業。1993年常松簗瀬関根（現長島・大野・常松）法律事務所入所。1997年Columbia Law SchoolにてLL.M.取得。1998年ニューヨーク州弁護士登録。1998～1999年ニューヨークのSchulte Roth & Zabel LLP法律事務所に勤務。金融商品取引法、会社法を中心として企業法務全般にわたりリーガルサービスを提供している。

須田英明（すだ・ひであき）

長島・大野・常松法律事務所パートナー。
2005年東京大学法学部卒業。2006年長島・大野・常松法律事務所入所。2012年The University of Chicago Law SchoolにてLL.M.取得。2013年ニューヨーク州弁護士登録。2012～2013年三菱UFJ信託銀行株式会社勤務。主に金融レギュレーション、信託・ファンド・証券化取引を取り扱っている。

水越恭平（みずこし・きょうへい）

長島・大野・常松法律事務所パートナー。
2007年東京大学法学部卒業。2009年東京大学法科大学院修了。2010年長島・大野・常松法律事務所入所。2016年University of Washington School of LawにてLL.M.取得。2018年ニューヨーク州弁護士登録。2016～2018年株式会社東京証券取引所上場部勤務。IPOを含む国内外での株式・社債その他の証券の発行をはじめとする金融取引、開示規制を含む金融規制法や上場企業のコーポレート・ガバナンスに関するアドバイスを行っている。

Q&A150　金融商品取引法ポイント解説

2024年9月4日　　1版1刷

著　者	石塚洋之、須田英明、水越恭平	
	©Hiroyuki Ishizuka, Hideaki Suda,	
	Kyohei Mizukoshi, 2024	
発行者	中川ヒロミ	
発　行	株式会社日経BP	
	日本経済新聞出版	
発　売	株式会社日経BPマーケティング	
	〒105-8308　東京都港区虎ノ門4-3-12	
装　丁	OKIKATA	
ＤＴＰ	マーリンクレイン	

印刷・製本　シナノ印刷株式会社
ISBN978-4-296-11784-0

本書の無断複写・複製（コピー等）は著作権法上の例外を除き，禁じられています。購入者以外の第三者による電子データ化および電子書籍化は，私的使用を含め一切認められておりません。本書籍に関するお問い合わせ，ご連絡は下記にて承ります。
https://nkbp.jp/booksQA

Printed in Japan